KB234460

영생으로
가는
길

영생으로 가는 길

노태철 목사 지음 · 최서 옮김

한국학술정보㈜

현대인에게 행복을 약속해주는 듯한 길이 이 세상에 많이 진열되어 있습니다. 무신론의 공산주의자들의 길, 물질만능·경제만능의 자본주의자들의 길 그리고 과학만능주의자들의 길이 그것입니다.

무신론이란 하나님이 존재하지 않는다는 이론입니다. 이것을 주장하는 자들은 물질에 의하여 정신이 나왔다는 유물론을 주장하여 세상에서 참으로 인간답게 살려면 하나님을 믿는 것보다 능력에 따라 일하고 필요에 따라 나누어 사는 공산주의 사회를 꿈꾸었습니다. 그러나 이들 무신론자들의 공산주의는 20세기 말에 소련의 역사적인 변혁에 의해 이 세상의 어느 곳에서도 실현 불가능한 꿈의 이론임이 증명되었습니다.

혹자는 역사 발전의 단계상 소련이 자본주의를 거치지 않고 바로 사회주의로 이양되었기에 실패했다고 보기도 하지만, 그러나 스웨덴과 같이 자본주의에서 사회주의로 이양된 국가도 지금 현재 국민들 사이에서 놀고먹으려는 자세와 성도덕의 문란 등 사회적으로 문제점이 커져가고 있는 것이 현실입니다. 인간이 인간답게 살기 위해 만들려고 한 무신론 공산주의의 길은 막혀버렸습니다.

그러면 물질만능, 경제만능의 자본주의자들의 길은 어떠합니까? 자본주의는 황금만능주의를 탄생시켜 사람들이 인간답게 한번 살아보려고 돈을 벌었는데, 이제는 오히려 돈의 노예가 되어서 참으로 인간답게 사는 것이 아니라 하나님을 버리고 가정에 불화만 생기며 사회에 퇴폐문화만 가속화시킬 뿐 참 길을 제시해주지 못하고 있습니다.

그리고 과학만능주의자들의 길은 어떠합니까? 현대는 과학의 도움으로 교통, 건설, 의학 등 인간의 삶을 좀 더 빠르게, 편하게, 오래 살게 만들어 주었습니다. 그러나 이러한 점과 더불어 인간의 내부를 과학은 조급하고 자고하며 사나우며 무정하게 만들어 이제 인간은 과학에 의해 만들어진 온갖 핵무기의 위협 속에서 살아가지 않으면 안 되게 되었습니다. 인간에게 온갖 행복을 다 약속해줄 줄 알았던 과학도 인간의 내부를 선하게 만들거나 착하고 새롭게 해주지를 못하고 있습니다.

참 삶에는 길이 하나인데, 그 길은 인간을 창조하신 인간의 영원하신 아버지, 곧 하나님께로 가는 길입니다. 그 길은 예수 그리스도입니다. 요한복음 14장 6절에 "나는 길이요 진리요 생명이니 나로 말미암지 않고는 아버지께로 올 자가 없느니라"고 예수님께서 말씀하셨습니다. 인생을 왜 사막 같은 이 세상에서 방황하며 살아야 합니까? 근본문제로 돌아가 보면 죄악의 문제입니다. 이 죄악 때문에 하나님께로 가는 길이 막혔습니다. 이 길을 열기 위해서 죄 없는 예수님이 오셔서 피 흘려 죽으심으로써 인류의 죄를 없애주셨습니다.

이와 같은 진리를 간단명료하게 이야기식으로 적어본 것이 『영생으로 가는 길』이란 소책자가 되어 세상에 나왔었습니다. 그런데 필자가 성막을 공부하는 중에 성막의 내용이 영생으로 가는 길의 좋은 길잡이가 된다는 것을 깨닫고 그 내용을 첨부하여 증보판으로 다시 출판하게 되었습니다.

이 책을 활석세계선교훈련원 교재로 쓰기 위해 중국어로 번역한 최서 전도사, 교정한 전성음 목사, 편집한 오진희 전도사에게 깊은 감사를 표합니다.

모쪼록 이 책을 통해서 수많은 사람들이 영생으로 가는 참 길이 되시는 예수 그리스도를 영접함으로써 하나님께 나아가 영생을 얻게 되기를 간절히 바라면서 필자의 고희 및 원로 목사 추대식을 기념하여 이 책을 출판하며 하나님께 감사드립니다.

2012년 4월

노태철 목사

목차

목차

제3부 영생으로 가는 길 • 213

제1부

인류의 죄와
해결의 방법

제1장

사탄의 유혹

먼저 사탄의 기원과 조직 그리고 그 운명을 설명함으로써 영생으로 가는 길을 시작하겠습니다. 왜냐하면 인간은 사탄의 유혹으로 범죄하고 타락하여 영생으로 가는 길이 막혔기 때문입니다.

Ⅰ. 사탄의 기원

인간을 유혹한 사탄의 정체에 대하여 생각해 봅시다. 하나님은 물질계를 창조하시기 전 영물의 세계를 창조하셨습니다. "오직 주는 여호와시라 하늘과 하늘들의 하늘과 일월성신과 땅과 땅 위의 만물과 바다와 그 가운데 모든 것을 지으시고 다 보존하시오니 모든 천군이 주께 경배하나이다"(느 9:6). 이 말씀에서 우리는 천지 만물을 하나님께서 창조하실 때에 천사들이 하나님을 찬송하는 것을 볼 수 있습니다 그것은 영물이 물질계 이전에 존재하고 있음을 증거하는 것입니다.

그리고 유다서 1장 6절의 "또 자기 지위를 지키지 아니하고 자기 처소를 떠난 천사들을 큰 날의 심판까지 영원한 결박으로 흑암에 가두셨으며"라는 말씀을 보면, 하늘의 천사들이 하나님의 수하에서 각각 직책을 맡아 수종 들었던 것을 볼 수 있게 됩니다.

그 천사들 중에 미가엘 천사장이 있는데 성경은 그에 대하여 마귀와 싸우고(유 1:9)

용으로 더불어 싸우며(계 12:7) 이스라엘 민족을 호위하는 등(단 12:1) 전쟁을 지배하는 천사장이라고 말씀합니다.

또한 가브리엘 천사가 있습니다. 다니엘서 8장 16절의 "내가 들은즉 을래강 두 언덕 사이에서 사람의 목소리가 있어 외쳐 이르되 가브리엘아 이 이상을 이 사람에게 깨닫게 하라"라는 말씀과 누가복음 1장 19절의 "나는 하나님 앞에 서 있는 가브리엘이라 이 좋은 소식을 전하여 네게 말하라고 보내심을 입었노라"라는 말씀에서 알 수 있듯이 가브리엘 천사는 하나님의 소식을 전해주는 천사입니다.

또 구약성경 창세기 3장 24절에 보면, 하나님은 그룹(힘)이란 영물을 두어 에덴을 지키게 하셨습니다. 그리고 이사야서 6장 1~3절에 보면, 스랍(아름다움)들이 하나님께 찬양으로 영광 돌리는 모습이 나타납니다. 이와 같이 하나님은 천지창조 이전에 영물들인 천사, 그룹, 스랍들을 창조하셔서 부리셨으며 그들은 하나님께 순종했습니다.

그런데 성경 이사야서에 보면, 계명성(루시퍼)이라는 천사장이 나옵니다. "너 아침의 아들 계명성이여 어찌 그리 하늘에서 떨어졌으며 너 열국을 엎은 자여 어찌 그리 땅에 찍혔는고. 네가 네 마음에 이르기를 내가 하늘에 올라 하나님의 뭇별 위에 나의 보좌를 높이리라 가장 높은 구름에 올라 지극히 높은 자와 비기리라 하도다 그러나 이제 네가 음부 곧 구덩이의 맨 밑에 빠치우리로다"(사 14:12~15).

위의 말씀에서 우리는 계명성이 다른 모든 천사들보다 더 큰 권세를 가진 천사장임을 알 수 있습니다. 이 계명성이 라틴어의 성경에서 루시퍼로 번역되었기에 우리는 흔히 루시퍼 천사장이라고 부르는 것입니다. 즉, 우리 말 성경에 "계명성"이라는 표현은 벌게이트 역 성경에서 "루시퍼(빛을 지닌 자)"라는 표현과 같다는 말입니다. 이 루시퍼는 타락한 천사로서 사탄에 해당된다고 합니다. 벌게이트 성경을 만든 제롬과 그 밖의 교부들은 루시퍼란 이름을 누가복음 10장 18절의 "사탄이 하늘로서 번개같이 떨어지는 것"이라는 말씀과 연관시켜 사탄에 해당하는 말이라고 했습니다. 왜냐하면 루시퍼는 교만하여 그 권세로 지극히 높으신 하나님과 비기려 했다가 쫓겨났기 때문입니다.

사실 "사탄"이라는 말도 하나님을 대적한 자, 반역자라는 뜻입니다. 결국 하나님은 이 불순종한 천사 루시퍼를 쫓아냈고 내쫓긴 루시퍼는 사탄이 되어 지금 공중권세를 잡고 있는 것입니다.

사도 바울은 이 사탄을 에베소서 2장 2절에서 "공중의 권세 잡은 자를 따랐으니 곧 지금 불순종의 아들들 가운데서 역사하는 영”이라고 말하며, 사도 요한은 이 사탄을 “거짓의 아비”(요 8:44하)요, “이 세상 임금”(요 12:31)이요, “큰 용, 옛 뱀 곧 마귀라고 도 하는 사탄”(계 12:9)이라고 말합니다.

Ⅱ. 사탄의 조직

타락한 천사와 그 부하들은 천사의 세계에서 공중으로 추방되어 공중 권세를 잡고 (엡 2:2) 이 세상 임금(요 12:31)으로서 새로운 조직과 힘을 가지고 하나님과 그 백성들 에게 대항하고 있습니다. 그 조직을 보면, “바알세불”이라는 귀신의 왕이 있고(눅 11:14~19) 그 세력이 대단한 “군대”가 있습니다(눅 8:26~39).

Ⅲ. 사탄의 운명

장차 주님께서 공중 재림하실 때, 공중권세를 잡고 있는 사탄은 공중에서 지상으로 쫓겨 내려오고, 그 후 주님께서 지상으로 강림하실 때, 사탄은 잡혀서 무저갱 속에 일 천 년 동안 가두어지게 되며 그 후 잠깐 놓였다가 다시 잡혀 영원한 불 못에 던져지게 될 것입니다.

이러한 사실이 요한 계시록에 더욱 자세히 기록되었습니다.

요한 계시록 1장에는 장차 예수님이 영광중에 오실 모습이 2, 3장에는 소아시아의 일곱 교회를 통한 교회의 시대적 변천과정이 4, 5장에는 이 교회 시대가 지나간 후 성도들이 들어갈 천국의 그 영광스러운 예배광경이 기록되어 있는데 중앙에 하나님 의 보좌가 베풀어져 있고 그 우편에는 어린양 되신 예수님의 보좌가 있고 그 보좌 주 위에는 24장로의 보좌가 있습니다. 이 24장로는 구약의 12지파와 신약의 12사도를 합 한 수로 이 세상에서 구원받고 성령 충만한 주님의 예비 된 신부로서 장차 왕권을 가 지고 신랑 되는 주님의 보좌에 함께 참예할 자들을 가리킵니다. 계시록 6장에서는 이 시대의 종말에 대하여, 그 이후 18장까지는 사탄이 지배하는 7년 대환란에 대하여 그 리고 19~20장에서는 사탄의 종말에 대하여 기록되어 있습니다.

이러한 요한 계시록의 말씀에 근거하여 볼 때 사탄의 운명은 다음과 같습니다. 앞에서 예수님이 장차 공중 재림하실 때 사탄은 공중에서 쫓겨 지상으로 내려오게 된다고 했습니다. 이때에 지상에는 대환난이 벌어지게 되는데 이 같은 사실을 요한계시록 12장 이하에서 자세히 볼 수 있습니다.

"하늘에 전쟁이 있으니 미가엘과 그의 사자들이 용으로 더불어 싸울새 용과 그의 사자들도 싸우나 이기지 못하여 다시 하늘에서 저희의 있을 곳을 얻지 못한지라 큰 용이 내어 쫓기니 옛 뱀 곧 마귀라고도 하고 사탄이라고도 하는 온 천하를 꾀는 자라 땅으로 내어 쫓기니 그의 사자들도 저와 함께 내쫓기니라"(계 12:7~9).

공중에서 지상으로 쫓겨 내려온 사탄은 지상의 권세를 잡게 되는 데 이러한 사실에 대하여 요한계시록에 잘 기록되어 있습니다. 이러한 사탄의 지상 통치 기간은 예수님의 신부된 성도들이 휴거되어 공중에서 7년 동안 혼인잔치를 하는 기간과 동일한 기간입니다.

성도들은 지상의 환난을 피하여 공중으로 휴거되는데 이에 대하여 성경은 다음과 같이 말합니다. "우리가 주의 말씀으로 너희에게 이것을 말하노니 주께서 강림하실 때까지 우리 살아남아 있는 자도 자는 자보다 결단코 앞서지 못하리라 주께서 호령과 천사장의 소리와 하나님의 나팔로 친히 하늘로 좇아 강림하시리니 그리스도 안에서 죽은 자들이 먼저 일어나고 그 후에 우리 살아남은 자도 저희와 함께 구름 속으로 끌어올려 공중에서 주를 영접하게 하시리니 그리하여 우리가 항상 주와 함께 있으리라"(살전 4:15~17).

그러나 이 기간이 지상에서는 사탄이 맹렬히 역사하는 무서운 대환난의 기간입니다. 이때 준비되지 못하여 들림 받지 못한 신자들 중에서 생명을 바쳐 신앙을 지켜 순교하는 자들은 첫째 부활에 참여하게 됩니다. "이 첫째 부활에 참예하는 자들은 복이 있고 거룩하도다. 둘째 사망이 그들을 다스리는 권세가 없고 도리어 그들이 하나님과 그리스도의 제사장이 되어 천 년 동안 그리스도와 더불어 왕 노릇 하리라"(계 20:6) 했습니다.

그리고 대환난 중에 하나님의 보호 속에서 환난을 통과한 자들은 백성의 자격으로 천년왕국에 참여하게 됩니다. "내가 말하기를 내 주여 당신이 아시나이다. 하니 그가 나에게 이르되 이는 큰 환난에서 나오는 자들인데 어린 양의 피에 그 옷을 씻어 희게 하였느니라. 그러므로 그들이 하나님의 보좌 앞에 있고 또 그의 성전에서 밤낮 하나님을 섬기매 보좌에 앉으신 이가 그들 위에 장막을 치시리니 저희가 다시 주리지도 아니하며 목마르지도 아니하고 해나 아무 뜨거운 기운에 상하지 아니하리니 이는 보좌 가운데 계신 어린 양이 저희의 목자가 되사 생명수 샘으로 인도하시고 하나님께서 그들의 눈에서 모든 눈물을 씻어 주실 것임이라”(계 7:14~17).

그 후에 예수님께서는 공중 혼인 잔치를 마치고 들림 받은 온 성도들과 함께 지상으로 강림하시게 됩니다. 그때에 마귀는 잡혀 천 년 동안 무저갱에 가두어지고(계 20:1~3) 지상에는 예수님을 중심으로 천년왕국이 이루어지게 됩니다. 하나님께서 천지만물과 인간을 창조하시고 보시기에 “심히 좋았더라” 하신 말씀이 비로소 완전하게 이루어지는 순간입니다. 하나님이 지상에서 하나님의 뜻을 실현시키는 순간입니다.

그 후 마귀는 잠깐 놓이게 되지만 다시 잡혀 “또 저희를 미혹하는 마귀가 불과 유황 못에 던지우니 거기는 그 짐승과 거짓 선지자도 있어 세세토록 밤낮 괴로움을 받으리라”(계 20:10) 한데로 영원한 불못에 던져지게 됩니다. 이와 같이 사탄의 운명은 천계에서 공중으로, 공중에서 지상으로, 지상에서 무저갱으로, 무저갱에서 영원한 불못(지옥)으로 내려가게 되는 것입니다.

본 장에서 우리는 사탄의 기원과 조직 그리고 운명을 살펴보면서 하나님을 반역하는 천사장이 하나님께 버림받아 사탄이 되었다는 사실을 알았고 그와 동시에 하나님이 가장 싫어하시는 것이 교만하여 불순종하는 것임을 알았습니다. 그래서 하나님은 교만한 자를 물리치시고, 겸손한 자에게 은혜를 주시는 분(벧전 5:5)이시고, 제사보다 순종을 원하시는 분(삼상 15:22)이십니다. 그러나 사탄은 인간에게 역사하여 하나님께 반역하도록 만듭니다.

그래서 잘못된 영을 받은 자는 사탄의 특성대로 교만하여 불순종하는 것이 특징입니다. 잘못된 영에 사로잡힌 자는 하나님 말씀에 반항적이고 그 말씀에 대하여 불순종 하는 자입니다. 사탄은 오늘날 교회에서 성도들에게 말씀을 받지 못하도록 맹렬히 역사하고 있습니다. 왜 그렇습니까? 사탄은 하나님의 말씀이 곧 성도들에게 복이 됨을 알기 때문입니다.

다시 말해서 교회 강단에서 하나님의 말씀이 전달될 때 성도들이 이 말씀을 잘 받으면 말씀으로 자라서 열매 맺어 축복을 받게 되므로 사탄은 이를 방해하려고 강단지기

인 주의 종과 성도 간에 사이를 나게 하여 하나님의 말씀을 거부하게 만듭니다. 이러한 사탄의 역사에 말려들어가게 되면 말씀(축복)의 통로가 끊어져서 성도의 심령에 은혜가 마르고 평안이 없어져 불행하게 되고 결국 교회에서 문제의 인물이 되고 맙니다.

그러나 사탄의 이러한 역사를 이기고 하나님의 말씀에 순종하면 복이 됩니다. 하나님도 주님도 그리고 성령님도 말씀을 통하여 역사하시기 때문입니다. 그러므로 하나님의 말씀을 마음에 품고, 그 말씀을 믿고 순종하며 살아가면 하나님께서 예비하신 복이 우리에게 임하게 되는 것입니다.

예수님 찬양
Blessed Be The Name of The Lord

Words & Music by
Jack Jezzro & R. E. Hudson

제2장

인간의 범죄

Ⅰ. 인간세계 창조

하나님은 인간세계를 창조하시고 "하나님이 지으신 그 모든 것을 보시니 보시기에 심히 좋았더라"(창 1:31)고 말씀하셨습니다. 그런데 여기에서 "좋았다"라는 말은 히브리어 "토브"로서 "아름답다"라는 뜻으로 해석할 수 있습니다. 그러므로 하나님이 창조하신 세계는 매우 아름다웠음을 알 수 있습니다. 이와 같이 하나님은 인간세계를 아름답게 창조하시고 하나님의 형상대로 창조된 인간에게 이 세계를 위임하셨습니다. "하나님이 자기 형상 곧 하나님의 형상대로 사람을 창조하시되 남자와 여자를 창조하시고 하나님이 그들에게 복을 주시며 그들에게 이르시되 생육하고 번성하여 땅에 충만하라 땅을 정복하라, 바다의 물고기와 하늘의 새와 땅에 움직이는 모든 생물을 다스리라 하시니라"(창 1:27~28).

하나님께서는 사람을 처음 만드실 때 아담을 만드셨습니다 흙 한 덩이를 빚어 사람을 만들고 코에 생기를 불어 넣으니 생령이 되었다고 했습니다. 다른 모든 피조물과는 다르게 하나님의 생기를 받았다는 점에서 인간은 하나님의 형상대로 지어진 것입니다. 인간만이 영(Spirit)이 있습니다.

신학적으로 인간이 영혼과 육체로 나누어졌다고 보는 2분설과 인간이 영, 혼, 몸으로 나누어졌다고 하는 3분설이 있는데, 한 가지 공통된 점은 인간의 기능상 인간에게는 3가지 기능이 있다는 것입니다.

첫 번째 기능은 하나님과 교통하는 것입니다. 이 기능을 인간의 영이 담당합니다. 바울 사도는 고린도전서 2장 11~13절에서 하나님의 사정을 하나님의 영, 곧 성령이 아시고 신령한 것은 신령한 것으로 분별할 수 있는데 이는 곧 하나님의 영을 받은 신령한 자에게 한정된 것이라고 말씀했습니다.

두 번째 기능은 인간의 정신을 담당하는 혼의 기능입니다. 혼은 인간의 이성적 활동, 즉 학문, 과학, 예술분야에서 활동을 합니다. 바울 사도는 고린도전서 2장 13절에서 "사람의 지혜"와 "성령의 가르치심"을 분명하게 구분하는데 이는 영과 혼의 기능이 다르다는 것을 우리에게 알려줍니다.

세 번째 기능은 육의 기능입니다. 육의 기능은 인류의 역사를 계승하게 하는 중요한 기능입니다. 만일 인간이 육체가 없다면 생육하고 번성하라는 하나님의 명령을 이룰 수 없을 것입니다.

이러한 인간의 세 가지 기능은 서로 연결되어 있습니다. 즉 영이 혼을 지배하게 되어 있고, 혼은 육을 지배하게 되어 있습니다. 그리고 인간은 육의 양식과 영혼의 양식을 늘 먹어야 건강하게 살 수 있는데 육신의 양식은 밥이요, 영의 양식은 하나님의 말씀이요, 혼의 양식은 지식입니다. 그러므로 예수님께서 친히 말씀하시기를 마태복음 4장 4절에 보면, 사람이 떡으로만 살 것이 아니요 하나님의 입으로 나오는 말씀으로 살리라고 하셨습니다.

창세기 2장 8~17절에 보면, 하나님께서 아담을 위하여 동방의 에덴에 아름다운 동산을 창설하셨습니다. 그 동산에는 아름답고 먹기에 좋은 각종 나무의 과실과 생명나무, 선악을 알게 하는 나무 등을 만들어 주셨습니다. 그리고 창세기 2장 18~25절에 보면, 아담이 독처하는 것이 좋지 않아 하나님께서 아담을 깊이 잠들게 하시고 갈빗대를 뽑아 하와를 만들어 아담과 하와가 상부상조하며 살도록 하셨습니다. 이것이 최초의 가정입니다. 여기에서 우리는 가정이 행복하게 되는 비결을 찾아볼 수 있습니다.

첫째로 하나님이 남자를 먼저 지었음에 주목합시다. 이는 가정의 중심이 남자가 되어야 한다는 것입니다.

둘째로 하나님이 여자를 남자의 갈빗대로 지으셨음을 주목합시다. 먼저 "갈빗대"라는 말은 원문에서 "첼라"로서 "옆(side)"이라고도 해석이 가능합니다. 이것은 남자와 여자의 위치가 서로 돕는 관계임을 가르쳐 주고 있습니다. 남자가 여자보다 먼저 창조되었다고 해서 남자가 우위이라는 뜻이 아닙니다. 남자의 머리나 발끝 부분을 떼어서 여자를 만들지 않고 옆구리 갈비뼈로 만든 것은 남녀동등을 의미하는 것입니다.

셋째로 갈빗대는 남자의 팔 안에 있음을 주목합시다. 이는 여자가 남편의 보호를 받아야 함을 가리킵니다. 그리고 갈빗대는 남자의 심장 가까운 곳에서 심장을 보호하고 있는데 이는 여자가 남편을 가장 가까운 곳에서 생명을 감싸주는 역할을 잘 해야 한다는 것입니다.

그래서 사도 바울은 에베소서 5장 22~33절에서 남편들은 아내 사랑하기를 주께서 교회를 위하여 죽으심 같이 죽도록 사랑하고, 아내들은 교회가 주께 죽기까지 복종하듯 남편에게 복종하라고 교훈하셨던 것입니다.

Ⅱ. 계명을 주심

하나님께서 에덴동산에 각종 나무와 생명나무 그리고 선악을 알게 하는 나무를 만들어 놓으시고 아담에게 "각종 나무의 실과는 네가 임의로 먹되 선악을 알게 하는 나무의 실과는 먹지 말라 네가 먹는 날에는 정녕 죽으리라"(창 2:16~17)고 말씀하셨습니다.

최초의 인간 아담에게 하나님의 선악과를 따먹지 말라고 말씀하신 것은 하나님이 인간에게 최초의 계명을 주신 것을 의미합니다. 하나님이 왜 계명을 주셨습니까?

하나님은 영물의 세계에서 쫓겨나 공중권세를 잡고 있는 사단이 인간세계에 들어와서 아름다운 세계를 파괴할 수 있으므로 하나님은 인간의 행복을 지켜주시려고 계명(법)을 세우신 것입니다. 그런데 아담과 하와는 뱀(사단)의 유혹을 받아 이것을 따먹음으로써 하나님의 계명을 어기고 말았습니다. 그 결과로 하나님의 말씀대로 정녕 죽게 되었습니다.

1. 뱀은 무엇입니까?

뱀의 정체는 "큰 용이 내어 쫓기니 옛 뱀 곧 마귀라고도 하고 사단이라고도 하는 온 천하를 꾀는 자라"(계 12:9) 했습니다.

뱀의 정체는 큰 용이요 옛 뱀 즉, 에덴에서 하와를 유혹한 뱀인데 "천하를 미혹하는 자” “꼬이는 자” 곧 “사단”입니다. 이 사단의 꼬임에 빠진 인간은 선악과를 따먹었습니다. 곧 계명을 범했습니다. 그래서 하나님의 말씀대로 정녕 죽게 되었습니다.

2. 왜 선악과를 만들었습니까?

인간을 사랑하시고 인간이 행복하길 원하시는 하나님을 모르는 사람은 하나님께서 선악과를 만들어서 인간이 불행하게 되었다고 생각할 것입니다. 그것은 진리를 모르는 잘못된 생각입니다. 그것은 마치 법을 어기고 범죄하여 감옥에 간 사람이 법이 없으면 자기가 감옥에 가지 않을 것인데 사람들이 법을 만들었기 때문에 자기가 감옥에 갔다고 원망하는 어리석은 사람과 같을 것입니다. 그러므로 하나님께서는 인간을 사랑해서 행복하게 살기 위해서 선악과(계명)를 만들어 주신 것입니다. 천계에서 쫓겨난 마귀가 공중권세를 잡고 있는 한, 법 없이는 한시도 행복하게 살 수 없습니다.

법은 질서이며 경계선입니다. 무질서한 혼돈의 세계를 생각해 보세요. 그리고 내 것, 네 것을 구별하는 경계선이 없다면, 어떻게 살 수 있겠습니까? 법이 있어야 내 집과 내 남편과 내 자녀를 지킬 수 있습니다. 법을 어긴 사람이 잘못이지 법이 나쁜 것은 아닙니다. 그러므로 선악과를 만드신 것은 법과 질서 그리고 경계선을 밝혀 놓은 것이니 얼마나 좋은 일입니까? 행복한 삶을 위해 절대로 필요한 것입니다. 그러므로 하나님이 선악과를 만드신 것은 인간의 행복을 위해서입니다.

3. 왜 따먹게 그저 두셨습니까?

어떤 사람은 “선악과를 만들어 놓으신 것은 좋은 일이나, 하나님이 따먹지 못하게 하셨으면 좋았을 텐데 왜 따먹도록 그대로 두셨나?”라고 묻습니다. 그러나 그 질문은 하나님이 인간에게 왜 자유의지를 주셨나 하고 묻는 것과 같습니다. 만약 어떤 인간이 자유롭게 선택할 수 있는 자유의지가 없다면 그것보다 더 불행한 인간은 없습니다.

어떤 큰 음식점 앞에서 로봇이 들어가는 손님에게 “어서 오십시오” 하고 절을 하는 것을 볼 수 있습니다. 하나님은 로봇이 인사하는 식으로 존귀와 영광을 받기를 원치 않으십니다.

하나님은 우리들이 자원하는 마음으로 하나님을 사랑하기를 원하시기 때문에 인간에게 가장 귀한 자유의지를 주셔서 하나님을 사랑하며 행복스럽게 살기를 원하셨던 것입니다.

그러므로 우리는 하나님이 인간을 불행하게 하려고 선악과를 준 것이 아니었음을 알았습니다. 오히려 인간의 불행은 하나님을 사랑하는데 써야 할 자유의지를 인간이 하나님의 계명을 어기고 범죄하는 데 남용했던 결과였습니다.

4. 따먹은 결과 어떻게 되었습니까?

창세기 3장을 통해 살펴봅시다.

먼저 7절에 보면, 인간에게 부끄러움이 왔습니다. 8~10절에 보면, 인간에게 두려운 마음이 생겼습니다. 하나님이 두려워 숨었습니다. 이것은 인간이 범죄함으로 하나님 께로부터 멀어지는 것을 말해주는 것입니다. 하나님을 멀리하고 하나님을 떠나 사는 사람은 두려운 마음이 많이 생깁니다. 그래서 그들은 산이나 강, 바위나 큰 나무만 보아도 마음에 두려운 생각이 앞서서 그곳에다 엎드려 비는 것입니다.

오래전에 노량진동에서 일어났던 사건을 소개합니다. 좀도둑이 집집마다 다니며 양은그릇을 모두 훔쳐갔습니다. 누가 그럴까? 주민들은 그 사람을 잡으려고 했지만 잡히지 않았습니다. 이유는 도둑이 그 동네 사람이었기 때문이었습니다. 얼마 후 그 도둑이 잡혔는데 잡힌 경위가 재미있습니다. 그 도둑이 새벽같이 밤새 훔친 양은그릇 을 팔기 위해 큰 자루에 넣어서 짊어지고 동네를 빠져 나가고 있었습니다. 그때 같은 동네에 살고 있던 형사도 노량진 경찰서에 급한 사정이 생겨서 새벽에 출근하는 길이 었습니다. 두 사람이 점점 거리가 가까워지자 그 도둑은 그 형사가 자기를 잡으러 오 는 줄 알고 갑자기 그 자루를 벗어 던지고 도망을 하더랍니다. 그때 눈치 빠른 형사는 즉시 알아차리고 뒤를 쫓아가 잡고 보니 이 사람이 그 동네의 좀도둑 노릇을 했던 것 입니다. 죄를 지은 인간은 쫓아오는 사람은 없어노 쫓기는 법입니다. 이와 같이 하나 님을 떠난 인간은 항상 두렵고 쫓기며 생활할 수밖에 없는 것입니다.

12~13절에 보면, 인간에게 원망과 불평이 왔습니다. 아담은 하와에게, 하와는 뱀에 게 책임을 전가합니다. 이와 같이 하나님을 떠난 인간들은 잘못된 것을 자신에게 돌 릴 줄 모르고 모두 남에게 돌리므로 원망하고 불평하며 살아갑니다.

부부싸움으로 불화가 많은 가정이 있었습니다. 그런데 이 가정에는 돈도 있고 지위도 있고 세상적으로 부족한 것이 없는데도 불구하고 이 부부는 조그마한 일만 생기면 서로가 잘잘못을 시비하는 말다툼으로부터 시작하여 크게 싸우기가 일쑤였습니다.

이렇게 고달프고 짜증나는 불행한 삶을 살던 이 부부는 싸우지 않고 오순도순 잘 사는 방법이 없을까 생각하다가 서로 의논을 했습니다. 남편이 말하기를, "여보! 내가 밖에서 돌아올 때 기분이 나쁘고 짜증이 나고 화가 났을 때는 넥타이를 비뚤어지도록 매고 올 테니 당신이 보고 내가 넥타이를 비뚤어지게 매고 들어오는 날에는 당신이 나의 마음을 상하지 않도록 해주시오. 그러면 다투는 일이 없을 것이요" 했더니, 아내 가 하는 말이 "내가 집안에서 마음 상한 일이 있을 때는 어떻게 하지요"라고 물었습 니다. 그때 남편이 "당신이 치마를 비뚤어지게 입고 있으면 내가 당신 마음이 상하여 기분이 나쁜 줄 알고 조심하겠소"라고 약속했습니다.

그 후 어느 날 남편에게 직장에서 대단히 불쾌한 일이 생겼습니다. 그날 그 남편은 집에 들어올 때 넥타이를 귀 밑에까지 삐뚤어지게 매고 집에 들어왔습니다. 그것을 본 아내는 있는 정성을 다해서 남편을 편하게 하려고 노력을 했습니다. 그 결과 서로 다투지 않았습니다. 그 이튿날 부부는 아침을 먹으며 우리도 이제는 행복할 수 있게 됐다고 하며 좋아했습니다. 그런데 그날 저녁때가 문제였습니다. 아내는 남편이 돌아 올 때 즈음 집에서 화가 잔뜩 나서 신경이 날카로워졌습니다. 그래서 아내는 치마를 앞자락이 궁둥이까지 가도록 비틀어 입고 있었습니다. 그런데 남편도 그날따라 기분 나쁜 일이 있어서 넥타이를 45도가 되도록 비뚤어지게 매고 집안에 들어섰습니다. 그 러니 누가 누구를 위해줄 입장이 못 되는 상황이었습니다. 그래서 그만 두 사람이 옛 날처럼 다투고 말았다는 우스운 얘기가 있습니다.

어떻게 서로 원망하지 않고 행복하게 살 수 있겠습니까? 그것은 마음에 하나님 모 시고 사는 생활을 하는 것입니다. 다시 말해서 성령님을 모시고 살면 서로 양보하고 이해하고 "내 탓이요!"라고 생각하고 살게 됩니다. 여기에 행복이 있는 것입니다.

어떤 믿음이 좋은 장로님 댁에 이런 일이 있었답니다. 장로님 댁에 귀한 손님이 오 셔서 사랑방에서 유하셨는데 아침이 되어 며느리가 밥상을 준비해 가지고 손님방으 로 가다가 문 앞에서 볏가마니에 밥상이 걸려서 땅에 쏟아버리는 큰 실수를 저질렀답 니다.

며느리는 쥐구멍에라도 숨고 싶은 심정으로 당황하여 쩔쩔매고 있는데, 그때 시어 머니가 나오시더니 "아이고! 며늘아기야! 내 잘못이다. 내가 같이 거들지 못해 이렇게 됐구나. 내 잘못이다"라고 위로하시더랍니다.

그러던 중 밥상이 쏟아지는 소리를 듣고 달려 나온 시아버지는 "아이고! 내 잘못이구나! 그 볏가마니를 치운다는 게 그만 깜빡 잊어서 그렇게 됐구나"라고 하더랍니다. 이 집안에서는 오히려 모두 자기 잘못이라고 하니 싸울 일이 생겨도 싸우지 않았습니다. 이들은 하나님을 마음에 모시고 사는 사람들이기 때문입니다.

16~19절에 보면, 인간에게 영육 간 고통과 죽음이 왔습니다. 하나님을 떠난 인간은 영혼과 육체가 영원히 안식이 없는 불안과 초조 속에서 살게 되었습니다. 인간이 하나님의 계명을 범하므로 결국은 죽게 되었는데, 이 죽음이란 육체의 죽음과 영적인 죽음을 말하는 것입니다. 이 영육 간의 죽음은 모두 생명의 근원되신 하나님과 분리되는 것을 말하는 것입니다. 사탄은 하나님과 함께 사는 행복한 인간을 시기하여 범죄하도록 유혹하였는데, 결국 인간은 범죄함으로 영육이 하나님께로부터 분리되어 죽게 되었습니다.

Ⅲ. 범죄한 아담과 우리와의 관계

어떤 사람은 "아담, 하와가 범죄했는데 그것이 우리와 무슨 관계가 있습니까?"라고 묻습니다. 그러나 아담과 하와가 하나님 앞에 분명히 죄인이라면 그의 자손인 우리도 죄인임은 자명한 이치입니다.

예를 들어 여기 사과나무 한 그루가 있는데, 금년에 사과를 땄습니다. 내년에는 무엇이 열리겠습니까? 물론 계속 사과가 열릴 것입니다. 이와 같이 아담의 후손들은 모두 아담과 같은 씨인 죄인만 나오는 것입니다. 그러므로 창세기 2장 17절의 "반듯이 죽으리라"는 하나님의 선언대로 인간은 나면서부터 영혼과 육체가 죽을 수밖에 없는 존재인 것입니다. 그래서 성경은 "이러므로 한 사람으로 말미암아 죄가 세상에 들어오고 죄로 말미암아 사망이 왔나니 이와 같이 모든 사람이 죄를 지었으므로 사망이 모든 사람에게 이르렀느니라"고(롬 5:12) 했습니다.

어린아이가 세상에 나와서 죄를 배운다고 생각하십니까? 어린아이를 아무도 없는 산속에서 키워 보십시오. 그 아이의 마음속에도 역시 죄가 자란다는 사실을 곧 발견할 수 있을 것입니다. 죄라는 것이 어떤 만질 수 있는 물건이 아니라 "하나님과의 관계 단절"이기 때문입니다. 인간은 어디를 가나 하나님과 화해하지 못하면 죄 가운데 살게 되어 있습니다.

그러면 어떻게 하나님과 화해하여 하나님을 사랑하며 살 수 있습니까? 로마서 6장 23절 말씀에 "죄의 삯은 사망이요 하나님의 은사는 그리스도 예수 우리 주 안에 있는 영생이니라"고 하셨습니다. 이 말씀에 따르면, 인간은 죗값으로 모두 죽을 수밖에 없었으나, 죄 없는 예수 그리스도께서 내 죄를 위해 대신 피 흘려 죽으심으로 죄 씻음 받게 된다는 놀라운 말씀입니다.

이 진리를 믿는 자에게 영생으로 가는 길이 열렸습니다. 바로 예수 그리스도를 믿음으로 영이 다시 살게 되었고 육신은 이 세상에 살아 있는 동안에 예수님께서 재림하신다면 죽지 않고 영생하는 몸으로 변화 받아 영원히 살 것이요, 주님 재림 전에 죽는다면 주님 재림하실 때 죽지 아니할 몸으로 부활하여 영원히 살게 될 것입니다. "예수께서 이르시되 나는 부활이요 생명이니 나를 믿는 자는 죽어도 살겠고 무릇 살아서 나를 믿는 자는 영원히 죽지 아니하리니 이것을 네가 믿느냐"(요 11:25~26).

제3장

구원이 되시는 예수님

"이를 인하여 그는 새 언약의 중보니 이는 첫 언약 때에 범한 죄를 속하려고 죽으사 부르심을 입은 자로 하여금 영원한 기업의 약속을 얻게 하려 하심이라"(히 9:15).

Ⅰ. 무화과 나뭇잎의 종교(생명 없는 종교)

아담과 하와는 범죄 후 자기들의 부끄러운 죄를 가리기 위해서 우선 숲속으로 들어가 무화과 나뭇잎으로 치마를 만들어 몸을 가리었습니다(창 3:7). 이러한 행위는 인간이 자기의 부끄러운 죄를 가리고 스스로 의로워 보이려고 하는 自義종교의 범주라고 볼 수 있습니다.

얼마동안은 인간이 만든 나뭇잎 옷, 즉 自義의 옷도 괜찮아 보였습니다. 범죄한 인간은 이 옷을 입고 하나님과 사람의 눈을 속이면서 옳은 척 할 수도 있었습니다. 그러나 얼마 후 해가 뜨고 바람이 불자 스스로 만들어 입은 그 나뭇잎 치마는 말라서 움직이는 대로 모두 떨어져서 또 부끄러움이 드러나게 되었습니다.

이것은 무엇을 뜻합니까? 얼마 동안은 인간의 모습이 수양과 도덕으로 사람들 보기에 옳은 것 같이 보였지만 시간이 지난 후 상황이 바뀌면, 사탄의 유혹과 죄악의 세력 앞에 연약한 인간의 모습은 나뭇잎으로 만들어 입은 옷이 바싹 바싹 부서지듯이 큰 실망과 낙담을 줄 뿐 아니라, 자신의 모습은 모두 가증한 것뿐이요, 스스로 의롭게 보이려 했던 것은 여지없이 무너져 버리게 되었다는 것입니다.

그러므로 자기 의(義)로 구원 얻으려는 사람은 인간 앞에서는 옳게 보일지 모르나 하나님 앞에서는 어느 누구도 자기의 의로는 감히 설 수 없는 것입니다. 예를 들어 하나님은 "하라", "하지 말라"의 두 가지 계명에서 십계명을 주셨습니다. 그중에 제6계명이 "살인하지 말라"인데, 예수님은 다른 사람을 마음으로 미워만 해도 살인한 것이라고 했습니다. 그렇다면 이 세상에 살인하지 않은 자 누구란 말입니까? 이와 같이 도덕과 율법으로 의롭게 되는 것은 불가능한 것입니다. 인간이 부지중에 한 가지만 범해도 온 율법을 범한 자이기 때문입니다.

그렇습니다. 인간의 힘, 수양과 도덕 그리고 율법으로는 진정으로 인간을 의롭게 만들거나 인간에게 참 평안을 주지 못합니다. 그래서 인간들은 의롭게 되기 위하여 밤을 새워 울어도 보고 애를 쓰지만 점점 더 괴로울 뿐인 것입니다. 그러므로 세상의 도덕이나 종교에 들어가면 들어갈수록 진정한 도덕가와 종교가가 될지는 몰라도 죄덩이 인간으로는 불안과 번뇌 속에서 헤어 나오지 못하게 됩니다. 마귀의 독성에 쓰러진 인간으로는 도저히 하나님께 나아갈 수 없고 결국엔 죽음의 길에서 절망하여 눈을 감지 못하고 지옥 길을 가게 됩니다. 이것이 무화과 나뭇잎의 종교, 즉 인간의 힘으로 애써서 하나님을 찾아 가려는 인간이 만든 자의(自義)의 종교들입니다.

범죄한 인간이 하나님의 낯을 피해 숲속에 숨어 무화과 나뭇잎으로 옷을 만들어 입었듯이 인간이 무서운 사망의 원인인 죄를 없애고 하나님께로 나가려고 도덕과 수양 그리고 율법이라는 자의의 종교라는 나뭇잎으로 부끄러움을 가리려고 노력했지만 소용이 없었습니다.

이 세상에서 우리는 도덕이나 수양이나 율법이나 자의의 종교가 인간의 죄를 없애주지 못함을 알았습니다. 사실 도덕이나 수양이나 율법이나 종교는 인간의 죄를 깨닫게 해주는 역할만을 담당할 뿐입니다. 그래서 인간이 도덕이나 율법이나 종교 앞에 가까이 가면 갈수록 인간은 자신의 부족함과 허물만을 발견하게 될 뿐입니다. 그러면 범죄하여 사망선고를 받은 인간이 어떻게 구원을 얻을 수 있습니까?

Ⅱ. 가죽옷의 종교(생명의 종교)

하나님께서 범죄한 아담과 하와에게 양을 잡아 가죽옷을 지어 입혀주셨습니다. 창세기 3장 21절에 "여호와 하나님이 아담과 그 아내를 위하여 가죽옷을 지어 입히시니라"고 말씀하셨습니다. 하나님이 아담과 그 아내를 위하여 양이 피 흘려 죽음으로 얻은 가죽으로 옷을 지어 입힌 것은 인류의 죄를 사하시려고 하나님의 어린양 되신 예수 그리스도를 이 세상에 보내셔서 인류의 죄를 대신 지고 십자가에 죽게 하심으로 인간을 구원하실 경륜을 예표하신 것입니다.

아담과 하와가 지은 죄가 없어져야 하나님과 통하여 살길이 열리지 나뭇잎으로 옷이나 만들어 입었다고 하나님 보시기에 깨끗하게 보이는 것은 아닙니다. 하나님과 통하고 깨끗케 보이기 위해서는 우선 그 원인인 죄를 없애야 합니다. "육체의 생명은 피에 있음이라 내가 이 피를 너희에게 주어 단에 뿌려 너희의 생명을 위하여 속하게 하였나니 생명이 피에 있으므로 피가 죄를 속하느니라"(레 17:11), "피 흘림이 없은즉 사함이 없느니라" (히 9:22)고 말씀하셨습니다.

이 죄를 없애기 위해서는 죄의 값은 사망이고 피는 죄를 속하기 때문에 누군가 아담의 죄를 대신 담당하고 피를 흘려 죽어주어야 했습니다. 이 일을 하나님께서 해주셨는데 하나님은 양을 잡아 가죽을 벗겨 옷을 만들어 아담에게 입혀 주었습니다. 그러므로 범죄한 인간은 이 옷을 입기만 하면 됩니다. 즉 우리의 죄를 속(贖)하시기 위해서 십자가에서 피 흘려 죽으신 예수 그리스도를 믿기만 하면 우리는 구원을 얻습니다. 그래서 찬송가 257장 3절에 "나 같은 죄인이 용서함 받아서 주 앞에 옳다함 얻음은 확실히 믿기는 어린양 예수의 그 피로 속죄함 얻었네"라고 한 것처럼 오직 예수의 피로 속죄함을 받고 그분을 믿음으로 구원을 받았습니다.

세상의 종교는 구원받기 위해서 자기 힘으로, 자기의 선행이나 공로 같은 것으로, 하나님을 찾아가지만 결국은 좌절과 지옥뿐인 것입니다. 그러나 기독교는 인간이 자기의 노력으로 하나님을 찾아가는 것이 아니라 하나님께서 인간을 찾아 오셔서 구원을 이루어 놓으신 것을 믿으면 구원을 받게 됩니다.

그러나 세상에 사이비 종교가 아닌 모든 종교는 근본은 좋은 것입니다. 그러나 종교를 빛으로 비유한다면, 촛불은 전등이 없을 때, 전등은 태양이 없을 때 밝은 것처럼, 세상의 종교는 모두 빛과 같이 좋으나 예수님은 참 빛으로 오셨으므로 참 빛이 왔으니 인간들이 만든 모든 종교는 필요 없게 된 것입니다.

그러므로 요한복음 1장 9절에서 "참 빛 곧 세상에 와서 각 사람에게 비취는 빛이 있었나니"라고 말씀하셨습니다. 그러므로 예수님 앞에 나오면 종교 앞에 나가서 깨닫지 못한 자신의 죄가 있더라도 완전히 깨닫게 됩니다. 그리고 깨닫게만 되는 것이 아니라 영원히 해결 받게 됩니다.

Ⅲ. 왜 예수 그리스도께서 우리의 구주가 되시나?

1. 예수님은 죄 없는 분으로 오셨기 때문에 우리의 구주가 되십니다

"한 사람으로 말미암아 죄가 세상에 들어오고 죄로 말미암아 사망이 왔나니 이와 같이 모든 사람이 죄를 지었으므로 사망이 모든 사람에게 이르렀느니라"(롬 5:12).

죗값으로 멸망하게 된 인생은 죄가 없어져야 구원을 받아 영생을 얻게 됩니다. 그래서 예수님은 죄 없는 분으로서 죄를 없애려고 이 세상에 오셨습니다. "그가 우리 죄를 없이하려고 나타내신바 된 것을 너희가 아나니 그에게는 죄가 없느니라. … 죄를 짓는 자는 마귀에게 속하나니 마귀는 처음부터 범죄함이라 하나님의 아들이 나타나신 것은 마귀의 일을 멸하려 하심이니라"(요일 3:5~8) 하셨습니다.

이 세상의 모든 사람은 남자의 후손으로 왔습니다. 그런데 하나님의 말씀에 보면 신기하게도 여자의 후손이 이 세상에 온다고 예언되어 있습니다. 그 예언대로 예수님은 성령으로 처녀(동정녀) 마리아에게서 나셨습니다. 이러한 점은 예수님이 죄와는 상관없는 분이심을 우리에게 보여줍니다.

"여자의 후손은 네 머리를 상하게 할 것이요"(창 3:15). "보라 처녀가 잉태하여 아들을 낳을 것이요 그 이름을 임마누엘이라 하리라"(사 7:14). "때가 차매 하나님이 그 아들을 보내사 여자에게서 나게 하시고"(갈 4:4). "예수 그리스도의 나심은 이러하니라. 그 모친 마리아가 요셉과 정혼하고 동거하기 전에 성령으로 잉태된 것이 나타났더니 그 남편 요셉은 의로운 사람이라 저를 드러내지 아니하고 가만히 끊고자 하여 이 일을 생각할 때에 주의 사자가 현몽하여 가로되 다윗의 자손 요셉아 네 아내 마리아 데려오기를 무서워 말라 저에게 잉태된 자는 성령으로 된 것이라 아들을 낳으리니 이름을 예수라 하라 이는 그가 자기 백성을 저희 죄에서 구원할 자이심이라 하니라 이 모든 일의 된 것은 주께서 선지자로 하신 말씀을 이루려 하심이니"(마 1:18~23)라고 예언되어 있습니다.

이 세상 사람은 누구나 남자의 씨로 태어나는데, 즉 남자의 씨가 여자의 밭을 통하여 태어나는 것입니다. 사실 모든 인간은 남자의 후손이고 남자의 조상은 아담이고, 아담은 죄인이기 때문에 인생은 아무리 노력해도 죗값에 대한 문제를 해결할 수 없습니다. 그래서 성경은 "의인은 없나니 하나도 없으며"(롬 3:10)라고 말씀합니다.

다시 말해서 아담의 후손인 이 세상 사람은 한 사람도 의인이 없고 다 죄인이니 천하 인간으로는 대신 죽을 자격자가 없다는 것입니다. 그래서 죄 없으신 하나님께서 인간을 구원하시기 위해 하나님의 창조의 능력을 통해 여인의 몸을 빌려서 인간의 몸을 입고 오셨습니다. 이와 같은 사실을 사도 요한은 "말씀이 육신이 되어 우리 가운데 거하시매 우리가 그 영광을 보니 아버지의 독생자의 영광이요, 은혜와 진리가 충만하더라"(요 1:14)라고 하나님이 육신이 되어 오셨다고 기록했습니다.

하나님께서 사람의 몸을 입고 피를 가지고 오시기 위해서 사람의 몸을 빌려 오셨는데 죄인인 남자의 씨로는 되지 않으니 죄 없는 성령의 능력으로 동정녀에게서 잉태하여 오신 것입니다. 성령의 권능은 천지와 인간을 창조하신 능력입니다. 그러므로 예수님은 죄의 씨인 남자의 후손과는 전혀 관계가 없이 아담의 계통이 아닌 성령의 능력으로 하나님 계통으로 인간의 몸을 입고 오셔서 죗값을 지불하시고 사망의 문제를 해결하셨습니다.

이 사실을 믿을 때 하나님의 자녀가 됩니다. "영접하는 자 곧 그 이름을 믿는 자들에게는 하나님의 자녀가 되는 권세를 주셨으니 이는 혈통으로나 육정으로나 사람의 뜻으로 나지 아니하고 오직 하나님께로서 난 자들이니라"(요 1:12~13)고 말씀하셨습니다.

범죄한 인간이 예수님을 영접할 때, 하나님의 자녀가 되고 구원을 받게 됩니다. 성령의 능력으로 동정녀의 몸을 빌려 이 세상에 오신 예수님은 원죄와 자범죄가 없으므로 이 세상에서 온 인류를 위해 십자가에서 죽으시고 죗값을 지불하셨으며 무덤에까지 내려가 장사되었다가 그것을 다시 뒤집어 부활 승천하여 영생으로 가는 길을 만드셨습니다. 인간이 죄를 범하므로 하나님께로 가는 길이 막혔었는데 하나님이신 예수님께서 오셔서 죗값인 사망의 대가를 치르시려고, 십자가에서 생명인 피 흘려 죽으심으로 하나님과 인간 사이의 죄의 담을 헐어 없애시니 하나님께 가는 길이 열렸습니다.

그래서 예수님께서 "나는 길이요 진리요 생명이니 나로 말미암지 않고는 아버지께로 올 자가 없느니라"(요 14:6)고 말씀하셨습니다. 사도 베드로는 "다른 사람으로는 구원을 얻을 수 없나니 천하 인간에 구원 얻을 만한 다른 이름을 우리에게 주신 일이 없음이니라"(행 4:12)고 말했습니다. 석가나 공자는 위인이나 종교가는 될 수 있어도 죄의 문제를 해결할 수 있는 인간의 구주는 될 수 없습니다. 모두가 아담의 후손이기 때문입니다. 그러나 예수님은 성령으로 잉태하사 남자의 후손이 아닌 여자의 후손으로, 즉 죄 없으신 분으로 인류의 죗값을 모두 해결해 주시려고 이 땅에 오셨으므로 인류에게 영생으로 가는 길을 열어 놓으셨습니다.

2. 예수님은 십자가에 죽으셨기 때문에 우리의 구주가 되십니다

예수님은 하나님의 계획된 섭리에 따라 예언대로 성령으로 잉태되어 여인의 후손으로 오셔서 십자가에 죽으시고 무덤에 내려갔다가 삼일 만에 부활하시고 승천하시므로 구원을 완성하셨습니다. 나는 성지순례 할 때 "비아돌로로사"(십자가의 길)를 걸으며 주님의 십자가의 고난을 생각하며 은혜를 받았습니다.

전통적인 라틴어 "비아 돌로로사"(Via dolorosa)로 불리는 '십자가의 길' 혹은 '고통의 길'은 예수님께서 빌라도에게 심문을 받은 빌라도 법정에서 시작됩니다. 법정에서 예수님의 무덤이 있는 골고다까지를 14지점으로 나누어 "14처의 거리"로 부릅니다. 14처의 각 지점은 다음과 같습니다.

1처: 빌라도 법정, 예수님께 사형선고가 내려진 곳(마 27:26). 2처: 군인들이 예수님께 가시 면류관을 씌우고 예수님께 십자가를 지게 한 곳. 3처: 예수님께서 십자가를 지고 가다 처음으로 쓰러진 곳. 4처: 슬픔에 잠긴 성모마리아를 만났다는 곳. 5처: 구레네 사람 시몬에게 예수님의 십자가를 대신 지게 했다는 곳(마 27:32). 6처: 베로니카가 예수님의 얼굴을 닦아 드렸다는 곳. 7처: 예수님께서 두 번째 쓰러진 곳. 8처: 예수님께서 예루살렘 딸들에게 위안의 말씀을 한 곳(눅 23:27~31). 9처: 예수님께서 세 번째 쓰러진 곳. 10처: 골고다지역, 예수님의 옷을 벗긴 곳. 11처: 예수님을 십자가에 못 박은 곳. 12처: 예수님의 십자가가 서 있었다는 곳. 13처: 예수님의 몸이 십자가에서 내려진 곳. 14처: 예수님의 무덤자리.

주님 가신 길

김영기 사/곡

이 14처 중 9개처 즉, 1, 2, 5, 8, 10, 11, 12, 13, 14처는 성서에 의해 정해진 곳이며 나머지는 여러 시대 전승에 의거 추정된 것입니다. 예수님은 우리를 구원하시려고 우리의 죄를 대신 지고 저주를 받으사 십자가에서 죽으셨습니다.

“친히 나무에 달려 그 몸으로 우리 죄를 담당하셨으니”(벧전 2:24).

“그가 우리 죄를 없이 하려고 나타내신바 된 것을 너희가 아나니”(요일 3:5).

“우리를 위하여 저주를 받은바 되사 율법의 저주에서 우리를 속량하셨으니”(갈 3:13)라고 말씀하셨습니다.

예수님은 나를 위하여 저주를 받으셨습니다. 그리고 오늘도 나를 위하여 아픔을 참고 계십니다. 나 때문에 고난받으셨으니 생각만 해도 고마우신 분입니다. 무거운 십자가를 지시고 골고다를 향해 가실 때 힘없이 쓰러지면 로마 군병들은 가시 채찍으로 무자비하게 때렸던 것입니다. 예수님은 무엇 때문에 이와 같은 가시 면류관과 쓰리고 아픈 십자가를 지셨습니까? 무한한 영광을 받으셔야 할 예수님께서 왜 인자스런 머리에 치욕된 가시관을 쓰시고 붉은 피로 얼굴을 덮으시고 벌거벗은 몸으로 십자가에 달려 돌아가셨습니까? 다름 아닌 저와 여러분의 죄를 없애 주시기 위해 대신 저주를 받으신 것입니다. 로마 군병들은 망치를 들고 잔인하게 예수님의 손과 발에 못을 박았습니다.

살가죽이 터지고 찢어지고 뼈가 부서져 붉은 피가 흘러 내렸습니다. 옆구리에는 창에 찔리셔서 물과 피를 남김없이 쏟아 우리의 죄를 씻어 주셨습니다. 우리 모두 신령한 눈을 떠서 갈보리 산의 고난과 십자가를 바라봅시다. 예수님이 나 위하여 나 대신 십자가 지셨음을 바라보고 여러분 앞에 쓰리고 고난스럽고 억울한 일이 닥쳐올지라도 예수님이 나 위해 대신 지신 십자가를 생각하고 주님의 은혜를 깊이 간직하여 일생을 감사함으로 주께 헌신하시기 바랍니다.

내 영혼이 은총 입어

438

하나님의 나라는 너희 안에 있느니라
(눅 17:21)

C. F. Butler. 1898

보통으로

WHERE JEJUS IS TIS HEAVEN: 8. 8. 8. 8. REF

J. M. Black. 1898

이와 같은 구원의 비밀을 확실히 알고 구원의 확증을 얻어 놓으면 자기 속에서 소리 없이 믿음의 부흥이 일어나게 되고 헐벗고 굶주린 고난의 골짜기에서도 우리 성도들은 "주여 감사합니다"라고 고백하게 됩니다. 성도들은 병상에서도 천국을 그리워하며 감격의 눈물로 찬송하고 어려운 생활 속에서도 찬송하게 되는 것입니다.

이 세상은 나그네 길

이와 같이 죄 사함의 은혜, 곧 구원의 확신을 얻게 되면 언제든지 마음속에 기쁨이 넘치고 마음이 열리고 입이 열려 찬송이 흘러나오게 됩니다.

3. 예수님은 부활하셨기 때문에 우리의 구주가 되십니다

성경에 무덤이란 말이 80여 회 나오는데 인간의 시체를 매장한 곳을 의미합니다. 인간이 살고 간 곳에는 무덤이 남게 되는데 무덤이 있는 곳은 인간이 살았었다는 증거입니다. 이 무덤은 인간의 모든 것을 매정하게 묻어버린 비참한 곳입니다. 그래서 인생은 누구나 이 무덤을 불쾌하게 생각합니다. 그러면서도 사람들은 무덤을 꾸미느라고 많은 수고를 합니다.

우리나라에도 많은 왕릉이 발견되고 있습니다. 경주에 가보면 작은 동산 같은 왕의 무덤들이 있는 것을 보게 됩니다. 경주에 천마총(天馬冢)이란 개방된 왕릉을 관광한 적이 있는데 왕의 시체는 모두 썩어 없어졌으나 그 몸에 금으로 장식했던 장신구는 옛 모습대로 남아 있는 것을 볼 수 있었습니다.

무덤을 어떻게 꾸몄나 하는 것을 보게 되면 그 사람의 과거를 알 수 있게 됩니다. 특히 애굽의 쿠프왕(이집트 제4왕조의 제2대왕 B.C.2589~B.C.2566)의 무덤은 110만 명의 노동자가 3개월씩 교대로 20년 동안 만든 피라미드로 세상 사람들이 다 놀라는 무덤입니다. 나는 이집트에 갔을 때 이 피라미드의 가장 꼭대기 속에 위치한 무덤에까지 올라가 봤는데 피라미드의 중심부에 좁다란 굴을 뚫어 무덤 꼭대기까지 올라가도록 되어 있으므로 그곳에 올라갔다 내려오니 온몸이 땀으로 범벅이 되었습니다.

불교에서는 석가의 유해를 금, 은, 놋으로 장식된 유리관에 넣어서 무덤을 만들고 그 위에 탑을 세워 사리탑이라고 거기에다 경배를 합니다. 유교의 공자도 산동성 곡부에 무덤을 만들어 놓고 그곳에 해마다 제사를 지냅니다.

마호메트도 마찬가지입니다. 오래전에 아라비아 사막에서 한 대상이었던 기독교인과 회교도가 서로 만났답니다. 그들은 서로 자기가 믿는 종교를 자랑하다가 회교도가 우리들은 기독교에 없는 것을 가지고 있다고 자랑을 하면서 아라비아의 메카에 가면 교주 마호메트의 웅장한 무덤이 있냐는 것이었습니다. 그러나 기독교는 예루살렘에 예수님의 무덤이 없지 않느냐는 것이었습니다. 그러자 기독교인은 웃으면서 당신이 기독교를 바로 보았다고 말하며 무덤이 없으니 참 생명이 있는 종교이지, 만일 예수께서 죽어서 무덤에 묻혔다면 어떻게 인류의 구주가 될 수 있겠느냐고 말했다고 합니다.

예수님은 십자가에 못 박혀 죽으셨고 시체는 아리마데 요셉과 경건한 니고데모에 의해 무덤에 장사된 이 역사적 사실을 부정할 사람은 아무도 없습니다. 그러나 이 유명한 예수님의 무덤은 이 세상 어디에도 남아 있지 않다는 사실을 역사가 증명해 주고 있습니다. 예수님께서는 무덤을 인봉해 놓고 지키고 있던 로마의 권세와 사망의 권세를 이기시고 다시 살아나셨습니다. 그러므로 기독교는 무덤과 관계없는 생명의 종교인 것입니다. 이 세상의 교주는 모두 무덤이 있고 그것을 자랑합니다. 그러나 주님의 무덤은 비어 있습니다. 부활하셨기 때문입니다.

나는 성지에 세 번 다녀왔는데 주님의 빈 무덤에 들어가 봤습니다. "이제는 우리 구주 그리스도 예수의 나타나심으로 말미암아 나타났으니 저는 사망을 폐하시고 복음으로써 생명과 썩지 아니할 것을 드러내신지라"(딤후 1:10)고 말씀했습니다.

예수님은 사망을 폐하시고 부활하셨으므로 인류의 구주가 되셨습니다. 죗값은 사망입니다. 이 세상에서는 죗값의 결과인 죽음을 없이할 자는 한 사람도 없습니다. 왜냐하면 아담의 후손, 즉 남자의 후손 중에는 의인이 없기 때문입니다(롬 3:10). 우리 주님은 우리를 위해 오셔서 우리들의 죄의 대가인 사망을 없애려고 죽으시고 다시 살아나셔서 나의 죄, 아담의 죄, 온 인류의 죄를 해결하셨습니다. "예수는 우리 범죄함을 위하여 내어줌이 되고 또한 우리를 의롭다 하심을 위하여 살아나셨느니라"(롬 4:25)고 말씀했습니다.

예수님이 죽음을 없애주시고 믿는 자에게 영생을 주셨습니다. 이 세상에는 아무도 죽음을 없이할 자는 없습니다. 아무리 영웅호걸이라도 죽으면 무덤에 들어가고 무수한 사람들이 마지막 무덤 앞에서는 쓸쓸히 돌아서는 것이 인생이지만 예수 안에 있는 자들은 죽음의 공포가 사라지는 것입니다. "내가 진실로 진실로 너희에게 이르노니 내 말을 듣고 또 나 보내신 이를 믿는 자는 영생을 얻었고 심판에 이르지 아니하나니 사망에서 생명으로 옮겼느니라"(요 5:24)고 하셨습니다. 이처럼 예수님은 우리의 죽음의 문제를 청산하셨습니다.

그리고 부활의 소망을 주셨습니다. 믿는 자의 죽음은 생의 변태(變態)입니다. 마치 굼벵이가 매미 되고 장구벌레가 잠자리가 되는 것처럼, 믿는 자의 죽음은 탈바꿈인 것입니다.

예수님의 부활을 믿는 자에게는 부활이 예비 되어 있는 것입니다. 주님께서 죽은 나사로를 가리켜 잔다고 말씀하셨는데 이것은 예수님이 오실 때 성도는 신령한 부활을 하기 때문입니다. 그래서 앞서 간 성도들은 성도의 죽음을 나그네가 고향으로 돌아가는 것이라 했습니다. 그러므로 사도 요한은 "주 안에서 죽은 자는 복되다"(계

14:13)고 했습니다. 이와 같이 예수님은 우리의 죽음을 없애기 위해 오셨으니 그 얼마나 감사한 일입니까?

예수님께서 요한복음 15장 1~2절에 예수님은 포도나무요 우리는 그 가지라고 말씀하셨습니다. 포도나무와 가지는 한 생명으로 사는 공동체입니다. 이것은 성도는 주님과 같이 영원히 사는 것을 말한 것입니다. 비록 가난하고 외롭고 초라해도 나는 이 세상에서 하나님 나라와 직결된 생애를 보낸다는 것을 생각하면 아무리 가난하고 어려워도 기쁨으로 이길 수 있을 것입니다.

예수 그리스도를 믿는 자는, 예수 그리스도의 보배로운 피로 구속받아서 하나님의 자녀가 된 것입니다. 그리고 이 세상에서 주님 뜻대로 살다가 이 세상을 떠나 주 앞에 설 때에 주님께서 주시는 영화로운 면류관을 받아쓰고 천국에서 영생복락을 누리게 됩니다.

제4장

생활에 승리를 주시는 예수님

어느 가난한 가정에서 생긴 일을 소개합니다. 어려운 살림살이를 꾸려가는 아내가 남편에게 말합니다. "여보~! 우리 쌀 떨어졌어요, 연탄도 다 떨어졌고요, 그리고 우리 아이 운동화도 떨어졌고요, 또 등록금도 내야 하고 집세도 밀렸어요!"

이 가정에는 없는 게 너무 많습니다. 그런데 이 많은 것을 해결할 수 있는 것은 단 하나인데, 그것은 돈입니다. 돈만 있으면, 쌀도, 연탄도, 운동화도 모두 다 살 수 있는 것입니다.

마찬가지로 우리 성도들에게도 많은 문제가 있습니다. 그런데 그것을 해결할 수 있는 길이 하나 있습니다. 그것은 성령 충만함으로 다 해결될 수 있는 것입니다. 그러므로 성령을 충만히 받아 모든 문제에서 해결 받는 성도들이 되시기를 주의 이름으로 축원합니다.

예수님께서 "예루살렘을 떠나지 말고 내게 들은 바 아버지의 약속하신 것을 기다리라 요한은 물로 세례를 베풀었으나 너희는 몇 날이 못 되어 성령으로 세례를 받으리라"(행 1:4~5), "볼 지어다 내가 내 아버지의 약속하신 것을 너희에게 보내리니 너희는 위로부터 능력을 입히울 때까지 이 성에 유하라"(눅 24:49)고 말씀하셨습니다.

위의 말씀은 십자가에 못 박혀서 죽으시고 무덤에 장사되어 삼일 만에 다시 부활하신 예수님이 사십일 동안 세상에 머물러 계시면서 하늘로 승천하시기 직전에 제자들에게 분부하신 말씀입니다.

예수님이 이렇게 말씀하신 이유는 다음과 같습니다. 예수님이 승천하면 제자들만 남게 되니 예수님 없는 이 시대에 제자들이 자신들의 힘만으로 살아 갈 수 없으므로 위로부터 능력을 힘입어서 승리하라는 말씀입니다. "위로부터 능력을 입히울 때까지"라고 했는데 여기에 사용된 "능력"은 "두나미스(δυναμις)", 즉 힘을 말하는 것입니다.

힘에는 두 가지가 있는데, 하나는 자력(自力)과 다른 하나는 타력(他力)인데 예를 들어서 말한다면 자전거를 타고 가는 것은 자력이고, 오토바이나 자동차를 타고 가는 것은 타력이라고 말할 수 있습니다. 만일 사람이 자력으로 자전거를 타고 간다면 얼마가지 못해서 자신의 힘이 다하므로 멈출 수밖에 없습니다.

그러나 오토바이나 자동차를 타고 가면 자신의 힘을 들이지 않아도 쉽게 갈 수 있습니다. 예를 들어 말하면 아시아의 물개라는 별명을 가진 조오련 선수가 수영으로 현해탄을 건넜다고 할지라도 태평양은 건널 수 없는 것입니다.

인간의 자력은 한계가 있기 때문입니다. 그러나 배나 비행기로는 쉽게 건널 수 있습니다. 이는 배나 비행기가 인간의 힘이 아닌 타력이기 때문입니다. 바로 예수님께서 말씀하신 "위로부터 오는 능력"은 인간의 자력이 아닌 하나님께로부터 오는 성령의 능력을 말하는 것입니다.

I. 성령의 위격

우리가 성령 충만을 받기 전에 먼저 성령님이 누구신가를 바로 이해해야 할 필요가 있습니다. 베드로 사도는 성령님을 하나님이라고 말했습니다(행 5:3~4). 예수님은 성령님을 진리의 영, 다른 보혜사라고 말씀했습니다(요 14:16~17). 진리의 영은 예수님의 영이란 말입니다(요 14:6). 또 다른 보혜사라고 했는데 보혜사란 말은 "위로하다", "돕기 위해 부름 받은 자"란 뜻입니다.

다시 말해서 병약한 사람이 혼자는 걸을 수 없으나 힘 있는 청년들이 좌우에서 부축해 주므로 그들의 힘으로 걸을 수 있게 되었을 때 이 청년을 노약자의 보혜사라고 설명할 수 있는 것입니다. 이것은 인간들은 다 약해서 스스로 이 세상을 살아갈 수 없지만 성령님께서 앞에 오셔서 도와주시면 승리로운 삶을 살아갈 수 있다는 의미입니다.

헬라어에는 "다른"이란 두 개의 단어가 있는데 그 하나는 "알로스"(αλλος)로서 똑같은 종류 중에서 다른 하나를 말하는 것이고, 다른 하나는 "헤테로스"(ἕτελος)로서 질적으로 서로 다른 것을 말하는 것입니다. 예수님께서 요한복음 14장 16절 "다른 보혜사"를 보내겠다는 말은 "알로스 파라 클레토스"(αλλος παρα κλετος)라는 말로써 질적으로 예수님과 똑같은 다른 분을 보내주시겠다는 말씀입니다. 그러므로 성령은 삼위일체 하나님의 제3위이십니다.

Ⅱ. 지금은 성령시대

성서적으로 시대를 크게 나누어 성부시대, 성자시대, 성령시대로 나눌 수 있는데, 구약시대는 성부시대요, 신약시대를 성자시대라고 한다면 오늘의 시대는 성령시대입니다. 구약시대는 하나님께서 선지자들과 예언자들과 함께 성령으로 일을 했고, 신약시대에 와서는 예수님께서 제자들과 함께 성령으로 일을 하셨습니다.

오늘날에는 예수님께서 구속사업을 완성하시고, 부활, 승천하시고 성령 강림하시므로 성령님이 중심이 되셔서 주의 종들과 함께 일을 하십니다. 이와 같은 사실을 요엘 선지자는 "말세에 만민에게 성령을 물 붓듯이 부어 주시겠다"(욜 2:28~32)고 예언했던 것입니다.

그러므로 오늘날을 사는 성도들에게 성령세례는 반드시 필요한 것이며 또 믿는 자는 누구나 받도록 약속되어 있는 것입니다. 베드로 사도께서 "너희가 회개하여 각각 예수 그리스도의 이름으로 세례를 받고 죄 사함을 얻으라. 그리하면 성령을 선물로 받으리니 이 약속은 너희와 너희 자녀와 모든 먼데 사람 곧 주 우리 하나님이 얼마든지 부르시는 자들에게 하신 것이라"(행 2:38~39)고 했습니다.

여기에서 "너희와 너희 자녀"라 함은 그 당시로부터 오늘에 이르기까지요, "먼 데 사람", "얼마든지", "부르는 자들"이라 함은 전 세계 어느 지역이든지 다 포함된 것을 말한 것입니다. 그러므로 오늘을 사는 모든 믿는 성도들은 모두 성령 받을 수 있는 것을 조금도 의심 없이 믿어야 하는 것입니다.

Ⅲ. 구원받은 모든 성도가 받아야 할 성령 충만

어떤 사람들은 로마서 8장 9절에 "그리스도의 영이 없으면 그리스도의 사람이 아니니라" 했으므로 구원받은 그리스도인들은 성령을 받을 필요가 없지 않나라고 말합니다. 그러나 오늘 말씀 드리는 것은 성령 충만을 받아야 한다는 말입니다.

제자들의 경우를 보면 알 수 있습니다. "이미 목욕한 자는 발밖에 씻을 필요가 없느니라"(요 13:10~11), "너희는 내가 일러준 말로 이미 깨끗하였으니"(요 15:3).

위의 말씀으로 보아 제자들은 구원받았습니다. 그러나 아래의 말씀을 보면 거듭난 제자들이 성령을 받아야 함을 알 수 있습니다. "요한은 물로 세례를 베풀었으나 너희는 몇 날이 못 되어 성령으로 세례를 받으리라"(행 1:5), "성령을 받기까지 이 성에 유하라"(눅 24:49) 했습니다.

이해를 돕기 위해 더 설명하겠습니다.
고린도전서 2장 14절~3장 3절까지 보면 세 종류의 사람이 나옵니다.
첫째로 육에 속한 사람(ψυχικος·프쉬키코스)(고전 2:14)입니다. 그 뜻은 성령을 거부하고 인간의 혼으로 구원 얻으려는 사람을 말합니다.
둘째로 육신에 속한 사람(σαρκικος·사르키코스)(고전 3:3)입니다. 그 뜻은 구원은 받았으나 육신의 육욕에 끌려 사는 사람을 말합니다.
셋째로 신령한 사람(πνευματικος·프뉴마티코스)(고전 3:1)입니다. 그 뜻은 예수를 닮은 사람, 성령에 이끌려 사는 사람을 말합니다.
여기에서 두 번째 육신에 속한 사람은 성령 충만을 받아야 할 사람입니다.

성령께서 우리 인간들에게 역사하심을 세 가지로 말하여 설명하겠습니다.

첫째, 성령의 감동 감화하심이 있습니다.
이는 성령께서 온 인류에게 지금도 끊임없이 예수 그리스도를 영접하고 하나님을 믿도록 감동과 감화를 주시는 역사입니다. 누구도 성령의 감동 감화가 없이 구원받은 사람이 없습니다.

둘째, 성령의 내재하심이 있습니다.

이는 고전 3:3의 육신에 속한 자로(σαρκικος・) 구원을 받았으나 내 마음의 왕좌에 예수님을 모시지 않고 자기가 아직도 주인으로 앉아 있는 상태입니다. 주님을 섬기는 게 아니고 부리며 살려는 자세요, 주님 뜻대로 되기를 원하는 게 아니라, 모두 내 뜻대로 되기만 원하는 어린아이 같은 육신에 속한 상태입니다. 이러한 상태의 신자는 성령 충만을 받아야 합니다.

셋째로, 성령의 충만하심이 있습니다.

이는 고전 3:1의 신령한 사람으로(πνευματικος・) 성령님이 내 마음의 왕좌에 앉으시고 나는 그 발아래 엎드려 주님 명령을 따라 사는, 즉 살든지 죽든지 주를 위해 먹든지 마시든지 무엇을 하든지 주의 영광을 위해서 살아가는 어른과 같은 상태입니다.

그래서 바울 사도의 고백과 같이 "내가 살아도 주를 위해 살고 죽어도 주를 위해 죽나니 사나 죽으나 주의 것이로다"(롬 14:8)라는 주님 중심의 신앙생활을 하게 되는 것입니다. 우리 성도들은 이와 같은 성령 충만을 받아야 합니다.

성령강림
C. W. Fry (1837- 1882)
보통으로

불길 같은 성신여

184

이것이 네 입에 닿았으니... 네 죄가 사하여졌느니라
(사 6:7)

WAITING FOR THE FIRE: 7. 7. 7. 7. REF
Old English Air.

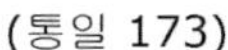
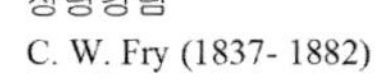

Ⅳ. 성령 충만을 받아야 할 이유

1. 영적 삶에 승리를 위하여 성령 충만을 받아야 합니다

　구원받은 성도라도 인간은 신이 아니므로 육체의 연약성과 죄성이 있어 현실적으로 보고, 듣고, 생각하는 것, 모두가 시험거리이기 때문에 신령한 영적 생활에 승리하기 위해서는 성령의 충만함이 필요합니다.

　나는 유럽을 여행하면서 지중해변 로마의 남부에 있는 세계 3대 미항 중의 하나인 나폴리 항구를 구경한 적이 있습니다. 그곳은 세계 선박 왕으로 유명한 오나시스 같은 부자들이 호화로운 유람선을 띄워 놓고 신선처럼 즐기면서 살았던 아름다운 곳입니다. 그런데 이 지중해에 '안토모에사'란 섬에 사이렌이란 요정들이 음탕한 노래로 선원들을 유혹하여 선원들이 그 음탕한 여신들의 노래 소리에 빠져 노를 젓지 않고 넋을 놓고 있는 사이 배가 암초에 부딪쳐 목숨과 물건을 모두 빼앗아가기 때문에 이 섬을 무사히 지나가는 배가 없었습니다. 그 섬을 통과해야 하는 얄개노라는 선장은 근심에 싸여 있었습니다. 그때 그 소리를 들은 음악의 신(神)인 오르페우스가 음탕한 사이렌 여신들을 대항하여 나섰습니다. 오르페우스는 하프를 들고 뱃머리에 서서 선원들을 향해 "우리의 노래를 부르자!"고 독려하며 선창을 했습니다.

　모든 선원들은 용기를 얻어 우렁차게 노래를 부르며 노를 저어 나갔습니다. 우렁차게 노래를 부르는 선원들의 귀에는 요정들의 유혹하는 노래가 들릴 리가 없었습니다. 그들은 무사하게 그 섬을 빠져 나갈 수가 있었습니다. 그 후 그 노래하는 여신들은 그 죗값으로 벌을 받아서 외롭게 바다를 바라보는 바위가 되었다는 전설이 있습니다.

　이 이야기의 내용에서 나는 다음과 같이 생각해 보았습니다. "암초가 많은 바다는 세상이요, 노래하는 여신들은 악한 사탄의 유혹이요, 그 배에 탄 선원들은 성도들이요, 그리고 그 선원 중 노래하던 오르페우스는 성령으로 비유할 수 있겠구나!" 그렇습니다. 세상의 유혹이 아무리 무서워도 우리의 심령에 모신 성령님의 노래 소리가 더욱 좋으니 이 세상을 이기고 또 승리의 삶을 살게 되는 것입니다.

2. 장차 신랑 되신 예수님을 만나기 위해서 성령 충만을 받아야 합니다

"이기는 그에게는 내가 내 보좌에 함께 앉게 하여 주기를 내가 이기고 아버지 보좌에 함께 앉은 것과 같이 하리라"(계 3:21) 구원받은 성도는 예수님과 약혼한 처녀의 입장이 된 것입니다. 구원받은 성도는 순결을 지키며 신랑 만날 준비를 잘하여 그날을 고대하며 살아야 합니다.

어느 마을에 오순익이라는 아리따운 처녀가 있었습니다. 처녀의 집은 남부럽지 않은 생활을 하고 있는 넉넉한 가정으로 양친부모 슬하에서 귀하게 자랐습니다. 혼기가 되어 여러 곳에서 청혼이 들어와 좋은 조건의 청년을 만나게 되었습니다. 그 청년의 가정도 부유하였고 청년은 모 대학 의과대학생으로 앞날이 밝은 환경이어서 양가 부모 친척들의 축복을 받으며 약혼을 했습니다. 두 사람은 서로 사랑하고 꿀맛 같은 교제를 하며 결혼할 날만을 기다렸습니다. 그러던 중에 약혼한 청년이 유학하고 돌아와 결혼하기로 약속하고 그 청년은 미국으로 떠났습니다.

그 후로 얼마 동안은 편지 연락이 잘 되었는데 차츰 횟수가 멀어지더니 2년, 3년이 지난 다음부터는 편지가 끊기고 말았습니다. 세월은 흐르고 양가의 부모님들과 당사자인 처녀는 기다리다 지쳤습니다. 기다리다 지친 처녀는 중신애비들의 들락거림에 못 견디어 다른 곳으로 결혼하고 말았습니다. 처음 결혼생활은 행복했으나 얼마 후 사업이 망하고 보니 그 남편은 비관과 함께 술로 세월을 보내며 좌절과 슬픔과 고독 속에 지내는 나날이었습니다. 그 가정은 가난 속에서 헤어 나오지 못하고 빈민촌에서 찢어진 천막을 거처로 삼고 밑바닥 인생의 삶을 살고 있었습니다. 한편 전의 그 약혼자는 공부를 마치고 훌륭한 의사가 되어 귀국하여 보니 철썩 같이 믿었던 약혼녀가 다른 사람과 결혼했다는 소식을 듣게 되었습니다. 그래서 그는 약혼녀를 단 한 번이라도 보고 싶은 마음에 여러 갈래로 수소문하여 중간에서 주선해주는 사람을 통하여 만나볼 수는 있으나 어디 사는지를 가르쳐 줄 수는 없다는 조건으로 한 번 만나게 해 준다는 약속을 받아냈습니다. 그들은 만날 장소와 시간을 정하여 서울역 시계탑 앞에서 만나기로 약속을 하였습니다. 옛 약혼녀 오순익 씨는 낙심과 실망 중에 남편에게는 알리지 않고 자기 혼자 생각 끝에 만날 장소에 미리 가서 기다리다가 그 옛 약혼자의 모습이라도 보고 올 마음으로 약속 장소에 미리 가서 기다리는데 시간이 되자 옛 약혼자가 나타나 두리번거리며 자기를 애타게 찾는 것이었습니다. 그때 그 여인은 자기의 초라한 모습에 비하여 훌륭하게 변해버린 옛 약혼자의 모습을 보고 감히 그 앞에 나설 수 없어서 눈물을 머금고 돌아서고 말았습니다.

그의 남편은 그 후 완전 실패하여 살길이 어려워지자 시흥동 철거민촌 산꼭대기에 셋집을 얻어 이사 왔는데 그 후 남편은 실의에 찬 나머지 더욱 심하게 술을 먹게 되고 그 후 알코올 중독자가 되어 길거리를 헤매며 하늘을 지붕 삼고 길거리를 안방 삼아서 살아가는 폐인이 되어 살다가 세상을 떠났습니다. 나는 이 여인을 우리 교회에 전도하여 깊은 믿음을 심어주었습니다. 그리고 그 후 집사에 임명함으로써 새로운 삶을 살아갈 수 있도록 옆에서 기도하고 이끌어주었습니다. 그 집사님은 정말 새로운 인생을 설계하면서 열심히 믿고 성실히 살아가고 있었습니다. 그러던 어느 날 추석 전날 밤 시장 노점에서 비를 맞으며 과일을 팔다가 하나님의 부름을 받고 말 한마디 남기지 못한 채 젊은 나이에 세상을 떠나고 말았습니다. 나는 이 애처로운 오순익 집사님의 장례식을 교우들과 함께 치르면서 주님 재림에 대한 말씀의 오묘하신 뜻을 새삼 느끼었습니다.

성도 여러분! 이 집사님은 옛날 약혼자가 성공하여 돌아왔으나 자신의 입장을 그 앞에 떳떳이 나타낼 수 없는 몸이 되었던 것입니다. 우리들도 마찬가지입니다. 신랑되신 우리 주님이 천만천군 천사와 함께 영광 중에 다시 오실 때 신부로서 맞이하려면 신앙의 정절을 잘 지켜 영적 승리자로써 주님을 영접해야 할 것입니다.

3. 장차 상급을 받기 위하여 성령 충만을 받아야 합니다

앞으로 주의 나라가 임하시면 구원은 누구나 믿음으로 동일하게 받으나 상급은 행한 대로 받게 됩니다. 장차 주의 나라에서 주와 같이 왕권을 가지고 보좌에 앉을 자들도 있고(계 3:21, 19:7~8, 20:4~), 어떤 사람은 백성의 자격으로 들어갈 자도 있습니다(계 7:9~17).

예수님 믿고 구원받은 자는 지옥심판은 없습니다. "내가 진실로 진실로 너희에게 이르노니 내 말을 듣고 또 나 보내신 이를 믿은 자는 영생을 얻었고 심판에 이르지 아니하나니 사망에서 생명으로 옮겼느니라"(요 5:24), "그러므로 이제 그리스도 예수 안에 있는 자에게는 결코 정죄함이 없나니"(롬 8:1)라고 말씀했습니다. 위의 말씀들은 성도는 그리스도를 믿는 그 믿음 안에서 구원이 보장되었음을 말하는 것입니다.

이스라엘이 출애굽하기 직전 큰 사건이 생겼습니다. 바로가 이스라엘을 해방시켜 주지 않으므로 하나님께서 모세를 통해 10가지 재앙을 내렸는데 그중에 마지막 재앙은 애굽의 맏아들이 죽는 재앙을 내렸습니다. 그때에 이스라엘 백성과 애굽 백성을 구별하기 위해 이스라엘 백성들에게는 양을 잡아 그 피를 문설주에 발라 놓고 그 안에 있으라 했습니다. 하나님의 사자들이 애굽 천지를 다니며 맏자식의 생명을 치실 때 이스라엘 백성들은 하나님과 약속한대로 그 문에 양의 피를 발라 놓았으므로 그 문의 피를 보고 그저 넘어 갔었습니다. 집안에 있던 자는 누구나 안전했습니다. 이것이 바로 어린양 되신 예수그리스도의 구속과 피의 역사를 모형한 사건이었습 ,다(출 12:1~36). 그러므로 예수님의 보혈을 믿는 믿음 안에는 확인할 것도 없이 구원이 이루어지는 것입니다.

구원은 하나님의 보혈을 믿음으로 누구에게나 차별이 없이 이루어지지만 상급은 각각입니다. "보라 내가 속히 오리니 내가 줄 상이 내게 있어 각 사람에게 그의 일한 대로 갚아 주리라"(계 22:12), "심는 이와 물주는 이가 일반이나 각각 자기의 일하는 대로 자기의 상을 받으리라"(고전 3:8), "내게 주신 하나님의 은혜를 따라 내가 지혜로운 건축자와 같이 터를 닦아 두매 … 이 터는 곧 예수 그리스도라 … 누구든지 금이나 은이나 보석이나 나무나 풀이나 짚으로 이 터 위에 세우면 각각 공력이 나타날 터인데 그날이 공력을 밝히리니 이는 불로 나타내고 그 불이 각 사람의 공력이 어떠한 것을 시험할 것임이니라, 만일 누구든지 그 위에 세운 공력이 그대로 있으면 상을 받고 누구든지 공력이 불타면 해를 받으리니 그러나 자기는 구원을 얻되 불 가운데서 얻은 것 같으리라"(고전 3:10~15)고 말씀했습니다. 이상의 말씀들은 구원은 그리스도 예수를 믿는 믿음으로 성도들이 동일하게 받지만 상급은 그 일한 대로, 그 공적대로 받게 됨을 보여줍니다.

불 가운데서 구원된 재미있는 이야기가 있습니다.

어느 날 아침 조간신문을 펼치고 간밤에 일어난 사건을 보던 중에 동대문시장에 불이 난 기사 속에 어느 여인이 실오라기 하나 걸치지 않은 채 불길 속을 뛰어 나오는 기사를 읽었습니다. 이 사건의 이야기는 46년 전, 전 동대문 시장이 현대화하기 이전 일입니다. 밤중에 불이 나니까 소방차가 불을 훤히 밝혀 놓고 사람들을 차단시키고 진화작업을 하느라고 난리가 났고 거기에 상점을 둔 사람들은 물건 하나라도 꺼내기 위하여 소동이었습니다. 그런데 그 불길과 연기 속에 발가벗은 여인이 뛰어나와 목숨을 구했답니다. 그러나 이 여인은 구름처럼 많은 사람들이 지켜보는 군중들 앞에서 작은 알몸 하나 숨길 수 없어서 근처에 있는 약국으로 뛰어가 유리문을 깨고 숨었다는 내용의 기사였습니다.

그 여인이 비록 불 속에서 생명은 구했으나 얼마나 부끄러웠겠습니까? 주님께서 언제 어느 때 오실지 모릅니다. 분명한 것은 예수님은 불시에 오신다는 것입니다. 그러므로 예수님이 어느 때 오신다 해도 우리들은 영적으로 항상 기도하고 준비해서 예수님이 어느 때 오시더라도 기쁨으로 맞이할 수 있도록 충성되고 순결한 믿음을 소유해야 할 것입니다. 그래서 바울은 "맡은 자들에게 구할 것은 충성이니라"(고전 4:2) 했고, 사도 요한은 "죽도록 충성하라"(계 3:10) 했습니다.

사람이 죽는다 해도 그것이 끝이 아닙니다. 제가 서울 영안장로교회(양병희 목사 시무)에서 1984년 12월 20일, 부흥회를 인도하면서 옛날 정희수 목사님께서 시무하시던 김제 신풍장로교회 집사로 계셨던 김영준 장로님께 들었던 이야기를 소개하고자 합니다. 신풍장로교회에 박영예 집사님이 계셨는데 남편 조철권 씨는 신풍시장에서 재봉틀 도매상을 하면서 가정부도 두고 비교적 넉넉하게 살았답니다. 그런데 박 집사님 남편 되는 분은 평소에는 성격이 온순하고 참 좋은 편인데 가끔 술을 드시면 박 집사님에 대해서 예수 믿는 것을 반대하고 핍박을 했다고 합니다. 그러던 어느 날, 아침 식사 후 남편은 시장에 가고 가정부는 부엌에서 일을 했고, 박 집사님은 방에 있었는데 가정부가 일을 다 마쳐놓고 주인아주머니를 불러 다음 할 일을 상의하려 했으나 대답이 없어 방에 들어가 보니 누워 있기에 주무시나 보다하고, 가까이 가서 다시 불러도 대답이 없어서 흔들어 보았더니 죽었더랍니다.

조금 전까지도 괜찮았던 아주머니가 송장이 된 것을 안 가정부는 정신없이 맨발로 시장까지 뛰어가서 주인에게 이야길 했는데, 처음엔 믿지를 않고 성질만 내다가 혹시나 하는 생각에 집에 가보니 정말 죽어 있었습니다. 남편은 할 수 없이 교회에 연락하여 목사님을 모셔다가 확인시키니 과연 죽은 것이었습니다. 하루가 지나서 입관 예배를 드리고, 3일장 준비를 하려니까 남편이 말하기를 아내를 보내기가 너무 섭섭하니, 5일장으로나마 섭섭한 마음을 달래야겠다고 하기에 교회에서는 남편이 하는 일에 말릴 수 없었답니다. 5일째 되던 날 목사님과 성도들이 예배드리는데 갑자기 병풍 뒤에 있는 관에서 펑 하는 소리가 나서 모두가 놀래어 병풍을 치우고 관을 보니 관 뚜껑이 튀어 오르고 관이 터졌더랍니다.

이 얼마나 놀라운 광경이겠습니까? 정신을 차린 목사님이 장롱에 있던 요를 펴놓고 시체를 요위에 눕히고 가슴에 손을 대어 보니 심장이 뛰고 있었더랍니다. 이 얼마나 놀랄 일이겠습니까? 그 후 그 박 집사님이 하시는 말씀이 잠시 기도한 후 잠을 자는데 두 천사가 와서 가자고 하여 따라 갔는데 두 길이 나오더랍니다.

한쪽 길은 기화요초가 만발한 곳이고 한쪽은 험한 가시밭길이더랍니다. 양 갈래 길 가운데서 멍하니 서 있으니까 천사가 손짓을 하며 그 아름다운 길로 인도하기에 한참 따라 가니까 "여기가 천국입니다" 하는 소리와 더불어 천사도 안 보이고 면류관 쓰고 책을 들고 있는 예수님 같은 분이 책을 펴 보더니 ○○○야 묻기에 그렇다고 했더니 너희 남편을 구원하지 못하고 왔구나. 다시 돌아가서 네 남편을 전도하라고 하시면서 다시 보내시더랍니다. 그래서 깨어나 이렇게 여러분을 다시 만나게 됐다는 것이었습니다.

그때 그 소리를 들은 남편은 회개하고 하나님께 감사하면서 교회에 나가서 등록하고 예수님을 잘 믿고 헌신하고 봉사하여 집사가 되고 장로가 되어 두 부부는 교회에서 충성했다고 합니다. 김영준 장로님의 말씀보다도 더 확실한 하나님의 말씀에 사람이 죽으면 죽는 것으로 끝나는 것이 아니라 심판과 상급이 있다는 사실을 말씀했으니 하나님의 심판과 상급을 준비하며 살아야 하겠습니다.

4. 육신의 축복을 받기 위해서도 성령 충만을 받아야 합니다

미국의 실업인인 스텐리 탐이란 분이 있습니다. 이분은 1940년 스텐리 탐 재단을 설립, 전 세계 90개 선교기관을 돕고 있습니다. 한국에도 기성의 십자군 전도대와 신학교 등에 30억을 지원해준 분입니다. 1976년 제3기 척추암의 진단을 받았으나, 그가 운영하는 W.T.G.N. 라디오 선교방송의 청취자들에게 기도를 요청하여서 기도함으로 암세포가 완전히 사라져 의사도 놀랐다는 간증이 있습니다.

그는 성령으로 인도하심에 순종하라는 간증을 전 세계 50개국을 다니며 했는데, 한국에서도 80세계복음화 때 간증했습니다. 1989년 현재 5개의 회사를 경영하며 주님과의 약속대로 회사 재산 51%를 선교 사업에 쓰고 있는데 그가 개척한 교회만 해도 322개나 되고 전 세계 선교기관에 1989년도까지만 해도 2천5백만 달러를 지원했습니다.

그분의 간증을 들으면 그 옛날 사업에 많은 성공을 하며 번창을 했을 때 늘 자기 자신이 사업에 수완이 많고 능력이 많아서 성공하는 줄 알았답니다. 그런데 그에게 사업을 확장하도록 교섭이 왔는데 그것은 플라스틱 공장을 인수하라는 것이었습니다. 그래서 그 업체를 인수하려고 하는데 주위의 사람들이 모두 반대했습니다. 그 이유는 그 사업에 손댄 네 사람이 모두 망했는데 당신도 그 사업에 손을 대면 어려움을 당할 것이니 인수하지 말라는 조언들이었습니다. 그러나 자기의 사업수완과 능력만 믿고 인수했습니다. 그런데 그도 역시 망하게 되었습니다. 경영하던 모든 사업체는 파산되고 빚더미 위에 앉게 되었는데, 그때야 자기의 잘못을 깨닫고 기도하기를 "주님 이제부터는 회사의 주인은 주님이시고 저는 주님의 심부름꾼이 되겠습니다" 하고 철저히 회개하고 주님을 사장님으로 모시고 사업의 이익금 51%는 주님께 드리기로 작정하고 기도 하던 중 성령 충만을 받고, 성령의 인도하심을 따라 다시 믿음으로 시작했는데 지금은 앞에서 말한 대로 놀라운 축복을 받아 세계적인 선교 사업을 하고 있다는 간증이었습니다.

성도 여러분! 성령으로 충만한 성도는 직장에서도, 사업에서도 성공하도록 성령의 이끄심을 받습니다. 성령 충만함으로 가정, 건강 그리고 사업과 직장이 복 받으시는 여러분들이 되시기를 주님의 이름으로 축원합니다.

5. 증인되기 위하여 성령 충만 받아야 합니다

"오직 성령이 너희에게 임하시면 너희가 권능을 받고 예루살렘과 온 유대와 사마리아와 땅끝까지 이르러 내 증인이 되리라"(행 1:8).

예수님의 제자들은 구원을 받았지만,

① 비겁했습니다. 모두 다 예수님을 버리고 도망했습니다(막 14:50).

② 혈기와 완력으로 살아갔습니다(칼을 쓰는 자는 칼로 망한다)(눅 22:50).

③ 복수심이 많았습니다. 사마리아 성을 불로 멸하게 하자고 했습니다(눅 9:54).

④ 높고자 하는 마음을 가졌습니다(좌·우정승, 누가 크냐?)(마 20:21, 눅 9:46).

⑤ 질투심이 많았습니다(요 21:21).

⑥ 십자가를 지기 싫어했습니다(주여 그리 마옵소서)(마 16:22~25).

⑦ 믿음이 작았습니다(풍랑을 만났을 때, 믿음이 작은 자들아)(마 8:26, 14:31).

⑧ 염려가 많았습니다(무엇을 먹을까, 마실까, 입을까)(마 6:30~31).

⑨ 영생에 대하여 둔하고 무관심했습니다. 성령을 받으라 하니 이스라엘의 회복을 물었습니다(행 1:5~6).

이러한 제자들이 살벌한 세상에 나가 어떻게 주님의 증인이 되겠습니까? 그러나 제자들이 오순절에 성령을 받고 난 이후 죽기까지 주님을 증거하였습니다.

우리들도 성령 충만 받아 증인의 사명을 감당해야 합니다.

V. 성령 충만을 받는 방법

예수님께서 "명절 끝날 곧 큰 날에 예수께서 서서 외쳐 가라사대, 누구든지 목마르거든 내게로 와서 마시라 나를 믿는 자는 성경에 이름과 같이 그 배에서 생수의 강이 흘러나리라 하시니 이는 그를 믿는 자의 받을 성령을 가리켜 말씀하신 것이라"(요 7:37~39)고 말씀하셨습니다.

1. 사모하라

목마른 자처럼 성령 충만을 사모해야 합니다. 목말라 죽어가는 사람은 다이아몬드 보석보다도 박사학위보다도 세상의 어떤 권세보다도 오직 물 한 그릇을 더욱 귀하게 여기는 것이 사실입니다. 목마른 자가 물을 요구하듯(요 7:37~39) 갈급한 마음으로 하나님께 기도해야 합니다. "저가 사모하는 영혼을 만족케 하시며 주린 영혼에게 좋은 것으로 채워 주심이로다"(시 107:9).

2. 회개하라

회개함으로 성령 충만을 받습니다. "너희가 회개하여 각각 예수 그리스도의 이름으로 세례를 받고 죄 사함을 얻으라. 그리하면 성령을 선물로 받으리니"(행 2:38).

회개란 두 가지가 있습니다. 미신자의 회개와 신자의 회개입니다.

첫째는, "예수 그리스도의 이름으로 세례를 받고" 한 것처럼 미신자가 구원받는 회개가 우선 필요합니다. 회개는 방향전환인데 죄악세상을 보던 자가 예수 그리스도를 바라보고 구주로 영접한 상태 곧 구원의 상태입니다.

둘째는 신자의 회개입니다. 죄는 크든지 작든지 성령의 충만을 막습니다. 그러므로 죄는 모두 다 버려야 합니다. 이것 역시 우리의 힘으로 안 되는 것이므로 하나님께 도움을 구해야만 합니다. 다윗왕은 "하나님이여 나를 살피사 내 마음을 아시며 나를 시험하사 내 뜻을 아옵소서 내게 무슨 악한 행위가 있나 보시고 나를 영원한 길로 인도하소서"(시 139:23~24) 하고 하나님의 도움을 구했습니다. 일단 그렇게 청원해 놓고는 조용히 기다려야 합니다. 기다리는 동안에 하나님을 섭섭하게 한 것을 보여주시면 그 자리에서 청산해야 합니다. 만약 오랫동안 기다려도 아무것도 판명되는 것이 없으면 깨끗함을 믿고 나가도 됩니다. 그러나 이때 주의할 것은 결코 속단을 해서는 안 됩니다. 충분한 시간의 여유를 가져야 합니다. 대개 축복을 막고 있는 것은 큰 죄가 아니라 잘 나타나지 않은 작은 죄입니다.

3. 믿으라

믿음으로 성령 충만을 받습니다. "내가 너희에게 말하노니 무엇이든지 기도하고 구하는 것은 받은 줄로 믿으라. 그리하면 너희에게 그대로 되리라"(막 11:24) 했고, "성령을 받은 것은 율법의 행위로냐? 듣고 믿음으로냐?"(갈 3:2)고 말씀했습니다. 이상의 방법대로 했다면 내 안에 성령이 충만히 오셨음을 믿고 살아가야 합니다. 그러면 삶 속에서 성령의 열매가 맺어집니다.

VI. 성령과 은사

"은사는 여러 가지나 성령은 같고 직임은 여러 가지나 주는 같으며 또 역사는 여러 가지나 모든 것을 모든 사람 가운데서 역사하시는 하나님은 같으니 각 사람에게 성령의 나타남을 주심은 유익하게 하려 하심이라"(고전 12:4~7).

전기가 전구 속에 들어가면 빛으로 어두움을 정복하고, 라디오 속에 들어가면 소리로, 난로 속엔 열로, 모터 속에는 동력으로, 텔레비전 속에 들어가면 사물의 영상으로 오듯이 전기가 한 가지이나 역사는 여러 방면으로 나타나는 것처럼 성령도 한 분이지만 은사나 역사는 여러 가지로 나타납니다. "어떤 이에게는 성령으로 말미암아 지혜의 말씀을, 어떤 이에게는 같은 성령을 따라 지식의 말씀을, 다른 이에게는 같은 성령으로 믿음을, 어떤 이에게는 한 성령으로 병 고치는 은사를, 어떤 이에게는 능력 행함을, 어떤 이에게는 예언함을, 어떤 이에게는 영들 분별함을, 다른 이에게는 각종 방언 말함을, 어떤 이에게는 방언들 통역함을 주시나니, 이 모든 일은 같은 한 성령이 행하사 그 뜻대로 각 사람에게 나눠 주시느니라"(고전 12:8~11) 했습니다.

"하나님이 교회 중에 몇을 세우셨으니, 첫째는 사도요 둘째는 선지자요 셋째는 교사요 그 다음은 능력이요 그 다음은 병 고치는 은사와 서로 돕는 것과 다스리는 것과 각종 방언을 하는 것이라. 다 사도겠느냐 다 선지자겠느냐 다 교사겠느냐 다 능력을 행하는 자겠느냐 다 병 고치는 은사를 가진 자겠느냐 다 방언을 말하는 자겠느냐 다 통역하는 자겠느냐 너희는 더욱 큰 은사를 사모하라 내가 또한 제일 좋은 길을 너희에게 보이리라"(고전 12:28~31).

31절에 "너희는 더욱 큰 은사를 사모하라. 내가 또한 제일 좋은 길을 너희에게 보이리라" 하시고, 그 후 13장에서 사랑의 은사를 말했습니다. 즉 고린도전서 13장 1절에 "내가 사람의 방언과 천사의 말을 할지라도 사랑이 없으면 소리 나는 구리와 울리는 꽹과리가 되고" 했으니 사랑이 얼마나 귀한 가를 알 수 있습니다. 모든 은사 중에 제일 큰 은사인 사랑의 은사를 받는 일이 중요한 것입니다.

Ⅶ. 성령과 체험

성령의 체험도 사람들마다 각각 다릅니다. 한 예를 들면 '달'을 보고 우는 자도 있고 웃는 자도 있듯이, 사람의 성격상 그 사람에게 성령의 임하는 것도 나가 자빠지고 뒹굴고 야단 내는 사람도 있고, 몸에 이상이 없이 중심에 남담하게 임하는 사람도 있습니다.

성격에 따라 차이가 있습니다. 그 사람의 지식과 체질의 성격과 신앙의 연조 그리고 그의 생활환경에 따라 성령체험이 다를 수 있습니다. 그럼으로 내게는 이런데 저이는 왜 저런가, 혹은 나와 같지 않으니 성령의 역사가 아니지 않은가라고 성급하게 판단해서는 안 됩니다. 성령의 체험을 전기로 비유하면 어두움을 밝게 하는 빛, 구워

먹는 열, 큰 힘으로 나타나는 것 같이 성령의 체험도 각각인 것입니다. 그러나 한 가지 알 것은 성령은 불꽃과 같다고 볼 수 있는데, 돌 위에 떨어지면 꺼져버리고 물 위에 떨어지면 퍽 하는 소리만 남기고 마른 나무에는 불이 붙고 화약에 떨어지면 큰 폭발이 나듯이 내가 얼마나 준비되었느냐에 따라 다른 것입니다.

Ⅷ. 성령과 상징

1. 비둘기로 상징했습니다

"요한이 또 증거하여 가로되 내가 보매 성령이 비둘기같이 하늘로서 내려와서 그의 위에 머물렀더라"(요 1:32).
 (1) 비둘기의 상징은 평화입니다.
 지난 날 독사같이 강한 성질의 소유자가 이 비둘기 성령을 받아 인간성, 죄성, 악성, 독성이 없어지고 온유 겸손하여져서 평화의 사람이 됩니다.
 (2) 비둘기는 제단의 제물입니다.
 내 일생동안 내 몸과 마음을 주님 앞에 바치므로 응답하시는 축복이 있게 됩니다. 일생동안 찬송할 때도 기도할 때도 예배드릴 때도 하나님께 응답받기 바랍니다.

2. 기름으로 상징했습니다

"너희는 주께 받은 바 기름부음이 너희 안에 거하나니"(요일 2:27).
 기름의 상징으로 성령이 나타나는 것인데 기름은 옛날 소뿔을 가지고 감람기름을 짜서 선지자, 제사장, 왕에게 기름을 붓는 것입니다.
 (1) 기름은 거룩히 구별하는데 쓰였습니다.
 "사무엘이 기름 뿔을 취하여 그 형제 중에서 그에게 부었더니 이날 이후로 다윗이 여호와의 신에게 크게 감동 되니라"(삼상 16:13). 성령 충만하면 거룩하게 쓰임 받습니다.
 (2) 기름은 치료하는 일을 합니다.

“너희에게 병든 자가 있느냐 … 기름을 바르며 기도할지니…”(약 5:13~14).

성경에 보면 중대한 병이 있을 때마다 주의 이름으로 기름을 바르고 기도했습니다.

육체의 병, 정신의 병, 모두 이 기름 성령을 통해서 치료가 됩니다.

성령 충만하여 영육 간에 건강하게 살기 바랍니다.

(3) 기름은 맛을 상징합니다.

성경 찬송이 맛없던 자에게, 기도와 전도하는 일이 맛없던 자에게, 충성 봉사하고 십자가 지는 생활이 맛없던 자에게 맛이 되는 것입니다. 성령 충만 받아 살 맛 나는 행복한 성도되기 바랍니다.

3. 물로 상징했습니다

“예수께서 서서 외쳐 가라사대 누구든지 목마르거든 내게로 와서 마시라. 나를 믿는 자는 성경에 이름과 같이 그 배에서 생수의 강이 흘러나리라”(요 7:37~38).

(1) 솟아나는 물입니다.

생수 성령을 받으면 웬일인지 내 속에서 기쁨이 솟아나고 찬송이, 기도가, 말씀이, 축복이 솟아납니다.

(2) 모든 생물에게 새 생명을 주는 일을 합니다.

여러분의 심령 속에 생수의 성령이 터져서 시들었던 심령이 새로워지기 바랍니다.

(3) 큰 힘이 있습니다.

물은 모이고 모이면 큰 강이 되고 그 위에 거대한 배가 뜹니다. 그 물이 집중적으로 흐르면 무서운 파괴력이 있는 것입니다.

(4) 씻어주는 일을 합니다.

모든 더러운 것을 깨끗하게 씻는 일을 합니다.

4. 바람으로 상징했습니다

“바람이 임의로 불매 네가 그 소리를 들어도 어디서 오며 어디로 가는지 알지 못하나니 성령으로 난 사람은 다 이러하니라”(요 3:8).

(1) 뒤집는 역사(큰 힘으로)가 있습니다.

교만한 마음, 인색했던 마음, 불충성의 마음, 그리고 게으른 마음을 뒤집어 놓는 것입니다. 그러므로 성격의 변화, 심령의 변화, 가정의 변화, 사업의 변화, 육신의 변화가 이루어지는 것입니다.

(2) 솔솔 부는 바람처럼 역사합니다.

답답한 공기를 몰아내고 신선한 공기를 주듯이 시원하게 역사하십니다.

(3) 바람의 역사는 생기의 역사입니다.

봄에는 서풍으로 눈과 얼음을 녹이고, 싹이 나게 하고, 여름에는 남풍으로 뜨거운 바람으로 식물을 무럭무럭 성장시키고, 가을에는 동풍으로 결실을 재촉하고, 겨울에는 북풍으로 나무를 강하게 만들어줍니다.

(4) 조종할 수 없습니다.

바람은 사람이 조종할 수 없습니다. 바람 따라 사람이 일하는 것처럼 성령에 순종해야 합니다.

(5) 편만합니다.

바람이 어디에나 가는 것처럼 성령도 어디에나 가셔서 역사하십니다.

5. 비로 상징했습니다

"저는 벤 풀에 내리는 비같이, 땅을 적시는 소낙비같이 임하리니"(시 72:6).

"비와 같이 땅을 적시는 늦은 비와 같이 우리에게 임하리라"(호 6:3).

(1) 파종 비. (2) 성장 비.

"농부가 땅에서 나는 귀한 열매를 바라고 길이 참아 이른 비와 늦은 비를 기다리나니 … 길이 참고 마음을 굳게 하라 주의 강림이 가까우니라"(약 5:7~8).

6. 도장으로 상징했습니다

"그 안에서 너희도 진리의 말씀, 곧 너희의 구원의 복음을 듣고 그 안에서 또한 믿어 약속의 성령으로 인 치심을 받았으니"(엡 1:13).

(1) 봉인을 의미합니다. (2) 소유권을 의미입니다. (3) 권위를 표시합니다. (4) 보증한다는 뜻입니다.

에베소서 5장 18절에서 사도바울은 에베소 교회를 향하여 성령 충만을 받으라고 명령했습니다. 성령 충만을 받으라는 것은 보통으로 하는 권면 사항이 아니고 꼭 받아야 한다는 명령입니다. 왜냐하면 성령 충만은 그리스도인이 가져야 하는 것들 중에 가장 필요한 것이기 때문입니다. 구약에서 모세를 통해 주신 계명들도 중요하고 신약에서 주님께서 분부하신 땅 끝까지 복음을 전하라는 명령들도 중요하지만 이것들보다 더 우선적인 명령은 성령 충만을 받으라는 명령입니다.

왜냐하면, 성령 충만을 받으면 다른 명령들은 자동적으로 이루어지기 때문입니다. 성령으로 충만하기까지는 결코 하나님께 쓰임 받지 못하는 것입니다. 하나님께 쓰임 받기를 원하십니까? 그렇다면, 성령을 충만히 받으시기 바랍니다. "성령이 너희에게 임하시면 너희가 권능을 받고 예루살렘과 온 유대와 사마리아와 땅끝까지 이르러 내 증인이 되리라"(행 1:8). "성령이 너희에게 임하시면 권능을 받고"라고 말씀한 대로, 가정주부의 위치를 바로 감당하려면 성령으로 능력을 힘입어야 멋있는 가정주부가 됩니다. 정치인도, 과학자도, 기술자도, 사업가도 모두 성령으로 지배받아 하나님 뜻을 따라 행할 때 사명을 올바르게 감당할 수 있는 것입니다. 그러므로 성령 충만함으로 능력 받아 이 세상에서 승리하고 오는 세상에서 주님 만나 상급 받으시기를 바랍니다.

제5장

병을 치료하시는 예수님

하나님께서 인간을 영·혼·몸으로 창조하셨습니다(살전 5:23).

몸은 육인데 영혼을 담는 그릇의 역할을 합니다. 그래서 몸도 영혼도 대단히 귀중합니다. 몸이 없는 영혼은 유령이 되고 영혼 없는 몸은 시체가 되므로 모두 중요합니다. 우리의 시조 아담이 범죄함으로 영혼은 죽고, 육체는 질병과 고통 속에서 살다가 죽어 땅으로 들어갔다가 마귀와 그 사자를 위해 예비해 놓으신 영원한 지옥 불에 들어가게 됐는데 예수님이 오셔서 아담이 범죄한 죗값을 대신 지불해 주심으로 주님을 믿는 사람은 죄 사함을 받아 영혼도 다시 살고, 육은 썩지 않은 몸으로 부활하여, 영원한 천국에서 영원히 살도록, 인류의 구속 사업을 마쳐주셨습니다. 그러므로 이사야 선지는 "그가 찔림은 우리의 허물을 인함이요 그가 상함은 우리의 죄악을 인함이라, 그가 징계를 받으므로 우리가 평화를 누리고 그가 채찍에 맞음으로 우리가 나음을 입었도다"(사 53:5)라고 말씀했습니다. 하나님께서 예수 그리스도를 이 땅에 보내신 목적은 바로 인간의 영혼과 육신을 죄의 속박에서 풀어 해방을 주시고자 한 것입니다.

그래서 기독교는 영혼과 육신을 완전히 구원하는 복음의 종교입니다. 하나님의 아들로 이 세상에 오신 예수 그리스도께서 십자가를 지실 때 영혼과 육신이 죄악의 속박에서 완전히 해방되는 축복이 이루어졌습니다. 육신의 질병을 치료해 주시는 신유의 복음은 예수 그리스도께서 이루어 놓으신 구속의 한 부분이요, 하나님께서 인간들을 사랑하시고 계심을 보여주시는 놀라운 축복입니다.

Ⅰ. 병이 오는 원인

1. 죄의 결과로 옵니다

질병의 원인은 죄의 결과라고 성경은 말씀하고 있습니다. "네가 악을 행하여 그를 잊으므로 네 손으로 하는 모든 일에 여호와께서 저주와 공구(恐懼)와 견책을 내리사 망하며 속히 파멸케 하실 것이며 여호와께서 네 몸에 염병과 폐병과 열병과 상한과 학질과 한재와 풍재와 썩는 재앙으로 너를 치시리니 이 재앙들이 너를 따라서 너를 진멸케 할 것이니라"(신 28:20~22).

"웃시야가 손으로 향로를 잡고 분향하려 하다가 노를 발하니 저가 제사장에게 노할 때에 여호와의 전 안 향단 곁 제사장 앞에서 그 이마에 문둥병이 발한지라"(대하 26:19) 이러한 죄의 결과로 웃시야왕은 하나님의 징계를 받아 문둥병에 걸려서 별궁에 홀로 거하다가 그 병으로 죽은 것입니다.

2. 하나님의 영광을 위하여 옵니다

나면서부터 소경된 자(요 9:1)나, 베다니촌의 나사로(요 11:1~4)의 병은 바로 하나님의 영광을 위한 것입니다.

3. 인간의 부주의로 오기도 합니다

Ⅱ. 신유에 대한 하나님의 약속

1. 구약성서의 근거

히브리어로 신유를 "마르페"라고 합니다. 이 말의 뜻은 '치료하다'(말 4:2), (렘 14:19), '고치다'(렘 8:15)라는 뜻입니다.

"나는 너희를 치료하는 여호와임이니라"(출 15:26).

"너희 중에 병을 제하리니 … 내가 너의 날수를 채우리라"(출 23:25~26).

"저가 … 네 모든 병을 고치시며"(시 103:3).

"악질이 네게 임하지 않게 하시고"(신 7:15).

"내가 너를 치료하여 네 상처를 낫게 하리라"(렘 30:17).

"연약한 것을 친히 담당하시고 병을 짊어지셨도다"(사 53:4~6).

2. 신약성서의 근거

헬라어로 신유는(δεραπευω) "데라퓨오"로(마 4:24, 마 10:1, 8), 그 뜻은 '병에서 고침 받다', '치료하다'입니다. 신약성경 4복음서 마태복음 12회, 마가복음 13회, 누가복음 17회, 요한복음 14회, 모두 56회나 신유에 대하여 기록하고 있습니다.

"저물매 사람들이 귀신 들린 자를 많이 데리고 예수께 오거늘 예수께서 말씀으로 귀신들을 쫓아내시고 병든 자를 다 고치시니, 이는 선지자 이사야로 하신 말씀에 우리 연약한 것을 친히 담당하시고 병을 짊어지셨도다 함을 이루려 하심이더라"(마 8:16~17).

"한 문둥병자가 예수께 와서 꿇어 엎드리어 간구하여 가로되 원하시면 저를 깨끗케 하실 수 있나이다. 예수께서 민망히 여기사 손을 내밀어 저에게 대시며 가라사대 내가 원하노니 깨끗함을 받으라 하신대 곧 문둥병이 그 사람에게서 떠나가고 깨끗하여진지라"(막 1:40~42).

"예수께서 열두 제자를 불러 모으사 모든 귀신을 제어하며 병을 고치는 능력과 권세를 주시고 하나님의 나라를 전파하며 앓는 자를 고치게 하려고 내어 보내시며"(눅 9:1~2).

"빌립에 사마리아 성에 내려가 그리스도를 백성에게 전파하니 무리가 빌립의 말도 듣고 행하는 표적도 보고 일심으로 그의 말하는 것을 좇더라. 많은 사람에게 붙었던 더러운 귀신들이 크게 소리를 지르며 나가고 또 많은 중풍병자와 앉은뱅이가 나으니 그 성에 큰 기쁨이 있더라"(행 8:5~8).

"때에 베드로가 사방으로 두루 행하다가 룻다에 사는 성도들에게도 내려갔더니 거기서 애니아라 하는 사람을 만나매 그가 중풍병으로 상 위에 누운 지 팔 년이라. 베드로가 가로되 애니아야 예수 그리스도께서 너를 낫게 하시니 일어나 네 자리를 정돈하라 한대 곧 일어나니 룻다와 사론에 사는 사람들이 다 그를 보고 주께로 돌아가니라"(행 9:32~35).

Ⅲ. 신유는 어떠한 것인가?

1. 신유는 인간 육체 속에 하나님이 주입하시는 초자연적인 신적 능력입니다

2. 신유는 인간의 논리적 사고나 또는 병 고침 받은 사람들의 간증에 기초하는 것이
   아니라, 오직 하나님의 말씀에 기초하는 것입니다

3. 신유는 언제나 하나님의 뜻을 알고 깊은 복종으로 그 뜻이 이루어집니다. 그래
   서 하나님의 뜻이 당신을 부르심에 있다면 하나님의 팔에 안겨 주님 나라에 갈
   수 있는 마음이 필요한 것입니다

   하나님 당신이 해야 할 일이 많이 있음을 아시면 분명히 2000년 전에 18년 동안 귀
신들려 앓으며 꼬부라져 조금도 펴지 못하는 한 여인을 고쳐주신 것처럼, "십팔 년 동
안 사단에게 매인바 된 이 아브라함의 딸을 안식일에 이 매임에서 푸는 것이 합당치
아니하냐?"(눅 13:16)고 말씀하신 것처럼 주님은 지금도 똑같이 역사하시는 분이십니
다. "지금도 주님이 당신 곁에 오셔서 네가 건강하게 되어야 마땅치 않겠느냐?" 하시
고 당신의 병을 고쳐 주시기를 축원합니다.

4. 신유는 예수 그리스도의 구속사 가운데 일부분입니다

   신유는 예수 그리스도께서 주시는 축복 중의 하나입니다. 신유의 근원은 갈보리 십
자가입니다.
   "네 생명을 파멸에서 구속하시고"(시 103:4).
   "그가 채찍에 맞음으로 우리가 나음을 입었도다"(시 53:5, 벧전 2:24).
   확실히 병 고침은 오로지 예수 그리스도로부터 행해지는 축복입니다. 신유의 축복
은 그리스도께서 우리 죄인들을 위해 십자가에서 못 박혀 그의 육체를 찢어 피 흘려
주심으로 우리의 육체에 대한 모든 책임을 짊어지심으로 이루어졌습니다. 그러므로
인간의 병을 치료하시는 일은 우리 주님이 자기 몸을 찢어 주심으로 된 것이므로 그
권리는 주님께만 있음을 알아야 합니다.

5. 신유는 부활하신 주님의 생명을 통하여 우리에게 오는 것입니다

주님은 죽은 후 사흘 만에 다시 사셔서 40일간 세상에 계시며 제자들에게 11번이나 나타나셨는데 실제적인 육체를 가지고 부활하셨습니다. 도마에게 "내 손과 옆구리를 만져보아라, 보고서 믿느냐, 보지 않고 믿는 자는 더 복이 있도다"라고 말씀하셨습니다. 우리는 우리의 육체 속에 오신 예수 그리스도의 생명으로 말미암아 병이 치료되는 것을 믿어야 합니다.

6. 신유는 육체를 소생시키시는 성령이 하시는 일입니다

구약시대를 성부시대라 하지만 하나님께서 일하심에는 성령이 하셨습니다. 신약시대는 성자시대라 하셨지만 예수님께서 일하실 때 성령께서 일하셨습니다.

"내가 하나님의 성령을 힘입어 귀신을 쫓아내는 것이면 하나님의 나라가 이미 너희에게 임하였느니라"(마 12:28) 예수님은 성령으로 말미암아 병을 고치셨습니다. "주의 성령이 내게 임하셨으니 이는 가난한 자에게 복음을 전하게 하시려고 내게 기름을 부으시고 나를 보내사 포로 된 자에게 자유를, 눈먼 자에게 다시 보게 함을 전파하며 눌린 자를 자유케 하고"(눅 4:18)라고 말씀했습니다. 그러므로 성령님은 하나님과 예수님의 위대한 능력을 대행하시는 대행자이십니다. 그런데 오늘날 병 고침의 축복을 더욱 기대해야 할 이유는 지금이 곧 바로 성령님 자신이 일하시는 시대이기 때문입니다. 그리고 이 시대에는 기사와 표적이 따르리라고 예언되었기 때문입니다.

삼손이 그 큰 힘을 어디에서 받았습니까? 하나님의 신이 그 위에 임했을 때 블레셋을 무찔렀습니다. 다윗이 위대한 용장이 된 것은 하나님의 신이 그 위에 임했기 때문이었습니다. 하나님의 신이 그의 육체 속에 계셨을 때 이루어졌습니다. 이와 같이 성령님의 능력이 여러분의 육체에 흘러 들어옴으로 모든 육체의 병이 소멸되기를 바랍니다.

7. 신유는 전적으로 하나님의 은총으로 이루어집니다

사죄의 축복과 같이 질병의 치료도 전적인 하나님의 은혜입니다. 선물입니다.

8. 신유는 믿음으로 말미암아 우리에게 임합니다

믿음이 고치는 것이 아니고 병은 하나님이 고치고 믿음으로 고침을 받는 것입니다. "예수께서 일어나 따라 가시매 제자들도 가더니 열두 해를 혈루증으로 앓는 여자가 예수의 뒤로 와서 그 겉옷 가를 만지니 이는 제 마음에 그 겉옷만 만져도 구원을 받겠다 함이라"(마 9:19~21) 했습니다.

"예수께서 집에 들어가시매 소경들이 나아오거늘 예수께서 이르시되 내가 능히 이 일 할 줄을 믿느냐 대답하되 주여 그러하오이다 하니 이에 예수께서 저희 눈을 만지시며 가라사대 너희 믿음대로 되라 하신대 그 눈들이 밝아진지라"(마 9:28~30)라고 기록되었습니다. 누가복음 17장의 10명의 문둥병자도 예수님의 말씀을 믿고 가던 도중에 병이 나았습니다. 자연의 법칙도 이를 뒷받침합니다. 밭의 풀을 뽑으면 처음에는 싱싱한 것 같아도 차츰 시간이 경과되면 그 풀은 시들고 맙니다. 그러므로 어떤 증거가 나타나기 전에 하나님이 병을 고치신다고 믿는 것이 중요합니다. 주님을 신뢰하고 과감히 행동해야 합니다.

9. 신유는 교회 역사의 모든 사실과 일치함이 증거합니다

교부 이레니우스 때부터 중세기에도 초기 종교 개혁자들 시대에도 이 신앙으로 충만했습니다. 루터, 박스터, 팍스, 횟필드, 요한 웨슬레 등 위대한 주의 종들이 이를 증거합니다.

Ⅳ. 신유의 목적

1. 사죄의 권능을 믿게 하기 위한 것입니다

예수님은 인간의 죄를 용서해 줄 수 있는 하나님의 권세가 있음을 보여 주시기 위해 신유를 행하셨습니다. 가버나움에서 중풍병자를 고치실 때에 예수님은 "일어나 걸어가라" 말씀하시지 않고 "네 죄 사람을 받았느니라"고 말씀하셨습니다. 이는 예수님께서 죄 사하는 권세가 있으신 하나님의 아들임을 보여 주시기 위함입니다.

"예수께서 배에 오르사 건너가 본 동네에 이르시니 침상에 누운 중풍병자를 사람들이 데리고 오거늘 예수께서 저희의 믿음을 보시고 중풍병자에게 이르시되 소자야 안심하라 네 죄 사함을 받았느니라. 어떤 서기관들이 속으로 이르되 이 사람이 참람하도다. 예수께서 그 생각을 아시고 가라사대 너희가 어찌하여 마음에 악한 생각을 하느냐 네 죄 사함을 받았느니라. 하나 인자가 세상에서 죄를 사하는 권세가 있는 줄을 너희로 알게 하려 하노라 하시고 중풍병자에게 말씀하시되, 일어나 네 침상을 가지고, 집으로 가라 하시니"(마 9:1~6). 그러므로 신유를 통해 죄 사함을 주시는 하나님의 아들 예수님을 믿어야 하겠습니다.

2. 신유를 통한 교회설립 및 선교확장을 위한 것입니다

예루살렘에 핍박이 있으므로 사도들과 모든 기독교인들이 흩어질 때에 빌립은 사마리아로 내려가서 그리스도를 전파했습니다. 하나님은 빌립이 이방 땅 사마리아에 가서 복음을 전할 때에 빌립에게 병 고치는 능력을 주셨습니다.

"빌립이 사마리아 성에 내려가 그리스도를 백성에게 전파하니 무리가 빌립의 말도 듣고 행하는 표적도 보고 일심으로 그의 말하는 것을 좇더라. 많은 사람에게 붙었던 더러운 귀신들이 크게 소리를 지르며 나가고 또 많은 중풍병자와 앉은뱅이가 나으니 그 성에 큰 기쁨이 있더라"(행 8:5~8) 했습니다. 사마리아인은 이방인들이기 때문에 말씀을 전할 때 유대인들과 대화가 되지 않는 지방이었습니다. 이러한 사마리아 이방 땅에 빌립이 가서 복음을 전할 때에 신유의 기적이 없었다면 그들이 빌립의 전도를 받아들이지 아니했을 것입니다. 그러나 빌립이 사마리아에서 전도에 성공함으로 예루살렘 교회는 베드로와 요한을 사마리아에 파송해서 빌립의 선교에 협력하게 했습니다. 베드로와 요한이 성령받기를 간구하니 그들이 다 성령을 받았습니다. 이와 같이 사도시대와 지금의 교회시대에는 신유의 역사가 천국 확장, 즉 복음 선교를 위해 반드시 필요합니다.

3. 하나님의 사랑을 보이시기 위한 것입니다

하나님의 사랑을 보여주기 위해서 예수님은 전 생애를 죄인들을 위해 사셨고 전부를 다 주셨습니다. 그중에 공생애에서 많은 시간을 병자를 고치시는 일을 위해서 보내셨습니다. 이것은 신유의 복음이 필요한 것을 증명하는 것입니다. 예수님은 신유의 복음이 필요 없다는 말씀은 한 번도 하지 않으셨습니다.

복음서를 읽어보면 예수님이 세상에 오신 목적이 병자들을 고치시기 위해서 오신 것같이 생각될 정도로 예수님께서는 인간의 생명을 사랑하시고 병을 고쳐 주셨습니다. "예수께서 나오사 큰 무리를 보시고 불쌍히 여기사 그중에 있는 병인을 고쳐 주시니라"(마 14:14) 하셨고 "예수께서 민망히 여기사 손을 내밀어 저에게 대시며 가라사대 내가 원하노니 깨끗함을 받으라"(막 1:41) 하셨습니다.

신유의 복음이 중요한 것은 예수님의 사랑이 포함되어 있기 때문입니다. 예수님은 인간의 한 영혼을 천하보다 귀중히 여기셨습니다. 영혼뿐만 아니라 병든 육체를 불쌍히 여기시어, 죄를 사하여 주시고, 동시에 육체의 건강을 회복하시는 신유 역사를 행하셨습니다. 그러므로 우리는 병중에서 고생할 때 지체하지 말고 담대히 주님 앞에 나가 우선 죄를 회개하고 불쌍히 여김을 받아 주님이 주시려고 하시는 신유의 은혜를 받아야 합니다.

"우리에게 있는 대제사장은 우리 연약함을 체휼하지 아니하는 자가 아니요 모든 일에 우리와 한결같이 시험을 받은 자로되 죄는 없으시니라. 그러므로 우리가 긍휼하심을 받고 때를 따라 돕는 은혜를 얻기 위하여 은혜의 보좌 앞에 담대히 나아갈 것이니라"(히4:15~16)고 말씀하셨습니다.

V. 신유는 어떻게 이루어지나?

1. 주의 종들의 믿음의 기도로 병 고침을 받습니다

"너희 중에 병든 자가 있느냐 저는 교회의 장로들을 청할 것이요"(약 5:14).
"믿는 자들에게는 이런 표적이 따르리니 곧 저희가 내 이름으로 귀신을 쫓아내며 새 방언을 말하며 뱀을 집으며 무슨 독을 마실지라도 해를 받지 아니하며 병든 사람에게 손을 얹은즉 나으리라"(막 16:17~18)고 말씀했습니다.

2. 자신의 믿음으로 간구할 때 병 고침을 받습니다

두 소경이 예수님께 간구할 때 그들을 불러 "내가 능히 이 일을 할 줄 믿느냐?", "주여 그러하오이다" 예수께서 그들의 눈을 만지시며 "너희 믿음대로 될지어다 하니 그들의 눈이 밝아졌습니다"(마 9:27~31). "열두 해 동안, 혈루증으로 앓던 여인이 믿음으로 병을 고침 받았습니다"(막 5:25~34).

3. 친구의 믿음으로 병 고침 받았습니다

"주님께서는 중풍병자의 친구들의 믿음을 보시고 고쳐주셨습니다"(막 2:1~12).
"또한 백부장의 믿음을 보시고 그 하인의 병을 고쳐주셨습니다"(마 8:5~13).

4. 죄 사함을 받을 때 병 고침을 받습니다

"네 죄 사함을 받았느니라"(막 2:5).
"너희 죄를 서로 고하며 병 낫기를 위하여 서로 기도하라"(약 5:16).

5. 하나님의 영광을 위하여 병 고쳐주셨습니다

나사로의 부활(요 11:4)이나 소경을 보게 하심(요 9:1~12)이나 바울에게 주신 사단의 가시(고후 12:7) 등은 하나님의 영광을 위함이었습니다.

Ⅵ. 지금도 역사하는 신유의 역사

1. 김정예 권사님의 기적

"할 수 있거든이 무슨 말이냐 믿는 자에게는 능치 못할 일이 없느니라"(막 9:23). 저는 평택에서 평화로운 가정을 꾸리며 재미있게 살고 있었습니다. 그러던 어느 날 행복을 시기하는 마귀가 우리 가정을, 아니 내 몸에 쳐들어 왔습니다(신장병…). 병원으로 약국으로 쫓아다니면서 치료하였지만 병은 점점 더 악화되었습니다. 평택에서 못 고치고 세브란스 병원으로 3일에 한 번씩 치료하러 다녔습니다. 1년, 2년 치료하다 13년이 흘렀지만 병이 낫지 않고 악화만 되었습니다. 병은 점점 악화되고, 약을 너무 복용하여 젊은 나이에 머리는 백발이 되었습니다. 눈에 보이는 것은 눈물과 약뿐이었습니다. … 그러던 중 평택에서 시흥으로 이사하고 제일교회에 등록하였습니다. 목사님께서 심방 오셔서 성경말씀으로 권면하시며 기도해주셨습니다.

나의 마음속에 "이 병은 죽을병이 아니라 하나님의 영광을 위함이요, 하나님의 아들로 이를 인하여 영광을 얻게 하려 함이라"(요 11:4)고 믿어졌습니다. 저를 위하여 목사님께서 심방도 해주셨고 예배드리며 안수기도를 해주실 때 저의 가슴에 뜨거움이 솟았습니다. 가정과 신앙과 병을 위하여 목사님이 하시는 말씀과 기도가 하나님의 신실한 말씀으로 받아들여지니 여태까지 지내 온 과거와 죄 많은 세상이 한스러워 눈물만 흘렸습니다. 하나님께서 불쌍한 저의 영혼을 버리지 않으셨습니다. 하나님의 말씀은 드디어 살아서 역사하셨습니다. 병원에서 콩팥을 떼어 버리면 오히려 낫다는 이야기를 믿고 남편과 상의 끝에 결정하여 병원으로 갔습니다. 콩팥 제거 수술하기 위하여 종합 진찰을 받았는데 신기하게도 아무 이상이 없다는 진찰 결과가 나왔습니다.

할렐루야!

너무나 엄청난 결과라 다시 한 번 진찰을 요청하여 받았더니 깨끗이 나았다는 결과가 나왔습니다. 너무 약을 많이 복용하여 희어진 머리가 차차 검어지더니 지금은 검은 머리가 되었고 이와 같은 사실을 본 남편은 하나님이 살아 계심을 확실히 믿고 온 가정이 하나님을 섬기는 귀한 축복을 받았습니다. "주께서 무엇이든지 하나님께 구하시는 것을 하나님이 주실 줄을 아나이다"(요 11:22). 언제나 주님께서는 우리와 함께 계시고 언제나 우리의 기도를 들어 주십니다. 그 은혜 너무나 고맙고 감사해서 주님의 몸 된 제일교회에 여전도회장으로 최선을 다하여 충성 봉사하고 있습니다.

2. 백상옥 권사님의 기적

저는 폐결핵으로 피를 토하며 돈이 없어 별로 치료를 받아 보지도 못한 처지에서 사경을 헤매던 중, 사람의 생명은 하나님께 있음을 확신하고 하나님께 맡길 작정하고 믿음으로 살면서 목사님께 안수기도를 받으며 열심히 매달려 기도하던 중, 믿음으로 깨끗이 나아 지금은 제일교회의 교구장으로 죽도록 충성하기를 다짐하고 최선을 다하고 있습니다.

3. 백수옥 권사님의 편지

저는 보통 사람들과 같이 소녀시절 아름다운 꿈속에서 행복하게 성장했습니다. 특히 여고 시절에는 학교 대표 응원단장을 할 정도로 명랑하고 쾌활한 성격을 소유한 소녀였습니다. 그 꿈 많은 여고 시절을 남보다 더 발랄한 생활을 하면서 오래도록 간직한 것처럼 즐겁고 아름다운 꿈을 안고 결혼을 했습니다. 그러나 신혼생활은 생각한 것처럼 즐겁고 아름다운 생활이 아니라 고달프고 슬프기 한이 없는 연속이었습니다. 그 여러 가지 어려운 환경 속에서 육신적으로나, 정신적으로 너무도 큰 고통의 연속이었습니다. 말할 수 없는 고통과 괴로움 속에 하루가 한 달처럼 긴 시간 속에 어느 날 갑자기 나는 쓰러지고 말았습니다.

얼마 후 깨어났을 때는 왜 내가 쓰러졌을까? 몹시 두렵고 긴장된 것이었습니다. 그 이후 나는 그렇게 갑자기 쓰러지고 정신 잃는 것이 자주 일어났습니다. 한번은 김영식 장로님 댁 지하에서 세를 살고 있을 때 부엌에서 혼자 일하다 타오르는 연탄 아궁이 위에 쓰러진 것을 마침 장로님 내외분에게 발견되어 병원으로 옮겨져 큰 위기를 모면하기도 했었습니다. 이와 같은 일이 여러 해 동안 계속되었고 병은 점점 깊어만 갔습니다. 그러나 치료할 길은 없었습니다. 나는 항상 마음속으로 생각하기를 우리 목사님에게 안수 기도 한번 받으면 주님께서 이 고통의 병을 고쳐주시겠지 하는 믿음을 갖게 되었으나 목사님께 부탁 할 용기가 없었습니다. 그 여고시절에는 많은 사람 앞에서 말도 잘하고 행동도 자유스러웠고 어떠한 표정이나 표현도 자유스러웠으나 결혼 이후의 성격은 너무도 변했기 때문에 목사님께 말씀드리는 것이 너무도 부끄럽고 수줍었던 것입니다. 그러던 어느 날 철야기도 시간에 사모하는 마음으로 참여했습니다. 그날 밤에 목사님은 앞줄에서부터 안수기도를 하시기 시작했습니다. 제가 간절히 기도하던 중에 목사님이 제 곁에 오셨습니다. 손을 머리에 얹는 순간 목사님의 두 손이 하얗게 빛나는 것을 보면서 나 자신도 모른 채 쓰러지고 말았습니다. 얼마 후 정신을 차리고 일어나 보니 성도들이 둘러앉아서 찬송을 부르고 있음을 보았습니다.

나는 그때 하나님께서 나의 병을 치료해 주셨음을 확실히 믿게 되었고, 감격한 마음은 무엇으로 헤아릴 길이 없었습니다. 나는 그 이후로 여러 해를 지냈으나 한 번도 옛날처럼 쓰러지거나 어떤 고통도 없이 건강하게 되었습니다. 나는 오늘도 할렐루야로 주님께 감사한 마음을 드리고 죽도록 주님 위해 충성할 것을 다짐합니다.

4. 성원외과 원장 김종현 박사의 간증

1983년 8월호 가이드 포스트에서 발췌한 내용입니다. 김종현 박사는 한평생을 환자들의 상처를 치료하고 수술도 하면서 생명을 연장시키는 의사입니다. 그러던 어느 날 자신이 환자가 되어 서울대학병원을 찾게 되는 아이러니한 사건이 생기었습니다. 그 병원에 근무하는 대학 동기 의사들이 반갑게 반기며 농담을 했지만 본인은 환자의 입장에 있었으므로 묘한 감정이 솟구칠 뿐이었습니다. 여러 각도로 조사하고 정밀 엑스레이 검사를 한 결과 왼쪽 폐에 종양이 생겼다는 진단이 내려졌습니다. 친구 의사들은 당장 수술을 하라고 권했습니다. 그러나 자신이 생각할 때 군의관으로 재직하면서 많은 사람들의 폐 수술을 경험했기 때문에 두려움은 컸고 악성 종양이면 생명은 끝났다는 것을 생각할 때에 더욱 두려움과 무서움이 더했습니다. 이젠 병원 문도 닫고 자기 인생정리를 하면서 혹시나 하는 생각에 가냘픈 기대를 걸고 아무도 모르게 한양대학 병원으로 가서 재진단을 받았습니다. 결과는 동일하여 빠른 시일 내에 수술을 받으라는 권고였던 것입니다.

바쁘게 살아온 나는 과거를 뒤돌아보면서 인생을 깊이 생각할 때가 왔다고 생각하면서 마음을 정리하기 시작했습니다. 이때 부인은 철저한 기독교인으로서 언제나 온유한 웃음과 격려를 하면서 주의 종에게 가서 기도를 받자고 권유하는 것이었습니다. 현대 의학으로도 불가능한 것을 어떻게 기도함으로 고침 받을 수 있는가를 반문하면서 그 이야기를 귓가에 흘리고 말았습니다.

그러나 온 가족과 처가의 장모님이나 모두가 권하는 것이었습니다. 죽음은 하루하루 다가오고 있는 현실을 떨칠 수 없었던 것입니다. 그는 자포자기된 상태에서 수술하기 전이니 한번만이라도 기도를 받아 보라는 성화에 이끌리어 승낙했습니다. 다음 날 전도사님이라는 분이 기도해 주시기 위해서 왔다고 하여 만났지만 덤덤한 기분으로 해볼 테면 해보라는 마음으로 생명을 연장시키는 의사가 자기병을 고치지 못한 채 기도하는 사람들에게 생명을 맡긴다는 것이 우스운 이야기가 아닐 수 없다고 생각했습니다. 그런데 그 전도사님은 기도 전에 그의 마음을 꿰뚫어 보듯이 "마음을 겸손히 하시고 모든 것을 주님께 맡기시고 평안한 마음, 순종하는 마음을 가지세요" 하고 엄숙하게 말하는 것이었습니다. 그때 그 소리는 천둥처럼 그의 귀를 때렸고 그의 마음을 철렁이게 하는 것이었습니다. 그때 그 순간 정말 하나님이 계신다면 맡기겠다는 믿음의 마음이 생기게 되었습니다. 전도사님은 혼신을 다하여 간절한 기도와 함께 눈물을 흘릴 때 자신도 모르게 그 속으로 빨려 들어가는 느낌을 갖게 되었습니다. 기도가 끝날 즈음에 자기 자신도 모르게 눈물이 얼굴을 흠뻑 적시었습니다. 그 기도 중에 전도사님은 인간이 아닌 천사와 같이 보였고 그 후 3일 동안 기도를 받았습니다. 4일째 되는 날 피곤한 마음에 침대에 누워 눈을 감고 있었으나 잠이 오지 않았는데 갑자기 어디에선지 화살 하나가 날아와 자기의 왼쪽 가슴에 사정없이 꽂혔습니다. 너무도 놀라 엉겁결에 그 화살을 쑥 뽑았더니 그 화살촉에는 엉켜있는 나무뿌리 같고, 수족관의 금붕어 밥 같고, 실 뭉치 같은 덩어리가 붙어 있었습니다. 벌떡 일어나 가슴을 만져보니 아프던 가슴이 시원해지고 후련한 듯하여 부인에게 이 사실을 말했더니 하나님께서 치료해 주셨다며 할렐루야를 외치는 것이었습니다. 그는 알 수 없는 힘에 이끌리어 묘한 감정을 안은 채 어느 작은 기도원으로 올라가게 되었습니다. 맑은 공기 속에서 조용히 묵상하며 며칠 동안 기도하고 지내던 중 많은 영적 체험을 하게 되었습니다. 환상을 본 며칠 만에 다시 병원으로 가서 재검사를 했는데 신기하게도 그 종양이 아물어 없어진 것이었습니다. 불과 2주일 전에 20장이 넘는 정밀검사 촬영을 했고 여러 명의 의사들이 확인했는데 그 종양 자리가 수술한 것처럼 상처가 아물었으니 정말 믿기 어려운 기적이 아닐 수 없었습니다. 그는 더 이상 의심 없이 하나님이 계시다는 것을 믿고 수많은 환자와 동기생 의사들에게 그리고 친구들에게 간증하며 전도하고 있습니다. 그때마다 친구와 의사들은 "이제 그만 좀 하게. 그 일은 다 알고 있는 사실이고 그 이야기는 하도 김 박사가 말했기에 모두 외우고 있네"라고 한답니다.

　예수님께서는 지금도 우리의 질병을 치료해 주시고 있습니다. 주님의 은혜로 치료 받은 사람들은, 하나님께 영광을 돌려야 합니다. 주님의 은혜로 보게 된 맹인처럼(눅 18:43). 예수님 말씀에 순종하여 실로암 연못에서 눈을 씻고 다시 보게 된 맹인처럼(요 9:11). 귀신들려 버림받았던 여인이 예수님의 은혜로 새사람이 되어 새로운 삶을 살게 된 여인들처럼(눅 8:1~3). 하나님께 영광 돌리고 예수 그리스도를 전하고, 주님의 사업을 위하여, 재물과 몸과 힘을 다 바쳐서 충성 봉사하여야 합니다.

주여 나의 병든 몸을

손을 대는 자는 다 성함을 얻으니라
(막 6:56)

471

HEAL ME NOW: IRREG.

신중 복음가, 1919

다시 오시는 예수님

성경 베드로후서 3장 10절에 보면, "주의 날이 도적같이 오리니 그날에는 하늘이 큰 소리로 떠나가고 물질이 뜨거운 불에 풀어지고 땅과 그중에 있는 모든 일이 드러나리로다"라고 했는데 이 세상의 종말은 예수님이 다시 오심으로 이루어진다고 했습니다.

따라서 성경에 기록된 예수님의 재림에 대하여 말씀드리면 이 세상의 종말에 대한 궁금한 문제도 해결되게 됩니다. 성서 중의 최후의 기도는 계시록 22장 20절의 "아멘 주 예수여 오시옵소서"입니다. 그러나 자기 정욕대로 사는 세상 사람들과 속된 신자들은 모두 이 진리를 증오하고 조소합니다(벤후 3:3~4). 지금부터 재림에 대해서 말씀드리겠습니다. 이 말씀을 배우는 사람들은 모두 주님 다시 오실 때 기쁨으로 맞이하는 축복이 있기를 바랍니다.

I. 재림의 뜻

예수 그리스도의 재림에 대한 말씀은 구약성서 안에 1,527절, 신약성서에 319절에 걸쳐 선포되었습니다. 특히 신약성서의 경우 319절은 신약의 25분의 1에 해당되는 분량으로 재림의 중요성을 여실히 나타내주고 있습니다.

구약에서 재림에 대한 용어는 "여호와의 날", "주의 날", "메시아가 임하나니" 그리고 "인자가 와서" 등으로 표현되고 있습니다(렘 46:10, 단 7:13, 욜 2:1, 미 4:6, 슥 9:16).

신약성경에서는 "주의 날", "인자의 날", "그리스도의 날", "심판의 날", "나타나심", "오리라", "올 때" 등으로 표현되고 있습니다(마 7:22—23, 눅 17:22, 고전 1:7, 살전 5:2, 4, 살후 1:7, 10, 2:2, 빌 1:6, 10). 이 중에서 "파루시아"가 가장 빈번히 나타나는 말로 사용되었으므로 그 뜻을 살펴보도록 하겠습니다. "파루시아"의 의미는 '오다'(Come), '도착하다'(Arrive) 또는 '현존하다'(Presence)의 뜻이 있습니다. 본래 "파루시아"는 그리스도의 재림과는 관계없이 일반적으로 제왕이나 군주들이 공식적으로 자기 관할 지역을 방문할 때 사용되었던 말이었습니다.

그런데 이 용어가 예수 그리스도에게 사용되어, 세상 끝에 권세와 영광으로 세상에 오셔서, 자기 백성을 모으시고, 죽은 자를 일으키시며, 악한 것들을 심판하시는 그리스도의 재림을 나타내게 되었습니다. 그러므로 재림의 원어 "파루시아"라는 용어를 통해서 만왕의 왕이신 예수께서 다시 오신다는 사실과 그리스도께서 왕의 영광과 권능으로 오신다는 사실을 알 수 있습니다. "파루시아"와 관계가 깊은 또 다른 용어는 "에피파네이아"입니다. 이 용어는 헬라 세계에서 왕이나 제왕의 방문, 그리고 특별히 사람들을 돕기 위한 신들의 현현을 나타내는데 사용되었습니다. '빛을 발산하다'라는 동사와 관련된 "에피파네이아"는 이 세상의 일들에 개입하기 위해 주께서 하늘로부터 광채 속에서 눈부시게 나타나심을 강조하고 있습니다(살후 2:8, 딤전 6:14, 딤후 4:1, 딛 2:13).

그리고 재림에 관한 용어 중 "아포칼립시스"는 '감추어진 것의 드러냄'을 의미하는 계시입니다(고전 1:7, 살후 1:7, 벧전 1:7, 13). 이 용어는 감추어진 분을 드러내고, 그분의 영광을 드러내어 하나님의 구속사를 드러내는 데 사용되었습니다.

이상에서 말한 재림의 용어인 "파루시아", "에피파네이아", "아포칼립시스" 등을 통해 그리스도의 재림이 위엄 있고, 하나님의 구속사를 충족시킨다는 사실을 알았습니다. 그러므로 재림은 영광스러우며, 위엄 있으시며, 빛과 같이 광채를 발하시는 예수 그리스도께서 이 세상에 오셔서 하나님의 구속사를 완성하시는 사건인 것입니다.

Ⅱ. 재림의 예언

구약의 기자들은 하나님의 최종적인 오심에 대하여 대망해 왔습니다. 다시 말해서 그들은 최후의 구원을 성취할 주님의 영광스러운 출현을 고대해 왔던 것입니다.

"이는 우리의 하나님이시라 우리가 그를 기다렸으니 그가 우리를 구원하시리로다 이는 여호와시라 우리가 그를 기다렸으니 우리는 그의 구원을 기뻐하며 즐거워하리라"(사 25:9).

구약의 예언들은 이처럼 하나님에 대한 믿음과 구원의 성취의 차원에서 진행되고 있고, 최종적인 구원에 깊은 관심을 가지고 있습니다. 구약의 예언은 종말론적 경향을 짙게 띠고 있기 때문에 재림과 관계될 수밖에 없는 것입니다. 그리스도의 재림만이 역사의 종말을 가져올 것이고, 하나님의 최종적인 구원을 이룩할 수 있습니다.

하나님의 최종적인 구원에 대한 구약적 표현은 "여호와의 날"입니다. 예언자 아모스가 최초로 사용하였고, 대부분의 예언자들이 사용하였던 "여호와의 날"이라는 표현은 하나님의 통치를 나타내 주고 있습니다. 하나님께서는 항상 통치해 오셨고, 지금도 모든 피조물을 통치하시는 왕이 되십니다(대상 29:11~12, 시 103:19).

그러나 하나님의 왕국은 인간의 역사를 통해 이 땅에서는 아직 완성되지 않았습니다. 그래서 예언자들은 하나님의 통치를 완전히 받는 하나님의 왕국이 이 땅에 서게 될 "여호와의 날"을 고대하였던 것입니다(단 2:44). 여호와의 날은 하나님의 최종적인 역사 개입으로 적들을 쳐부수고, 하나님의 통치를 확립시키는 날로서, 암흑과 어둠, 진노와 파괴의 날이 될 것입니다(사 13:9~13, 습 1:14~18).

그러므로 여호와의 날에 하나님을 거역하고, 하나님의 백성들을 박해한 이 세계의 민족들은 심판을 받을 것입니다. 그러나 하나님을 경외한 의로운 자들은 구원받을 것이고, 자연은 회복될 것입니다. 그리고 이스라엘과 열국들은 평화를 경험하게 될 것입니다(사 2:2, 4 암 9:11~15). 여호와의 날은 심판으로 시작하여 하나님의 축복의 영광으로 끝날 것입니다(사 60:2~3). 이처럼 구약의 재림 사상은 하나님의 통치의 최종적 완성인 "여호와의 날"에 잘 나타나 있는 것입니다. "여호와의 날이 이르리라 그날에 네 재물이 약탈되어 너의 중에서 나누이리라 … 그때에 여호와께서 나가사 그 열국을 치시되 … 여호와께서 천하의 왕이 되시리니"(슥 14:1~9)라고 말씀하셨습니다.

신약에서 역시 그리스도의 영광스러운 재림에 관한 말씀은 매우 중요하게 나타나고 있습니다. 신약의 말씀 중 스물다섯 구절 중에 한 구절이 재림에 관계된다는 사실은 재림 사상이 신약성서에서 얼마나 중요한가를 잘 나타내주고 있습니다.

첫째로 마지막 날(The Last Days)에 대한 표현에서 찾아볼 수 있습니다. 히브리서 1장 2절에 "이 모든 날 마지막에 아들로 우리에게 말씀하셨으니"라고 기록하고 있습니다. 여기에서 알 수 있는 것은 "마지막 날"이 그리스도의 성육신으로부터 시작되었다는 점입니다. 예수님께서는 고린도 전서 15장 24~26절 내용과 같이 "그 후에는 마지막이니 그가 모든 통치와 모든 권세와 능력을 멸하시고 나라를 하나님 아버지께 바칠 때라 그가 모든 원수를 발아래 둘 때까지 반드시 왕 노릇 하시리니 맨 나중에 멸망 받을 원수는 사망이니라", 이와 같이 예수님의 재림을 통해서 성육신으로 시작된 마지막 날은 끝날 것입니다.

둘째는 예수 그리스도의 가르침에 잘 나타나 있습니다. 예수님께서는 재림에 대하여 오랫동안 그리고 자주 말씀하셨습니다. 마지막 일들에 대하여 주님께서는 마 24장~25장, 막 13장, 눅 17: 20~37, 21:5~36에 말씀하셨습니다.

마태복음 24장 3절에 제자들은 예수님께 "우리에게 이르소서 어느 때에 이런 일이 있겠사오며 또 주의 임하심과 세상 끝에는 무슨 징조가 있사오리이까?"라고 물었습니다. 이에 대해 주님께서는 도덕의 비유를 말씀하시며 "깨어 있으라"고 교훈하셨습니다. 예수님은 재림에 대하여 "인자가 구름을 타고 능력과 큰 영광으로 오는 것을 보리라"고 말씀하셨습니다(마 24:30). 이러한 주님의 말씀은 재림의 확실성을 강력하게 시사해주고 있습니다. 그리고 주님의 가르침 속에는 재림의 확실성뿐만 아니라 심판 사상이 내포되어 있습니다. 양과 염소의 비유, 곡식과 가라지의 비유 등은 재림에서 있을 심판을 묘사하고 있는 비유인 것입니다.

셋째로 사도들의 가르침 속에 나타나고 있습니다. 바울은 데살로니가 성도들에게 보낸 편지에서 주님의 재림에 대하여 서술하고 있으며, 베드로와 요한도 재림에 대한 확실성과 성도의 준비에 대하여 베드로후서와 계시록에서 기록하고 있습니다.

이상에서 살펴본 대로 하나님의 말씀인 신구약성경은 재림에 대하여 확실하게 예언하고 있는 것입니다.

Ⅲ. 재림의 시기

예수 그리스도께서 재림하실 때는 언제인가라는 질문은 예수님의 제자들로부터 시작하여(마 24:3) 현재 한국교회 신자들에게까지 이르는 질문입니다. 이에 대해 주님께서는 "그날과 그때는 아무도 모르나니 하늘의 천사들도 아들도 모르고 오직 아버지만 아시느니라"(마 24:36)고 말씀하셨습니다.

이상에서 알 수 있는 점은 주님께서 재림의 날짜를 비밀로 붙이고자 하는 점입니다. 그리스도께서는 재림의 확실성은 말씀하시면서도 그 날과 그 시는 감추어 주셨습니다. 이 감춰진 날에 대한 끊임없는 탐구심이 이단과 사설을 낳게 하였습니다. 그러므로 주님께서 우리들에게 감추시려는 것을 찾으려고 노력하지 말고, 오직 재림의 확실성을 깨닫고 깨어 신앙을 지켜 나가야 할 것입니다.

주님께서는 성도들에게 경고의 교훈을 주셨습니다. "미혹을 받지 않도록 주의하라 많은 사람이 내 이름으로 와서 이르되 내가 그로라 하며 때가 가까웠다 하겠으나 저희를 좇지 말라"(눅 21:8)고 말씀하셨고 "… 번개가 동편에서 나서 서편까지 번쩍임같이 인자의 임함도 그러하리라"(마 24:23~27, 살후 2:1~3)고 말씀했습니다.

그런데 왜 주님께서는 재림의 날짜를 비밀에 붙여두셨습니까? 그것에 대해 김응조 목사님은 "첫째 眞僞 신자를 구별하려 함이요, 둘째는 인간의 망동을 피하려 하심이요, 셋째는 죄인을 정당히 심판하려 하심이다"라고 해설하였습니다. 다시 말해서 신자들이 재림의 날짜를 알게 되면 평상시에는 신앙생활을 나태하게 하다가 재림 날짜에 가까울 때만 신앙 생활할 위험이 있고, 불신자들도 재림 날짜에 가까울 때에만 믿음을 갖게 되어 참 신자와 거짓 신자의 구별이 없어진다는 것입니다.

성서에서는 이 문제에 대하여 비유로서 해답을 제시하고 있습니다.
익힌 종의 비유에서 보면, "주인이 더디 오리라"고 하면서 방탕하고 재산을 탕진한 악한 종이 심판받으며(마 24:48~51), 열 처녀가 신랑 맞을 준비를 했으나 신랑이 더디 오므로 졸며 자던 다섯 처녀 역시 잔치에 참석하지 못하며(마 25:1~13), 달란트 비유에서도 "오랜 후에 그 종들의 주인이 돌아와 저희와 회계할 새"(마 25:19) 한 달란트 맡은 종은 땅에 묻어 놓은 한 달란트로 인하여 악하고 게으른 종이라고 심판을 받았던 것입니다(마 25:24~30).

이상에서 살펴본 대로 주님께서 그날을 비밀로 붙이신 것은 성도들에게 호기심을 더하려고 하신 것이 아닙니다. 오히려 항상 깨어 준비하고 신실한 신앙생활, 즉 종이 주인 맞을 준비, 신부가 신랑 맞을 준비를 하라는 것입니다. 준비가 된 성도들은 재림하시는 주님을 기대하고 고대하게 될 것입니다. 바로 주께서 재림의 날을 비밀에 붙이신 것은 성도들을 준비시켜 하나님께로부터 칭찬을 받게 하려고 하신 좋으신 뜻으로부터 나온 것입니다. 그러므로 재림의 날을 비밀에 붙이신 주님께 감사를 드려야 할 것입니다. 만일 재림의 날을 공개하셨다면 성도들은 준비하려는 자세보다, 신앙이 나태해지고 도덕무용론에 빠져 생활에서 빛과 소금의 역할을 충실히 수행할 수 없게 될 것입니다. 기독교의 믿음으로만 구원받는다는 교리가 왜곡될 때 도덕 무용론으로 빠졌듯이, 아무리 좋은 내용이라도 그것을 왜곡하면 신앙에서 떨어질 염려가 있는 것입니다. 즉, 행위로 구원받지 아니하고 믿음으로만 구원받는다고 하는 구원의 도리를 왜곡하여 실생활은 방탕하게 살면서 마음으로만 믿는다고 하는 거짓된 신자들이 역사적으로 많이 등장했기 때문입니다. 이와 같이 재림의 날을 주님께서 공개하셨다면 신자들은 그것을 왜곡하여 현실을 등한시 한 채로 육신의 정욕을 좇아 나태하게 살다가 재림의 날에 가까워서야 믿는 척 할 위험에 빠지게 되는 것입니다.

그러므로 우리 성도들은 주님께서 그 날과 그 시를 비밀로 하신 것에 대하여 감사 드려야 하겠습니다. 주님께서는 신자들을 성결하게 준비시켜 재림하는 때에 하나님으로부터 칭찬을 받게 하시려고, 재림의 날을 비밀에 붙이셨던 것입니다. 우리 성도들은 언제 주님께서 재림하실까에 대하여 관심을 가지기 보다는 언제라도 주님이 오시면 맞을 수 있도록 성결한 생활로서 준비하는 자세를 가져야겠습니다.

IV. 재림에 관한 징조

1. 거짓 그리스도가 출현합니다

"많은 사람이 내 이름으로 와서 이르되 나는 그리스도라 하여 많은 사람을 미혹케 하리라"(마 24:5) 했습니다.

2. 세계전쟁이 일어납니다

"난리와 난리 소문을 듣겠으나 너희는 삼가 두려워 말라 이런 일이 있어야 하되 끝은 아직 아니니라. 민족이 민족을, 나라가 나라를 대적하여 일어나겠고"(마 24:6~7)라고 말씀하셨습니다. 전쟁에 대한 징조로는 국제평화연구소 발표에 의하면 2차 세계대전 이후 30년간 지구상에 전쟁 없는 해가 없었고, 그뿐만 아니라 강대국들은 무기개발에 급급하여 무서운 파괴력을 가진 핵무기를 개발하여 실전 장소에 배치하고 있습니다. 마지막 전쟁이 일어나 핵전쟁을 치르고 나면 지구는 끝장날 것입니다.

나는 1981년 10월에 일본에 가서 17개 교회를 순방하고 특별집회를 인도하였습니다. 그때 히로시마 평화공원을 관광하게 되었는데 그곳이 36년 전 원폭으로 폐허가 되었던 비극의 현장이었습니다. 얼마나 끔찍했던 날이었는지 일순간에 히로시마는 잿더미가 되었고 20만 명이나 살상당하는 등 불구덩이 속의 지옥이었습니다. 한국인도 2만 명이나 죽어서 그곳에서 당시 이효상 국회의장 명의로 "위령비"가 건립되어 있었습니다. 지금부터 수십 년 전의 원자폭탄도 무서운데 오늘날의 핵무기는 더욱 무서운 괴물입니다. ≪Times≫의 기사에 의하면 미국 대통령의 해외 순방길이나 국내 어디서든지 그림자처럼 따라 다니는 사람이 있었는데 그 사람은 Satchel을 멘 안보담당 보좌관이라고 합니다. 보좌관이 등에 멘 이 가방은 장거리유도탄이나 대륙간탄도탄 등 미사일 따위 곧 핵무기의 자동 발사 스위치로서 세계 어느 곳의 중요도시나 목표물을 명중시킬 수 있도록 되어 있다고 합니다. 그러므로 전 세계인들은 미국 대통령의 순간의 판단에 세계의 운명이 걸려 있는 불안한 전쟁의 위협 속에 살고 있습니다.

3. 세계적으로 기근이 옵니다

"처처에 기근이 일어나겠고"(마 24:7)라고 말씀하고 있습니다. 기근이 불가피한 이유로는 인구 포화상태를 들 수 있습니다. 세계 인구가 1830년 10억, 1930년 20억, 1960년 30억, 1975년 40억이었고 2000년대에는 약 80억으로 추정됩니다. 이러한 통계로 볼 때 인구 증가는 1830년부터 1930년까지 100년 만에 2배로 증가했으나 그 후 1930년부터 1975년까지 45년 만에 2배로 증가했습니다.

그리고 그 후 2000년까지 25년 만에 2배로 증가하는 것을 알 수 있습니다. 세계는 인구 포화 상태로 인하여 아무리 식량을 증산해도 대량 사를 막는 것은 불가능할 것입니다. UN식량 사무국장은(1980~1990) 10년 사이에 세계 식량은 바닥이 날 수밖에 없다고 했으며 영국의 역사가 토인비는 "만약 핵전쟁이 일어나지 않으면 인간이 너무 증가해서 지구상의 생활이 불가능할 것이다"라고 했습니다.

4. 세계 각처에 지진이 발생합니다

"처처에 … 지진이 있으리니"(마 24:7)라고 말씀했습니다. 예수님께서는 끝날의 징조에 대해서 말씀하실 때 지진을 언급하셨는데 요한 계시록에는 이 세상 끝에 전쟁과 큰 지진이 있을 것을 예언하고 있습니다. "내가 보니 여섯째 인을 떼실 때에 큰 지진이 나며 해가 총담 같이 검어지고 온 달이 피같이 되며"(계 6:12)라고 예언했는데 화산폭발이나 지진이 일어나면 먼지가 하늘을 덮어 해가 가리어지고 달이 피같이 보이는 현상이 생길 것입니다. "번개와 음성들과 뇌성이 있고 또 큰 지진이 있어 어찌 큰지 사람이 땅에 있어 옴으로 이같이 큰 지진이 없었더라. 큰 성이 세 갈래로 갈라지고 만국의 성들도 무너지니"(계 16:18~19)라고 말씀했습니다. "땅의 기초가 진동함이라 땅이 깨어지고 깨어지며 땅이 갈라지고 땅이 흔들리고 흔들리며 땅이 취한 자같이 비틀비틀하며…"(사 24:18~20). 성경은 이미 2천 년 전에 지구의 마지막 운명을 분명히 내다보면서 기록된 것입니다.

근래 세계 도처에서 커다란 지진과 화산 폭발이 자주 일어나고 있는 것은 재림이 가까웠음을 보여주는 것입니다. 미국 헬렌즈산이 폭발했을 때는 거의 1개월 가량 용암이 흘러 내려 많은 사람들이 피난을 해야 했습니다. 또 중국의 당산 지진 때에는 약 백만 명이 사망했다고 합니다. 그 외에도 일본, 터키, 남미의 칠레 등 계속 일어나고 있는 지진현상은 주님의 예언이 이루어지고 있는 것을 증명하고 있는 것입니다.

5. 대대적인 선교운동이 일어납니다

"이 천국 복음이 모든 민족에게 증거되기 위하여 온 세상에 전파되리니 그제야 끝이 오리라"(마 24:14) 한 말씀대로 복음이 중동에서 시작하여 전 세계를 한 바퀴 돌아 다시 중동으로 들어가고 있으니 주님 오실 때가 가까웠습니다.

6. 유대인의 동향을 통해 징조가 나타납니다

"무화과나무의 비유를 배우라 그 가지가 연하여지고 잎사귀를 내면 여름이 가까운 줄을 아나니 이와 같이 너희도 이 모든 일을 보거든 인자가 가까이 곧 문 앞에 이른 줄 알라"(마 24:32~33) 했습니다.

1) 무화과의 명칭

무화과는 식물학상으로 은화과식물입니다. 꽃이 피되 잎 속에 숨겨져 핍니다. 그래서 꽃이 없이 열매가 연다고 무화과란 명칭이 붙게 되었습니다.

실상은 무화과가 아니라 은화과입니다. 그 명칭이 유대인의 상태와 비슷합니다. 유대인들은 주후 70년에 예루살렘이 로마 군대에 유린된 후 그 민족이 2000년 동안 세계 각국에 흩어져 국가와 민족의 형태를 잃어버린 것이 꽃 없는 무화과와 비슷하다고 볼 수 있습니다. 그러나 실상은 그렇지 아니하고 2000년간 세계 각국에 숨어서 민족 단결과 종교 통일과 풍속, 습관 등의 민족혼이 죽지 않고 살아 있었습니다.

2) 이산에 대한 예언

"너를 땅 이 끝에서 저 끝까지 만민 중에 흩으시리니…"(신 28:64).

"내가 열국을 끊어 버렸으므로 그 망대가 황무하였고 내가 그 거리를 비게 하여 지나는 자가 없게 하였으므로 그 모든 성읍이 황폐되며 사람이 없으며 거할 자가 없게 되었느니라"(습 3:6, 렘 9:16, 겔 12:15, 슥 7:14, 눅 21:24, 마 23:38). 이상의 모든 말씀은 그들이 선지자를 죽이고 예수를 십자가에 못 박은 죗값으로 국토를 잃어버리고 세계 각국에 흩어질 것을 모든 선지자들의 입을 통하여 수백 년 전에 예고한 바입니다. 그러나 이 백성들이 이것을 깨닫지 못하고 최후 발악으로 자기들의 구주 메시아를 무참히도 살해함으로 2천 년간 죗값을 비싸게 지불하게 되었습니다.

3) 수난에 대한 예언

"너를 땅 이 끝에서 저 끝까지 만민 중에 흩으시리니 … 열국 중에서 네가 평안함을 얻지 못하며 네 발바닥을 쉴 곳도 얻지 못하고 오직 여호와께서 거기서 너의 마음으로 떨고 눈으로 쇠하고 정신으로 산란케 하시리니"(신 28:64~65).

"너희 죄를 인하여 칠 배나 더 징벌하리니"(레 26:28).

"이 세대가 지나기 전에 모든 일이 다 이루리라"(눅 21:32)고 예언했습니다.

이상의 예언은 그들이 각국에 흩어져서 학살, 추방, 치욕당할 것으로 일관되어 있습니다. 실로 2천 년간 유대 민족사는 피와 눈물의 애사라 할 수 있습니다.

4) 가지가 연해지는 무화과

"가지가 연하여지고"(마 24:32)라고 했습니다. 저주받아 죽은 가지가 연하여지는 것은 실로 기적 중 기적입니다. 古木生花라 할 수 있습니다. 이같이 2천 년간 국토를 잃어버린 민족이 다시 회복되는 것은 세계적인 기적입니다.

에스겔 37장의 백골이 군대로 변하는 기적입니다. 1897년에 일어난 시온운동은 일대 민족사상에 획기적 운동이었습니다. 20년 후인 1917년에 영국 대장 알렌비가 300년간 터키산하에 신음하던 Palestine을 해방하고 예루살렘에 입성한 후로 성지는 영국의 위임통치가 되어 세계에 산재해 있던 유태인들은 자유롭게 고국으로 돌아오게 되었습니다. 이것은 유대민족 사상 일대 신기원이라 할 수 있는 것이었습니다. 이것이 초목에 물이 오르고 가지가 연하여지는 예언의 응함인 것입니다.

(1) 돌아올 약속

"주 여호와의 말씀에 내 백성들아 내가 너희 무덤을 열고 너희로 거기서 나오게 하고 이스라엘 땅으로 들어가게 하리라"(겔 37:12).

"주 여호와의 말씀에 내가 너희를 만민 가운데서 모으며 … 이스라엘 땅으로 너희에게 주리라 하셨다 하라"(겔 11:17).

"기를 세우시고 먼 나라들을 불러 땅끝에서부터 오게 하실 것이라 보라 그들이 빨리 달려올 것이로되"(사 5:26).

이상의 말씀은 그들이 2천 년간 형기를 마치고 다시 국토를 찾아 돌아올 예언입니다. 이 예언을 성취시키기 위하여 1917년 해방 후 1920년까지 3년간 세계로부터 돌아온 수가 30만인데 매년 10만이나 되었습니다. 이것이 그 가지가 연해지는 일입니다.

(2) 건설에 대한 축복

"내가 내 백성 이스라엘의 사로잡힌 것을 돌이키리니 저희가 황무한 성읍을 건축하고 거하며 포도원들을 심고 그 포도주를 마시며 과원들을 만들고 그 과실을 먹으리라"(암 9:14).

"사람이 이르기를 이 땅이 황무하더니 이제는 에덴동산같이 되었고 황량하고 적막하고 무너진 성읍들에 성벽과 거민이 있다 하리니"(겔 36:35).

이상의 말씀은 그들이 돌아와서 국토를 재건할 것을 예언함입니다. 그들은 토지를 개간하고 도로를 확장하고 가옥을 건축하고 과수를 재배하고 요단강 물을 이용하여 수력전기를 시설하고 자동차, 전차 등의 교통망이 발달되고 샤론의 아름다운 과수원들은 이 예언을 그대로 증명하여 주었습니다.

(3) 잎이 피는 무화과

"잎사귀가 나면"(마 24:32中)이란 유대인의 국가적 회복을 가르친 것입니다. 가지가 연해진 다음의 순서는 잎이 피어나는 일입니다. 민족적 회복이 있은 후에 할 일은 국권을 회복하는 일입니다. 제2차 세계대전이 끝난 후 1948년 5월 15일에 위임 통치에서 한걸음 나아가서 분할 독립으로 진보되었습니다.

"기를 세우고 먼 나라들을 불러 땅끝에서부터 오게 하실 것이라"(사 5:26).

"여호와께서 … 기치를 세우시고 이스라엘의 쫓긴 자를 모으시며"(사 11:12).

"세상의 모든 거민, 지상에 거하는 너희여 산들 위에 기치를 세우거든 너희는 보고 나팔을 불거든 너희는 들을지니라"(사 18:3).

이상에서 말씀하고 있는 기는 국권을 상징하는 말인데 유대 국기는 백지에 양편은 청색이요, 가운데는 다윗을 상징한 별을 두었습니다. 1948년 5월 15일에 이 기를 세우고 대통령 와이즈만 박사의 영도하에 독립선서식을 거행하였습니다. 한 번에 UN에 가입해서 당당한 독립국가로서 발언권을 갖게 되었습니다. 이스라엘 민족이 무자비하게 학살되어도 호소 무책했던 그들이, 이제는 당당히 독립국가가 되어서 무시 못할 존재가 되었습니다. 그러므로 우리 주님이 문 앞에 오셔서 문고리를 잡고 계시는 임박한 때임을 무화과나무의 징조로 알 수 있습니다. 그러므로 우리는 깨어서 주님 맞을 신부로서 준비해야 할 것입니다.

V. 재림의 장소와 목적

주님은 공중과 지상에 재림하십니다. 공중 재림의 성서적인 근거는 데살로니가전서 4장 16~18절까지의 말씀입니다. "주께서 호령과 천사장의 소리와 하나님의 나팔로 친히 하늘로 좇아 강림하시리니 그리스도 안에서 죽은 자들이 먼저 일어나고 그 후에 우리 살아남은 자도 저희와 함께 구름 속으로 끌어 올려 공중에서 주를 영접하게 하시리니 그리하여 우리가 항상 주와 함께 있으리라 그러므로 이 여러 말로 서로 위로하라"고 말씀했습니다. 이 구절에 근거하여 보면 재림이 공중에서 처음으로 되어지고, 후에 지상 재림이 될 것입니다. 그리고 공중 재림의 목적은 죽은 성도들을 부활시키고, 살아 있는 성도들을 영접하며, 성도들에게 생명의 면류관(약 1:12), 의의 면류관(딤후 4:8), 썩지 않는 면류관(고전 9:25), 영광의 면류관(벧전 5:4)을 주시며, 혼인잔치에 신부로서 성도들을 참여케 하여 환난의 때를 면하게 하려는 데 있습니다(계 3:10, 요 14:2~3). 그러므로 주님의 공중 재림은 그리스도의 몸 된 교회, 그리스도의 신부인 교회를 위한 강림이기 때문에 그리스도를 믿어서 구원받은 온 성도들이 공중으로 들림 받을 것입니다. 이 사건이 휴거인 것입니다. 죽어 있는 신자들은 이때에 부활할 것입니다. "아담 안에서 모든 사람이 죽은 것같이 그리스도 안에서 모든 사람이 삶을 얻으리라 그러나 각각 자기 차례대로 되리니 먼저는 첫 열매인 그리스도요 다음에는 그리스도 강림하실 때에 그에게 붙은 자요"(고전 15:22~23)라고 말씀했습니다. 또한 살아 있는 신자들은 "다 변화하리니 … 죽은 자들이 썩지 아니할 것으로 다시 살고 우리도 변화하리라"(고전 15:51~52)고 말씀하신 대로 영화할 것입니다. 이처럼 모든 성도들이 휴거되는데, 이 사건에 대해서 주님께서 말씀해주셨습니다. "그때에 두 사람이 밭에 있으매 하나는 데려감을 당하고 하나는 버려둠을 당할 것이요 두 여자가 매를 갈고 있으매 하나는 데려감을 당하고 하나는 버려둠을 당할 것이니라"(마 24:40~41). 이 말씀은 "천사들을 보내리니 저희가 그 택하신 자들을 하늘 이 끝에서 저 끝까지 사방에서 모으리라"(마 24:31) 하신 말씀과 일치합니다. 즉, 밭에 있는 때는 오전이고, 매를 가는 시각은 저녁이므로 하늘 이 끝 저 끝에서 동시에 들림 받을 것입니다. 이상에서 살펴본 대로 공중 재림 사건은 과학이 발달된 20세기에 쉽게 이해될 수 있는 사건으로서, 성도들에게 소망을 주는 사건인 것입니다.

이제 지상 재림에 대하여 말씀 드리겠습니다.

(1) 예수님께서는 7년 대환란 이후에 구름을 타고 지상으로 오실 것입니다.

"내가 또 밤 이상 중에 보았는데 인자 같은 이가 하늘 구름을 타고 와서"(단 7:13).

"그들이 인자가 구름을 타고 능력과 큰 영광으로 오는 것을 보리라"(마 24:30).

"볼지어다. 구름을 타고 오시리라 각인의 눈이 그를 보겠고"(계 1:7)라고 말씀했습니다.

(2) 예수님께서는 영광중에 천사들과 모든 성도들과 함께 오실 것입니다.

"우리 생명이신 그리스도께서 나타나실 그때에 너희도 그와 함께 영광중에 나타나리라"(골 3:4).

"주 예수께서 저의 능력의 천사들과 함께 하늘로부터 불꽃 중에 나타나실 때에"(살후 1:7).

"인자가 아버지의 영광으로 그 천사들과 함께 오리니"(마 16:27)라고 말씀했습니다.

(3) 예수님께서는 최고의 재판장으로서 세상을 심판하실 것입니다. 또한 그리스도의 심판으로 사탄의 세계는 전멸(全滅)되고 사단은 무저갱에 1000년 동안 감금될 것입니다(계 20:3). 그러므로 공중 재림은 성도들을 위해 상 주시러 오시는 것이고, 지상 재림은 패역한 세상을 심판하러 오시는 것입니다.

Ⅵ. 주님 맞을 준비

1. 경성해야 합니다

"너희가 이 시기를 알거니와 자다가 깰 때가 벌써 되었으니 이는 이제 우리의 구원이 처음 믿을 때보다 가까웠음이니라"(롬 13:11)고 말씀했습니다. "신랑이 더디 오므로 다 졸며 잘 새"(마 25:5)라는 말씀에서 자는 것과 조는 것은 다릅니다. 슬기 있는 자는 졸고 미련한 자는 잤습니다. 조는 깃은 안 지려고 하다가 깜빡 조는 것이고, 잔다는 것은 마음 놓고 푹 자는 상태입니다. 잠잘 때는 아무것도 모릅니다. 옷이 어떻게 되었는지, 머리가 어떻게 되었는지 모릅니다. 오늘날 교회 안에는 잠자는 자가 무척 많습니다. 그러나 이때는 자다가 깰 때라고 성서는 경고합니다. "만물의 마지막이 가까웠으니 그러므로 너희는 정신을 차리고 근신하여 기도하라"(벧전 4:7)고 경고하셨습니다.

천로역정에 보면 기독도가 천성을 향해 가는데 어느 높은 절벽 위에서 잠자는 자 셋이 자는 것을 발견했습니다. 그 이름이 우몽이, 해타, 자시였습니다. 기독도는 깜짝 놀라서 우몽이를 깨웠습니다. "우몽아! 너 왜 이런 위험한 곳에서 자느냐" 했더니, 우몽이 왈 "위험하기는 무엇이 위험하다고 그러느냐 우리 아랫목이다" 하고 거들떠보지도 않고 잠만 잡니다. 기독도는 그 옆의 해타를 깨웠습니다. 그랬더니 그도 역시 "아이고 조금만 더 자자 조금만…" 하고 게으름을 피웠습니다. 그래서 기독도는 자시에게 "자시야! 너나 가자" 하고 깨웠더니 그는 화를 버럭 내면서 "이 자식아, 너는 네 걱정이나 해, 왜 남의 걱정까지 맡아 가지고 잔소리가 많아" 하고 신경질을 부리며 돌아누워 다시 잠을 잤다고 합니다. 현대교회 성도들의 신앙 상태를 잠쟁이 세 사람을 비유해서 얘기한 내용입니다.

2. 허리에 띠를 띠고 등불을 켜고 서 있으라(눅 12:35)

(1) 허리에 띠를 띠고

사람이 옷을 입으면 허리띠를 띠어야 활동할 수 있습니다. 주님께서도 제자들의 발을 씻기실 때 허리에 수건으로 띠를 두르셨습니다(요 13:4,14). 그러므로 허리에 띠를 띠라는 것은 주님 맞을 성도는 열심히 봉사해야 한다는 말입니다.

(2) 등불을 켜고

"주의 말씀은 내 발의 등이요 내 길에 빛이니이다"(시 119:105).

말씀을 떠나지 않고 사는 것이 등불 켜는 생활입니다.

(3) 서 있으라.

기다리는 태도입니다. 주의 날을 간절히 사모하라는 것입니다.

3. 나그네의 심정으로 지내라

"사랑하는 자들아 거류민과 나그네 같은 너희를 권하노니 영혼을 거슬러 싸우는 육체의 정욕을 제어하라"(벧전 2:11)고 말씀했습니다.

(1) 나그네의 생활은 괴롭습니다.

"우리의 년 수가 70이요 강건하면 80이라도 그 년 수의 자랑은 수고와 슬픔뿐이요"(시 90:10).

(2) 나그네의 생활은 잠깐입니다.

"저희는 잠깐 자는 것 같으며 아침에 돋는 풀 같으니이다 풀은 아침에 꽃이 피어 자라다가 저녁에는 벤 바 되어 마르나이다"(시 90:5~6).

(3) 나그네는 고향을 그리워합니다.

"그들이 이같이 말하는 것은 자기들이 본향 찾는 자임을 나타냄이라"(히 11:14).

(4) 나그네는 짐이 가벼워야 합니다.

"수고하고 무거운 짐 진 자들아 다 내게로 오라 내가 너희를 쉬게 하리라"(마 11:28).

"날마다 우리 짐을 지시는 주 곧 우리의 구원이신 하나님을 찬송할지로다"(시 68:19).

예수님의 재림에 대하여 많은 사람들이 오해를 하고 있습니다. 개인이 만들어낸 학설이나 혹은 어떤 단체가 주장하는 교리로 인정합니다. 그러나 이 위대한 재림의 진리는 성경의 중심이며, 예언의 초점인 것입니다. 성경의 대지는 예수님이 오신다는 것인데, 구약이 예수께서 메시아로 초림하실 것을 예언했다면, 신약은 주께서 만왕의 왕으로 재림하실 것을 예고하셨다고 하겠습니다. 그러므로 전 세계 성도들은 다시 오실 주님을 기다리며 "주 예수여 오시옵소서(마라나타)"(계 22:20)라고 고백하며 사모해야 합니다. 예수님의 재림은 모든 성도들의 산 소망입니다(살전 4:13~18, 고전 15:50~58). 정혼한 처녀의 간절한 소망은 결혼날입니다. 오늘날 우리 교회는 약혼한 처녀격입니다.

그러므로 신부된 교회가 신랑 되신 주님을 손꼽아 기다리는 것은 그 영광스러운 혼인날을 바라기 때문입니다(계 19:9). 그리고 말세에 성도가 이 소망을 바라보기 때문에 환난과 고통 중에서라도 믿음의 성소를 지키면서 충성을 다하게 됩니다. 이 재림의 복음을 읽은 성도들은 한 사람도 빠짐없이 주의 날에 "아멘 주 예수여, 어서 오시옵소서" 하는 축복 있기를 주의 이름으로 축원합니다.

주님 고대가

손양원 목사

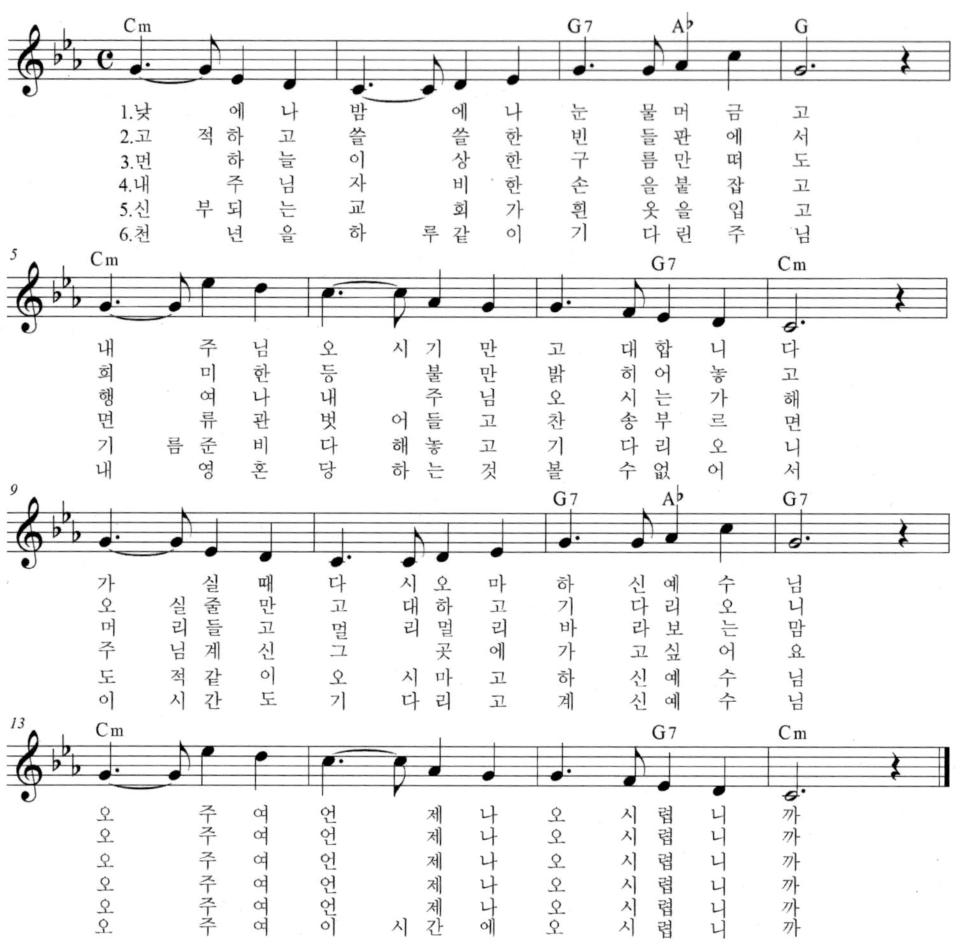

Cm   G7   A♭   G
1.낮 에 나 밤 에 나 한 한 눈 물 머 금 고 서 고
2.고 적 하 고 늘 쓸 쓸 한 한 빈 들 판 에 떠 도 고
3.먼 하 늘 이 상 구 름 만 잡 입 고 님
4.내 주 님 자 비 한 한 손 을 옷 주
5.신 부 되 는 교 회 가 흰 기 다 린
6.천 년 을 하 루 같 이

Cm   G7   Cm
내 주 님 오 시 만 고 대 니 다 고 해 면
회 미 한 등 내 불 만 밝 히 어 놓 해 니 서
행 여 관 벗 주 들 오 송 는 가 르
면 류 비 다 고 놓 찬 다 부 오 이
기 영 혼 당 것 기 수 없
내 림 준 혼 하 는 볼 수

G7   A♭   G7
가 실 때 다 시 오 마 하 신 수 님 맘
오 리 줄 고 대 하 고 기 다 보 오 요
머 님 들 신 멀 리 곳 바 라 심 는 님
주 적 계 이 그 에 가 신 어 수
도 시 간 도 오 시 고 하 다 예 수
이 같 기 시 다 계 신 예

Cm   G7   Cm
오 주 여 언 제 나 오 시 럼 니 까
오 주 여 언 제 제 나 시 렴 니 까
오 주 여 언 언 제 나 오 시 렴 니 까
오 주 여 이 제 나 오 시 렴 니 까
제 나 오 시 럼 니
시 간 에 오 시 렵

제2부
하나님을 만나는 길(성막)

〈성막 전경〉

제1장
서론

Ⅰ. 성막건축과 성서적 배경

1. 성서적 배경

하나님께서는 이스라엘을 애굽에서 구출하여 광야를 거쳐 가나안 복지로 인도하시는 과정 중에 출애굽기 25장 8~9절에 "내가 그들 중에 거할 성소를 그들이 나를 위하여 짓되 무릇 내가 네게 보이는 모양대로 장막을 짓고 기구들도 그 모양을 따라 지을지니라"고 이스라엘 백성들에게 성막을 건축하라고 명령하셨습니다. 그래서 출애굽기 25장~31장은 성막 제도에 대한 규례가 기록되어 있고 출 35장 4절~40장까지에 보면 성막 건축 과정에서부터 준공하여 봉헌하기까지의 내용이 기록되어 있습니다.

2. 성막의 명칭

① 성소(출 25:8) ② 장막(출 25:9)

③ 성막(히 9:1) ④ 회막(출 29:42)

⑤ 증거의 성막(민 1:53) ⑥ 하나님의 집(삿 18:31)

⑦ 여호와의 집(삼상 1:7)

광야 성막 제도는 가나안 정착 후에 있을 성전의 전신(前身)이었습니다. 하나님께서는 이 성막을 통하여 하나님께서 택한 거룩한 백성과 언약의 교제를 나누는 장소로 사용했습니다. 한편으로는 하나님의 임재를 상징하는 이 성막은 본질적으로 하나님께로부터 분리된 인간을 구원하시기 위해서 하나님께서 육신을 입으시고 이 세상에 오신 예수 그리스도를 예표한 것입니다. 그래서 성막 제도의 부분 부분은 우리를 구원하시는 예수님의 사역의 부분 부분을 놀라울 정도로 정확하게 예표해 주셨습니다.

예수님 오시기 전 1446년 전에 기록된 구약 성막의 제도가 신약의 예수님 사건을 정확하게 모형하고 있다는 것은 신·구약 성경이 인간 구원의 계획자이신 성부 하나님에 의해서 계획된 인간 구원의 청사진임을 알 수 있는 것입니다. 이와 같은 성서적인 배경에서 광야를 통과하던 이스라엘 백성들에게 성막을 건축하라고 명령하셨던 것입니다. 우리는 이 성막을 통해서 하나님 만나는 길을 발견하게 되고 영생으로 가는 길로 인도함을 받게 됩니다.

Ⅱ. 성막건축과 성막의 의미

1. 성막의 건축

1) 성막 전체 구조

100규빗(45.6m)
뜰
50규빗
(22.8m)
10규빗(4.56m)
20규빗(9.12m)
5규빗(2.28m)
5규빗
(2.28m)
10규빗
(4.56m)
지성소
성소
물두멍
번제단
휘장
성막문
뜰 문
높이: 5규빗
(2.28m)
넓이: 20규빗
(9.12m)

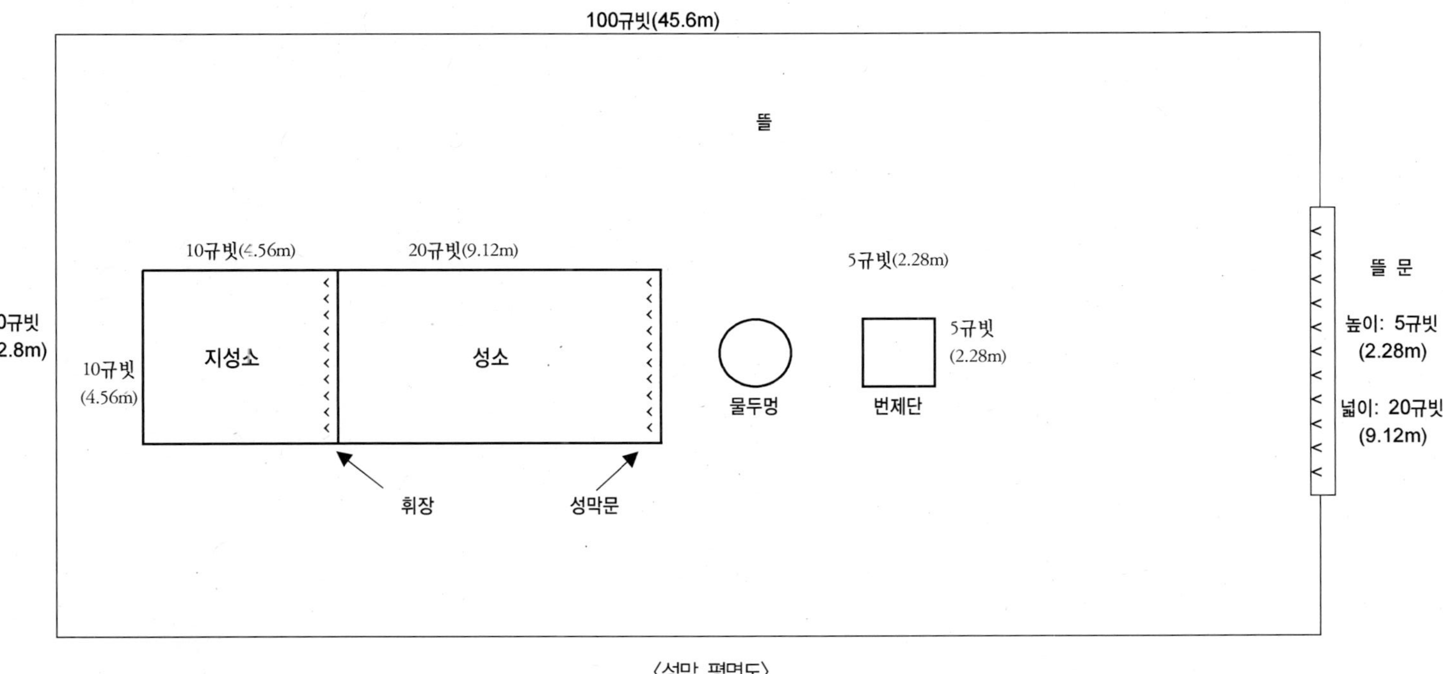

〈성막 평면도〉

2) 성막을 건축한 사람들

  (1) 브살렐(출 31:1~5, 35:30~33, 36:1)

  · 브살렐(이름 뜻: 하나님의 그늘 아래), 유다 지파 훌의 손자, 우리의 아들로 정
    교한 일들(귀금속과 보석 세공, 나무를 새김)을 담당하고 가르쳤습니다. 하나
    님께서 지명하여 그를 부르시고 하나님의 신을 충만케 하셨습니다.

  (2) 오홀리압(출 31:6~11, 35:34~35, 36:1)

  · 오홀리압(이름 뜻: 아버지의 장막), 단 지파 아히사막의 아들로 하나님께서 그
    를 감동시키셔서 성막 만드는 일을 사람들에게 가르치게 하셨습니다.

  (3) 자원하는 백성들

  마음에 감동을 받아 자원하는 모든 남녀가 즐거이 하나님께 성막 재료를 드렸으며, 백
성들이 너무 많이 가져와서 넘쳤기 때문에 가지고 오는 것을 중지시켰습니다(출 36:6). 하나
님께서 기술을 가진 자들에게 지혜를 주셔서 하나님께서 명하신 대로 만들게 하셨습니다.

  오늘날도 교회에서 성령의 감동을 받아 자원하는 마음으로 하나님께서 주신 은사
를 따라 교회에서 섬겨야 합니다.

3) 성막건축 자재

  (1) 귀금속: 팔찌, 귀고리, 가락지, 목걸이, 은, 놋예물(출 35:22, 24)
  (2) 각종 실: 청색실, 자색실, 홍색실, 가는 베실, 염소털로 만든 실(출 35:23, 26)
  (3) 피 혁: 염소털, 붉은 물들인 숫양 가죽, 해달의 가죽(출 35:23)
  (4) 목 재: 조각목(출 35:24)
  (5) 보 석: 호마노, 에봇과 흉패에 물릴 각종 보석들(출 35:27)
  (6) 향 유: 등유, 관유, 분향할 향에 사용될 기름과 향품(출 35:28)

너희가 그들에게서 받을 예물은 이러하니 금과 은과 놋과 청색 자색 홍색실과 가는
베실과 염소털과 붉은 물들인 숫양의 가죽과 해달의 가
죽과 조각목과 등유와 관유에 드는 향품과 분향할 향을
만들 향품과 호마노며 에봇과 흉패에 물릴 보석이니라
내가 그들 중에 거할 성소를 그들이 나를 위해 짓되 무
릇 내가 네게 보이는 모양대로 장막을 짓고 기구들도
그 모양을 따라 지을지니라(출 25:3~9).

〈조각목〉

4) 성막의 준공과 봉헌(출 40:1~38)

(1) 성막 준공일: 출애굽 제2년 1월 1일(출애굽 1주년 되는 날)(출 40:17).

① 지성소: 회막을 세우고 증거궤를 들여놓고 증거궤를 가리는 휘장을 달았음 (출 40:3).

② 성소: 떡상과 등대와 향단을 설치하고 떡상에 떡을 진설하고, 등대에 불을 켜고 금향단에 향을 사르고 성소 입구에 휘장을 달았음(출 40:4~5).

③ 번제단: 성막 문 앞에 번제단을 두고 번제와 소제를 드림(출 40:6).

④ 물두멍: 회막과 단 사이에 물두멍을 두고 물을 담음(출 40:7).

⑤ 뜰 포장과 문: 사면 뜰에 포장을 치고 뜰 문의 장을 달았음(출 40:8).

⑥ 관유를 바름: 성막의 각종 기구들에 관유를 발라 거룩하게 함(출 40:9~11).

⑦ 제사장 직분 위임: 아론과 아들들을 회막 문으로 데려다가 물로 씻기고, 거룩한 옷을 입히고 기름을 발라 성별하여 제사장을 세웠습니다(출 40:12~16).

(2) 성막 봉헌 후의 현상

구름이 회막 위에 덮이고 여호와의 영광이 성막에 충만했으며 낮에는 구름기둥이 밤에는 불기둥이 성막 위에 있고 이스라엘의 광야 길을 인도하였습니다(출 40:34~38).

5) 성막을 중심으로 레위인과 지파배치

(1) 레위인은 성막 사방에 진을 쳤다(민 1:53).

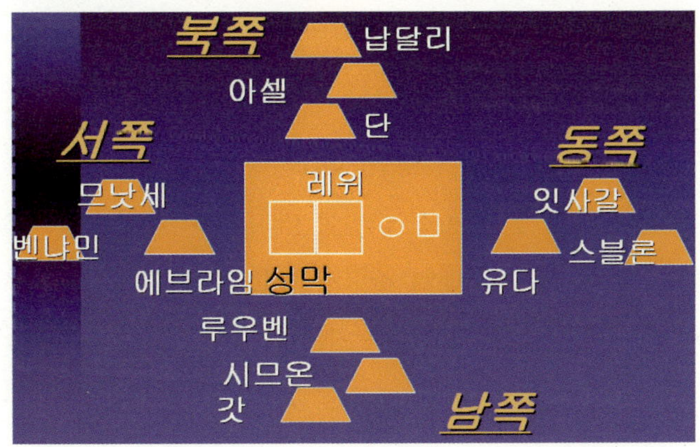

(2) 이스라엘 백성들은 지파별로 진영의 깃발 곁에 진을 쳤다(민 2:2~34).

이스라엘 자손은 각각 자기의 진영의 군기와 자기의 조상의 가문의 기호 곁에 진을 치되 회막을 향하여 사방으로 치라 … 동방 해 돋는 편에 진칠 자는 그 진영별로 유다의 진영의 군기에 속한 자라 … 남쪽에는 르우벤 군대 진영의 군기가 있을 것이라 … 서쪽에는 에브라임 군대 진영의 군기가 있을 것이라 … 북쪽에는 단 군대 진영의 군기가 있을 것이라.

6) 성막 이동과 레위인들의 임무

(1) 고핫 자손

지성물(언약궤, 진설병 상, 등대, 금향단, 성소 기명들)을 담당했습니다(민 4:4~). 아론과 그 아들들이 지성물을 덮어 옮길 준비를 마치면 고핫 자손이 와서 그것을 메고 옮겼습니다. 고핫 자손은 어깨로 메어 옮겼기 때문에 게르손, 므라리처럼 수레와 소가 주어지지 않았습니다. 그들은 지성물을 메기만 했지 만질 수 없었으며 만지면 죽는다고 말씀하셨습니다(민 4:15).

① 언약궤를 옮길 준비(민 4:5~6)

아론과 아론의 아들들이 간 막는 휘장을 걷어서 증거 궤를 덮고 그 위에 해달의 가죽으로 덮고, 그 위에 순청색의 보자기를 덮은 후에 채를 꿰었습니다.

② 진설병 상을 옮길 준비(민 4:7~9)

진설병 상에 청색 보자기를 펴고 대접, 숟가락, 주발, 붓는 잔들을 그 위에 두고, 홍색 보자기를 그 위에 펴서 덮고, 해달 가죽으로 덮은 후에 채를 꿰었습니다.

③ 등대를 옮길 준비(민 4:10)

등대와 등잔들, 불집게, 불똥 그릇, 기름 그릇을 청색 보자기로 덮은 후, 등대와 모든 기구들을 해달 가죽 덮개 안에 넣어 메는 틀 위에 두었습니다.

④ 금향단을 옮길 준비(민 4:11)

금 향단 위에 청색 보자기를 펴고 해달의 가죽 덮개로 덮고 채를 꿰었습니다.

⑤ 성소 기명들을 옮길 준비(민 4:12)

성소 기명들을 청색 보자기에 싸서 해달 가죽 덮개로 덮어 메는 틀 위에 두었습니다.

⑥ 기타 준비 사항들(민 4:13~14)

단의 재를 버리고, 그 단 위에 자색 보자기를 펴고 불 옮기는 그릇, 고기 갈고리, 부삽, 대야, 단의 모든 기구를 두고, 해달 가죽 덮개로 그 위에 덮고 채를 꿰었습니다.

(2) 게르손 자손

휘장과 덮개(성막의 앙장들, 덮개, 뜰의 휘장)을 담당했습니다(민 4:24~).

성막의 앙장들과 회막과 그 덮개와 그 위의 해달의 가죽 덮개와 회막 문장을 메었고, 뜰의 휘장과 및 성막과 단 사면에 있는 뜰의 문장과 그 줄들과 그것에 사용하는 기구를 메었습니다. 이것들을 옮길 수 있게 수레 둘과 소 네 마리가 주어졌습니다(민 7:7).

(3) 므라리 자손

골격 구조물(널판, 기둥, 받침, 말뚝)을 담당했습니다(민 4:31~).

장막의 널판들과 그 띠들과 그 기둥들과 그 받침들과 뜰 사면 기둥들과 그 받침들과 그 말뚝들과 그 줄들과 그 모든 기구들을 맡아 옮겼습니다. 이것들을 옮길 수 있도록 수레 넷과 소 여덟 마리가 주어졌습니다(민 7:8).

2. 성막의 의미

고대 역사를 보면 이방의 신전이나 우상의 전각들은 웅장하고 화려했습니다. 그런데 성막은 밖에서 보면 흰 세마포가 직사각형으로 쳐 있는 울타리와 뜰 가운데에는 놋으로 만든 번제단과 물두멍이 보이고 그 위쪽에 검은 막으로 덮여 있는 성막 본체를 볼 수 있는데 외형상으로는 매우 초라하게 보였습니다. 그러나 이 성막은 매우 중요하고 신령한 의미를 지닌 시설물이었습니다. 유대 사람만 성막 뜰에 들어갈 수가 있었고 유대 사람 중에서도 제사장만이 성막의 첫 번째 방인 성소에 들어갈 수 있었으며 제사장 중에서도 대제사장만이 성막의 두 번째 방인 지성소에 들어갈 수가 있었습니다. 또한 성막은 밤낮으로 건장한 레위인들이 지키다가 침범하는 자가 있으면 죽이고 마는 성역 중의 성역이었습니다. 이 성막이 지니고 있는 의미를 살펴보겠습니다.

1) 하나님을 만나는 곳입니다

회막(會幕)이란 히브리어로는 "오헬"이란 말입니다. "아할"(깨끗하다, 빛나다)에서 유래된 말인데 이는 장막 또는 멀리서도 보이는 덮개, 만나는 장소 등의 뜻으로 하나님을 만나는 천막을 의미하는 것입니다. 레위기서 1장 1절 말씀에 보면, "여호와께서 회막에서 모세를 부르시고"라고 했습니다. 하나님께서는 모세를 회막 안에서 만나셨습니다.

모세는 회막에서 하나님의 말씀을 듣고 나와서 백성들에게 전해 주었으며, 문제가 생겼을 때는 회막 안에 들어가서 하나님께 말씀드림으로 문제를 해결 받았던 것입니다. 선민 이스라엘은 많은 축복을 받은 민족이지만 그 가운데서도 하나님을 만나서 모든 문제를 해결 받을 수 있었던 것이 가장 큰 축복이라고 할 수 있습니다. 인생은 만남 속에서 이 세상을 살아갑니다.

처음에 부모를 만납니다. 스승을 만나고 친구를 만나고 배우자를 만나고 동업자를 만나게 됩니다. 인생을 행복하게 살아가는 사람은 잘 만난 사람이고 고통을 당하고 불행하게 하는 사람은 잘못 만난 사람들입니다. 그런데 인생에 있어서 가장 중요한 만남은 하나님과의 만남인 것입니다.

비록 이 세상에서 사람들과의 만남이 행복하지 못했다 하더라도 하나님을 잘 만났다면 행복한 사람이 될 수 있는 것입니다.

그래서 시편 33편 12절 말씀에서 "여호와로 자기 하나님을 삼은 나라 곧 하나님의 기업으로 빼신바 된 백성은 복이 있도다"라고 말씀하고 있습니다. 복 중의 최고의 축복은 하나님의 백성이 된 것입니다. 그런데 우리는 구약시대의 이스라엘 백성들보다 더 크고 놀라운 축복을 받았습니다. 요한복음 1장 12절에 "영접하는 자 곧 그 이름을 믿는 자들에게는 하나님의 자녀가 되는 권세를 주셨으니"라고 하였습니다. 우리는 하나님의 백성이 되는 정도가 아니라 하나님의 자녀가 되는 권세를 받았기 때문입니다. 하나님의 자녀가 되면 하나님의 나라를 상속받는 자녀의 권세를 누리게 되는 것입니다.

그러므로 성도들은 이 세상에서 인간과의 만남이 행복하지 못하더라도 예수 그리스도를 만난 것을 최상의 행복으로 여겨야 하는 것입니다. 예수님을 진정으로 만난 사람은 그의 운명이 예수 안에서 바꿔지기 때문입니다. 성막을 통해서 하나님을 만나고 하나님 자녀의 축복을 마음껏 누리시기를 주의 이름으로 축원합니다.

2) 예수 그리스도의 상징입니다

예수님께서는 모든 성경이 예수님 자신을 증거하는 책이라고 말씀하셨습니다. 요한복음 5장 39절에도 "너희가 성경에서 영생을 얻는 줄 생각하고 성경을 상고하거니와 이 성경이 곧 내게 대하여 증거하는 것이로다"라고 말씀하셨습니다. 이 예수님을 증거하는 성경에 기록된 성막은 작게는 조그만 말뚝이나 숟가락부터 크게는 장막에 이르기까지 보잘것 없는 조각목으로부터 귀하기는 정금에 이르기까지 여러 가지 기구와 소품들로 이루어져 있습니다. 그러나 크건 작건 성막에 사용된 모든 것은 예수 그리스도를 상징하는 것입니다.

예수님 당시의 성경은 오늘날의 구약성경이었습니다. 구약에는 모세 5경과 역사서 성문학, 예언서 등 39권의 책이 있는데 비록 저자와 저작연대는 각각 다르지만 각기 증거하는 핵심적 내용은 모두 예수 그리스도라는 공통분모를 가지고 있습니다.

요한복음 20장 30~31절에 보면, "예수께서 제자들 앞에서 이 책에 기록되지 아니한 다른 표적도 많이 행하셨으나 오직 이것을 기록함은 너희로 예수께서 하나님의 아들 그리스도이심을 믿게 하려 함이요 또 너희로 믿고 그 이름을 힘입어 생명을 얻게 하려 함이니라"고 말씀하셨습니다. 구약뿐 아니라 신약의 목적도 예수 그리스도를 증거함에 있다는 것입니다. 창세기로부터 요한계시록까지 일관된 주제는 예수 그리스도이십니다. 성막 전체는 예수 그리스도를 상징하고 있습니다.

3) 교회의 상징입니다

스데반 집사는 사도행전 7장 38절에서 "시내 산에서 말하던 그 천사와 및 우리 조상들과 함께 광야교회에 있었고 또 생명의 도를 받아 우리에게 주던 자가 이 사람이라"며 "성막"을 "광야교회"라고 불렀습니다.

선민 이스라엘 백성은 성막에서 하나님을 섬겼고 신약시대의 영적 이스라엘 백성인 성도들은 교회에서 하나님을 섬기고 있으므로 성막과 교회는 공통점이 많은 것을 알 수 있습니다. 선민 이스라엘 백성들이 성막을 귀중히 여겼던 것처럼 우리 성도들도 교회를 귀중하게 여겨야 하겠습니다.

선민 이스라엘 백성들은 태어나면서부터 죽을 때까지 일평생 성막을 중심하여 살았습니다. 레위기 12장을 보면, 이스라엘 여인이 남자아이를 낳으면 33일 후에, 여자아이를 낳으면 66일 후에 1년 된 어린 양과 비둘기를 취하여 속죄물로 드릴 것이나 어린양을 못 드릴 정도로 집안 형편이 어려우면 산비둘기 두 마리나 집비둘기 새끼 두 마리를 가지고 성막에 가서 번제와 속죄제를 드려야 했습니다. 이와 같이 선민 이스라엘 백성은 이 세상에 태어나면서부터 이 세상을 떠날 때까지 성막을 중심으로 하나님을 섬기며 일상생활을 했습니다.

오늘날 성도들의 신앙생활도 마찬가지입니다. 성도들의 가정에 어린아이가 태어나면 출산 감사 예배, 100일이 되면 백일 감사 예배, 돌이 되면 돌 감사 예배, 약혼하면 약혼 예배, 결혼할 때는 결혼 예배를 드립니다. 환갑에는 환갑 감사 예배, 사업을 시작하면 개업 예배를 드립니다. 몸이 아프면 교역자를 모셔다 예배를 드리며 죽을 때는 임종 예배를, 장례식 때는 장례 예배를 드리고, 장례가 끝난 다음에 추도 예배를 드립니다. 성도들은 요람에서 무덤까지 교회와 연결되어져 있습니다. 그러므로 교회를 귀중히 여기고 힘을 다하여 섬기고 사랑해야 하겠습니다.

칼빈은 "교회는 모든 믿는 자에게 공통되는 어머니여서 하나님의 자녀를 낳고 먹이고 기르는 것이다. 왕이나 농노나 다를 바 없다. 그리고 이 일은 성직자에 의하여 실행된다"고 말했습니다.

교회는 영적으로 성도들을 낳으시고 양육하는 어머니와 같습니다. 그러므로 성도들은 어머니에게 효도하듯, 교회를 진실한 마음으로 사랑하고 충성되게 섬겨야 하는 것입니다.

내 주의 나라와

208

이 집은 살아 계신 하나님의 교회요 진리의 기둥과 터니라
(딤전 3:15)

T. Dwight, (1752- 1817)

ST. THOMAS: 6. 6. 8. 6.
A. Wiliams. 1763

4) 천국의 상징입니다

천국은 하나님의 나라입니다. 하나님의 나라라는 뜻은 하나님께서 다스리시는 곳이란 말입니다. 구약의 성막도 하나님이 이스라엘 백성들을 통치하는 곳이므로 천국의 모형이요, 상징이라 할 수 있습니다. 사람이 보기에 외형적으로는 보잘 것 없는 간소한 시설물에 불과하지만 그곳은 곧 하늘나라였습니다. 태양이 작열하는 길고 긴 광야 길에서, 지치고 시달린 이스라엘 백성들이 이 성막에 나아와서 하나님과 만남으로, 위로받고 새 힘을 얻을 수 있는 축복의 전당이었습니다.

오늘을 살고 있는 성도들에게는 교회가 바로 그런 곳입니다.

이 세상은 점점 더 험악해지고 죄악이 만연하고 있습니다. 옛날보다 더 살기가 고달픈 세상이 되었습니다. 전쟁, 살인, 강도, 노사분규, 생존경쟁, 교통사고, 지진, 홍수, 마약, 성적 타락, 각종 질병 등 이 세상은 복잡하고 살기 힘든 세상이 되어가고 있습니다.

성도들은 이런 세상을 날마다 헤매며 살아야 합니다. 그러니 얼마나 심신이 피곤하

고 고달프겠습니까. 그러나 주일날 교회에 나가서 하나님의 생명의 양식인 하나님의 말씀을 먹으며 신령한 생수를 마시며 고달픈 우리의 영과 육이 쉴 수 있는 것입니다. 뿐만 아니라 우리의 모든 무거운 짐과 걱정과 근심을 하나님께 맡길 수 있으니 얼마나 감사한 일입니까? 교회는 바로 천국인 것입니다. 천국을 세 가지로 말할 수가 있습니다. 심령천국, 교회천국, 그리고 영원천국인 것입니다. 우리 심령 속에 예수님을 모시고 물과 성령으로 거듭 나서 성령의 아홉 가지 열매를 맺으므로 심령천국을 이루고 교회에서 그리스도의 사랑 안에 성령의 교통하심으로 신앙생활을 하여 교회천국을 이루며 열심히 봉사 충성하다가 영원 천국에 들어가서 주님 앞에 설 때에 큰 상급을 받아야 할 것입니다.

우리의 고향은 결코 이 세상이 아닙니다. 우리의 고향은 하늘나라이므로 우리는 나그네와 같은 심정으로 이 세상을 살아야 합니다.

이 세상은 나그네 길

야곱은 자기의 일생이 나그네 생활이었음을 애굽 왕 바로 앞에 고백했습니다. 그래서 창세기 47장 8~9절 말씀에 보면, "바로가 야곱에게 묻되 네 연세가 얼마뇨 야곱이 바로 에게 고하되 내 나그네 길의 세월이 일백삼십 년이니이다 나의 연세가 얼마 못되니 우리 조상의 나그넷길의 세월에 미치지 못하나 험악한 세월을 보내었나이다"라고 말했습니다. 또 히브리서 11장 13~14절에 보면, "이 사람들은 다 믿음을 따라 죽었으며 약속을 받지 못하였으되 그것들을 멀리서 보고 환영하며 또 땅에서는 외국인과 나그네로라 증거 하였으니 이같이 말하는 자들은 본향 찾는 것을 나타냄이라"고 기록 되어 있습니다.

그러면 나그네와 순례자 같은 우리는 어떻게 해야 할까요?

(1) 두려움으로 지내야 합니다.

베드로전서 1장 17절 말씀에 보면, "외모로 보시지 않고 각 사람의 행위대로 판단 하시는 자를 너희가 아버지라 부른즉 너희의 나그네로 있을 때를 두려움으로 지내라" 고 하였습니다.

(2) 육체의 정욕을 제어해야 합니다.

베드로전서 2장 11절 말씀을 보면, "사랑하는 자들아 나그네와 행인 같은 너희를 권고하노니 영혼을 거스려 싸우는 육체의 정욕을 제어하라"고 하였습니다. 우리는 정 말 나그네처럼 살고 있습니까? 오늘밤이라도 하나님께서 부르시면 모든 것을 그대로 놔두고 가야 한다는 것을 알고 있습니까? 유한양행의 설립자인 유일한 박사는 전 재 산을 공익재단에 기증하고 하늘나라로 갔습니다. 참으로 훌륭한 분이셨습니다.

주님은 마태복음 6장 20절에서 "오직 너희를 위하여 보물을 하늘에 쌓아두라"고 말 씀하셨습니다. 그런데 우리들은 잠시 후 세상을 떠날 때 모두 버리고 갈 것들을 너무 사랑하고 있는 것 같습니다. 우리가 영원히 살 곳인 천국을 바라보며 사시기를 주의 이름으로 축원합니다.

Ⅲ. 성막을 공부하는 목적

1. 하나님을 만날 수 있는 길을 알게 됩니다

범죄한 인간은 하나님을 만날 수 없게 되었습니다. 그러나 하나님께서는 인간을 사 랑하시기 때문에 범죄한 인간이라도 하나님을 만날 수 있는 길을 열어 주셨습니다.

그래서 아담은 창세기 3장 21절 말씀에 보면, 가죽옷을 입고 하나님을 만났습니다. 또 창세기 4장 4절 말씀에 보면, 아벨은 양의 첫 새끼를 제물로 드려 하나님을 만났습니다. 노아는 창세기 8장 20절에 보면, 정결한 짐승을 잡아 번제단에 드림으로 하나님을 만났고, 아브라함은 창세기 15장 9절에서 3년 된 암소와 암염소와 3년 된 숫양과 산비둘기와 집비둘기를 제물로 제단에 드려서 하나님을 만났습니다. 그러나 모세 이후에는 성막에서 하나님을 만났습니다. 성막에서 사람을 만나주셨기 때문입니다.

출애굽기 25장 22절 말씀에 보면, 성막을 완성시키던 날 하나님께서 나타나셔서 "거기서 내가 너와 만나고 속죄 소 위 곧 증거궤 위에 있는 두 그룹 사이에서 내가 이스라엘 자손을 위하여 네게 명할 모든 일을 네게 이르리라"고 했습니다. 그러므로 성막공부를 하면 하나님을 만나는 길을 알게 됩니다.

2. 예수님을 바로 믿고 섬길 수 있게 됩니다

신구약성경의 중심은 예수 그리스도이십니다. 성막 전체는 예수 그리스도의 사건이요 예수 그리스도의 이야기로 가득 차 있습니다. 예를 들면 신약 성경 히브리서 9장 1~15절에 "첫 언약에도 섬기는 예법과 세상에 속한 성소가 있더라. 예비한 첫 장막이 있고 그 안에 등대와 상과 진설병이 있으니 이는 성소라 일컫고 또 둘째 휘장 뒤에 있는 장막을 지성소라 일컫나니 금향로와 사면을 금으로 싼 언약궤가 있고 … 이것들에 관하여는 이제 낱낱이 말할 수 없노라 이 모든 것을 이같이 예비하였으니 제사장들이 항상 첫 장막에 들어가 섬기는 예를 행하고 오직 둘째 장막은 대제사장이 홀로 일 년 일차씩 들어가되 피 없이는 아니하나니 이 피는 자기와 백성의 허물을 위하여 드리는 것이라 … 그리스도께서 장래 좋은 일의 대제사장으로 오사 손으로 짓지 아니한 곧 이 창조에 속하지 아니한 더 크고 온전한 장막으로 말미암아 염소와 송아지의 피로 아니하고 오직 자기 피로 영원한 속죄를 이루사 딘번에 성소에 들어가셨느니라. 염소와 황소의 피와 및 암송아지의 재로 부정한 자에게 뿌려 그 육체를 정결케 하여 거룩케 하거든 하물며 영원하신 성령으로 말미암아 흠 없는 자기를 하나님께 드린 그리스도의 피가 어찌 너희 양심으로 죽은 생실에서 깨끗하게 하고 살아 계신 하나님을 섬기게 못하겠느뇨 이를 인하여 그는 새 언약의 중보니 이는 첫 언약 때에 범한 죄를 속하려고 죽으사 부르심을 입은 자로 하여금 영원한 기업의 약속을 얻게 하려 하심이니라”고 말씀하셨습니다. 성막에서 섬기던 대제사장이 예수 그리스도시라고 말씀했습니다. 그리고 예수님께서 십자가에서 몸이 찢기실 때 성막의 휘장이 위로부터 아래로 찢어졌는데 이 사실을 히브리 기자는 히브리서 10장 20절에서 “그 길은 우리를 위하여 휘장 가운데로 열어 놓으신 새롭고 산 길이요, 휘장은 곧 저의 육체니라”며 성막이 곧 예수 그리스도시라고 말씀하고 있습니다. 그러므로 성막을 배우는 것은 곧 예수님을 배우는 것입니다.

3. 성령님의 인도를 받게 됩니다

이스라엘 백성들은 40년간 광야생활을 하면서 떠날 때나 행할 때나 멈출 때마다 인간의 생각대로 하지 않았습니다. 당시에 약 2,000명 되는 천부장 회의에서 떠날 날짜를 결정한 것도 아니고 12명의 족장 회의에서 다수결로 결정한 것도 아니었습니다.

출애굽기 40장 34~38절 말씀에 보면, “그 후에 구름이 회막에 덮이고 여호와의 영광이 성막에 충만하매 모세가 회막에 들어갈 수 없었으니 이는 구름이 회막 위에 덮이고 여호와의 영광이 성막에 충만함이었으며 구름이 성막 위에서 떠오를 때에는 이스라엘 자손이 그 모든 행하는 길에 앞으로 발행하였고 구름이 떠오르지 않을 때에는 떠오르는 날까지 발행하지 아니하였으며 낮에는 여호와의 구름이 성막 위에 있고 밤에는 불이 그 구름 가운데 있음을 이스라엘의 온 족속이 그 모든 행하는 길에서 친히 보았더라”고 했습니다.

이스라엘 백성들은 어느 방향으로 가야 할 것인가에 대해서 고민할 필요가 없었습니다. 불기둥, 구름 기둥이 가는 곳으로 방향을 잡기만 하면 되었습니다. 그것이 우리 인간의 생각으로 안 좋은 길 같았어도 나중에 지나 놓고 보면 가장 좋은 길이었습니다. 홍해 쪽으로 가는 길은 쓸데없이 시간을 낭비할 것 같았어도 너무도 안전한 길이었습니다. 그리로 갔기에 애굽 군대는 다 죽었고 이스라엘 백성은 다 살게 된 것입니다.

만약 가까운 길로 갔다고 생각해 보십시오. 애굽 군대에게 이스라엘 백성들은 다시 잡혀가고 말았을 것입니다. 성막시대의 구름기둥과 불기둥의 역사는 오늘날 성령의 역사를 모형한 것입니다. 지금은 성령께서 방향을 잡아 주십니다. 사도행전 16장 6절 말씀에 보면, 바울이 아시아로 복음을 전하러 가는 것을 막았습니다. 그리고 “마케도냐”로 인도해주셨습니다.

잠언 16장 9절 말씀에 보면, “사람이 마음으로 자기의 길을 계획할지라도 그 걸음을 인도하는 자는 여호와이시니라”고 했고, 잠언 16장 3절 말씀에서도 “너의 행사를 여호와께 맡기라 그리하면 너의 경영하는 것이 이루리라”고 했습니다.

하나님께서는 이스라엘을 사랑하셨습니다. 그래서 낮에는 덥고 밤에는 추운 기후 조건 때문에 낮에는 구름기둥으로 햇빛을 가려 시원하게 해주시고 밤에는 불기둥을 세워 따뜻하게 인도해 주셨습니다. 만일 반대로 낮에는 불기둥으로, 밤에는 구름기둥으로 인도했다고 한다면 도저히 광야생활을 견디어 내지 못했을 것입니다. 하나님은 이스라엘 백성들을 지극히 사랑해 주셨습니다. 하나님은 지금도 우리를 동일하게 사랑하시고 계십니다. 그래서 보혜사 성령으로 우리를 인도하고 계십니다.

로마서 8장 26~27절 말씀과 35~37절 말씀에 보면, “이와 같이 성령도 우리 연약함을 도우시나니 우리가 마땅히 빌 바를 알지 못하나 오직 성령이 말할 수 없는 탄식으로 우리를 위하여 친히 간구하시느니라 … 누가 우리를 그리스도의 사랑에서 끊으리요, 환난이나 곤고나 핍박이나 기근이나 적신이나 위험이나 칼이랴 … 그러나 이 모든 일에 우리를 사랑하시는 이로 말미암아 우리가 넉넉히 이기느니라”고 말씀하셨습니다.

4. 복 받는 방법을 배우게 됩니다

신명기 5장 29절 말씀에 보면, “… 나를 경외하며 나의 모든 명령을 지켜서 그들과 그 자손이 영원히 복 받기를 원하노라” 하셨고 민수기 6장 22~27절 말씀에 “여호와께서 모세에게 일러 가라사대 아론과 그 아들들에게 고하여 이르기를 너희는 이스라엘 자손을 위하여 이렇게 축복하여 이르되 여호와는 네게 복을 주시고 너를 지키시기를 원하며 여호와는 그 얼굴로 네게 비취사 은혜 베푸시기를 원하며 여호와는 그 얼굴을 네게로 향하여 드사 평강 주시기를 원하노리 할지니라 하라 그들은 이같이 내 이름으로 이스라엘 자손에게 축복할지니 내가 그들에게 복을 주리라”고 했습니다.

1) 아담과 하와에게 축복하셨습니다

창세기 1장 27~28절 말씀에 보면, “하나님이 자기 형상 곧 하나님의 형상대로 사람을 창조하시되 남자와 여자를 창조하시고 하나님이 그들에게 복을 주시며 그들에게 이르시되 생육하고 번성하여 땅에 충만하라, 땅을 정복하라, 바다의 고기와 공중의 새와 땅에 움직이는 모든 생물을 다스리라 하시니라” 하시고 인간을 창조하시고 제일 먼저 축복해주셨습니다.

2) 중시조 노아에게 축복해주셨습니다

범죄하여 타락한 온 인류는 홍수 심판을 받아 다 멸망당하였습니다. 노아의 가정만 남았습니다. 이때 하나님께서 창세기 9장 1절 말씀에 “하나님이 노아와 그 아들들에게 복을 주시며 그들에게 이르시되 생육하고 번성하여 땅에 충만하라”고 축복해주셨습니다.

3) 믿음의 조상 아브라함에게 축복해주셨습니다

아브라함을 메시아의 첫 조상으로 선택하신 하나님께서는 선택하자마자 아브라함에게 창세기 12장 2절 말씀에서 “내가 너로 큰 민족을 이루고 네게 복을 주어 네 이름을 창대케 하리니 너는 복의 근원이 될지라”고 축복해주셨습니다.

4) 이삭에게 축복해주셨습니다

하나님께서 이삭에게 나타나 처음 하신 말씀도 축복이었습니다.
창세기 26장 3~4절 말씀에 보면, “이 땅에 거류하면 내가 너와 함께 있어 네게 복을 주고 내가 이 모든 땅을 너와 네 자손에게 주리라 내가 네 아비 아브라함에게 맹세한 것을 이루어 네 자손을 하늘의 별과 같이 번성케 하며 이 모든 땅을 네 자손에게 주리니 네 자손을 인하여 천하 만민이 복을 받으리라”고 축복해주셨습니다.

5) 야곱에게 축복해주셨습니다

하나님께서 형 에서를 피해 도망하던 야곱을 벧엘에서 만나 축복해주셨습니다.
창세기 28장 13~15절 “또 본즉 여호와께서 그 위에 서서 가라사대 나는 여호와니 너희 조부 아브라함의 하나님이요 이삭의 하나님이라 너 누운 땅을 내가 너와 네 자손에게 주리니 네 자손이 땅의 티끌같이 되어서 동서남북에 편만할지며 땅의 모든 족속이 너와 네 자손을 인하여 복을 얻으리라 내가 너와 함께 있어 네가 어디로 가든지 너를 지키며 너를 이끌어 이 땅으로 돌아오게 할지라 내가 네게 허락한 것을 다 이루기까지 너를 떠나지 아니하리라 하신지라”고 이같이 하나님께서는 사람을 선택하시고는 축복을 약속하셨습니다. 그런데 인간이 복되게 살지 못하는 것은 하나님 책임이 아니라 인간의 책임입니다. 그래서 성막을 공부하게 되면 복을 잃어버린 인간의 모습을 발견하게 되고 또 그 복을 찾는 비결에 대하여 가르쳐 주고 있습니다.

용서받는 길이 번제단 안에 숨어 있고, 은총을 얻는 길이 물두멍에 들어 있고, 축복의 응답을 받는 비결이 분향단에 들어 있습니다. 그러므로 성막을 공부하면 축복받는 길을 알게 되는 것입니다.

5. 훌륭한 일꾼이 되게 됩니다

야고보 사도는 야고보서 2장 14절에 "내 형제들아 만일 사람이 믿음이 있노라 하고 행함이 없으면 무슨 이익이 있으리요 그 믿음이 능히 자기를 구원하겠느냐"고 행함이 없는 믿음은 죽은 믿음이라고 말씀했습니다. 훌륭한 일꾼은 일하는 일꾼입니다. 일하지 않는 일꾼은 죽은 일꾼입니다. 무슨 일을 하려면 그 일에 대해서 확실히 알아야 합니다. 성막공부는 우리가 하나님의 일을 하는데 무엇을 어떻게 해야 하는가를 잘 가르쳐주고 있습니다. 그러므로 성막을 공부하면 훌륭한 일꾼이 되게 됩니다.

6. 신령한 진단을 받을 수 있게 됩니다

성막을 공부하면 단계 단계마다 우리의 영적인 부분 부분에 대해서 정밀진단을 받을 수 있게 됩니다.

(1) 뜰 문에서는 구원의 확신에 대해서

(2) 번제단에서는 죄 문제를 확실히 해결 받았는지에 대해서

(3) 물두멍 앞에서는 거듭난 후 성결한 생애를 살고 있는지에 대해서

(4) 등대 앞에서는 사명을 감당하고 있는지에 대해서

(5) 떡 상 앞에서는 말씀생활이 바로 되고 있는지에 대하여

(6) 분향단에서는 기도생활이 바로 되고 있는가에 대해서

(7) 법궤 앞에서는 부활의 주와 함께 살고 있는가에 대해서

모두 바른 진단을 받게 되어 잘못된 것을 치료받고 고침 받아서 가장 충실한 신앙생활을 할 수 있게 되는 것입니다.

제2장

성막 울타리와 뜰

I. 울타리

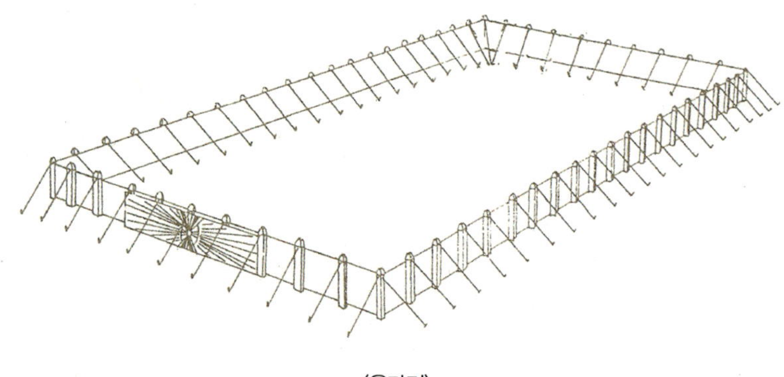

〈울타리〉

울타리는 60개의 기둥에 2.28m 높이의 세마포를 둘러쳐 만들었는데 동서는 각각 50규빗(22.8m) 남북도 100규빗(45.6m)으로 울타리 안은 성전이고 울타리 밖은 세상으로 구분하는 경계입니다. 울타리 안은 구원이 있고 울타리 밖은 구원이 없습니다.

출애굽기 27장 9~19절까지 말씀에 보면, "너는 성막의 뜰을 만들지니 남을 향하여 뜰 남편에 광이 백 규빗의 세마포장(細麻布帳)을 쳐서 그 한편을 당하게 할지니 그 기둥의 스물이며 그 받침 스물은 놋으로 하고 그 기둥의 갈고리와 가름대는 은으로 할지며 그 북편에도 광이 백 규빗의 포장을 치되 그 기둥이 스물이며 그 기둥은 받침 스물은 놋으로 하고 그 기둥이 갈고리와 가름대는 은으로 할지며 뜰의 옆 곧 서편에 광 오십 규빗의 포장을 치되 그 기둥이 열이요 받침이 열이며 동을 향하여 뜰 동편의 광도 오십 규빗이 될지며 문 이편을 위하여 포장이 십오 규빗이며 그 기둥이 셋이요 받침이 셋이요 문 저편을 위하여도 포장이 십오 규빗이며 그 기둥이 셋이요 받침이 셋이며 뜰 문을 위하여는 청색 자색 홍색실과 가늘게 꼰 베실로 수놓아 짠 이십 규빗의 장이 있게 할지니 그 기둥이 넷이요 받침이 넷이며 뜰 사면 모든 기둥의 가름대와 같은 고리는 은이요, 그 받침은 놋이며 뜰의 장은 백 규빗이요 광은 오십 규빗이요 세마포장은 고는 오 규빗이요 그 받침은 놋이며 성막에서 쓰는 모든 기구와 그 말뚝과 뜰의 포장 말뚝을 다 놋으로 할지니라"고 성막 뜰을 만드는 법을 가르쳐주셨습니다.

성막은 외부에서 보면 세마포로 된 울타리만 보입니다. 성막 바깥뜰은 길이가 약 45.6m이고 폭이 약 22.8m로 약 207평 정도의 규모로 동쪽이나 서쪽에서 보면 높이가 5규빗(2.28m)되는 10개씩의 기둥이 보이고, 남쪽이나 북쪽에서 보면 20개씩 보입니다. 그리고 동쪽에 있는 문 외에는 모두 세마포로 둘러쳐져 있습니다.

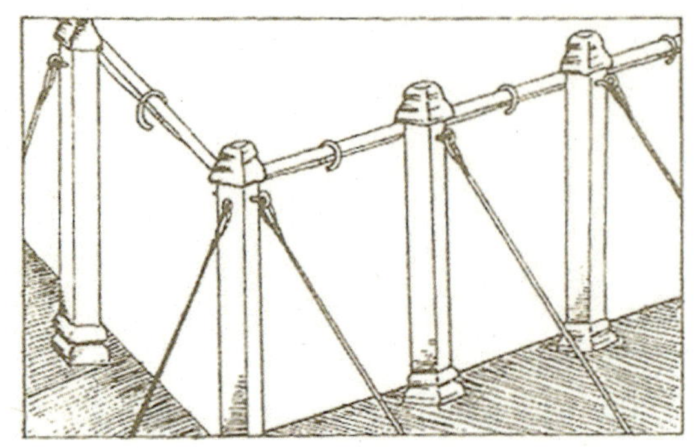

〈울타리 외면〉

〈울타리 내면〉

〈울타리 기둥〉

1. 울타리의 재료가 주는 교훈

1) 놋

울타리의 60개 기둥은 모두 놋으로 만들어졌고, 그 밑에 놋받침이 있습니다. 성경에서 놋은 십자가를 상징합니다. 민수기 21장 4~9절까지 보면, 모세가 광야에서 뱀에 물려 죽어가고 있는 이들에게 놋(구리)뱀을 만들어 장대에 메달아 보여 주었을 때 그 것을 보는 이마다 다 고침 받았습니다. 그 후 놋(구리)은 십자가로 상징되고 있습니다.

2) 은

기둥의 갈고리와 가름대는 은으로 만들어졌습니다. 은은 변함이 없는 금속으로 언제나 믿음을 의미합니다.

3) 세마포

세마포로 문장을 제외한 모든 면을 막았는데 세마포는 성결을 의미합니다. 요한계시록 19장 8절에 보면, "그에게 허락하사 빛나고 깨끗한 세마포를 입게 하셨은즉 이 세마포는 성도들의 옳은 행실이로다 하더라"했습니다.

2. 울타리가 주는 교훈

성막 뜰의 울타리는 예수 그리스도를 모형하는 것입니다. 울타리 높이는 5규빗(2.28m)가량 됩니다. 그래서 내용물을 밖에서는 안을 절대로 들여다 볼 수가 없습니다. 울타리 안에 들어가야만이 내용물을 볼 수가 있는 것을 상징한 것입니다. 그러므로 울타리는 예수님을 믿고 보는 것이지, 보고 믿는 것이 아닌 것을 교훈하는 것입니다. 구체적으로 울타리의 의미를 살펴본다면,

1) 소유를 의미하는 것입니다

울타리는 하나님의 것이라는 소유를 의미합니다. 그러므로 울타리 안에 있으면 하나님의 백성입니다. 밖에 있으면 사탄의 자식입니다.

이사야서 43장 1~3절 말씀에 보면, "너는 두려워 말라, 내가 너를 구속하였고 내가 너를 지명하여 불렀나니 너는 내 것이라"고 했습니다.

2) 보호를 의미합니다

울타리는 보호하는 것을 의미합니다. 울타리 안은 보호를 받지만 울타리 밖은 보호를 받지 못합니다.

창세기 7장 23절에 보면, 방주 안에 있던 노아의 식구들은 모두 보호를 받았고, 방주 밖에 있는 이는 모두 죽었습니다. 출애굽기 12장 21~23절에 보면, 유월절 어린양의 피를 문설주에 발라 그 집안에 있는 자는 다 보호를 받았습니다.

여호수아 2장 18절과 6장 17절 말씀을 보면, 여리고성 백성이 모두 도륙당할 때 창문에 붉은 줄을 매달아 둔 집 안에 있던 기생 라합의 가족과 친척은 모두 보호를 받았습니다.

로마서 8장 1절에 바울 사도는 예수 그리스도 안에 있으면 결코 정죄함이 없다고 말했습니다.

3) 필요한 것을 공급해 준다는 것을 의미합니다

울타리 안에서 필요한 것은 하나님께로부터 공급받을 수 있습니다.

요한복음 15장 7절 말씀에 보면, "너희가 내 안에 거하고, 내 말이 너희 안에 거하면 무엇이든지 원하는 대로 구하라 그리하면 이루리라"고 했습니다. 울타리 안에 있는 사람에게는 온갖 좋은 것이 하나님께로부터 공급되는 것입니다. 낮에는 구름 기둥으로 시원함이 공급되고 저녁에는 불기둥으로 따뜻함이 공급되었습니다.

하나님의 따뜻한 보살핌을 받게 되는 것입니다.

4) 경계선을 의미합니다

거룩함과 속됨을 구별하는 것입니다. 축복과 저주를 구별하는 것입니다. 천국과 지옥의 경계선입니다. 성도와 죄인의 경계선입니다.

Ⅱ. 성막 뜰

1. 성막 뜰

성막에는 세 가지 중요한 부분이 있습니다. 뜰과 성소와 지성소 사람이 지성소(하나님을 만나는 곳)에 들어가려면 반드시 성막 뜰을 거쳐 성소를 통과해야만 지성소에 들어 갈 수 있습니다. 성막 뜰에 들어서면 앞에 보이는 제단이 있고 제단을 지나면 물두멍이 있습니다(출 40:29~30).

우리가 교회 생활을 하려면 누구나 성막 뜰을 지나야 되는데, 뜰에서 제일 먼저 만나는 제단에서 죄를 처리 받고 물두멍에서 죄를 씻음을 받아야 하나님을 만나는 지성소로 들어갈 수 있습니다.

2. 뜰 문

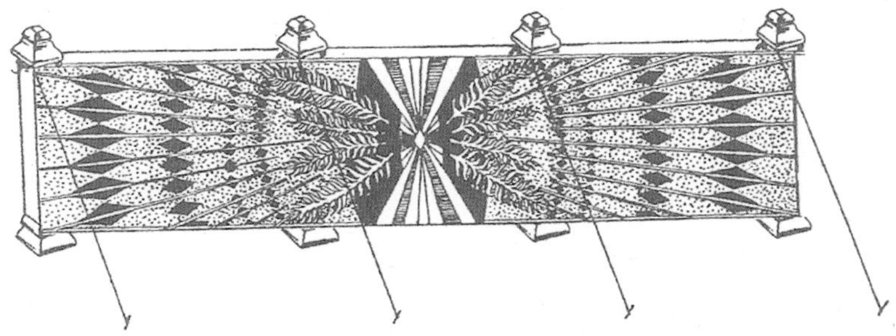

출애굽기 38장 18절에 보면, "뜰의 문장을 청색, 자색, 홍색 실과 가늘게 꼰 베실로 수놓아 짰으니 장은 이십 규빗이요 광 곧 고는 뜰의 포장과 같이 오 규빗이며"라고 기록되어 있습니다.

어느 구조물에나 사람이 활동하는 곳에는 문이 있게 마련입니다. 성막에 들어가는 데도 맨 처음 통과하는, 뜰로 들어가는 문이 있습니다. 이 문은 무엇을 뜻하겠습니까? 바로 예수 그리스도를 모형하는 것입니다. 요한복음 10장 7절 말씀에서는 "나는 양의 문이라"고 하였고, 요한복음 10장 9절 말씀에서는 "내가 문이니 누구든지 나로 말미암아 들어가면 구원을 얻고 또는 들어가며 나오며 꼴을 얻으리라"고 예수님께서 직접 말씀하셨습니다.

그러면 이 문에 대해서 공부하도록 하겠습니다.

1) 예수님의 성품을 모형한 문입니다

성막 뜰로 들어서는 이 문은 청색, 자색, 홍색실과 가늘게 꼰 베실로 수놓아 짠 아름다운 문장으로 만들어졌습니다. 이 분상이 아름다운 색실로 찌어서 만들어진 것은 예수님의 아름다운 성품을 모형한 것입니다. 청색은 예수께서 하늘로부터 오신 하나님의 아들이심을 모형하는 것입니다.

요한복음 8장 23절 말씀에 보면, "너희는 아래서 났고 나는 위에서 났으며 너희는 이 세상에 속하였고 나는 이 세상에 속하지 아니하였느니라"고 말씀하셨습니다. 주님은 외모로 보기엔 인간과 비슷하지만 본질에 있어서는 다른 분이십니다.

자색 옷은 권세 자들의 입은 옷 색깔입니다. 당시에 왕이나 부자들이 입었습니다. 자색은 부유함을 연상하게 하는 색깔이었습니다. 그래서 누가복음 16장 19절 말씀에서 "한 부자가 있어 자색 옷과 고운 베옷을 입고 날마다 호화로이 연락하는데"라고 한 것에서도 알 수 있습니다. 그러므로 우주 만물의 주인이 되시는 부요하신 예수 그리스도를 상징한 것입니다.

홍색은 왕의 권위를 나타내는 색깔이었습니다. 예수님께서 십자가 지실 때 홍포를 입힌 것은 왕적 권위를 상징해서였던 것입니다.

마태복음 27장 28절에 보면, "그의 옷을 벗기고 홍포를 입히며"라고 기록되어 있습니다. 주님은 왕들을 세우시고 폐하시며 그들을 심판하실 분이십니다. 홍색문장은 권세 있는 만왕의 왕이신 예수님을 상징한 것입니다.

가늘게 꼰 베실은 흰색으로 주님의 거룩하신 성품을 의미한 것입니다. 히브리서 7장 26절 말씀에 보면, "이러한 대제사장은 우리에게 합당하니 거룩하고 악이 없고 더러움이 없고 죄인에게서 떠나 계시고 하늘보다 높이 되신 자라"고 하였습니다.

이와 같이 위대하신 하나님의 아들 예수께서 나와 여러분을 위해서 십자가를 지시고 구주가 되셨습니다. 우리는 주님의 크신 은혜를 늘 감사하며 살아야 하겠습니다.

2) 예수 믿으면 누구나 구원받는 것을 모형한 문입니다

뜰 문의 넓이는 20규빗이니 약 9.12m쯤 됩니다. 9.12m 넓이의 문은 이 세상에서는 보기 드문 넓은 문입니다. 높이는 5규빗, 약 2.28m가량 되는 것이니 아무리 몸이 뚱뚱한 사람도, 아무리 키가 큰 사람도 마음만 먹으면 마음대로 들어갈 수 있는 문입니다. 그리고 이 문은 모든 사람에게 항상 열려 있는 문입니다. 그러므로 이 문의 의미는 주님은 천국에 들어갈 자격을 제한하지 않는다는 뜻입니다.

요한복음 3장 16절 말씀에 "하나님이 세상을 이처럼 사랑하사 독생자를 주셨으니 이는 저를 믿는 자마다 멸망치 않고 영생을 얻게 하려 하심이라"고 하신 것처럼 '누구든지 저를 믿으면' '구원을 받습니다. 그러므로 인간이 구원을 받지 못하고 멸망하는 것은 죄가 많아서가 아니라 믿지 않기 때문임을 알 수 있습니다. 반대로 천국에 들어간 사람들은 죄가 없고 의로워서가 아니라 예수님을 믿었기 때문임을 알아야 합니다.

마태복음 11장 28절 말씀에 보면, "수고하고 무거운 짐 진 자들아 다 내게로 오라 내가 너희를 쉬게 하리라”고 말씀하셨습니다. 누구든지 주님을 찾기만 하면 주님께서는 따뜻하게 맞아 주십니다.

요한복음 6장 37절 말씀에 보면, “아버지께서 내게 주시는 자는 다 내게로 올 것이요 내게 오는 자는 내가 결코 내어 쫓지 아니하리라”고 말씀하셨습니다.

성막의 뜰 문은 여러 가지 색실로 수놓아 짠 일종의 휘장이었으므로 쉽게 들어갈 수 있었습니다. 이것은 인간의 노력으로 천국에 들어가려면 전혀 불가능한 일이지만 주님을 믿고 의지하면 아주 쉽게 들어갈 수 있다는 것을 의미하는 것입니다. 예수님을 믿는 일에는 돈이 많아야 하는 것도 아니고 반드시 대학 졸업장이 있어야 하는 것도 아니며 인격적 수양을 쌓아야 되는 것도 아닙니다.

이사야서 55장 1절 말씀에 보면, “너희 목마른 자들아 물로 나아오라. 돈 없는 자도 오라 너희는 와서 사 먹되 돈 없이, 값없이 와서 포도주와 젖을 사라”고 하셨습니다.

요한계시록 22장 17절 말씀에도 “성령과 신부가 말씀하시기를 오라 하시는도다 듣는 자도 오라 할 것이요 목마른 자도 올 것이요 또 원하는 자는 값없이 생명수를 받으라 하시더라”고 기록되어 있습니다.

로마서 3장 23~24절 말씀을 보면, “모든 사람이 죄를 범하였으매 하나님의 영광에 이르지 못하더니 그리스도 예수 안에 있는 구속으로 말미암아 하나님의 은혜로 값없이 의롭다 하심을 얻은 자 되었느니라”고 하였습니다.

‘돈 없이 값없이’라고 하셨으니 결국 돈 한 푼 없어도 먹고 마시고 영생할 수 있다는 것입니다. 그것은 주님이 십자가에서 이미 대가를 지불하셨기 때문입니다.

요한복음 19장 30절 말씀에 “다 이루었다”고 말씀하셨습니다. 예수님께서 십자가에서 운명하실 때 주님께서 ‘다 이루었다’라고 하셨는데 거기에 무언가 더 쌓아야 구원받는다고 한다면 그것은 비복음이요, 사이비 기독교요, 이단일 뿐입니다.

미국 목사님으로 한국에 오셔서 선교사로 일하셨던 요컴이란 훌륭한 선교사님이 계셨습니다. 그 목사님께서 어린 시절 외가댁을 가기 위해 비행기를 디면 하루 종일 미국 대륙을 횡단하여 외갓집에 갔다고 합니다. 한번은 비행기 안에서 점심을 주는데 자기는 안 먹겠다고 했답니다. 왜냐하면 돈이 없기 때문에 배가 고파 죽을 지경인데도 굶었답니다. 그런데 나중에 알고 보니 자기가 구입한 비행기 표 값 안에 모두 포함되었더랍니다. 그렇습니다. 단 돈 1달러도 더 낼 필요가 없었습니다. 이미 지불되었기 때문입니다.

울어도 못하네

믿음으로 말미암아 구원을 받았으니
(엡 2:8)

544

R. Lowry, 1867

WEEPING WILL NOT SAVE ME: 6. 7. 7. 7. REF
R. Lowry, 1867

3) 예수님 안에 있으면 성결하게 되는 것을 모형한 문입니다

성막, 성소, 지성소 등 회막에는 "성(聖)", 즉 거룩할 "聖"자가 붙어 있습니다. 성막 안은 거룩한 곳이란 말입니다. 성막 밖은 속세이지만 성막은 거룩한 곳이란 뜻입니다. 거룩함을 얻기 위해서는 성막 안으로 들어가야 하는 것입니다. 문 밖에 서 있으면 성결해질 수가 없는 것입니다. 이 세상에는 죄 없는 사람은 하나도 없다고 말했습니다. 만일 죄 없는 인간이 있다고 주장하는 사람이 있다면 하나님을 거짓말쟁이로 만드는

사람이 되고 마는 것입니다. 그래서 요한일서 1장 10절 말씀에 보면, "만일 우리가 범죄하지 아니하였다 하면 하나님을 거짓말 하는 자로 만드는 것이니 또한 그의 말씀이 우리 속에 있지 아니 하니라"고 기록하고 있는 것입니다. 그 이유는 로마서 1장에서 유대인이 죄인이고 2장에서 이방인도 죄인이므로 로마서 3장 10절에서 "천하에 의인은 없나니 하나도 없다"고 선언하셨기 때문입니다. 그러면 죄 많은 인생이 어떻게 깨끗함과 거룩함을 얻을 수 있겠습니까?

로마서 8장 1~2절 말씀에 보면, "그러므로 이제 그리스도 예수 안에 있는 자에게는 결코 정죄함이 없나니 이는 그리스도 예수 안에 있는 생명의 성령의 법이 죄와 사망의 법에서 너를 해방 하였느니라"고 하셨습니다. 그러므로 천하 만민이 손가락질하고 침을 뱉는 세리와 창녀라도 주 안에 거하기만 하면 거룩한 하늘나라의 백성이 되는 것입니다.

마태복음 21장 31~32절 말씀에 보면, "내가 진실로 너희에게 이르노니 세리들과 창기들이 너희보다 먼저 하나님의 나라에 들어가리라. 요한이 의의 도로 너희에게 왔거늘 너희는 저를 믿지 아니하였으되 세리와 창기는 믿었으며 너희는 이것을 보고도 종시 뉘우쳐 믿지 아니하였도다"고 기록되어 있습니다.

세리와 창기는 예수님 당시 대표적인 죄인들이요 지옥에 갈 자들로 비난받고 있던 자들이었습니다. 그러나 그들이 오히려 스스로 거룩한 체하던 자들보다 믿음 안에서 먼저 천국에 들어간다고 말씀하셨습니다.

4) 구원은 오직 예수님으로만 얻게 된다는 것을 모형하는 문입니다

성막 안으로 들어가는 문은 오직 한 곳밖에 없습니다. 성막 동쪽 뜰에 있는 20규빗(약 9.12m)의 문장만이 성소에 들어갈 수 있는 유일한 문입니다. 아무리 사방을 돌아다녀 보아도 다른 문은 없습니다. 예수님을 양의 문이라 하셨으니 하나님 앞에 갈 수 있는 유일무이한 문은 예수 그리스도뿐임을 모형한 것입니다.

요한복음 14장 6절 말씀에 보면, "내가 곧 길이요 진리요 생명이니 나로 말미암지 않고는 아버지께로 올 자가 없느니라"고 기록되어 있습니다. 예수님께서 말씀하시기를 자신만이 하나님께로 갈 수 있는 유일한 길이라고 하셨습니다.

공자는 "아침에 도를 들으면 저녁에 죽어도 좋다(朝聞道 夕死可矣)"고 하였고 석가는 인생의 참 길을 찾기 위해 출가하여 10년의 세월동안 고행을 했다고 합니다. 그는 구도(求道)의 고행을 한 것입니다. 그들이 그렇게 찾던 길이 바로 예수 그리스도 자신이라고 주님께서 말씀하셨습니다. 그 길로 가지 않고 딴 길로 가려는 것은 어리석고 무익할 뿐 아니라 예수님이 보시기에 절도요 강도라고 요한복음 10장 1절 말씀에 "내가 진실로 진실로 너희에게 이르노니 양의 우리에 문으로 들어가지 아니하고 다른 데로 넘어가는 자는 절도며 강도요"라고 말씀하셨습니다. 절도와 강도는 떳떳하게 대문으로 들어가지 못하고 남의 눈을 피하여 울타리 밑 개구멍이나 남의 집 담장을 넘어 들어가는 것을 볼 수 있습니다. 하나님께서는 인간들에게 하나님께로 올 수 있는 길을 마련해 주셨습니다. 그 길이 바로 예수 그리스도이십니다. 예수님을 통하여 천국에 들어올 수 있도록 천국 문을 만들어 주셨습니다. 그런데 정당한 예수의 문으로 들어가지 않고 구멍을 뚫거나 담을 넘어서 들어가려 하면 절도요 강도가 되는 것입니다.

사도 베드로는 사도행전 4장 12절 말씀에서 "다른 이로서는 구원을 얻을 수 없나니 천하 인간에 구원을 얻을 만한 다른 이름을 우리에게 주신 일이 없음이니라"고 분명하게 말씀하셨습니다. 요한복음 10장 10절 말씀에도 "내가 문이니 누구든지 나로 말미암아 들어가면 구원을 얻고 또는 들어가며 나오며 꼴을 얻으리라"고 말씀하셨습니다.

예수님은 자신이 곧 구원의 문이라고 말씀하셨습니다. 세상에서는 공자, 석가, 소크라테스, 예수 그리스도를 소위 '4대 성인'이라 하여 최고의 위인으로 추앙하고 있습니다. 예수 그리스도 이외의 위인들이 과연 하나님께로 갈 수 있는 길과 문이 될 수 있겠습니까?

「소크라테스」는 종교와 무관한 철학자이니 제하고 다른 위인들을 살펴보겠습니다. 그러면 「공자」는 어떻습니까? 공자는 타의 추종을 불허할 만큼 도덕적, 윤리적으로 뛰어난 분임에 틀림없습니다. 그러나 그분은 인생들에게 하나님께로 갈 수 있는 길을 보여 주거나 하늘나라로 들어가는 문을 제시하지 못했습니다. 그는 스스로 신이나 죽음의 문제에 대하여 잘 알지 못한다고 솔직히 술회하였습니다. 논어 선진편에 보면, 「계로」라고 하는 제자가 귀신에 대하여 물은 즉 "사람의 일도 모르는데 어찌 귀신의 일을 알리요"라고 했고, 죽음에 대하여 물었을 때 "사는 것이 무엇인지 모르는데 어찌 죽음을 알겠느냐"고 했습니다(季路問事 鬼神, 子曰, 未能事人 焉能事鬼 敢問死, 曰未知生 焉知死).

유교란 결국 현세에서 인간이 걸어가야 할 인륜 도덕을 가르친 생활철학이나 도의 윤리학에 불과함을 알 수 있습니다. 그러면 「석가」는 어떻습니까? 끊임없는 욕망의 억제와 부단한 자기 성찰을 통해서 어떤 완성된 인격, 즉 해탈의 경지에까지 도달하려 했음에 대해서는 높이 평가해야 합니다. 그러면 그는 과연 인류의 죽음의 문제를 해결하고 하나님께로 갈 수 있는 길을 제시했습니까? 불경, 즉 석가가 임종할 때 설법한 "대반열반경"이라는 남본(南本) 36권 북본(北本) 40권으로 되어 있는 경전이 있습니다. 그곳에 보면 석가가 임종이 가까이 왔을 때 무언가 한 말씀 남겨주기를 청하니 「아난」이란 제자에게 "자기 자신을 등불로 삼고, 법을 등불로 삼으며 자기 자신을 의지처로 삼고, 법을 의지처로 삼으라(自燈明, 法燈明, 自歸依 法歸依)"고 말했다고 합니다. 결국 불교는 자신의 힘으로 구원을 받을 수 있다는 자력의 종교요, 수양의 종교요, 계율의 종교입니다. 그러나 죄인 된 자신이 어찌 자기를 구원할 수 있겠습니까?

성소에 들어가는 문이 한 곳 뿐이었듯이 오늘날도 하나님께 나아가는 문은 하나뿐인 것입니다. 그 문은 바로 예수 그리스도이십니다. 하나님과 인간 사이를 연결하는 유일한 다리는 예수님뿐이심을 믿으시기 바랍니다. 디모데전서 2장 6절 말씀에 보면, "하나님은 한 분이시오 또 하나님과 사람 사이에 중보도 한 분이시니 곧 사람이신 그리스도 예수라"고 말씀하고 있습니다.

Ⅲ. 번제단

뜰문을 통과하여 회막뜰에 들어서면 제일 먼저 번제단과 만나게 됩니다. 출애굽기 27장 1~8절 말씀에 "너는 조각목으로 장이 오 규빗(2.5m), 광이 오규빗(2.5m) 단을 만들되 네모반듯하게 하며 고는 삼 규빗(1.5m)으로 하고 그 네 모퉁이 위에 뿔을 만들되 그 뿔이 그것에 연하게 하고 그 단을 놋으로 쌀지며 재를 담는 통과 부삽과 대야와 고기 갈고리와 불 옮기는 그릇을 만들되 단의 그릇을 다 놋으로 만들지며 단을 위하여 놋으로 그물을 만들고 그 위 네 모퉁이에 놋고리 넷을 만들고 그물은 단 사면 가장자리 아래 곧 단 절반에 오르게 할지며 또 그 단을 위하여 채를 만들되 조각목으로 만들고 놋으로 쌀지며 단 양편 고리에 그 채를 꿰어 단을 메게 할지며 단은 널판으로 비게 만들되 산에서 네게 보인 대로 그들이 만들지니라"고 번제단 만드는 법을 가르쳐주셨습니다.

1. 번제단의 뜻

단은 "미쯔베아흐"란 말로써 "동물을 죽이다"란 뜻입니다. 번제는 "오라"란 말로 올라간다는 뜻이 있습니다. 그러므로 번제단이란 말은 동물을 죽여 올라간다는 뜻입니다. 다시 말해 제물이 죽음으로 하나님께로 가는 길이 열린다는 뜻입니다. 죗값은 사망으로 죄인 된 인간이 하나님을 만날 수 없게 되었으나 생명인 피를 뿌림으로 죄가 없어지고 하나님께로 가는 길이 열리는 것입니다. 그러므로 번제단의 피(그리스도의 피의 모형) 때문에 지성소에 계신 하나님을 만날 수 있게 되는 것입니다.

2. 번제단의 재료와 모양이 주는 교훈

1) 번제단은 조각목으로 만들었습니다

조각목은 메마른 광야에서 낮에 뜨거운 햇빛과 밤에는 추운 날씨와 태풍 같은 모진 바람에 시달리며 깡마르게 자랐는데 수많은 가지가 멋대로 뻗어 있고 아무 쓸모없는 아카시아 나무로 높이는 4~8m 정도 됩니다. 이 나무의 모습은 죗값으로 버림받은 이 세상의 모든 인간들을 상징하는 것입니다. 또한 이 세상 모든 사람들의 고통을 한 몸에 짊어진 예수님의 인성을 잘 표현해주는 것이기도 합니다.

2) 표면은 놋으로 싸야 했습니다

　놋은 하나님의 심판인 십자가를 상징하는 것입니다. 그러므로 범죄함으로 하나님께 버림받은 인간이 살 수 있는 길은 십자가밖에는 없다는 것을 상징하는 것입니다. 본래 죄인 된 인간은 불의하고, 거짓되고, 분쟁하고, 사기치고, 혈기부리고, 교만하고, 음란하고, 게으르고, 방탕하였고, 병들었던 보잘것없고, 쓸모없는 자들이었습니다. 그러나 예수님 믿음으로 예수님의 의로 옷을 입고, 모든 허물과 죄를 가리움을 받아 하나님의 자녀 되어 목사 되고, 장로 되고, 권사 되고, 집사 되고, 직분 맡아 새사람으로 살아가고 있는 것입니다. 그러므로 우리들은 살든지 죽든지 주님의 영광을 나타내는 삶을 살아야 하는 것입니다. 인간의 냄새가 나고 술수나 부리고 자기 고집이나 부리고 다시 더러운 인간의 냄새를 풍기게 되면 놋제단이 될 수 없고, 못난 조각목 제단이 되고 마는 것입니다. 불 속에 던져 심판을 받고 마는 것입니다.

　번제단의 조각목을 놋으로 싸서 만든 것은 버림받는 인간도 십자가로 싸야 생명을 얻을 수 있다는 것을 상징하는 것입니다. 십자가는 복을 더하는 원리입니다. 예수님께서 십자가를 지신 것은 인류가 마귀에게 빼앗긴 복을 다시 찾아 주시기 위함이셨습니다.

① 질병을 제하고 건강을 더하십니다(마 8:17, 벧전 2:24).

② 가난을 제하고 부요를 더하십니다(고후 8:9).

③ 고통을 제하고 평안을 더하십니다(마 11:28).

④ 저주를 제하고 복을 더하십니다(갈 3:13).

⑤ 죄를 제하고 의를 더하십니다(롬 5:21).

⑥ 죽음을 제하고 생명을 더하십니다(요 5:24).

3) 번제단은 가로, 세로가 각각 2.28m(5규빗), 높이가 1.4m(3규빗)으로 만들어진 정사각
   형으로 되었습니다

번제단의 정사각형인 사방은 전 세계를 상징하는 것이고 구원은 온 세계 인류에게
해당하는 것입니다. 주의 복음은 전 세계를 정복한다는 것을 의미한 것입니다.

4) 네 모퉁이 위에는 뿔을 하나씩 만들어 4개의 뿔이 사방을 향하여 있습니다

이 뿔은 예수 그리스도의 권세를 상징하는 것입니다. 사방은 전 세계를 상징하는
것이고 이 세상 어떤 권세도 주의 제단을 대적하면 망한다는 것을 의미한 것입니다.

5) 제단에는 놋으로 만든 그물을 단 중간에 치게 했습니다

번제단 중간에 걸쳐놓은 놋으로 만든 철망인데 고기를 구울 때 불에 직접 닿지 않
게 했으며 타고난 희생제물의 재와 기름은 이 그물을 통해 아래로 떨어지게 했습니
다. 이 그물은 성도들을 잘 돌봐주는 역할을 하는 것을 의미합니다. 교회의 교직자,
교구장, 지역장, 구역장, 기관장의 역할입니다.

6) 제단에는 놋으로 만든 고리가 붙어 있습니다

이 고리는 놋그물이 단에 붙어 있도록 하는 역할을 할 뿐만 아니라, 고리는 체로 꿰
어 이동하는 데 사용하는 기구였습니다. 성도가 제단을 섬기는 것을 모형한 것입니다.

① 고리는 원형으로 만들었는데 원형은 시작도 없고 끝도 없는 것으로 사랑을 상징
   하는 것입니다. 그러므로 성도가 제단을 섬길 때는 사랑으로 섬겨야 하는 것입
   니다. 아무리 예수 잘 믿는 척하고 교회를 여러 개 건축하여 바쳤다 해도 사랑이
   없으면 제단을 바로 섬기는 것이 아닙니다.
② 넷을 만든 것은 협력하는 것을 상징한 것입니다.
   봉사할 때는 서로 협력을 잘해야 하는 것을 말하는 것입니다.
③ 고리는 제단과 그물과 연결되어 있습니다.
   봉사할 때 제단 중심으로 교회 중직들과 협력하여 봉사하는 것을 말하는 것입니다.

7) 채를 놋으로 싸서 만들고 고리에 끼워 제단을 이동할 때 사용했습니다

채를 놋으로 싸게 한 것은 성도들이 교회에서 봉사할 때 조각목 같은 인간성으로 하지 말고 놋과 같은 그리스도의 성품으로 하라는 것을 의미하는 것입니다.

3. 번제단에는 속죄가 있습니다

이스라엘 백성들이 죄를 범했을 때 제물을 가지고 번제 단 앞에 와 제사를 드리면 깨끗이 죄를 용서받을 수 있었습니다. 그런데 레위기 4장에 보면, 제사장이 범죄했을 때와 온 회중이 범죄했을 경우에는 수송아지를, 족장이 범죄했으면 흠 없는 숫염소를, 평민이 범죄했을 경우에는 흠 없는 암염소나 어린 양을 속죄 제물로 드려야 했습니다.

그러나 오늘날에는 예수 그리스도를 통해 죄 사함을 얻는 것입니다.

요한복음 1장 29절 말씀에 세례 요한이 예수께서 자기에게 오시는 것을 보고 "보라 세상 죄를 지고 가는, 하나님의 어린양이로다"고 말한 것을 볼 수 있습니다. 예수님 오시기전 구약시대에는 한 사람의 죄를 속하기 위해서 한 마리의 어린 양이 필요하고, 온 회중의 죄를 위해서는 몇 배나 더 비싼 수송아지가 필요했습니다. 그러므로 온 인류의 죄를 위해서는 하나님의 아들 예수 그리스도의 피가 필요했던 것입니다. 예수님은 '하나님의 어린 양'이십니다. 속죄는 하나님이 구상하시고 예비하시고 실행하심으로써 이루어지는 것이지 결코 인간편의 행위가 아닌 것입니다.

창세기 2장 7절 말씀을 보면, "여호와 하나님이 흙으로 사람을 지으시고 생기를 그 코에 불어넣으시니 사람이 생령이 된지라"라고 기록되어 있습니다. 그것을 볼 때 하나님이 사람을 창조하실 때 직접 만드신 것을 알 수 있습니다. 그리고 하나님의 형상을 닮도록 하나님의 생기를 불어 넣어 주셨습니다. 그래서 생령이 되었다고 했습니다. 인류의 시조 아담이 범죄함으로 하나님의 형상을 닮은 영이 죽게 되었고, 혼과 육체만 남아서 짐승과 같이 되었습니다. 그런데 이 인류를 구원하시기 위해 예수님께서 인간의 영을 죽게 한 죄를 대신 지시고 십자가에서 피 흘려 죽으심으로 죗값을 갚아 주셨습니다. 곧 하나님의 형상이 회복될 수 있는 길을 열어 주신 것입니다. 그래서 사도 바울은 고린도전서 15장 45절 말씀에 보면, "기록된바 첫 사람 아담은 산영이 되었다 함과 같이 마지막 아담은 살려 주는 영이 되었나니"라고 말씀한 것입니다. 번제단 위에 어린 양의 피가 뿌려짐으로 죄인의 죄가 사하여지듯 주님께서 십자가에서 피 흘

려 죽으심으로 우리의 모든 죄가 청산되었습니다.

베드로전서 2장 24절 말씀에 보면, "친히 나무에 달려 그 몸으로 우리 죄를 담당하셨으니 이는 우리로 죄에 대하여 죽고 의에 대하여 살게 하려 하심이라"고 말씀하셨습니다.

'담당하셨으니'의 원어는 "아네넹켄"인데 한번 담당하심으로 영원히 담당하셨다는 뜻입니다. 우리 죄가 영원히 결정적으로 청산된 것입니다.

그러면 어떻게 어린 양의 피가 사람의 죄를 사할 수 있겠습니까? 그것은 피가 곧 생명이기 때문이라고 레위기 17장 11절 말씀에 "육체의 생명은 피에 있음이라 내가 이 피를 너희에게 주어 단에 뿌려 너희의 생명을 위하여 속하게 하였나니 생명이 피에 있으므로 피가 죄를 속하느니라"고 말씀했습니다. '죄의 삯은 사망'이라는 하나님의 법칙에 따라 죄 지은 인간이 죽어야 하지만 그 대신 어린 양이 죽었으므로 죄인은 살게 되는 것입니다. 예수님의 피로 우리가 살게 되는 것입니다. 예수님의 피는 곧 생명입니다. 그러므로 주님은 요한복음 6장 53절에서 말씀하시기를 "인자의 피를 마시지 아니하면 너희 속에 생명이 없느니라"고 하신 것입니다. 우리는 가끔 믿음이 약해질 때 과거의 죄를 기억하고 괴로워할는지도 모르나 하나님은 결코 기억하지 않겠다고 하셨습니다.

히브리서 10장 17~18절 말씀에 보면, "저희 죄와 저희 불법을 내가 다시 기억치 아니하리라 하셨으니 이것을 사하셨은즉 다시 죄를 위하여 제사 드릴 것이 없느니라"고 하셨습니다.

'다시 기억치 아니하리라'에서 '다시'는 원어로 "에티"라는 말인데 '이제 더 이상 ~ 하지 않는다'는 뜻입니다. 하나님께서 우리의 죄를 더 이상 기억하지 않겠다고 하시는 이유는 인류를 위한 속죄 제사가 골고다 산상에서 이미 끝났기 때문입니다. 그러므로 우리는 사죄 받은 기쁨으로 자신감을 가지고 이 세상을 살아가야겠습니다.

구주의 십자가 보혈로

250

그리스도의 피가... 살아 계신 하나님을 섬기게 하지 못하겠느냐
(히 9:14)

E. A. Hoffman. 1878

GLORY TO HIS NAME: 9. 9. 9. 5. REF

J. H. Stockton. 1878

보통으로

Down at the cross where my saviour died

회개와 용서

4. 번제단에는 감사가 있습니다

선민 이스라엘은 다른 이방인들보다 감사할 조건이 많은 백성들입니다. 수많은 민족 가운데서 특별히 선택해 주셨고 애굽의 노예생활에서 하나님의 기적으로 해방되었고, 메마른 광야에서 40년 동안 보호하시고, 양육해 주셨고, 젖과 꿀이 흐르는 가나안 땅을 기업으로 받았고, 하나님 앞에 범죄했다 해도 속죄 제사를 통해서 용서해 주셨고, 그 밖에도 일상생활을 통해서 일어나는 여러 가지 신기하고도 복된 일들을 생각해 보면 여호와 하나님께 감사드리지 않을 수 없을 것입니다. 번제단은 선민 이스라엘이 여호와 하나님께 감사의 제물을 드릴 수 있는 하나님이 정해주신 장소였습니다.

이스라엘 백성은 안식일, 월삭(초하루), 유월절, 오순절(맥추절, 칠칠절, 초실절), 장막절(초막절) 등등 절기에 감사예물을 드렸습니다. 제단에 제물을 드릴 때 가장 중요한 제물은 십일조입니다. 모든 토지는 하나님이 주인이시며, 이스라엘 백성은 소작인과 같으므로 마땅히 십일조를 드려야 했습니다. 처음에는 십일조를 법대로 잘 드렸으나 점점 아까운 생각이 들어 십일조 바치는 이들이 줄어들게 되었습니다. 그때 「말라기」에서는 ‘하나님의 것을 도적질하는’ 범죄로 규정하고 책망을 하면서 ‘온전한 십일조’(말 3:8~12)를 드리라고 말씀하셨습니다. 오늘날 잘못된 신자들은 십일조란 구약시대의 제도이므로 실행할 필요가 없다고 말하지만 그것은 잘못 알고 있는 것입니다.

예수님께서 마태복음 23장 23절 말씀에서 가르치시기를 “화 있을진저 외식하는 서기관들과 바리새인들이여 너희가 박하와 회향과 근채의 십일조를 드리되 율법의 더 중한 바 의(義)와 인(仁)과 신(信)(정의와 자비와 신의)은 버렸도다 그러나 이것도 행하고 저것도 버리지 말아야 할지니라”고 하셨습니다. ‘이것’이란 의와 인과 신을, ‘저것’이란 십일조를 뜻합니다. 이렇게 주님은 물질의 십일조를 꼭 드려야 한다고 가르치셨습니다. 이스라엘 백성은 짐승의 피로 구원받았어도 많은 감사 예물을 드렸습니다. 하물며 하나님의 독생자 예수 그리스도의 보혈로 구원받은 우리는 우리의 생명을 드리는 마음으로 늘 감사한 마음과 함께 예물을 주의 단에 드려야 할 것입니다.

주님 앞에 나가 헌금드릴 때 아까운 생각이 들고 마음에 시험이 되면 새 찬송가 429장을 부르면 은혜가 될 것입니다.

세상 모든 풍파 너를 흔들어 **429**

모든 신령한 복을 우리에게 주시되
(엡 1:3)

J. Oatman Jr. 1897

BLESSING: 11. 11. 11. 11. REF

E. O. Excell. 1897

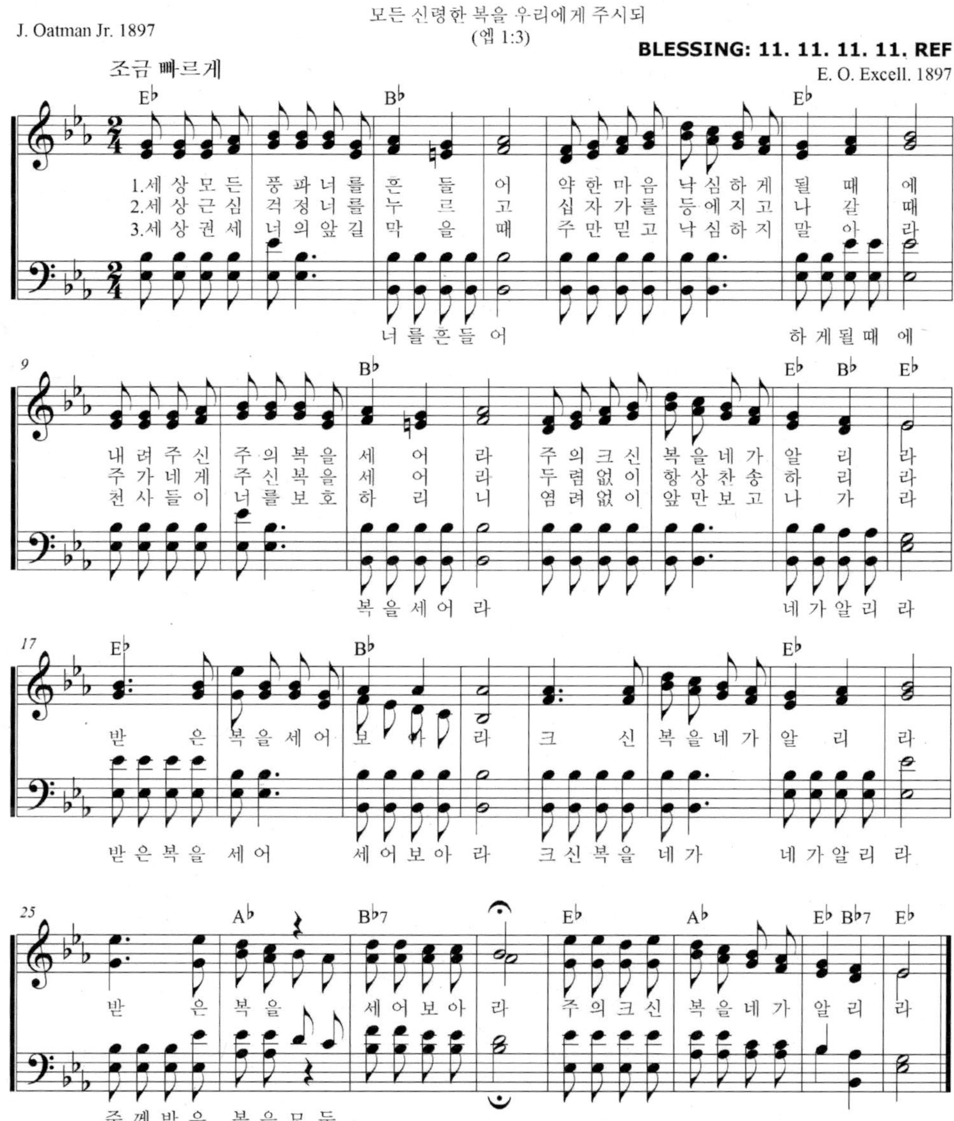

When upon life's billows

감사의 생활

구약성경 시편 116편 12절 말씀에 보면, "여호와께서 내게 주신 모든 은혜를 무엇으로 보답할고"라고 했습니다. 내가 주님의 피로 구원받고 하나님의 자녀가 되며 그 영원무궁한 천국에 들어갈 것이 사실로 믿어진다면 바치는 일에 인색할 수 없을 것입니다. 교회에서 헌금 드리는 일에 대한 불평은 돈을 사랑하는 마음에서 나오는데 이 마음은 결국 나 자신의 믿음 부족 때문임을 알아야 합니다. 하나님은 억지로 바치는 것을 원치 않으십니다. 고린도후서 8장 12절 말씀에서 "할 마음만 있으면 있는 대로 받으실 터이요, 없는 것을 받지 아니하시리라"고 말씀하셨습니다. 고린도후서 9장 7절 말씀에서도 "각각 그 마음에 정한 대로 할 것이요 인색함으로나 억지로 하지 말지니 하나님은 즐겨 내는 자를 사랑하시느니라"고 하셨습니다. 그러므로 이스라엘 백성은 각자 형편대로 소나 양 그리고 염소나 비둘기 또는 밀가루 등 여러 가지를 드렸습니다. 여유 있는 부자는 소를 바치고 그것이 어려우면 양이나 염소를 바치고 그것도 어려우면 비둘기를 바치고 그 형편도 안 되면 하루 양식인 밀가루 에바 10분의 1이라도 바치도록 했습니다.

누가복음 21장 1절 이하에 보면, 어느 날 예수님께서 사람들이 성전에서 헌금 드리는 것을 보시다가 어떤 가난한 과부가 두 렙돈을 바치는 것을 보시고 그 과부가 금돈을 바친 부자보다도 더 많은 것을 바쳤다고 칭찬하시는 장면이 기록되어 있습니다. 왜냐하면 부자는 많은 재산 중에 일부를 바쳤으나 과부는 생활비의 전부를 바쳤기 때문이라고 말씀하셨습니다. 예수님은 헌금하는 것을 보셨다고 했습니다. 예수님은 지금도 보시고 계시는 것입니다. 얼마나 많이 바쳤느냐 하는 것보다 얼마나 정성껏 바쳤느냐 하는 것이 문제인 것입니다. 하나님께서는 사무엘상 16장 7절 말씀에 보면, "사람은 외모를 보거니와 나 여호와는 중심을 보느니라"라고 말씀하셨습니다.

우리가 믿는 기독교는 감사의 종교입니다. 데살로니가전서 5장 18절에 보면, "범사에 감사하라. 이는 그리스도 예수 안에서 너희를 향하신 하나님의 뜻이니라"고 말씀하셨습니다. 진정으로 속죄받은 것을 깨닫는 성도는 하나님께 감사드리지 않을 수 없을 것입니다. 요한 웨슬레는 "네 주머니가 거듭나기 전에는 나는 결코 너의 중생을 믿지 않겠노라"했고, 우찌무라 간조는 "감사할 줄 모르는 신자는 신자가 아니다"라고 했습니다. 우리들은 주님의 은총에 늘 감사하여 헌신하고 봉사하며 살아야 하겠습니다.

5. 번제단에는 화목이 있습니다

레위기 3장 1~5절까지에서 "소의 화목제"의 규례가, 6~11절까지는 "양의 화목제" 규례가, 12~17절까지에는 "염소의 화목제"의 규례가 기록되어 있습니다.

속죄 제사는 제물 전부를 하나님께 불살라 드리지만 화목제는 제물의 일부분만을 하나님께 드리고 나머지는 제사장과 이웃으로 더불어 나누는 제사입니다. 하나님과 나는 속죄 제사를 통하여 화목될 수 있습니다. 그러나 제사장이나 이웃과의 화목은 화목 제사를 드림으로 화목될 수 있는 것입니다. 그래서 화목 제물은 반드시 소나 양이나 염소로 하되 각자 형편에 따라서 세 가지 중 하나로 준비하면 됩니다.

화목제를 드리는 규례는 레위기 7장 28~36절 말씀에 있는데 제사장은 제물의 머리에 안수한 다음 회막 문에서 잡습니다. 제사장은 그 제물의 피를 번제단 사면에 뿌리고 내장과 허리 근방의 기름을 번제단 윗불에 태웁니다. 그러고 나서 제물의 가슴을 요제(搖祭)로, 우편 뒷다리를 거제(擧祭)로 드린 다음 제사장에게 몫으로 드리라고 했습니다. 그리고 신명기 12장 17절 말씀에 보면, 거제로 드린 것 중 제사장에게 드리고, 나머지 부분은 제사 드린 사람의 가족과 이웃, 노비들과 레위인과 함께 나누는 것으로 화목 제사는 끝이 나도록 규정해 주셨습니다.

1) 하나님과 화목해야 합니다

레위기 3장 1~17절 말씀에 보면(소 1~5절, 양 6~11절, 염소 12~17절), 하나님과 화목하기 위해서 제물의 내장과 허리 부근의 기름을 먼저 하나님께 불살라 드리는 것입니다.

아담과 하와가 범죄함으로 하나님과 인간은 원수와 같은 관계가 되었습니다. 하나님과 화목하려면 화목 제사가 필요했습니다. 그래서 소나 양이나 염소를 잡아 화목 제사를 드리도록 규정했습니다. 인류의 죄를 대신하여 제물인 짐승이 피 흘려 죽었습니다. 이것은 신약의 예수 그리스도가 화목 제물이 되실 것을 예표한 것입니다. 그래서 예수께서 이 땅에 오셨으며 그분은 화목 제물로 자신의 몸을 십자가에 희생하심으로 하나님과 인간이 화목하게 하셨습니다. 이와 같은 사실을 요한 사도는 요한일서 4장 10절 말씀에서 "사랑은 여기 있으니 우리가 하나님을 사랑한 것이 아니요 오직 하나님이 우리를 사랑하사 우리 죄를 위하여 화목제로 그 아들을 보내셨음이니라"고 말씀하셨고, 바울 사도는 에베소서 2장 13절 말씀에서 "이제는 전에 멀리 있던 너희가 그리스도 예수 안에서 그리스도의 피로 가까워졌느니라"고 말씀하셨습니다.

예수 그리스도께서 십자가 위에서 피 흘려 죽으심으로 하나님과 화목케 되었으니 우리는 다만 주님의 은혜에 감사드릴 것뿐입니다. 인간은 하나님과 화목해야 축복을 받습니다.

욥기 22장 21절 말씀에 보면, "너는 하나님과 화목하고 평안하라 그리하면 복이 네게 임하리라"고 말씀하셨습니다. 하나님과 화목은 예수 그리스도의 죽으심으로 이루어졌고 우리는 주님을 믿음으로써 그 화목에 동참하게 되고 또한 우리 앞에 복 받는 길이 대로처럼 열려지게 되었습니다.

2) 제사장과 화목해야 합니다

레위기 7장 32~34절 말씀에 보면, 화목제를 드리는 사람은 가슴과 우편 뒷다리를 제사장에게 주어야 합니다. 화목 제물 중 가장 좋은 부분은 제사장 몫으로 하나님께서 정해주셨습니다. 제사장은 성막에서 제물을 잡는 일로부터 뜨거운 불 앞에서 고기를 태우는 일까지 힘든 일을 많이 해야 합니다. 그래서 제사장은 정해진 분깃을 받았습니다. 그러나 특별히 개인적으로 감사 표시를 하고 싶을 때는 화목제를 드렸습니다. 제사장의 분깃(생활비)이 공적인 것이라면 화목 제물은 사적인 것이라고 할 수 있습니다. 제사장은 오늘날의 목회자를 상징한다고 해석할 수 있습니다. 교역자는 하나님과 신자 사이에 기도해 주고 말씀을 전해주며 어려운 문제를 상담하고 고락을 함께 합니다. 그러므로 교회에서는 목회자가 생활에 염려하지 않도록 공적으로 생활비를 넉넉하게 드려야 하는 것입니다. 또한 교회에서 공적인 생활비를 드린다 하더라도 남모르는 수고를 생각해 보면 사적으로 감사 표시를 할 수도 있는 것입니다.

갈라디아서 4장 14~15절 말씀에 보면, 갈라디아 교인들은 사도 바울을 대접하되 마치 천사나 그리스도와 같이 대접했다고 했습니다. "오직 나를 하나님의 천사와 같이 또는 그리스도 예수와 같이 영접하였도다 … 할 수만 있었더면 너희의 눈이라도 빼어 나에게 주려고 했다"고 기록되어 있습니다. 사도 바울은 갈라디아서 6장 6절에서 "가르침을 받는 자는 말씀을 가르치는 자와 모든 좋은 것을 함께 하라"고 권면하고 있습니다. '함께하라'는 "코이노니아"입니다. 코이노니아는 첫째로 밀접한 관계, 둘째로 관대, 셋째로 선물, 넷째로 참여, 다섯째로 나눔의 뜻이 있습니다.

교인은 교역자와 더불어 친밀한 관계를 유지해야 하며 물질적으로 봉사함은 아름다운 일이 됩니다. 교역자와 불화하면 우선 설교를 통해서 은혜를 받지 못하게 됩니다. 이로부터 그의 영이 병들고 점점 시들어갈 수밖에 없습니다. 영육 간에 복 받는 길은 자기가 소속된 교회의 목사님과 화목하여 모든 좋은 것으로 함께하는 것입니다.

바울 사도는 빌립보서 4장 16~19절 말씀에서 "데살로니가에 있을 때에도 너희가 한 번 두 번 나의 쓸 것을 보내었도다 내가 선물을 구함이 아니요 오직 너희에게 유익하도록 과실이 번성하기를 구함이라 내게는 모든 것이 있고 또 풍부한지라 에바브로디도 편에 너희의 준 것을 받으므로 내가 풍족하니 이는 받으실 만한 향기로운 제물이요 하나님을 기쁘시게 한 것이라 나의 하나님이 그리스도 예수 안에서 영광 가운데 그 풍성한 대로 너의 모든 쓸 것을 채우시리라"며 물질로 봉사하라고 가르쳤습니다.

그러면 그 물질이 ① 하나님 받드시는 향기로운 제물이요, ② 하나님 기뻐하시는 일이요, ③ 부족함이 없이 채워주시는 복 받는 비결이 된다고 가르치셨습니다.

열왕기상 17장 10~16절에는 엘리야를 도운 사르밧 여인이 축복받았고, 열왕기하 4장 10절에 엘리사를 도운 수넴 여인이 축복받았다 말씀이 기록되어 있습니다. 옛날 이스라엘 백성들이 제사장과 화목하기를 힘썼던 것처럼 오늘의 신자들도 목회자와 화목해야 합니다. 이것이 복된 길이요, 교회 부흥의 길이며 하나님을 기쁘시게 하는 길이기도 한 것입니다.

3) 가족과 이웃으로 더불어 화목해야 합니다

신명기 12장 17~19절 말씀에 보면, 화목 제사를 드릴 때 제사장에게 정해진 몫을 드리고 제물의 나머지 부분은 가족, 이웃, 노비들, 레위인들과 함께 나누도록 규정해 주셨습니다. 어떤 사람은 남과는 아주 친밀하게 지내면서 가족과는 원수처럼 지내는 사람도 있고, 가족과는 깨가 쏟아지게 재미있게 살면서 남과는 원수처럼 지내는 사람들도 혹간 있습니다. 우리가 믿는 기독교는 가정을 귀히 여기라고 가르치고 있습니다. 디모데전서 5장 8절 말씀에 보면, "누구든지 자기 친족 특히 자기 가족을 돌아보지 아니하면 믿음을 배반한 자요 불신자보다 더 악한 자니라"고 말씀하셨습니다. 또한 마태복음 19장 19절 말씀에서 "네 이웃을 네 몸같이 사랑하라"고 하셨습니다. 우리 믿는 성도들은 먼저 가족과 화목해야 합니다. 또한 이웃을 내 몸같이 사랑하라고 가르치고 있습니다. 히브리서 12장 14절 말씀에 "모든 사람으로 더불어 화평함과 거룩함을 좇으라. 이것이 없이는 아무도 주를 보지 못하리라"고 하셨고 로마서 12장 18절 말씀에 "할 수 있거든 너희로서는 모든 사람으로 더불어 평화하라"고 말씀하신 것입니다. 그러므로 우리 믿는 성도들은 이웃을 사랑함으로 화목해야 하는 것입니다. 이것을 실천하기 위해서 본문에 명시된 대로 가족은 물론 이웃과 고용인들 그리고 교회에서 봉사하는 모든 사람들까지 제물을 나누어야 하는 것입니다.

그러므로 화목 제사는 어디까지나 개인적, 사적인 제사이며 상당한 비용이 들어가야 한다는 것을 기억해야 할 것입니다. 왜냐하면 화목 제물은 반드시 소나 양이나 염소가 아니면 안 되기 때문입니다. 그렇기 때문에 화목 제사는 자주 드리기가 어려운 제사입니다. 만일 어떤 신자가 큰 복을 받았다면 혼자 기뻐하고 즐거워하지 말고 하나님 앞에 화목 제사를 드리는 심정으로 교역자와 교회직원들과 교우들로 더불어 축복을 함께 나눌 수 있는 믿음을 가져야겠습니다. 이와 같은 신앙생활을 실천하는 사람은 복 있는 사람입니다. 사도행전 20장 35절 말씀에 "또 주 예수의 친히 말씀하신바 주는 것이 받는 것보다 복이 있다 하심을 기억하여야 할지니라" 하셨습니다.

6. 번제단에는 불이 있습니다

레위기 9장 23~24절 말씀에 보면, "모세와 아론이 회막에 들어갔다가 나와서 백성에게 축복하매 여호와의 영광이 온 백성에게 나타나며 불이 여호와 앞에서 나와 단 위의 번제물과 기름을 사른지라 온 백성이 이를 보고 소리 지르며 엎드렸더라"고 기록되어 있습니다. 이 불은 성막 봉헌식 때 하나님께서 내려 주신 귀한 불이었습니다. 이렇게 귀하고 거룩한 불이었기에 꺼뜨리지 않도록 조심하지 않으면 안 되었습니다.

레위기 6장 12~13절 말씀에 보면, "단 위의 불은 항상 피워 꺼지지 않게 할지니 제사장은 아침마다 나무를 그 위에 태우고 번제물을 그 위에 벌여 놓고 화목제의 기름을 그 위에 사를지며 불은 끊이지 않고 단 위에 피워 꺼지지 않게 할지니라"고 말씀하셨습니다. 이 말씀은 바로 우리의 심령 제단에, 교회 제단에, 불이 꺼지지 않게 하라는 말씀인 것입니다. 불로 제물을 태웠습니다. 불은 모든 것을 태워 없애는 힘이 있습니다. 이 불은 성령의 불길을 상징하기도 합니다. 성령의 불길이 임할 때 우리의 마음속에 도사리고 있는 걱정, 근심, 두려움, 의심, 미움, 시기, 질투, 낙심, 세속적인 마음 등 모든 죄 된 것들이 다 타버리고 하나님께서 기뻐하시는 제물로 드려지게 될 줄로 믿습니다.

1) 연료를 계속 공급해 주어야 합니다

번제단의 불이 항상 꺼지지 않고 타오르도록 연료를 공급해야 했습니다. 오늘 우리들의 제단에 불이 꺼지지 않도록 계속 공급해야 할 연료는 무엇이겠습니까? 그것은 성경 말씀입니다.

예레미야 23장 29절 말씀에 보면, "나 여호와가 말하노라 내 말이 불같지 아니하냐"고 말씀하셨고, 누가복음 24장 32절 말씀에 보면, "저희가 서로 말하되 길에서 우리에게 말씀하시고 우리에게 성경을 풀어주실 때에 우리 속에서 마음이 뜨겁지 아니하더냐" 하고 말씀하신 것을 볼 수 있습니다. 제단에 연료를 늘 공급하기 위해 늘 성경말씀을 상고해야 합니다.

2) 산소가 공급되어야 합니다

연료만 잔뜩 집어넣었다고 불이 타오르는 것이 아닙니다. 산소가 공급되어야 합니다. 산소는 기도와 같습니다. 말씀만 많이 알고 기도하지 않으면 독신직인 바리새인 같은 신자가 되어 말라빠진 교리만 붙잡고 싸우는 고집쟁이들이 되기 쉬운 것입니다. 초대교회는 말씀공부와 기도를 병행했음을 볼 수 있습니다(사도행전 6장 4절).

3) 매일 재를 치워야 합니다

장작에다 불을 붙여 놓으면 처음에는 잘 타오릅니다. 그런데 계속 장작을 태우다보면 재가 많이 쌓이게 됩니다. 재가 많이 쌓이면 결국 불이 꺼지게 됩니다. 우리가 날마다 성경 읽고 기도하지만, 우리가 사는 세상은 너무나 복잡하여 일상생활을 살다 보면 실수와 허물로 우리의 영이 흐려지게 되고 그것이 계속되면 말씀도 못 보게 되고, 영력이 떨어져 기도도 못하게 됩니다. 이것을 방지하기 위해서 매일 하나님께 회개기도를 드리며 자신을 살펴야 합니다.

시편 139편 23~24절 말씀에 보면, "하나님이여 나를 살피사 내 마음을 아시며 나를 시험하사 내 뜻을 아옵소서 내게 무슨 악한 행위가 있나 보시고 나를 영원한 길로 인도하소서"라고 기록되어 있습니다. 또한 매일 회개함으로 깨끗한 삶을 살아야 합니다.

요한일서 1장 9절 말씀에 보면, "만일 우리가 우리 죄를 자백하면 저는 미쁘시고 의로우사 우리 죄를 사하시며 모든 불의에서 우리를 깨끗케 하실 것이요"라고 말씀했습니다.

7. 번제단에서 사용되는 기구들이 주는 교훈

출애굽기 27장 3절 말씀에 보면, "재를 담는 통과 부삽과 대야와 고기 갈고리와 불 옮기는 그릇을 만들되 단의 그릇을 다 놋으로 만들지며…"라고 말씀하셨습니다. 번제단에서 번제를 드릴 때 보조기구가 5가지 있습니다. 이것들은 모두 예수님과 성도들을 모형한 기구들입니다. 하나하나가 다 중요한 그릇입니다. 그리고 다 필요한 그릇입니다.

1) 재를 담는 통이 있습니다

재를 담는 통은 헌신과 희생을 상징하는 것입니다. 번제단에서 태운 나무나, 제물의 재가 광야 바람에 날려 다니게 되면 성막 안이 더러워지고, 세마포 울타리가 지저분해지고, 성막 주변에 진 치고 있는 이스라엘 사람들에게 건강상 해롭게 됩니다. 그래서 재를 담아 두었다가 진 밖에 버리기 위해서 통을 만들라고 했습니다.

이 재통은 헌신과 희생의 본이 되신 예수그리스도와 성도들을 상징한 것입니다. 온 인류의 죄를 모두 한 몸에 지시고 진 밖에서 피 흘리시며 죽으신 그리스도의 모습입니다. 오늘날에도 성도들 간에 좋지 못한 사건들, 모든 부정적인 요소들을 꼭 안고 있다가 혼자 어디에 갔다 버리는 헌신적이고 희생적인 교인들이 교회 안에는 꼭 필요한 것입니다.

사랑하는 성도 여러분! 교회 안에 어려운 문제나 성도들 간의 어려운 문제, 가정에 가서는 가정의 어려운 문제를 모두 모아서 혼자 지고 갈 수 있는 훌륭한 재통 같은 성도들이 되시기를 바랍니다.

2) 부삽이 있습니다

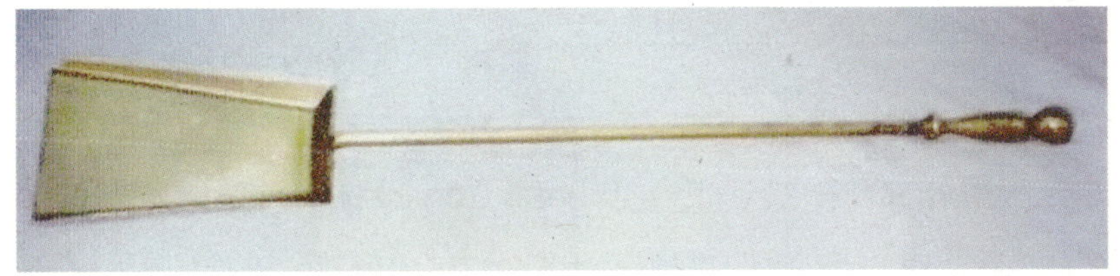

부삽은 사랑의 봉사자를 상징하는 것입니다. 번제단에서 탄 모든 것의 재를 긁어내는 도구가 부삽입니다. 이 부삽은 예수 그리스도와 성도의 모형입니다. 예수님은 부삽이셨습니다. 만나는 사람마다 그들의 심령 속에서 병을 긁어내고, 귀신을 긁어내고, 못된 것을 긁어내는 부삽이셨습니다.

그래서 예수를 만난 사람들은 모두 새로워졌습니다. 마찬가지로 교회가 부흥하다 생기는 찌꺼기, 구역이나 기관에서 공동 생활하다가 생기는 시험, 고통 모두 긁어내고 교회 분위기를 아름답게 만들고 있는 성도의 모습이 부삽의 역할입니다. 교회에는 부삽과 같은 성도가 많이 있어야 합니다. 교회 안에 문제를 만들고 말썽을 피우는 사람들을 문제를 일으키지 못하도록 잘 돌보는 성도들을 부삽 같은 성도들이라고 말할 수 있습니다. 부삽 되신 예수님을 닮아 부삽 성도가 되시기를 주의 이름으로 축원합니다.

3) 대야가 있습니다

대야는 영혼을 제단으로 인도하는 전도를 상징합니다. 제물을 잡아 가죽을 벗기고 내장을 뺀 후, 번제단에 올려놓기 위하여, 고기를 담아 나르는 그릇이 대야입니다. 대야는 예수 그리스도의 구원 사역인 전도를 상징한 것입니다. 예수 그리스도는 인류를 구원하신 크고 큰 대야이십니다. 영혼 구원을 위하여 열심히 전도하는 성도들은 제물

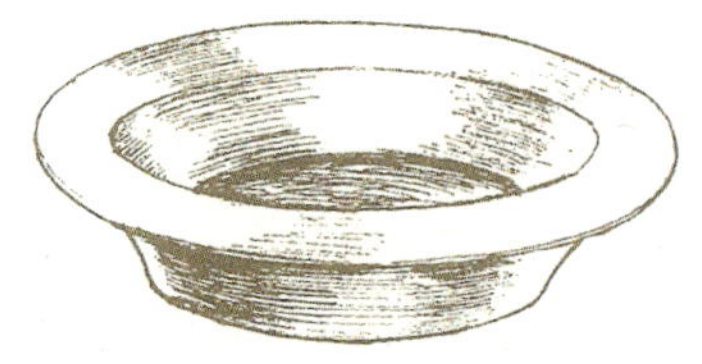

을 제단까지 나르는 대야입니다. 우리 모두 열심히 전도하며 대야의 역할을 잘 감당하는 성도들이 되시기를 주의 이름으로 축원합니다.

♫ 〈찬송가 새 505, 통 268〉

온 세상 위하여 나 복음 전하리 주 예수 이름 힘입어 이 복음 전하자
먼 곳에 나가서 전하지 못 해도 나 어느 곳에 있든지 늘 기도 힘쓰리
전하고 기도해 매일 증인 되리라 세상 모든 사람들 듣고 그 사랑 알도록

4) 고기 갈고리입니다

갈고리는 사랑의 교제를 상징하는 것입니다. 고기 갈고리는 대야에 담아 온 고기를 찍어서 제단에 넣고 타는 동안 다른 곳에 떨어지지 않도록 연결시키는 기구입니다. 갈고리는 예수 그리스도의 모형이요 성도의 모형입니다. 예수는 가장 크고 훌륭한 갈고리입니다. 자기 몸을 십자가에 내어 줌으로써 하나님과 사람 사이를 연결시키는 큰 갈고리가 되었습니다. 교회 안에서의 사랑의 고리를 의미합니다.

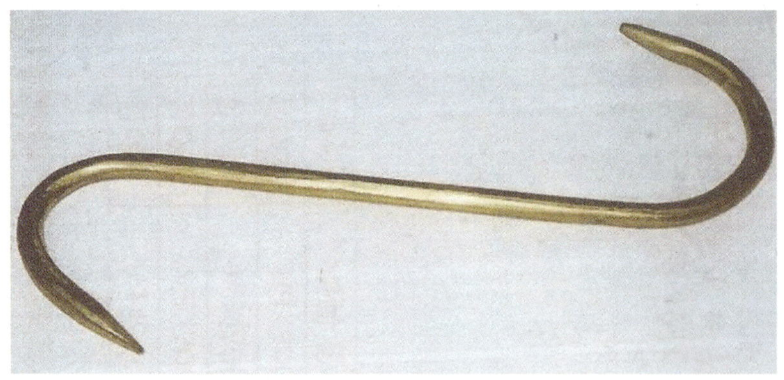

전도 다음 중요한 것은 교회의 공동체에서 떨어지지 않도록 붙들고 있는 갈고리 같은 일꾼이 꼭 필요합니다. 교회 밖으로 떨어져 나가지 못하도록 사랑의 고리를 연결하여 돌봐주는 일꾼들이 되시기를 주의 이름으로 축원합니다.

5) 불 옮기는 그릇(화로)입니다

불은 성령의 불을 상징합니다. 예수님은 누가복음 12장 49절 말씀에 보면, "내가 불을 땅에 던지러 왔노라"고 말씀하셨습니다. 화로는 예수님의 상징입니다. 예수님이 이 땅에 불을 가져오신 화로는 모든 것의 불씨가 되었습니다.

오늘날에도 이 불이 교회의 성도들의 심령에 꼭 필요합니다. 우리 교회에 예수님처럼 불을 붙이는 성도들이 필요합니다. 불같이 뜨거운 성도들이 필요합니다. 찬송에 불을 붙이고 말씀에 불을 붙이고 전도에 불을 붙이고 사랑에 불을 붙이고 봉사에 불을 붙이는 성도들이 되시기를 주의 이름으로 축원합니다.

Ⅳ. 물두멍

출애굽기 30장 17~21절 말씀에 보면, "여호와께서 모세에게 일러 가라사대 너는 물두멍을 놋으로 만들고 그 받침도 놋으로 만들어 씻게 하되 그것을 회막과 단 사이에 두고 그 속에 물을 담으라. 아론과 그 아들들이 그 두멍에서 수족을 씻되 그들이 회막에 들어갈 때에 물로 씻어 죽기를 면할 것이요 단에 가까이 가서 그 직분을 행하여 화제를 여호와 앞에 사를 때에도 그리할지니라. 이와 같이 그들이 그 수족을 씻어 죽기를 면할지니 이는 그와 그 자손이 대대로 영원히 지킬 규례니라"고 물두멍을 만드는 법을 가르쳐주셨습니다. 번제단을 통과하여 성막을 향해서 조금 위로 올라가면 놋으로 만든 물두멍이 있습니다. 그 물두멍에는 물이 가득 차 있었습니다. 제사장들이 성소에 들어가서 봉사하기 전에 반드시 손과 발을 씻어야 했습니다. 이것은 하나님의 명령이었습니다. 거룩한 곳에 부정한 발로 들어갈 수 없고, 성물을 부정한 손으로 만질 수 없기 때문입니다.

만일 수족을 씻지 않으면 죽음을 당하게 되는 것입니다. "그 수족을 씻어 죽기를 면할지니"라고 출애굽기 30장 21절에 기록되어 있습니다. 그만큼 손발을 씻는 일은 중요한 일이었습니다. 제사장의 임무가 끝날 때까지 수족을 씻어야 했는데 제사장의 임무는 죽어야 끝이 나게 되는 것입니다. 제사장이 임무를 수행할 때마다 수족을 자주 씻는 일은 번거롭겠지만 하나님을 기쁘시게 하는 일이요 하나님께서 요구하시는 일이기 때문에 손과 발을 자주 씻어야 했던 것입니다. 하나님 앞에 나가기 전에는 제사장이 손을 씻었던 것처럼 죄를 회개함으로 깨끗함을 받아야 함을 의미한 것입니다.

베드로전서 2장 5절 말씀에 보면, "너희도 산돌같이 신령한 집으로 세워지고 예수 그리스도로 말미암아 하나님이 기쁘게 받으실 신령한 제사를 드릴 거룩한 제사장이 될지니라"고 말씀하셨습니다. 또한 9절에도 "오직 너희는 택하신 족속이요 왕 같은 제사장들이요 거룩한 나라요 그의 소유된 백성이니"라고 말씀하셨습니다. 성도는 '왕 같은 제사장들'이라고 하나님께서 말씀하셨습니다. 그러므로 성도들은 주 앞에 설 때까지 회개하는 일을 계속해야 하는 것입니다.

구약시대에 번제단에서 죄를 사함 받은 것처럼 신약에서는 예수님의 십자가에서 우리의 원죄와 함께 모든 죄는 처리되었습니다. 그러나 제사장들이 성막에서 봉사할 때 손발을 씻음과 같이 우리들도 주 앞에서 살면서 우리의 자범죄를 순간순간 회개함으로 깨끗함을 받는 일이 대단히 중요한 것입니다.

시편 24편 3~4절 말씀에 "여호와의 산에 오를 자 누구며 그 거룩한 곳에 설 자가 누군고 곧 손이 깨끗하며 마음이 청결하며 뜻을 허탄한 데 두지 아니하며 거짓 맹세치 아니하는 자로다"라고 했습니다.

신약성경 요한복음 13장에 보면, 예수님께서 십자가에 못 박히시기 전 어느 날 저녁을 잡수실 때 예수님은 겉옷을 벗고 수건을 허리에 두르시고 대야에 물을 담아 제자들의 발을 씻기기 시작하셨습니다. 그때 베드로 차례가 되었습니다. 베드로는 절대로 자기의 발을 씻기실 수 없다고 사양했습니다. 그러나 예수님께서는 베드로에게 "내가 너를 씻기지 아니하면 네가 나와 상관이 없느니라"고 말씀하셨던 것입니다. 이 말씀을 들은 베드로는 발뿐 아니라 손과 머리까지 씻겨 달라고 주님께 말씀하셨습니다. 그러자 주님께서는 요한복음 13장 10~11절에 "이미 목욕한 자는 발밖에 씻을 필요가 없느니라 온 몸이 깨끗하니라 너희가 깨끗하나 다는 아니니라 하시니 이는 자기를 팔자가 누구인지 아심이라 그러므로 다는 깨끗지 아니하다 하시니라"고 말씀하셨습니다. 베드로가 발뿐 아니라 손과 머리까지 씻겨 달라고 했을 때 주님께서는 이미 목욕한 자는 깨끗하므로 발만 씻으면 된다고 하셨습니다.

"이미 목욕한 자"란 거듭나서 깨끗해진 사람을 가리키는 말씀입니다. 제자들은 이미 거듭났고 깨끗함을 받았습니다. 그러므로 또다시 거듭날 필요는 없는 것이고 더러워지기 쉬운 손과 발만 씻으면 된다는 것입니다. 그러나 제자 중에 가룟 유다는 거듭나지 못했기 때문에 여전히 부정한 자로 남아 있었습니다. 그래서 주님께서 말씀하시기를 '다 깨끗한 것은 아니다'라고 하셨던 것입니다. 오늘날도 교회 다니면서 학습 받고 세례 받고 직분까지 받아 그런 대로 봉사도 하지만 가룟 유다처럼 거듭나지 못한 사람들이 더러는 있습니다. 그런 사람들은 우선 철저히 회개하고 예수님을 구주로 믿음으로 중생하는 체험을 가져야 하는 것입니다. 그리고 중생한 성도들은 죽을 때까지 날마다 손, 발을 씻는 회개의 삶으로 성결하게 살면서 하나님을 섬기는 싱도들이 되어야 하는 것입니다.

1. 물두멍의 재료와 규모와 위치가 주는 교훈

1) 물두멍의 재료

출애굽기 38장 8절 말씀에 보면, 여인들이 바친 놋거울로 물두멍이 만들어졌습니다. 놋은 십자가를 상징하고 있습니다. 물두멍은 수족을 닦는 곳으로 성결을 뜻하고 있습니다.

십자가(놋)의 피 외에는 그 어느 것도 우리의 죄를 씻을 수 없습니다. 다시 말해서 물두멍은 여인들의 육신을 아름답게 가꾸기 위해 사용했던 놋거울로 만들어졌습니다. 그것은 육신적인 아름다운 것이 그리스도의 십자가를 통과하면 영적인 아름다운 것이 된다는 진리를 말하는 것입니다.

2) 물두멍의 규모

물두멍의 규모는 얼마로 하라는 치수가 없습니다. 성막 안의 모든 기구들은 정확한 규격과 치수가 명시되어 있는데 유일하게 물두멍만 치수가 없습니다.

그 이유는,

① 주님의 사죄의 은총은 무한한 것을 의미하는 것입니다.

② 믿는 자에게 주시는 그리스도의 축복도 무한한 것을 의미합니다.

③ 하나님의 능력도 무한하다는 것을 의미합니다.

3) 물두멍의 위치

번제단에서 성막으로 들어가려면 반드시 물두멍을 거쳐야 했습니다. 이와 같은 과정은 일단 원죄를 번제단에서 용서받고 하나님의 자녀가 됐다면 반드시 물두멍을 거쳐 손과 발로 지은 자범죄를 깨끗이 씻은 다음 성막으로 들어갈 수 있는 것을 보여준 것입니다.

출애굽기 30장 20~21절 말씀에 보면, 만일 성소에 들어갈 때 수족을 물두멍에서 씻지 않고 들어가면 죽었습니다. 성결해진 자만이 들어갈 수 있었습니다.

시편 24편 3절로 4절 말씀에 보면, "여호와의 산에 오를 자 누구며 그 거룩한 곳에 설 자가 누군고 곧 손이 깨끗하며"라고 했습니다. 이는 물두멍에서 손 닦는 것을 연상하고 있습니다. 하나님의 산에 갈 수 있는 자격은 물두멍을 통하여 생기게 됩니다.

야고보서 4장 8절 말씀에 보면, "하나님을 가까이 하라 그리하면 너희를 가까이 하시리라, 죄인들아 손을 깨끗이 하라 두 마음을 품은 자들아 마음을 성결케 하라"고 했습니다. 이는 물두멍에서 손 닦은 이만이 하나님을 가까이 할 수 있음을 알려주고 있습니다.

2. 물두멍에 있는 물은 예수 그리스도를 모형한 것입니다

1) 물은 십자가에서 흘리신 물과 피를 모형한 것입니다

요한복음 19장 34절 말씀에 보면, "그중 한 군병이 창으로 옆구리를 찌르니 곧 피와 물이 나오더라"고 기록되어 있습니다. 이는 주님의 보혈은 어떠한 죄와 실수와 허물이든지 다 깨끗이 씻어 주신다는 뜻입니다.

2) 물은 말씀을 모형한 것입니다

바울 선생님은 에베소서 5장 26절 말씀에서 "이는 곧 물로 씻어 말씀으로 깨끗하게 하사 거룩하게 하시고"라고 했고 예수님께서는 요한복음 15장 3절 말씀에서 "너희는 내가 일러준 말로 이미 깨끗하였으니"라고 말씀하셨으며 또 요한복음 17장 17절 말씀에서도 "저희를 진리로 거룩하게 하옵소서 아버지의 말씀은 진리니이다"라고 했습니다.

다윗도 시편 119편 9절 말씀에 보면, "청년이 무엇으로 그 행실을 깨끗케 하리이까 주의 말씀을 따라 삼갈 것이니이다"라고 말했습니다. 그래서 물두멍에는 항상 물이 가득히 담겨져 있었습니다. 그것은 말씀이 충만해야 하는 것을 의미하는 것입니다. 말씀이 충만하게 될 때 죄를 회개하게 하는 역사가 일어나게 됩니다. 그러므로 말씀이 충만할 때 깨끗함을 받고 능력을 받는 하나님의 축복을 받습니다. 디모데후서 2장 21절 말씀을 보니 하나님은 깨끗한 그릇을 쓰신다고 했습니다. 욥기 17장 9절 말씀에 보면, "그러므로 의인은 그 길을 독실히 행하고 손이 깨끗한 자는 점점 힘을 얻느니라"고 했습니다.

3. 물두멍의 목적

번제단에서 이미 죄를 씻었습니다. 이제 마귀의 자녀에서 하나님의 자녀로 신분이 바뀌었습니다. 하나님과 화목하게 되었습니다. 형벌을 용서받았습니다. 의롭게 되었습니다.

　그러나 또 범죄하게 됩니다. 중생한 자도 죄를 짓게 됩니다. 그래서 주님께서는 이미 목욕을 한 자는 "중생한 자"를 말하는 것입니다. 발만 씻으면 된다고 하셨습니다. 그래서 신자의 죄와 불신자의 죄는 차이가 있습니다. 신자의 죄는 은혜 아래서의 죄이기에 사랑으로 용서받을 수 있습니다. 그러나 불신자의 죄는 율법 아래 있기에 멸망 아래 있는 것입니다.

제3장

성막

I. 성막건축 양식

1. 널판

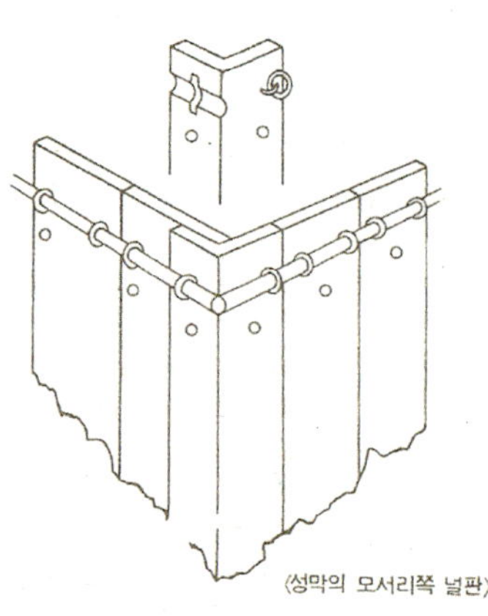

(성막의 모서리쪽 널판)

　출애굽기 26장 15~30절 말씀에 보면, "너는 조각목으로 성막(聖幕)을 위하여 널판을 만들어 세우되 각 판의 장은 십 규빗, 광은 일 규빗 반으로 하고 각 판에 두 촉씩 내어 서로 연하게 하되 너는 성막 널판을 다 그와 같이 하라 너는 성막을 위하여 널판을 만들되 남편을 위하여 널판 스물을 만들고 스무 널판 아래 은받침 마흔을 만들지니 이 널판 아래에도 그 두 촉을 위하여 두 받침을 만들고 저 널판 아래에도 그 두 촉을 위하여 두 받침을 만들지며 성막 다른 편 곧 그 북편을 위하여도 널판 스물로 하고 은받침 마흔을 이 널판 아래에도 두 받침 저 널판 아래에도 두 받침으로 하며 성막 뒤 곧 그 서편을 위 하여는 널판 여섯을 만들고 성막 뒤 두 모퉁이 편을 위하여 는 널판 둘을 만들되 아래에서부터 위까지 각기 두 겹 두께로 하여 윗 고리에 이르게 하고 두 모퉁이 편을 다 그리하며 그 여덟 널판에는 은받침이 열여섯이니 이 판 아래에도 두 받침이요 저 판 아래에도 두 받침이니라 너는 조각목으로 띠를 만들지니 성막 이편 널판을 위하여 다섯이요 성막 저편 널판을 위하여 다섯이요 성막 뒤 곧 서편 널판을 위하여 다섯이며 널판 가운데 있는 중간띠는 이 끝에서 저 끝에 미치게 하고 그 널판들을 금으로 싸고 그 널판들의 띠를 꿸 금고리를 만들고 그 띠를 금으로 싸라 너는 산에서 보인 식양대로 성막을 세울 지니라"고 성막을 세우는 법을 가르쳐 주셨습니다. 성막의 크기는 길이가 30규빗(13.68m) 폭과 높이는 똑같이 10규빗(4.56m) 되는 약 18평 정도였습니다.

1) 널판의 재료가 주는 교훈

성막을 만들 널판은 모두 조각목인데 금으로 쌌습니다. 조각목은 버림받은 인간을 의미하고 금은 믿음을 의미하는 것인데 버림받은 인간은 믿음으로 입혀져야 구원받는다는 것을 의미한 것입니다. 구원받은 삭개오는 믿음으로 구원받았습니다. 버림받았던 막달라 마리아는 믿음으로 천국 백성이 되었습니다. 죄인 기생 라합도 믿음 때문에 예수님의 족보 인물이 되었습니다. 하나님의 나라는 오직 믿음으로만 들어갈 수 있는 곳입니다.

2) 널판의 받침이 주는 교훈

널판을 은받침 위에 세우라 했습니다. 행동(실천)하는 것을 의미합니다. 버림받은 인간은 믿음으로 구원받았으나 행함이 있는 산 믿음으로 날마다 승리로운 삶을 살아야 합니다. 두개의 받침 위에 세우는 것은 견고하고 든든히 서 있어야 하는 것을 의미합니다.

3) 널판의 금띠가 주는 교훈

널판을 금으로 입히고 금띠로 연결하라는 것은 죄성을 가지고 태어나 버림받아 마땅한 인간들이 믿음으로 구원받았으니 서로 서로 연합하여 주를 위해 힘써 일하라는 의미입니다. 금띠는 믿음으로 하나 되는 것을 의미합니다. 성막의 재료인 널판을 금으로 입혀서 금띠로 연결시켜 만들도록 했는데, 모두가 귀한 금을 사용하도록 하여 금을 강조했습니다. 이것은 기독교에서는 믿음을 금과 같이 귀히 여긴다는 것을 강조한 것입니다.

그러면 어떻게 믿음을 가질 수 있겠습니까?

(1) 하나님의 말씀을 들어야 합니다.

로마서 10장 17절 말씀에 보면, "그러므로 믿음은 들음에서 나며 들음은 그리스도의 말씀으로 말미암았느니라"라고 했습니다.

(2) 하나님의 말씀에 순종해야 합니다.

시몬은 갈릴리 바다에서 잔뼈가 굵은 사람입니다. 고기잡이 일이라면 일등 가는 최고의 어부였습니다. 그러나 밤새도록 고기 한 마리 잡지 못했습니다. 그때 주님께서 시몬에게 깊은 곳에 그물을 내려 고기를 잡으라고 했습니다.

누가복음 5장 5절 말씀에 보면, "선생이여! 우리들이 밤이 맞도록 수고를 하였으되 얻은 것이 없지마는 말씀에 의지하여 내가 그물을 내리리이다" 하고 순종했습니다. 그랬더니 기적이 일어났습니다. 그물이 찢어지게 잡혔습니다. 기적을 본 시몬은 믿음이 생겨 예수님의 제자가 되었습니다.

(3) 성령을 받아야 합니다.

고린도전서 12장 9절 말씀에 보면, "다른 이에게는 같은 성령으로 믿음을…"이라 했습니다. 바울은 성령을 받으면 믿음의 은사도 임한다고 하였습니다. 믿음은 성령께서 주시는 은사입니다.

(4) 믿음은 믿음에서 얻어집니다.

로마서 1장 17절 말씀에 보면, "복음에는 하나님의 의가 나타나서 믿음으로 믿음에 이르게 하나니 기록된바 오직 의인은 믿음으로 말미암아 살리라 함과 같으니라"고 했습니다. 믿고자 노력할 때 믿음이 생기고 믿음의 역사가 나타나게 됩니다.

(5) 하나님께 구하면 주십니다.

마태복음 7장 7절 이하에 "구하라 그리하면 주실 것이요…" 예수님께서 무엇이든지 구하면 주신다고 하였습니다.

2. 덮개

출애굽기 26장 1~14절 말씀에 보면, "너는 성막(聖幕)을 만들되 앙장(仰帳) 열 폭을 가늘게 꼰 베실과 청색 자색 홍색 실로 그룹을 공교히 수놓아 만들지니 매 폭의 장은 이십팔 규빗, 광은 사 규빗으로 각 폭의 장단을 같게 하고, 그 앙장 다섯 폭을 서로 연하며 다른 다섯 폭도 서로 연하고 그 앙장의 연락할 말폭(末幅) 가에 청색 고를 만들며 다른 연락할 말폭 가에도 그와 같이 하고 앙장 말폭 가에 고 오십을 달며 다른 앙장 말폭 가에도 고 오십을 달고 그 고들을 서로 대하게 하고 금갈고리 오십을 만들고 그 갈고리로 앙장을 연합하여 한 성막을 이룰 지며 그 성막을 덮는 막 곧 앙장을 염소 털로 만들되 열한 폭을 만들지며 각 폭의 장은 삼십 규빗, 광은 사 규빗으로 열한 폭의 장단(長短)을 같게 하고 그 앙장(仰帳) 다섯 폭(幅)을 서로 연(連)하며 또 여섯 폭을 서로 연하고 그 여섯째 절반(折半)은 성막(聖幕) 전면에 접어 드리우고 앙장을 연락할 말폭 가에 고 오십을 달며 다른 연락(連絡)할 말폭 가에도 고 오십을 달고 놋갈고리 오십을 만들고 그 갈고리로 그 고를 꿰어 연합하여 한 막이 되게 하고 그 막 곧 앙장의 나머지 그 반폭은 성막 뒤에 드리우고 막 곧 앙장의 길이의 남은 것은 이편에 한 규빗, 저편에 한 규빗씩 성막 좌우 양편에 덮어 드리우고 붉은 물들인 숫양의 가죽으로 막의 덮개를 만들고 해달(海獺)의 가죽으로 그 웃덮개를 만들지니라"고 덮개 만드는 법을 가르쳐주셨습니다.

1) 덮개는 예수 그리스도의 모형입니다

제1덮개는 출애굽기 26장 1절 말씀에 보면, 청색, 자색, 홍색, 가늘게 꼰 베실로 앙장을 짜 덮으라고 하였습니다. 길이 28규빗(13m) 폭 4규빗(1.8m)의 큰 앙장입니다. 우리말 사전에 보면, 앙장(仰帳)은 천장이나 상여 위에 치는 휘장이라고 설명되어 있습니다. 청색은 하나님의 아들 되신 주님(요 8:23), 자색은 부요하신 예수님(눅 16:19), 홍색은 왕이신 예수 그리스도(마 27:28), 백색의 가는 베실은 성결한 예수 그리스도(히 7:26)의 모형입니다.

제2덮개는 출애굽기 26장 7~13절 말씀에 보면, 염소 털로 실을 만들어 짠 덮개입니다. 길이 30규빗(14m) 폭 4규빗(1.8m)으로 제1덮개 위를 덮어야 하기에 가로 세로 각각 약 1m씩 컸습니다. 양이나 염소는 이스라엘 백성들이 하나님께 제사드릴 때 가장 많이 쓰이는 제물이었습니다. 그러므로 염소 털은 죄인을 구원하시기 위하여 하늘 보좌를 떠나 이 땅에서 버림받아 제물이 되신 그리스도를 모형한 것입니다. 우리는 우리 위해 대신 고난받으신 예수 그리스도 밑에서 우리들의 아버지 하나님을 만날 수 있게 되었습니다.

제3덮개는 출애굽기 26장 14절 말씀에 보면, 붉은 물들인 숫양 가죽으로 만들어졌습니다. 이는 십자가에서 피 흘리신 그리스도를 모형한 것입니다. 천국은 그리스도의 피로 덮여 있음을 상징하는 것입니다.

제4덮개는 출애굽기 26장 14절 말씀에 보면, 해달의 가죽(물개가죽)으로 만들어 덮으라고 했습니다. 정말 겉으로 보기에 성막은 보잘것없는 텐트에 불과합니다. 성막의 내부는 모두 금이지만 외모는 초라하기 짝이 없습니다. 그리스도의 모습이 그렇습니다. 내적으로 고귀하신 하나님이시지만 외모로는 초라하신 예수님으로 오셨습니다.

이사야서 53장 2~3절 말씀에 보면, "그는 주 앞에서 자라나기를 연한 순 같고 마른 땅에서 나온 줄기 같아서 고운 모양도 없고 풍채도 없은즉 우리의 보기에 흠모할 만한 아름다운 것이 없도다. 그는 멸시를 받아서 사람에게 싫어 버린바 되었으며 간고를 많이 겪었으며 질고를 아는 자라 마치 사람들에게 얼굴을 가리우고 보지 않음을 받는 자 같아서 멸시를 당하였고 우리도 그를 귀히 여기지 아니하였도다"라고 기록되어 있습니다.

예수는 유대나라 작은 고을 베들레헴에서 태어났습니다. 무명의 여인의 몸을 빌려 마굿간에서 태어났습니다. 그리고 시골 나사렛에서 목수업을 배우며 자랐습니다. 그러나 그리스도는 생명의 근원이시오 권세가 무한하신 분이요 하나님의 아들로 인류의 구주가 되었습니다. 마찬가지로 성막은 외모로 볼 때 정말 보잘것없습니다. 흠모할 만한 것이 전혀 없습니다. 그러나 성막 안은 휘황찬란했습니다. 평당 20억 정도 드는 건물입니다.

2) 덮개는 교회의 모형입니다

성막이 외모로 볼 때에는 별로 볼 것 없는 초라한 것같이 보였습니다. 마찬가지로 교회란 겉으로 보면 힘없는 단체 같습니다. 병든 사람, 가난한 사람, 노인, 어린아이, 부녀자 불쌍한 사람만 모이는 곳 같습니다. 그러나 그 안에는 만왕의 왕 되신 예수가 계십니다. 창조주로서 온 세계를 다스리시는 하나님이 계십니다. 환난과 핍박 중에도 능히 견디는 성도가 있습니다. 그래서 교회는 세계 역사를 변화시키고 있는 것입니다. 그러므로 교회는 감춰진 보화 같습니다. 교회 속에서 우리도 마태복음 13장 44절 말씀처럼 참 감춰진 보화를 발견할 수 있습니다. 덮개는 교회를 잘 보여주는 교회의 모형입니다.

3) 덮개는 성도들의 모형입니다

덮개 중에 제일 먼저 표면에 보이는 것은 물개 가죽입니다. 물개 가죽은 빛도 없습니다. 별로 볼 게 없습니다. 마찬가지로 성도의 겉모습은 초라합니다. 겉으로 보면 나약하기만 합니다. 그러나 성도는 보통 존재가 아닙니다. 하나님의 독생자의 생명과 바꾼 값진 존재입니다. 하늘의 권세와 땅의 권세를 한 손에 쥐고 계신 예수 그리스도가 항상 같이 해주시는 위대하고 특별한 사람들입니다.

고린도후서 6장 8~10절 말씀에 보면, "속이는 자 같으나 참되고, 무명한 자 같으나 유명한 자요, 죽은 자 같으나 보라 우리가 살고 징계를 받은 자 같으나 죽임을 당하지 아니하고, 근심하는 자 같으나 항상 기뻐하고 가난한 자 같으나 많은 사람을 부요하게 하고 아무 것도 없는 자 같으나 모든 것을 가진 자로다"라고 했습니다. 그렇습니다. 성도의 겉은 덮개 같이 초라하나 속은 굉장한 존재입니다.

다니엘을 없애려던 정적이 도리어 사자 밥이 되어 버렸습니다. 모르드개를 죽이려던 하만이 도리어 죽임을 다했습니다. 다윗을 죽이려던 골리앗이 도리어 목이 잘렸습니다. 성도는 겉으로는 보잘것없어 보이나 속은 하나님이 함께하는 귀중한 존재인 것입니다.

Ⅱ. 성소

1. 등대

등대와 제사장 ──〉기재

출애굽기 25장 31~40절 말씀에 보면, "너는 정금으로 등대를 쳐서 만들되 그 밑판과 줄기와 잔과 꽃받침과 꽃을 한 덩이로 연하게 하고 … 너는 삼가 이 산에서 네게 보인 식양대로 할지니라". 지금 우리는 청색, 자색, 홍색, 가늘게 꼰 베실로 짠 크고 넓은 뜰 문(출 27:16)을 통과하여 번제단을 거쳐 물두멍에서 수족을 닦고 청색, 자색, 홍색, 가늘게 꼰 베실로 짠 문장을 체치고 성막 문(출 26:36)을 통과하여 첫 번째 방인 성소에 들어섰습니다. 이때 눈에 보이는 모두는 정금입니다.

천장은 아름다운 앙장이요, 앞에 휘장은 청색, 자색, 홍색, 가는 베실로 짠 휘장에다가 아름다운 그룹들을 수놓은(출 26:31) 휘장이요, 사면은 모두 금이기 때문입니다. 이 성소는 길이가 10규빗 4.56m 폭과 높이도 각각 10규빗 정도였습니다. 성소에 들어섰을 때 우선 제일 먼저 눈에 띄는 것이 왼쪽의 금등대입니다. 이 등대는 정금 1달란트를 쳐서 만들었습니다. 가운데 한 줄기가 있고, 양편에 각각 3가지가 있습니다. 등잔은 살구꽃 형상으로 만들어졌습니다. 불집게, 불똥 그릇도 정금으로 만들었습니다. 창문 하나 없지만 성소 안의 밝은 것은 이 등대 빛 때문이었습니다. 그러면 이 정금 등대는 무엇을 상징하겠습니까?

1) 하나님의 빛을 모형했습니다

하나님은 어떤 분이시겠습니까? 성경은 하나님을 '빛'이라고 기록하고 있습니다. 요한일서 1장 5절 말씀에 보면, "우리가 저에게서 듣고 너희에게 전하는 소식이 이것이니 곧 하나님은 빛이시라 그에게는 어두움이 조금도 없으시니라"고 말씀하셨습니다.

야고보서 1장 17절에서는 '빛들의 아버지'라고 했습니다. 하나님께서 빛이시라면 사탄은 어두움입니다. 빛이 나타나면 어두움이 견디지 못하고 물러가듯 사탄의 세력이 아무리 강해도 하나님의 적수가 될 수는 없습니다. 그러므로 하나님의 빛 가운데 사는 성도들은 언제나 마귀를 이기고 승리하게 되는 것입니다.

2) 예수 그리스도의 빛을 모형했습니다

예수님은 자신을 생명의 빛이라고 비유하여 말씀하셨습니다. 요한복음 8장 12절 말씀에 보면, "나는 세상의 빛이니 나를 따르는 자는 어두움에 다니지 아니하고 생명의 빛을 얻으리라"고 말씀하셨습니다.

예수님의 복음이 전해지는 곳마다 어두움이 물러가고 광명한 천지가 되었습니다. 우리 나라에 주의 복음이 들어온 지 이제 120년 남짓 되었습니다. 복음이 들어오기 전 온 국민은 교육수준이 낮아 문맹이 많았고, 무식했습니다. 그러므로 우리나라는 흑암의 세계였습니다. 각종 우상을 숭배했고, 미신을 섬겼습니다. 극심한 남녀 차별과 반상의 차별로 사람이 사람대접을 받지 못하고 억울한 세월을 보내는 사람들이 너무 많았습니다. 축첩, 노름 등으로 어두웠던 세상이었습니다. 이런 곳에 선교사들이 들어와서 복음으로 교회와 학교와 병원을 세워 열심히 선교하고 교육하고 치료했습니다. 그 결과로 이 민족이 선교를 통해 영이 구원받고 학교를 통해 혼이 구원받고 병원을 통해 육이 구원받아 오늘날은 세계 속의 한국으로 발전했습니다.

춘원 이광수는 한국 기독교의 6대 공로를 1917년 『청춘』에 기고했습니다.

(1) 서양 신문명을 도입하였습니다.

(2) 민족 교회를 창건하여 민중에게 복음을 전하고 새로운 도덕을 고창하였습니다.

(3) 많은 학교와 병원과 봉사기관을 세워 민족교회와 사회복지에 공헌하였습니다.

(4) 폐창운동, 금주, 금연운동, 사회개혁운동이 전개되었습니다.

(5) 한글 보급운동을 펴고 성경과 찬송가의 간행으로 문맹타파에 앞장섰습니다.

(6) 교회가 중심 되어 농촌 계몽운동의 전위적 기수 역할을 하였습니다.

사실 그대로를 말한 것입니다. '만일 지금까지 기독교가 우리나라에 들어오지 않았다면 어떻게 되었겠습니까? 생각하면 할수록 하나님의 은혜가 감사한 것밖에 없습니다. 예수 그리스도의 복음을 받아들인 나라와 그렇지 않은 나라를 비교해 보십시오. 인도 같은 나라는 복음의 빛을 거절하고 있기 때문에 여전히 계급차별이 엄격한 사회를 유지하고 있으며 짐승인 소는 대접을 받고 인간은 가난 속에 굶주려 죽어가는 암흑한 세상에서 고통을 받으며 살고 있습니다. 중동의 여러 나라는 석유 수출로 인하여 물질적으로 부유하지만 극심한 성차별로 남자들은 생활능력이 있으면 4명의 아내를 둘 수 있으나 여자들은 숨도 제대로 쉬지 못하는 형편입니다. 공산주의 종주국 소련과 공산주의를 따라 갔던 나라들이 복음을 받아들이기는커녕 있던 교회마저 파괴하고 무수한 성직자들과 성도를 핍박하고 살해하고 공산주의 지상천국을 건설하려 했던 국가들이 어떻게 붕괴되는지 지금 우리는 잘 보고 있지 않습니까?

3) 성령의 빛을 모형합니다

성소 안에 있던 등대에는 일곱 개의 살구꽃 모양의 등잔이 있었고 그 등잔에는 항상 불이 켜져서 성소를 환하게 비추었습니다. 그 등대로부터 나오는 빛은 성령의 빛을 상징한 것입니다. 일곱 수는 완전수를 의미합니다. 그래서 성령은 모든 것을 아시며 모든 것을 하실 수 있는 완전한 하나님의 영이심을 알 수 있습니다.

요한계시록 1장 4절 말씀에 보면, "요한은 아시아에 있는 일곱 교회에 편지하노니 이제도 계시고 전에도 계시고 장차 오실 이와 그 보좌 앞에 일곱 영과"라고 했고, 또한 요한계시록 4장 5절 말씀에 보면, "보좌로부터 번개와 음성과 뇌성이 나고 보좌 앞에 일곱 등불 켠 것이 있으니 이는 하나님의 일곱 영이라"고 했습니다. "일곱 등불은 곧 하나님의 일곱 영"이라고 하였으니 등대는 곧 완전하신 성령님의 상징임을 알 수 있습니다.

빛은 어두움을 몰아내는 역할을 합니다. 마찬가지로 성령께서는 이 세상을 주관하는 어두움의 세력, 죄악의 권세를 몰아내는 일을 하시는 것입니다. 예수님께서는 제자들에게 승천하신 후 보혜사 성령으로 다시 오실 것을 예언하시고 그 성령을 받기까지 예루살렘을 떠나지 말고 기다리라고 말씀하셨습니다. 그 말씀대로 사도행전 2장 1~3절 말씀에 보면, "오순절 날이 이미 이르매 저희가 다 같이 한곳에 모였더니 홀연히 하늘로부터 급하고 강한 바람 같은 소리가 있어 저희 앉은 온 집에 가득하며 불의

혀같이 갈라지는 것이 저희에게 보여 각 사람 위에 임하여 있더니"라고 기록되어 있습니다.

성령은 '바람같이', '불같이' 임하셨습니다. 바람은 눈에 보이지 않으나 분명히 존재하며 힘이 있어 여러 가지 작용을 합니다. 성령을 히브리어로 "루아하", 헬라어로는 "프뉴마"라고 하는데 이는 '바람'을 뜻합니다. 성령을 부인하는 것은 마치 바람의 존재를 부정하는 것과 같습니다.

성령은 그 지식과 지혜와 권능에 있어 완전한 영이십니다. 그렇기 때문에 예수님은 승천하시기 전 다른 것을 부탁하지 않으시고 오직 예루살렘을 떠나지 말고 아버지 하나님께서 약속하신 성령을 받기만 하면 된다고 하셨습니다. 120여 명의 무리는 세상적으로 보면 어부, 세리들, 여인들 등으로 아무 힘이 없는 사람들이었습니다.

반대로 예수님을 처형한 세력은 얼마나 막강한 힘을 가진 사람들이었습니까? 교권을 쥔 대제사장과 정권을 쥔 로마 총독이 서로 유착을 했으니 아무도 그 앞에서 맞설 자가 없었습니다. 그래서 예수님께서는 제자들에게 누가복음 24장 49절과 사도행전 1장 5절에서 예수님은 하나님께로 승천하여 가시고 대신 성령을 보내겠으니 성령을 받기까지 예루살렘을 떠나지 말고 기다리라고 분부하시고 사도행전 1장 8절 말씀에 보면, "오직 성령이 너희에게 임하시면 너희가 권능을 받고 예루살렘과 온 유대와 사마리아와 땅끝까지 이르러 내 증인이 되리라"고 말씀하셨습니다. 성령님은 무한한 권능을 가진 분이시므로 세상의 어떤 힘보다도 더 강한 힘을 주시는 분이십니다. 그 약속대로 사도들은 성령을 받았습니다. 저들은 "권능"을 받은 것입니다. 저들이 그토록 무시하고 천대하던 베드로, 요한, 야고보 등 갈릴리의 이름 없는 어부들을 통하여 유대교와 로마의 권세를 꺾고 예루살렘과 유다와 사마리아와 땅끝까지 이르러 복음이 증거되었고, 기독교는 세계적인 종교가 되었습니다. 어두움은 빛과 대결할 수 없습니다. 어찌 마귀의 세력이 성령의 권능에 도전할 수 있겠습니까? 빛이 오면 어두움의 세력은 힘없이 사라져 버리고야 마는 것입니다. 권능이 한없이 많으신 성령님께서 오늘 이 시간 나의 심령에 충만하게 임하셔서 나로 하여금 맡겨진 귀한 직분과 사명을 잘 감당할 수 있게 하여 주시기를 간절히 사모하시기 바랍니다.

불길 같은 성신여

184

성령강림
C. W. Fry (1837- 1882)
보통으로

이것이 네 입에 닿았으니... 네 죄가 사하여졌느니라
(사 6:7)

WAITING FOR THE FIRE: 7. 7. 7. 7. REF
Old English Air.

4) 교회의 빛을 모형했습니다

성소 안에 있는 순금 등대는 교회를 상징하는 것입니다. 요한계시록 1장 12~13절 말씀에 보면, "몸을 돌이켜 나더러 말한 음성을 알아보려고 하여 돌이킬 때에 일곱 금 촛대를 보았는데 촛대 사이에 인자 같은 이가 발에 끌리는 옷을 입고 가슴에 금띠를 띠고"라고 말씀했고, 요한계시록 1장 20절 말씀에 보면, "일곱별은 일곱 교회의 사자요 일곱 촛대는 일곱 교회니라"고 했습니다. 일곱 촛대는 일곱 교회라고 주님께서 직접 말씀하셨으므로 성소의 등대는 바로 교회를 상징하는 것입니다. 그러므로 지상에 세워져 있는 교회는 세상에 예수 그리스도의 빛을 비추는 등대와 같은 것입니다. 어둠 속에 살던 백성들이 교회에 나와 구원받고 빛 가운데 사는 천국백성이 되는 것입니다. 뿐만 아니라 교회는 문명한 사회를 만들어 줍니다. '문명'이란 밝게 사는 생활을 말합니다. 빛 가운데 사는 생활을 말합니다. 그래서 빛을 발하는 교회가 들어서면 동네가 변화하고, 국가가 밝은 국가가 되어 사람이 살기 좋은 복지국가가 되는 것입니다. 교회가 세워지기 전 우리나라의 형편과 교회가 세워진 그 후의 형편을 비교해 보십시오. 일제강점기에 우리나라 기독교 성도 수가 1895년 800여 명이었고, 50년 후인 1945년 해방되었을 때 30여만 명이 되었으며, 그 후 50년이 흐른 1995년 1,200만 명의 성도로 부흥되었는데, 이 땅에 복음이 들어온 후 기독교의 부흥과 민족의 번영은 똑같이 비례했음을 볼 수가 있는 것입니다. 1945년 해방되었을 당시 성도 30만 명에 국민소득 70달러밖에 안 되었습니다.

지금은 1,200만 성도에 20,000불로, 세계 250개 국가 중 240여 개국이 우리보다 못사는 나라인 것입니다. 또 교회를 없애버린 독재국가들과 교회를 자유스럽게 세우도록 허용한 민주국가들을 비교해 보십시오. 동서독의 격차와 남북한의 격차가 이를 증명하고 있지 않습니까? 한쪽은 깜깜하고 다른 한쪽은 환한 세상을 역사가 증명해주고 있지 않습니까? 교회는 세상의 어느 단체나 기관과도 비교할 수 없을 만큼 귀한 것입니다. 왜냐하면 교회는 사람의 영혼을 깨우치고 구원할 뿐 아니라 물질생활, 정신생활의 영역에까지 결정적이고 긍정적인 영향력을 끼치기 때문입니다. 그러므로 우리는 교회를 더욱 사랑하고 몸과 마음과 물질을 바쳐 지성으로 섬겨야 합니다. 주님을 사랑하는 사람은 주님이 피 흘려 친히 세우신 교회를 사랑하지 않을 수 없는 것입니다.

5) 성도의 빛을 모형했습니다

성소 안에 정금 등대는 성도들의 빛을 모형하는 것입니다. 예수님께서 마태복음 5장 14절 말씀에서 "너희는 세상의 빛이라 산 위에 있는 동네가 숨기우지 못할 것이요"라고 말씀하셨습니다. "너희는 세상의 빛이라" 하셨는데 하나님께서 태양과 같은 빛이라고 한다면 성도는 태양의 빛을 반사하는 별과 같은 존재라고 말할 수 있는 것입니다.

또한 마태복음 5장 16절 말씀에 보면, "이같이 너희 빛을 사람 앞에 비취게 하여 저희로 너희 착한 행실을 보고 하늘에 계신 너희 아버지께 영광을 돌리게 하라"고 하셨습니다. 그러므로 성도들은 하나님의 빛을 받아 어두운 세상을 비추는 별들이 되어야 하는 것입니다. 하나님의 빛을 받으면 착한 행실이 나온다고 말씀하셨습니다. 그러므로 성도들이 이 어두운 세상에 대하여 빛이 되려면 착한 행실을 행해야 합니다. 먼저 가정에서 착한 부모, 착한 자식, 착한 남편, 착한 아내, 착한 형제가 되어야 합니다. 집에서는 마귀 노릇을 하면서 밖에 나가서는 천사처럼 행동하는 것은 잘못된 신앙입니다.

디모데전서 5장 8절에 "자기 가족을 돌아보지 아니하면 믿음을 배반한 자요 불신자보다 더 악한 자니라" 했습니다. 교회에서도 착한 사람이 되어야 합니다. 착한 목사, 착한 장로, 착한 권사, 착한 집사, 착한 성도가 되어야 합니다. 내가 하나 잘못함으로 교회의 부흥을 가로막고 하나님께 욕 돌린다는 것을 깊이 생각하는 성도가 되어야 하는 것입니다. 사회에서도 착한 사람이 되어야 합니다. 그래서 이웃사람들에게 저 사람은 진짜 예수 믿는 사람이라고 칭찬을 받아야 합니다.

그러면 우리는 어떻게 해야 빛이 되며, 빛 된 생활을 할 수 있겠습니까?

(1) 감람으로 찧어낸 순결한 기름으로 채워야 합니다.

출애굽기 27장 20절 말씀에 보면, "너는 또 이스라엘 자손에게 명하여 감람으로 찧어낸 순결한 기름을 등불을 위하여 네게로 가져오게 하고 끊이지 말고 등불을 켜되"라고 말씀하셨습니다. 등대가 귀한 것이지만 등잔에 기름이 없으면 아무 쓸모가 없는 것입니다. 특별히 성소에서는 감람유를 쓰도록 명령하셨습니다. 이 감람나무는 예수님의 모형이고 감람유는 성령을 모형하는 것입니다. 그러므로 우리가 어두운 세상을 밝히는 빛이 되려면 거룩한 영이신 성령으로 충만함을 받아야 한다는 말입니다.

고린도전서 2장 14절~3장 3절까지에 보면 세 가지 종류의 사람이 있는데,

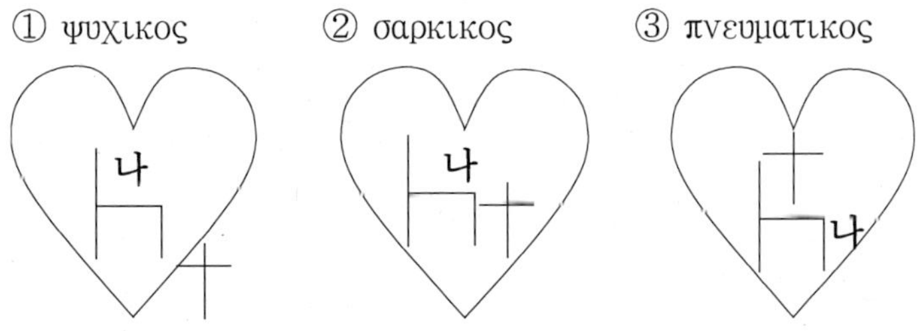

① 육에 속한자로 구원받지 못한 사람 ψυχικος(2:14)
② 육신에 속한자로 구원받았으나 믿음이 어린아이 같은 사람 σαρκικος(3:3)
③ 신령한 사람으로 믿음이 어른과 같은 사람 πνευματικος(3:1)이라고 했습니다.

성령 충만해야 빛 되게 살 수 있는 것입니다.

성도가 아무리 정금 등대와 같은 귀한 하나님의 백성이 되었다고 해도 성령 충만함을 받지 못하면 결코 빛 된 생활을 할 수 없는 것입니다. 성령은 아홉 가지 아름다운 열매를 맺게 하십니다. 갈라디아서 5장 22절 말씀에 보면, "오직 성령의 열매는 사랑과 희락과 화평과 오래 참음과 자비와 양선과 충성과 온유와 절제니 이 같은 것을 금지할 법이 없느니라"고 말씀하셨습니다.

(2) 유관이 막히지 않아야 합니다.

유관이 막혀서 기름이 잘 올라오질 못하고 막히면 불은 가물가물 하다가 꺼지게 되는 것입니다. 그러므로 등잔에 이물질이 끼었나 살펴봐야 하는 것입니다. 하나님은 우리에게 성령을 부어 주시기를 원하시지만 우리 심령 속에 죄가 자리 잡고 있다면 성령의 기름이 원활하게 흐를 수가 없을 것입니다. 그래서 이사야서 59장 1~2절에 보면, "여호와의 손이 짧아 구원치 못하심도 아니요 귀가 둔하여 듣지 못하심도 아니라 오직 너희 죄악이 너희와 너희 하나님 사이를 내었고 너희 죄가 그 얼굴을 가리워서 너희를 듣지 않으시게 함이니"라고 말씀하셨습니다.

죄는 하나님과 인간을 나누는 사이가 되는 것입니다. 그래서 인간을 범죄하도록 유혹하는 악의 영을 사탄이라고 합니다. 히브리말로 "하나님과 사이가 나게 한다"는 뜻입니다. 그러므로 죄는 성령께서 성도의 심령에 내주하실 수 없게 합니다. 예레미야서 5장 25절 말씀에 보면, "너희 허물이 이러한 일들을 물리쳤고 너희 죄가 너희에게 오는 좋은 것을 막았느니라"고 하셨습니다. 성령 충만한 생활을 하려면 죄를 두려워하고 멀리하지 않으면 안 됩니다. 범죄한 일이 있다면 철저하게 회개하고 죄에서 떠날 것이며 하나님의 긍휼을 기다려야 할 것입니다.

찰스 피니는 성령 충만을 받지 못하는 여러 가지 이유를 들었는데 그것은

첫째: 위선적인 생활

둘째: 경박한 생활

셋째: 교만

넷째: 탐욕

다섯째: 죄를 회개하지 않고 버리지 않음

여섯째: 의무 소홀 등이라고 했습니다.

성령의 기름이 막히지 않고 흐르게 하려면 등잔을 살피듯 늘 우리 자신을 살피지 않으면 안 됩니다. 제사장들은 수시로 등불을 점검하고 정리해야 했습니다. 출애굽기 27장 21절 말씀에 보면, "아론과 그 아들들로 회막 안 증거궤 앞 휘장 밖에서 저녁부터 아침까지 항상 여호와 앞에서 그 등불을 간검(看檢)하게 하라 이는 이스라엘 자손의 대대로 영원한 규례니라"고 했습니다. 또 레위기 24장 4절 말씀에 보면, "그가 여호와 앞에서 순결한 등대 위의 등잔들을 끊이지 않고 정리할지니라"고 했습니다.

(3) 계속적으로 기름을 공급해야 합니다.

등대는 가운데 줄기에 6개의 가지가 붙어 있습니다. 이것은 가운데 줄기인 예수 그리스도에게 가지인 성도들이 항상 붙어 있어 계속적으로 기름을 공급받게 된다는 것을 의미한 것입니다. 스가랴서 4장 11~14절 말씀에 보면, 스가랴가 본 환상이 기록되어 있습니다. 한 가운데 등대가 있고 등대 좌우에 두 감람나무가 있으며 금관으로 연결되어 있어서 계속적으로 등대에 기름이 흘러 들어가는 환상이었습니다. 살아 있는 감람나무야말로 순결한 감람유의 완전하고 확실한 공급원이었습니다.

히브리서 13장 8절 말씀에 보면, "예수 그리스도는 어제나 오늘이나 영원토록 동일하시니라" 하고 말씀하셨습니다. 중동의 유전은 마르는 날이 있을지라도 예수 그리스도에게서 흘러나오는 성령의 기름은 영원할 것입니다. 계속적으로 주유를 받을 수 있는 길은 예수님에게 항상 붙어 있어야 합니다. 주님은 자신을 포도나무라고 하시면서 요한복음 15장 5절 말씀에 보면, "나를 떠나서는 너희가 아무것도 할 수 없음이라"고 말씀하셨습니다.

(4) 다 같이 빛을 발해야 합니다.

빛을 발하되 한 개만 발해도 안 됩니다. 등대에 연결되어 있는 일곱 개의 등잔에 불이 모두 켜져 있는 것처럼 모든 성도들이 모두 빛을 발해야 합니다. 교회는 합창을 잘해야 합니다. 연합된 곳에 기적이 일어납니다. 구약의 모세는 아론과 함께 일했습니다. 초대교회 베드로는 요한과 더불어 미문의 앉은뱅이를 일으켰습니다. 네 명의 친구는 중풍병자를 구원해냈습니다. 부흥사 무디에게는 복음 가수인 생키가 함께 했습니다. 예수님께서도 제자들과 함께 일했습니다.

시편 133편 1~3절 말씀에 "형제가 연합하여 동거함이 어찌 그리 선하고 아름다운
고 머리에 있는 보배로운 기름이 수염 곧 아론의 수염에 흘러서 그 옷깃까지 내림 같
고 헐몬의 이슬이 시온의 산들에 내림 같도다. 거기서 여호와께서 복을 명하셨나니
곧 영생이로다"했습니다.

2. 떡상

출애굽기 25장 23~25절 말씀에 보면, "너는 조각목으로 상을 만들되 장이 이 규빗
(91.2cm), 광이 일 규빗(45.6cm), 고가 일 규빗 반(68.4cm)이 되게 하고 정금으로 싸고
주위에 금테를 두르고 그 사면에 손바닥 넓이만 한 턱을 만들고 그 턱 주위에 금으로
테를 만들고"라고 떡상 만드는 법이 기록되어 있습니다. 성소에 들어서면 왼편에 등
대의 환한 빛이 남쪽 벽 북쪽 벽의 금에 부딪쳐 눈부시게 빛나고 있음을 보게 될 것입
니다. 앞에 분향단에서 향연이 계속 피어오르고 있습니다. 그리고 오른편을 보게 되
면 12개의 떡이 6개씩 두 줄로 가지런히 놓여있는 떡상을 발견하게 될 것입니다(레24
장6절). 떡상의 모양은 출애굽기 25장 23절 말씀에 보면, 가로 91.2㎝, 세로45.6㎝, 높
이68.4㎝의 크기입니다. 물론 테의 재료도 동일합니다. 그 위에 12덩이의 떡을 6개씩
두 줄로 나란히 놓았습니다. 떡 위에 유향 두 그릇이 각각 놓였습니다. 이 떡은 매 안

식일마다 바뀌어졌습니다. 바뀐 떡은 거룩한 성막 안에서 제사장들이 나누어 먹었습니다. 떡상 4면 주위에 떨어지지 않도록 손바닥만 한 턱이 이어져 있습니다. 떡상 위에는 대접, 숟가락, 병, 유향 등도 보조기구로 놓인 것을 볼 수 있습니다.

그러면 지금부터 떡상의 의미를 살펴보며 은혜 받고자 합니다.

1) 예수 그리스도의 모형입니다

예수님 당시의 이스라엘 백성들은 과거에 조상들이 광야에서 40년간 머물며 하늘에서 내려오는 만나를 먹고 살았던 일을 기억하고 "주여, 이 떡을 항상 우리에게 주소서"라고 예수님께 말씀드렸습니다. 그때 주님께서 요한복음 6장 35절 말씀에서 "내가 곧 생명의 떡이니 내게 오는 자는 결코 주리지 아니할 터이요 나를 믿는 자는 영원히 목마르지 아니하리라"고 대답해 주셨습니다.

요한복음 6장 47~50절 말씀에 보면, "진실로 진실로 너희에게 이르노니 믿는 자는 영생을 가졌나니 내가 곧 생명의 떡이로라 너희 조상들은 광야에서 만나를 먹었어도 죽었거니와 이는 하늘로서 내려오는 떡이니 사람으로 하여금 먹고 죽지 아니하게 하는 것이니라"고 하셨습니다.

광야에서 이스라엘 백성들이 40년간 먹고 살았던 만나는 인생의 죽음의 문제를 해결하지 못했지만 예수님은 하늘에서 내려온 생명의 떡으로써 인생의 근본 문제인 영생의 문제를 해결해 주신다는 말씀인 것입니다. 그러므로 구약시대 광야에서 하늘로부터 내려준 만나는 장차 광야 같은 이 세상의 인간들을 구원하기 위해서 생명의 떡으로 오실 예수님을 상징한 것입니다.

요한복음 6장 54~58절 말씀에 보면, "내 살을 먹고 내 피를 마시는 자는 영생을 가졌고 마지막 날에 내가 그를 다시 살리리니 … 이것은 하늘에서 내려온 떡이니 조상들이 먹고도 죽은 그것과 같지 아니하여 이 떡을 먹는 자는 영원히 살리라"고 말씀하셨습니다. 주님은 죽으셨다가 삼일 만에 부활하심으로써 생명의 떡이 되심을 증거해 주셨음을 믿으시기 바랍니다.

2) 하나님의 말씀을 모형한 것입니다

마태복음 4장 4절 말씀에 보면, "사람이 떡으로만 살 것이 아니요 하나님의 입으로 나오는 모든 말씀으로 살 것이니라"고 말씀하셨습니다. 육은 떡으로 살지만 영은 하나님 말씀으로 살게 되는 것을 말한 것입니다.

성경 데살로니가전서 5장 23절 말씀에 보면, "평강의 하나님이 친히 너희를 온전히 거룩하게 하시고 또 너희의 온 영과 혼과 몸이 우리 주 예수그리스도께서 강림하실 때에 흠 없이 보전되기를 원하노라"고 말씀하셨습니다. 사람은 영과 혼, 그리고 육으로 구성되어 있음을 알게 됩니다. 그러므로 육을 위해서는 물질의 양식이 필요하고 혼을 위해서는 지식이 필요하고 영을 위해서는 말씀이 필요한 것을 알 수 있습니다.

요한복음 1장 1절 말씀에서 "태초에 말씀이 계시니라 이 말씀이 하나님과 함께 계셨으니 이 말씀은 곧 하나님이시니라"고 말씀하셨고, 요한복음 1장 14절에서도 "말씀이 육신이 되어 우리 가운데 거하시매 우리가 그 영광을 보니 아버지의 독생자의 영광이요 은혜와 진리가 충만하더라"고 말씀하셨습니다. 곧 말씀이 하나님이신대, 하나님으로서 육신을 입고 오신 분이 바로 예수님이시라고 한 것입니다. 그러므로 하나님과 예수님은 동등이시고 바로 예수님은 말씀이셨습니다.

(1) 소화가 잘 되게 만든 떡입니다.

레위기 24장 5절 말씀에 보면, 진설병은 '고운 가루'로 만들어졌습니다. 거친 가루로 만들어 놓으면 소화가 잘 될 수 없기 때문에 '고운 가루'로 만들었습니다.

말씀에는 두 가지가 있습니다. 하나는 '로고스'라고 하고 또 하나는 '레마'라고 합니다. 문자적으로 기록된 신구약성경 66권의 말씀을 '로고스'라고 말합니다. 이 말씀 중에 내 마음에 부딪쳐 나에게 힘을 주고 능력을 주는 말씀으로 소화가 잘 된 말씀을 '레마'라고 하는 것입니다. 요셉의 창고에 곡식이 산더미 같이 쌓여 있어도 내 입에 들어온 곡식만이 나에게 영양이 될 수 있는 것처럼 말씀이 많이 있지만 '로고스'가 '레마'가 될 때만 나에게 힘이 될 수 있는 소화된 말씀이 되는 것입니다. '로고스'인 말씀을 통해서 내 것이 되는 '레마'의 말씀이 되도록 먹어야 하는 것입니다. 구약과 신약의 '로고스'를 성령과 기도의 맷돌에 갈아 가루가 되게 하여 자신의 영양소로 소화된 '레마'의 떡으로 먹어야 하는 것입니다. 그렇지 않으면 먹으나 마나 한 것이 되고 마는 것입니다. 고운 가루로 진설병을 만들라고 명령하신 하나님의 뜻은 바로 여기에 있는 것입니다.

(2) 온 세상 사람과 함께 먹을 떡입니다.

떡상 위에 12개의 떡이 놓여 있습니다. 그것은 이스라엘 12지파를 의미하는 것입니다. 르우벤, 시므온, 레위, 유다, 스불론, 잇사갈, 단, 갓, 아셀, 납달리, 요셉, 베냐민 지파입니다. 이것은 오늘의 모든 인류가 예수 그리스도 안에서 이 생명의 떡을 먹어야 하는 것을 의미한 것입니다. 이 복음을 온 세상에 전해야 하는 선교를 명령하신 의미가 있는 것입니다. 그러므로 주님은 요한복음 6장 35절 말씀에 보면, "나는 생명의 떡이니 내게 오는 자는 결코 주리지 아니할 터이요"라고 하셨습니다. 예수님은 온 인류가 먹고도 남을 생명의 떡이 되심을 믿으시기 바랍니다.

(3) 순수한 떡입니다.

레위기 2장 5절 말씀에 보면, "고운 가루에 누룩을 넣지 말고"라고 말씀했습니다. 출애굽기 12장 15절 말씀에 보면, "너희는 칠 일 동안 무교병을 먹을지니 그 첫날에 누룩을 너희 집에서 제하라 무릇 첫날부터 칠 일까지 유교병을 먹는 자는 이스라엘에서 끊어져지리라"고 했습니다. 특별히 진설병에는 누룩이 들어가서는 절대로 안 되었습니다.

왜 누룩을 삼가라고 했느냐 하면 누룩은 악의 상징이었기 때문입니다. 고린도전서 5장 7~8절 말씀에 보면, "너희는 누룩 없는 자인데 새 덩어리가 되기 위하여 묵은 누룩을 내어 버리라. 우리의 유월절 양 곧 그리스도께서 희생이 되셨느니라. 이러므로 우리가 명절을 지키되 묵은 누룩도 말고 괴악하고 악독한 누룩도 말고, 오직 순전함과 진실함의 누룩 없는 떡으로 하자"고 했습니다. 누룩은 악독의 상징이기 때문에 절대로 누룩이 들어가서는 안 되는 것입니다. 순수한 밀가루 속에 누룩이 들어가 보십시오. 부글부글 끓어오르고 썩기 시작하는 것을 볼 수 있습니다. 특별히 하나님은 순수한 것을 좋아하시므로 모든 것이 섞여서 잡된 것이 되는 것을 모두 금하셨습니다.

신명기 22장 9~11절 말씀에도 "네 포도원에 두 종자를 섞어 뿌리지 말라 그리하면 네가 뿌린 씨의 열매와 포도원의 소산이 다 빼앗김이 될까 하노라 너는 소와 나귀를 겨리하여 갈지 말며 양털과 베실로 섞어 짠 것을 입지 말지니라"고 말씀하셨습니다. 하나님께서는 혼합주의를 가장 싫어하시는 것입니다. 특별히 복음은 순수해야 하는 것을 말씀하신 것을 믿으시기 바랍니다.

(4) 계속 먹어야 합니다.

성소에 들어가면 어느 때든지 이 떡을 볼 수 있습니다. 진설병은 하루 24시간 1년 365일 늘 떡상에 차려져 있어야 합니다. 잠시라도 떡상이 비어서는 안 되는 것입니다. 이것은 그리스도의 말씀이 우리에게서 잠시라도 떠나면 안 되는 것을 상징한 것입니다. 그리고 복음은 영원한 것을 말씀한 것입니다. 생명의 떡 되신 예수 그리스도는 어제나 오늘이나 영원토록 영원하신 분이십니다.

레위기 24장 8절 말씀에 보면, "항상 매 안식일에 이 떡을 여호와 앞에 진설할지니 이는 이스라엘 자손을 위한 것이요 영원한 언약이니라"고 했습니다. 떡상 위의 떡은 매 안식일마다 새것으로 갈아 놓으라고 명하셨습니다. 이 말씀은 성도들이 주일마다 새롭게 주님의 말씀을 공급받아야 하는 것을 의미하는 것입니다.

주일을 범하면 생명의 양식을 먹지 못하는 만큼 영적으로 불행해지는 것을 깨달아야합니다. 안식일마다 진설병을 먹었듯이 성도들은 주일마다 예배에 잘 참석하여 말씀을 들으므로 생명의 떡을 먹는 축복을 누려야 할 것입니다.

(5) 기름을 섞어 만든 떡입니다.

레위기 2장 5절 말씀에 보면, 진설병은 기름을 섞어서 반죽하여 만들게 했습니다. 그리고 레위기 24장 6~7절 말씀에 보면, 이 12개의 떡을 6개씩 나누어서 두 줄로 진설하게 하고 그 위에 유향을 두 병 올려놓도록 했습니다. 그래서 이 떡을 먹을 때는 이 기름과 함께 먹도록 했습니다.

이것은 디모데후서 3장 16절 말씀에서 "모든 성경은 하나님의 감동으로 된 것으로" 라고 말씀했듯이 진설병이 기름으로 반죽하여 만들어진 것처럼 성경은 성령의 감동으로 기록된 말씀인 것을 가르쳐주고 있습니다.

또한 고린도전서 2장 13절 말씀에 보면, "신령한 일은 신령한 것으로 분별하느니라"고 말씀한 것처럼 신령한 하나님의 말씀은 성령으로 함께 먹어야 깨닫게 된다는 것을 가르쳐주신 말씀인 것입니다. 그러므로 말씀을 읽을 때나 들을 때나 말씀을 연구할 때나 언제든지 기도함으로 성령님을 의지하고 말씀을 사모함으로 말씀 앞에 기다려야 하는 것입니다. 같은 아침 이슬을 먹어도, 꿀벌은 꿀을 만들고 뱀은 독을 만들어 냅니다. 또한 같은 뽕잎을 먹으면서도 벌레는 똥을 만들고 누에는 고치를 만드는 것을 볼 수 있습니다. 같은 말씀을 먹으면서 마귀는 반역을 만들어내지만 성령님은 하나님의 충성된 일꾼을 만들어 내기 때문인 것입니다.

3) 제사장의 수고를 기억해야 합니다

지금부터 약 3500년 전 떡방앗간이 있을 리 없으므로 땀 흘리며 손수 만들지 않으면 안 되었을 것입니다. 떡을 만들려면 우선 원료를 선택하고 이것을 절구에 넣고 빻아야 하며 채로 친 다음 시루에 찌거나 불에 구워야 합니다. 땀 흘리지 않고 떡을 만들 수 없었습니다. 교역자의 길이 힘들고 고달프다는 것은 다 아는 일이지만 그중에서도 설교 준비가 떡을 준비하듯이 가장 어렵다는 것은 목회자가 공통으로 느끼는 것입니다.

주일 설교를 마치고 나면 홀가분하고 마음이 가벼워지는 것이 아니라, 다음 주일에는 또 무슨 설교를 해야 할 것인지부터 걱정하지 않으면 안 됩니다. 어디 주일 설교뿐이겠습니까? 주일 낮, 밤 설교, 삼일 밤 설교를 마련해야 합니다. 거기다 교인들의 경조사가 있을 때도 찾아가서 설교해야 합니다. 그렇다고 해서 과거에 했던 설교를 계속할 수도 없고, 늘 새롭게 설교를 해야 하는데 보통 어려운 일이 아닌 것입니다. 듣는 평신도들은 그것을 잘 모르겠지만 목회자는 매일같이 설교를 준비하지 않으면 안 되는 고된 작업을 해야 합니다. 그러므로 평신도들은 떡 만드는 제사장의 수고를 생각하며 따뜻한 마음으로 설교를 들을 것이며, 말씀을 준비하고 전하는 목사님을 위해 격려를 아끼지 말아야 할 것입니다.

그런데 어떤 성도들은 목사님의 설교가 좀 길면 하품을 하고 시계를 들여다보며 나중에는 목사님 보라는 듯이 손을 들어 시계를 보는 이들도 있고, 좀 짧으면 목사님이 할 소리도 없는가 보다 하고 트집 잡고, 좀 쉽게 하면 무식하다고 좀 어려운 말을 사용하면 자기만 아는 체 한다고 한다니 참으로 설교는 어려운 것입니다.

3. 향단

　출애굽기 30장 1~5절 말씀에 보면, "너는 분향할 단을 만들지니 곧 조각목으로 만들되 장이 일 규빗, 광이 일 규빗으로 네모 반듯하게 하고 고는 이 규빗으로 하며 그 뿔을 그것과 연하게 하고 단 상면과 전후 좌우면과 뿔을 정금으로 싸고 주위에 금테를 두를 지며 금테 아래 양쪽에 금고리 둘을 만들되 곧 그 양쪽에 만들지니 이는 제단을 메는 채를 꿸 곳이며, 그 채를 조각목으로 만들고 금으로 쌓고"라고 분향단 만드는 법을 가르쳐 주셨습니다.

　성소 안에 들어서면 제일 먼저 보이는 것은 환한 빛을 발하고 있는 등대입니다. 이 등대의 밝은 빛이 비취는 정면 앞쪽으로 향연이 모락모락 피어나는 향단을 보게 될 것입니다. 이 향단은 조각목으로 만들고 정금으로 입혔는데 조각목은 예수님의 인성을, 정금은 예수님의 신성을 상징합니다. 향단 위에는 향로가 있어 제사장이 아침 저녁으로 향을 살라야 했습니다(출30장 7~8절). 향을 사른다는 것은 기도하는 것을 상징하는 것입니다.

　시편 141편 2절 말씀에 보면, "나의 기도가 주의 앞에 분향함과 같이 되며 나의 손 드는 것이 저녁 제사 같이 되게 하소서"라고 기록되어 있고, 요한계시록 8장 3~4절 말씀에도 "또 다른 천사가 와서 제단 곁에 서서 금향로를 가지고 많은 향을 받았으니 이는 모든 성도의 기도들과 합하여 보좌 앞 금단에 드리고자 함이라 향연이 성도의 기도와 함께 천사의 손으로부터 하나님 앞으로 올라가는지라"고 기록되어 있습니다.

향연이 위로 올라가는 것처럼 성도들의 기도는 하나님께로 올라갑니다. 예수 그리스도께서는 우리에게 기도의 모범을 보여주셨습니다. 마가복음 1장 35절 말씀에 보면, 새벽 미명에 일어나 한적한 곳에 가셔서 기도하셨고, 또 누가복음 6장 12~13절 말씀에 보면, 기도하시기 위해 산으로 가셔서 밤이 맞도록 기도하셨으며, 히브리서 5장 7절 말씀에 보면, 심한 통곡과 눈물로 간구하셨습니다.

주님은 지상생활 중에서도 열심히 기도하셨을 뿐 아니라 지금도 천상에서 우리를 위하여 기도하고 계십니다. 로마서 8장 34절 하반절 말씀에 보면, "그는 하나님 우편에 계신 자요 우리를 위하여 간구하심이라"고 기록되어 있습니다. 주님께서 지금 이 시간도 우리를 위해 기도하고 계신다는 사실은 얼마나 감사하고 복된 일입니까?

출애굽기 17장 8~12절 말씀에 보면, 이스라엘 백성이 르비딤에 머물고 있을 때, 에서의 손자인 아말렉 자손들이 쳐들어 왔습니다. 여호수아는 군대를 거느리고 나가 싸웠고, 모세는 산에 올라가 손을 들고 서 있었습니다. 그런데 놀라운 것은 모세가 손을 들면 이스라엘이 이겼지만 손을 내리면 아말렉이 이기는 것이었습니다. 사정이 이러하니 모세가 손을 내릴 수가 없었습니다. 그러나 시간이 지날수록 모세는 팔이 아파서 지탱할 수가 없게 되었습니다. 그때 모세와 같이 산에 올라갔던 아론과 훌이 모세의 두 손을 붙잡아 주어서 마침내 이스라엘 백성이 대승할 수 있었습니다.

주님은 겟세마네 동산에서 제자들에게 말씀하셨습니다. 마태복음 26장 40~41절 말씀에 보면, "너희가 나와 함께 한 시 동안도 이렇게 깨어 있을 수 없더냐 시험에 들지 않게 깨어 있어 기도하라 마음에는 원이로되 육신이 약하도다"라고 하셨습니다. '한 시 동안도', 즉 단 한 시간도 기도할 수 없느냐고 주님은 안타까워하십니다.

1) 예수님 피의 공로로 응답됩니다

향단 사면에는 네 뿔이 있습니다. 여기에 아론이 일 년에 한차례씩 속죄 제물의 피를 바르도록 되어 있습니다.

출애굽기 30장 10절 말씀에 보면, "아론이 일 년 일차씩 이 향단 뿔을 위하여 속죄하되 속죄제의 피로 일 년 일차씩 대대로 속죄할지니라. 이 단은 여호와께 지극히 거룩하니라" 하고 기록되어 있습니다. 네 뿔에 피를 바르는 것은 우리의 기도가 예수 그리스도의 피 공로에 의해서 상달됨을 상징하는 것입니다.

요한복음 16장 24절 말씀에 보면, "지금까지는 너희가 내 이름으로 아무 것도 구하지 아니하였으나 구하라 그리하면 받으리니 너희 기쁨이 충만하리라”고 말씀하셨습니다.

또 요한복음 14장 13~14절 말씀에 보면, “너희가 내 이름으로 무엇을 구하든지 내가 시행하리니 이는 아버지로 하여금 아들을 인하여 영광을 얻으시게 하려 함이라 내 이름으로 무엇이든지 내게 구하면 내가 시행하리라”고 말씀하셨습니다. 우리는 언제든지 하나님 아버지께 청구서를 낼 수 있습니다. 마태복음 7장 7절 말씀에 보면, “구하라 그러면 너희에게 주실 것이요”라고 주님께서 말씀하셨기 때문입니다. 언제든지 우리가 필요로 하는 모든 것을 청구할 수가 있습니다. 그러나 요한복음 14장 13절 말씀에 “너희가 내 이름으로 무엇을 구하든지 내가 시행하리니 이는 아버지로 하여금 아들을 인하여 영광을 얻으시게 하려 함이라”고 말씀하신 것 같이 청구서 끝에는 예수 그리스도의 이름으로 싸인 하도록 하나님께서 명령하셨습니다.

2) 쉬지 말고 기도해야 합니다

출애굽기 30장 7~8절 말씀에 보면, “아론이 아침마다 그 위에 향기로운 향을 사르되 등불을 정리할 때에 사를지며 또 저녁때 등불을 켤 때에 사를지니 이 향은 너희가 대대로 여호와 앞에 끊지 못 할지며”라고 기록되어 있습니다. 옛날 제사장은 아침저녁으로 하나님 앞에 나아가서 향을 드렸습니다. 오늘의 제사장인 우리들도 아침저녁으로 하나님 앞에 기도드리기를 힘써야겠습니다. 에베소서 6장 18절 말씀에 보면, “모든 기도와 간구로 하되 무시로 성령 안에서 기도하고”라며 말씀하셨습니다. ‘무시로’의 원어는 ‘엔 판티 카이로’인데 ‘모든 시간 안에서’라는 뜻으로 생활화된 기도를 말씀하신 것입니다. 데살로니가전서 5장 17절 말씀에 보면, “쉬지 말고 기도하라”고 하신 말씀도 이와 같은 뜻으로 말씀하신 것입니다. 그러므로 우리 성도들은 기도를 생활화해야 하는 것입니다.

3) 간절하게 기도해야 합니다

제사장들이 사르는 향은 특별히 제조된 값이 비싼 향이었습니다. 출애굽기 30장 34~35절 말씀에 보면, “여호와께서 모세에게 이르시되 너는 소합향과 나감향과 풍자향의 향 품을 취하고 그 향품을 유향에 섞되 각기 동일한 중수로 하고 그것으로 향을 만들되 향 만드는 법대로 만들고 그것에 소금을 쳐서 성결하게 하고”라며 기록했습니다.

소합향은 향나무에서 저절로 나오는 향으로 인도산입니다. 나감향은 홍해에서 나는 조개류의 껍질을 빻아서 만든 향입니다. 풍자향은 고무나무 모양의 수지(樹脂)로 그 나무의 높이는 1m 정도이고, 노란 꽃이 피는데 뿌리에서 채취하는 향입니다. 유향은 보스웰리아 나무에서 추출하는 것으로 아라비아에서 수입한 향이며 시체에 발라 악취를 제거합니다. 소금은 자신을 녹여 부패를 방지하는 귀한 것입니다.

향단에서 하나님께 올릴 향을 만들기 위해서는 상당한 노력과 수고와 비용이 필요했습니다. 이처럼 기도에는 수고와 힘이 들어가야 합니다. 정성이 들어가야 합니다. 땀을 흘리고 눈물을 흘리며 드리는 기도는 마치 옛날에 제사장이 향을 드린 것처럼 향기로운 제물로 하나님께서 받으십니다.

성의 없이 드리는 형식적인 기도는 결코 하나님을 기쁘시게 할 수 없습니다. 기도는 간절하게 희생적으로 드려야 합니다. 예수님께서도 이런 기도를 드리셨습니다. "예수께서 힘쓰고 애써 더욱 간절히 기도하시니 땀이 땅에 떨어지는 핏방울같이 되더라"(눅 22:44).

암부로스 감독이 어거스틴의 어머니 모니카에게 "어머니의 눈물의 기도는 자식을 망하지 않게 한다"고 말했다는데 '성자 어거스틴'이란 거목의 밑거름은 바로 그의 어머니 모니카의 눈물어린 기도였음을 알 수 있습니다. 한나의 통곡의 기도는 사무엘이란 훌륭한 인물을 낳기 위한 진통이었습니다. 한 여인이 눈물 흘리며 기도한 것에서도 놀라운 역사가 창조되었습니다.

누가복음 2장 37절 말씀에 보면, "과부되고 팔십사 세가 되었더라. 이 사람이 성전을 떠나지 아니하고 주야에 금식하며 기도함으로 섬기더니"라고 기록되어 있습니다. 여선지 안나 할머니는 기도로 인생을 헌신했습니다. 거룩한 생애는 거룩한 심령으로 간절하게 드리는 기도를 통해서 이루어집니다.

필립 부룩스는 "그림에 있는 불은 불이 아니며 간절하지 못한 기도는 기도가 아니다"라고 했습니다. 희생적으로 기도하는 성도는 복된 성도이며 이렇게 기도하는 성도가 있는 가정은 복된 가정이고, 이런 성도의 가정이 많은 교회는 복된 교회입니다.

찰스 피니의 부흥운동을 가능하게 한 것은 내쉬라는 기도의 후원자가 있었기 때문이며 스펄죤이 설교가로 크게 역사할 수 있었던 것은 교회 기도실에서 그를 위하여 간절히 기도하는 300여 명의 기도의 일꾼들이 있었기 때문입니다.

옥에 갇힌 베드로가 기적적으로 탈출할 수 있었던 것도 바로 성도들의 간절한 기도 때문이었습니다. 사도행전 12장 5절에 보면, "이에 베드로는 옥에 갇혔고 교회는 그를 위하여 간절히 하나님께 빌더라"고 기록되어 있습니다. 간절히 하나님께 드리는 기도야말로 만능의 열쇠입니다. 오늘도 내일도 우리는 이 세상 떠나가는 날까지 아침저녁으로 하나님 앞에 기도의 향을 올리는 일에 게으르지 말아야 하겠습니다.

4) 믿음으로 기도해야 합니다

조각목으로 향단을 만들었습니다. 조각목은 버림받은 인간을 의미한 것입니다. 조각목으로 만든 향단을 금으로 입혔습니다. 금은 신성한 믿음을 의미한 것입니다. 우리 인간이 하나님께 기도하며 응답받는 길은 믿음으로 기도해야 된다는 것을 의미한 것입니다.

야고보서 1장 6~7절에 보면, "오직 믿음으로 구하고 조금도 의심하지 말라 의심하는 자는 마치 바람에 밀려 요동하는 바다 물결 같으니 이런 사람은 무엇이든지 주께 얻기를 생각지 말라" 했습니다. 마가복음 11장 22~24절 말씀에 보면, "예수께서 대답하여 저희에게 이르시되 하나님을 믿으라. 내가 진실로 너희에게 이르노니 누구든지 이 산더러 들리어 바다에 던지우라 하며 그 말하는 것이 이룰 줄 믿고 마음에 의심치 아니하면 그대로 되리라 그러므로 내가 너희에게 말하노니 무엇이든지 기도하고 구하는 것은 받은 줄로 믿으라. 그리하면 너희에게 그대로 되리라"고 했습니다. 우리가 조각목 같은 존재이지만 믿음으로 기도할 때 하나님께서는 응답해 주실 것을 약속해 주셨습니다.

Ⅲ. 지성소

히브리서 9장 3~15절까지의 말씀에서 "또 둘째 휘장 뒤에 있는 장막을 지성소라 일컫나니 금향로와 사면을 금으로 싼 언약궤가 있고 그 안에 만나를 담은 금항아리와 아론의 싹 난 지팡이와 언약의 비석들이 있고 그 위에 속죄소를 덮는 영광의 그룹들이 있으니 이것들에 관하여는 이제 낱낱이 말할 수 없노라 이 모든 것을 이같이 예비하였으니 제사장들이 항상 첫 장막에 들어가 섬기는 예를 행하고 오직 둘째 장막은 대제사장이 홀로 일 년 일차씩 들어가되 피 없이는 아니하나니 이 피는 자기와 백성의 허물을 위하여 드리는 것이라 성령이 이로써 보이신 것은 첫 장막이 서 있을 동안에 성소에 들어가는 길이 아직 나타나지 아니한 것이라 이 장막은 현재까지의 비유니 이에 의지하여 드리는 예물과 제사가 섬기는 자로 그 양심상으로 온전케 할 수 없나니 이런 것은 먹고 마시는 것과 여러 가지 씻는 것과 함께 육체의 예법만 되어 개혁할 때까지 맡겨 둔 것이니라 그리스도께서 장래 좋은 일의 대제사장으로 오사 손으로 짓지 아니한 곧 이 창조에 속하지 아니한 더 크고 온전한 장막으로 말미암아 염소와 송아지의 피로 아니 하고 오직 자기 피로 영원한 속죄를 이루사 단번에 성소에 들어 가셨느니라. 염소와 황소의 피와 및 암송아지의 재로 부정한 자에게 뿌려 그 육체를 정결케 하여 거룩케 하거든 하물며 영원하신 성령으로 말미암아 흠 없는 자기를 하나님께 드린 그리스도의 피가 어찌 너희 양심으로 죽은 행실에서 깨끗하게 하고 살아계신 하나님을 섬기게 못 하겠느뇨 이를 인하여 그는 새 언약의 중보니 이는 첫 언약 때에 범한 죄를 속하려고 죽으사 부르심을 입은 자로 하여금 영원한 기업의 약속을 얻게 하려 하심이니라"고 잘 설명하고 있습니다.

지금 우리는 성막으로 들어가는 첫 관문인 뜰 문을 통과하여 번제단을 거쳐 물두멍에서 수족을 닦고 성막 문을 통과하여 첫 번째 방인 성소를 통과했습니다. 첫 번째 방인 성소에서는 왼쪽에 빛나는 등대를 통해 성령 충만을 받고 오른쪽에 진설된 떡상을 통해 말씀 충만을 받아 향단에서 기도로 주님과 교통하며 성소와 지성소 사이를 구별하고 있는 휘장을 통과하여 지금은 성막에서 두 번째 방인 가장 거룩한 지성소에 들어왔습니다.

이 지성소는 가로 세로 높이가 모두 똑같이 10규빗(4.56m)인 정방형으로 약 6평 정도 되는 방입니다. 이 지성소 안에는 법궤가 있습니다. 그 법궤는 가로 110㎝, 세로 70㎝, 높이 70㎝의 크기입니다. 법궤는 조각목을 안팎 모두 정금으로 싸서 만들었습니다. 윗가로 돌아가며 금테가 둘러져 있고 금고리 넷이 있습니다. 법궤를 나르는 채는 조각목을 금으로 싸서 만들었습니다. 법궤 위에 속죄소가 있습니다.

그 위에 두 그룹은 금을 쳐서 만들었습니다. 그 그룹이 편 날개는 속죄소를 덮도록 하였습니다. 법궤 안에는 모세가 시내 산에서 받은 십계명이 기록된 두 돌판, 아론의 싹 난 지팡이, 그리고 만나 항아리가 들어 있었습니다.

〈성소와 지성소 사이에 있는 휘장〉

〈성소와 지성소 내부〉

〈지성소와 대제사장 〉

〈성소와 대제사장 및 제사장들〉

성막은 세 부분으로 이루어져 있는데 그것은 뜰과 성소와 지성소입니다. 뜰에는 일반 백성이, 성소에는 제사장이, 지성소에는 대제사장만이 들어갈 수 있었습니다. 성소와 지성소 사이에는 청색, 자색, 홍색실과 가늘게 꼰 베실로 짜서 장을 만들고 그 위에 그룹들을 공교히 수놓아서 만든 휘장이 드리워져 있는데 평소에는 닫혀져 있다가 1년에 한 번 열려집니다. 대제사장이라고 해도 자기 마음대로 들어갈 수 있는 것이 아니고 지정된 날, 지정된 제물을 들고서야 이 휘장을 지나 지성소에 들어갈 수 있습니다. 지성소를 하나님이 계신 곳이라고 볼 때 그곳에 아무나 수시로 드나들 수 없는 것은 당연한 일입니다. 어느 나라든지 왕의 궁전이나 대통령 궁을 아무나 마음대로 드나들 수 없습니다. 하물며 하나님께서 계신 곳에 어찌 함부로 드나들 수가 있겠습니까? 개인적으로 범죄하였을 때는 지정된 제물을 제사장에게 가지고 와서 속죄 제사를 드리면 됩니다. 그러나 사람이 살다 보면 죄를 범하고도 잊어버릴 수가 있으며, 분명히 죄임에도 불구하고 죄가 아닌 것으로 여길 수도 있고, 어느 날 속죄 제사를 드리겠다고 생각을 했지만 차일피일 미루다 그냥 넘어갈 수도 있습니다. 고의든 고의가 아니든 죄는 반드시 하나님의 심판을 받습니다. 그러나 하나님은 이스라엘 백성을 지극히 사랑하시기 때문에 1년에 한 차례 그동안 누적된 이스라엘 백성의 모든 죄악을 한꺼번에 도말할 수 있는 대속죄제를 드리도록 규례를 정해 놓으셨습니다. 이 규례가 레위기 16장에 자세히 기록되어 있습니다.

보통의 속죄 제사는 제사장이 번제단에서 행하지만 대속죄제는 대제사장이 지성소에서 행합니다. 대속죄제를 드리는 날은 7월 10일입니다. 이 날에는 일반 제사장들도 백성들과 같이 회막 밖에 서 있어야 합니다. 그리고 성막 안에는 대제사장 혼자만 들어가서 직무를 행하는 것입니다. 먼저 대제사장은 온 몸을 깨끗이 한 다음 화려한 대제사장복을 벗고 세마포 옷으로 바꿔 입습니다. 자기 자신만을 위한 속죄 제물로 수소 한 마리, 백성을 위한 속죄 제물로 숫염소 두 마리, 번제물로 숫양 두 마리를 준비합니다. 숫염소 두 마리 중에서 제비를 뽑아 하나는 하나님을 위한 제물로, 하나는 아사셀 염소로 구별합니다. 대제사장은 자기를 위한 속죄 제물인 수송아지를 잡아서 그 피와 향로를 들고 지성소에 들어갑니다. 먼저 향연으로 증거궤의 속죄소를 가리고, 수송아지의 피를 속죄소 동쪽에 뿌리고 속죄소 앞에 일곱 번을 뿌립니다. 대제사장은 아사셀 염소에 안수하고 이스라엘 백성의 모든 죄와 불의를 고한 다음 밖에 대기하고 있는 사람에게 맡겨 광야로 끌고 가서 놓아 줍니다. 이런 절차가 끝나면 대제사장은 회막에 들어가서 세마포 옷을 벗어 그곳에 두고, 다시 목욕하고 본래의 대제사장복을 입고 숫양 두 마리를 잡아 번제를 드리는 것으로 모든 대속죄제의 절차가 끝나게 됩니다. 지금까지 말씀드린 대로 지성소는 본래 피를 가지고 들어갈 수 있었던 곳이었습니다(히 9:7). 그러나 주님께서 십자가에서 못 박히실 때 지성소를 가리고 있는 휘장이 위에서부터 아래로 찢어졌습니다. 그래서 우리는 예수 그리스도의 보혈의 공로로 은혜의 보좌에 담대히 나갈 수 있게 되었습니다. 지성소에 들어가는 길에서 우리는 다음과 같은 진리를 찾을 수 있습니다.

1. 대제사장이신 예수 그리스도

제사장은 많지만 대제사장은 한 분밖에 없습니다. 지성소에 대제사장만이 들어갈 수 있는 것은 이 세상에 내로라하는 인물들이 많지만 인류를 위해서 속죄 제사를 드릴 수 있는 자격자는 오직 예수 그리스도 한 분뿐이심을 모형한 것입니다.

1) 죄 없으신 예수님만이 구주가 되십니다

(1) 예수님은 성령으로 잉태되어 동정녀의 몸을 빌려 죄 없는 분으로 오셨습니다.
마태복음 1장 18~23절에 보면, "예수 그리스도의 나심은 이러하니라. 그 모친 마리아가 요셉과 정혼하고 동거하기 전에 성령으로 잉태된 것이 나타났더니 그 남편 요셉은 의로운 사람이라 저를 드러내지 아니하고 가만히 끊고자 하여 이 일을 생각할 때에 주의 사자가 현몽하여 가로되 다윗의 자손 요셉아 네 아내 마리아 데려오기를 무서워 말라 저에게 잉태된 자는 성령으로 된 것이라 아들을 낳으리니 이름을 예수라 하라 이는 그가 자기 백성을 저희 죄에서 구원할 자이심이라 이 모든 일의 된 것은 주께서 선지자로 하신 말씀을 이루려 하심이니 이르시되 보라 처녀가 잉태하여 아들을 낳을 것이라 그 이름을 임마누엘이라 하리라 하셨으니 이를 번역한즉 하나님이 우리와 함께 계시다 함이라"고 하셨습니다. 예수님은 우리 인간들과 같이 부정모혈(父精母血)로 이 세상에 온 것이 아니고 성령으로 잉태하여 오셨다고 말씀하고 있습니다. 성령은 하나님이시며 하나님은 창조주이십니다. 그러므로 예수님께서는 하나님의 창조의 능력으로 동정녀의 몸을 빌려 이 세상에 오신 것입니다. 창세기 3장 15절 말씀에 보면, "내가 너로 여자와 원수가 되게 하고 너희 후손도 여자의 후손과 원수가 되게 하리니 여자의 후손은 네 머리를 상하게 할 것이요"라고 했습니다. 즉 하나님은 죄 없으신 예수님으로 오시기 위해 남자를 모르는 여자를 통해서 성령으로 낳게 될 것을 계획하셨는데 이 사실을 이사야 선지자는 이사야서 7장 14절 말씀에서 "그러므로 주께서 친히 징조를 너희에게 주실 것이라 보라 처녀가 잉태하여 아들을 낳을 것이요 그 이름을 임마누엘이라 하니라" 했고 이 사실에 대하여 바울 사도도 갈라디아서 4장 4절에서 "때가 차매 하나님이 그 아들을 보내사 여자에게서 나게 하시고"라고 말했습니다. 이 세상의 모든 사람은 남자의 후손으로 왔습니다. 그런데 이상의 성경 구절들에는 신기하게도 여자의 후손이 이 세상에 온다고 예언되어 있었고 예수님은 그 말씀대로 성령으로 처녀(동정녀) 마리아에게서 나셨습니다.

이 세상 사람은 누구나 남자의 씨로 나는데, 즉 남자의 씨가 여자의 밭을 통하여 오는 것입니다. 그러므로 인간은 남자의 후손이고, 남자의 조상은 아담이고, 아담은 죄인이고, 죗값으로 망할 죄인들의 후손으로 태어나서 인생은 아무리 노력해도 죗값이 사망이라 죄에 대한 문제를 해결할 수 없는 것입니다.

그러므로 인간의 노력으로는 죗값인 죽음의 대가를 지불할 아무런 가치가 없고 다만 사망의 문제를 해결하기 위해서는 히브리서 9장 22절 말씀에서 사도 바울이 "율법을 좇아 거의 모든 물건이 피로써 정결케 되나니 피 흘림이 없으면 사죄함이 없느니라"고 한 말씀과 같이, 피는 생명이니(레위기 17:11) 죗값으로 죽을 인간의 생명 대신 다른 죄 없는 생명이 피 흘려 죽어 주어야 하는데, 성경 말씀 로마서 3장 10절 말씀에 보면, "의인은 없나니 하나도 없으며"라고 한 사도 바울의 말씀처럼 아담의 후손인 이 세상 사람은 한 사람도 의인이 없고 다 죄인이니 자기 죄를 해결할 수도 없는데 다른 사람의 죄는 생각도 못해 보는 것이니 천하 인간으로는 대신 죽을 자격자가 없는 것입니다.

그러니 죄 없는 분만이 할 수 있는데 죄 없는 분은 하나님이시니 하나님은 하실 수 있으나 영이시고 피도 없고 죽지도 못하시니 사람을 대신해서 죽지 못하시기에 죄 없으신 하나님께서 인간을 구원하시기 위해 피 흘려 죽을 몸을 입고 오시는 한 방법으로 하나님의 창조의 능력인 성령으로 여인의 몸을 빌려서 인간의 몸을 입고 오시게 된 것입니다.

요한복음 1장 1절에는 "태초에 말씀이 계시니라 이 말씀이 하나님과 함께 계셨으니 이 말씀은 곧 하나님이시라" 하셨습니다. 그래서 사도 요한은 요한복음 1장 14절 말씀에서 "말씀이 육신이 되어 우리 가운데 거하시매 우리가 그 영광을 보니 아버지의 독생자의 영광이요 은혜와 진리가 충만하더라"고 말씀(곧 하나님)이 육신이 되어 오셨다고 말했습니다. 하나님께서 사람의 몸을 입고 피를 가지고 오시기 위해서 사람의 몸을 빌려 오셨는데 죄인인 남자의 씨로는 되지 않으니 죄 없는 성령의 능력으로 동정녀에게서 잉태하여 오신 것입니다. 그러므로 예수님은 죄인 씨인 남자의 후손과는 전혀 관계가 없이 아담의 계통이 아닌 성령의 능력으로 하나님 계통으로 인간의 몸을 입고 와서 죗값을 지불하시고 사망의 문제를 해결하셨습니다. 대제사장은 죄가 있기에 먼저 자신을 위한 제물이 필요했으나 예수님은 죄가 없으시므로 곧바로 인류를 위하여 속죄제를 드릴 수가 있습니다. 예수님은 악이 없고 더러움이 없는 대제사장이십니다. 히브리서 7장 26절 말씀에 보면, "이러한 대제사장은 우리에게 합당하니 거룩하고 악이 없고 더러움이 없고 죄인에게서 떠나 계시고 하늘보다 높이 되신 자라"고 하셨습니다. 대속죄제를 드리는 동안에 일반 백성은 물론 제사장들까지도 회막 밖에 있어야 하고 오직 대제사장 혼자서 회막 안에 있어야 하는데 이는 구속의 역사는 오직 예수 그리스도 혼자서만 이루실 수 있다는 뜻입니다.

(2) 죄 없는 예수님이 우리를 대신하여 죽으셨습니다.

대제사장은 지성소에 들어갈 때 반드시 수송아지와 염소의 피를 가지고 들어갔습니다. 만일 대제사장이 제물의 피를 가지고 들어가지 않았다면 그도 죽임을 당했을 것입니다. 그 피야말로 대제사장과 온 이스라엘 백성의 죄를 덮어주고 깨끗하게 씻어주는 능력이 있었습니다. 그러나 그 피는 인간의 죄를 영원히 씻어주는 능력은 없었습니다. 그래서 매년 똑같은 제사를 반복해서 드렸던 것입니다.

히브리서 10장 3~4절 말씀에 "그러나 이 제사들은 해마다 죄를 생각하게 하는 것이 있나니 이는 황소와 염소의 피가 능히 죄를 없이하지 못함이라"고 했습니다. 그러나 히브리서 9장 11~15절에서 "그리스도께서 장래 좋은 일의 대제사장으로 오사 손으로 짓지 아니한 곧 이 창조에 속하지 아니한 더 크고 온전한 장막으로 말미암아 염소와 송아지의 피로 아니하고 오직 자기 피로 영원한 속죄를 이루사 단번에 성소에 들어가셨느니라. 염소와 황소의 피와 및 암송아지의 재로 부정한 자에게 뿌려 그 육체를 정결케 하여 거룩케 하거든 하물며 영원하신 성령으로 말미암아 흠 없는 자기를 하나님께 드린 그리스도의 피가 어찌 너희 양심으로 죽은 행실에서 깨끗하게 하고 살아 계신 하나님을 섬기게 못하겠느뇨 이로 말미암아 그는 새 언약의 중보자시니 이는 첫 언약 때 범한 죄에서 속량하려고 죽으사 부르심을 받은 자로 하여금 영원한 기업의 약속을 얻게 하려 하심이라"고 했습니다.

짐승의 피는 단 1년 동안, 그것도 이스라엘 백성에 국한되는 속죄의 효력을 지니지만 예수 그리스도의 피는 (죄가 없기 때문에) 전 인류의 '영원한 속죄'를 가능케 하는 능력을 갖고 있다고 말씀했습니다. 주님의 보혈은 전 인류의 죄를 사해주는 능력이 있습니다.

베드로전서 1장 18~19절에 "너희가 알거니와 너희 조상이 물려준 망령된 행실에서 구속된 것은 은이나 금같이 없어질 것으로 한 것이 아니요 오직 흠 없고 점 없는 어린 양 같은 그리스도의 보배로운 피로 한 것이니라"고 하였습니다.

모든 피가 고귀한 것이로되 짐승의 피보다는 인간의 피가, 악인의 피보다는 선인의 피가, 그 어떤 선인의 피보다는 죄 없는 예수 그리스도의 피를 '보배롭다'고 표현하고 있습니다. 그리스도의 보혈은 전 인류의 죄악을 영원히 씻어 주는 능력이 있으니 이 얼마나 감사할 일이며 찬양할 일입니까?

나는 성지순례를 할 때 '비아돌로로사(십자가의 길)'를 걸으며 주님의 십자가의 고난을 생각하며 은혜를 받았습니다.

죄에서 자유를 얻게 함은

268

우리 죄를 대속하기 위하여 자기 몸을 주셨으니
(갈 1:4)

L. E. Jones, 1899

POWER IN THE BLOOD: 10. 9. 10. 9. REF

L. E. Jones, 1899

Would you be free from your burden of sin?

회개와 용서

주님 가신 길

김영기 사/곡

라딘이 '비아돌로로사(Via dolorosa)'로 불리는 '십자가의 길', 혹은 '고통의 길'은 예수님께서 빌라도에게 심문을 받은 빌라도 법정에서 시작됩니다. 법정에서 예수님의 무덤이 있는 골고다까지를 14지점으로 나누어 '14처의 거리'로도 부릅니다.

갈라디아서 3장 13절에 보면, "그리스도께서 우리를 위하여 저주를 받은바 되사 율법의 저주에서 우리를 속량하셨으니"라고 기록되었습니다. 이 말씀은 예수님께서 우리를 죄에서 구원하시기 위해 저주를 받으셨다는 말씀입니다. 무거운 십자가를 지시고 골고다를 향해 가실 때 힘없이 쓰러지면 로마 군병들은 가시 채찍으로 무자비하게 때렸던 것입니다. 예수님은 무엇 때문에 이와 같은 가시 면류관과 쓰리고 아픈 십자가를 지셨습니까? 무한한 영광을 받으셔야 할 예수님께서 왜 인자스런 머리에 치욕스런 가시관을 쓰시고 붉은 피로 얼굴을 덮으시고 벌거벗은 몸으로 십자가에 달려 돌아가셨습니까? 다름 아닌 저와 여러분의 죄를 없애 주시기 위해 대신 저주를 받으신 것입니다. 로마 군병들은 잔인한 망치를 들고 예수님의 손과 발에 못을 박았습니다. 가죽이 터지고 살이 찢어지고 뼈가 부서져 붉은 피가 흘러 내렸습니다. 옆구리는 창에 찔리사 물과 피를 남김없이 쏟아 우리의 죄를 씻어주셨습니다.

예수님은 나를 위하여 저주를 받으셨습니다. 그리고 오늘도 나를 위하여 아픔을 참고 계십니다. 나 때문에 고난받으셨으니 생각만 해도 고마우신 분입니다. 우리 모두 신령한 눈을 떠서 갈보리 산의 고난의 십자가를 바라봅시다. 예수님이 나 위하여 대신 십자가 지셨음을 바라보고 여러분 앞에 쓰리고 고난스럽고 억울한 일이 닥쳐올지라도 예수님이 나 위해 대신 지신 십자가를 생각하고 주님의 은혜를 깊이 감사하시고 일생을 감사함으로 주께 헌신하시기 바랍니다.

주의 피로 이룬 샘물

그리스도의 보배로운 피로 된 것이니라
(벧전 1:19)

266

THE CLEANING WAVE: 9. 5. 9. 5. REF.

P. P. Knapp (1839-1908)

O, now I see the crimson wave

회개와 용서

　살인강도도, 더러운 창녀들도, 손가락질 받던 세리들도 이 피로 깨끗함을 받고 지금은 천국에서 주님을 찬양하고 있을 것이니 이 어찌 감격스러운 일이 아니겠습니까? 주님의 보혈로 씻을 수 없는 죄란 아무것도 없습니다. 아무리 큰 죄를 범했다 하더라도 주님의 보혈을 믿기만 하면 깨끗이 사함을 받을 수 있습니다.

　예수 그리스도는 인간의 죄를 사할 뿐 아니라 완전히 제거하는 능력도 가지고 있습니다. 아사셀 염소는 바로 이것을 예표하는 것입니다. 죽은 염소, 피 흘린 염소는 이스라엘 백성의 죄를 대속하고, 산 아사셀 염소는 이스라엘 백성의 죄를 제거해 줍니다. 대제사장은 염소의 피로 속죄 제사를 드린 다음 산 아사셀 염소의 머리에 손을 넣고 이스라엘 백성의 죄를 고합니다.

레위기 16장 21~22절에 보면, "아론은 두 손으로 산 염소의 머리에 안수하여 이스라엘 자손의 모든 불의와 그 범한 모든 죄를 고하고 그 죄를 염소의 머리에 두어 미리 정한 사람에게 맡겨 광야로 보낼지니 염소가 그들의 모든 불의를 지고 무인지경에 이르거든 그는 그 염소를 광야에 놓을 지니라"고 했습니다.

산 염소는 이스라엘 백성의 '모든 불의와 모든 죄'를 지고 광야로 사라져 버립니다. 산 염소는 이스라엘 백성의 '모든 불의와 죄'의 상징입니다. 그것이 사라지면 이스라엘 백성들의 모든 죄와 불의가 완전히 제거된 것을 의미하는 것입니다. 이스라엘 백성들의 눈앞에 이제 더 이상 불의와 죄가 보이지 않게 되었습니다.

염소 한 마리가 이런 능력을 가지고 있었다면 하나님의 독생자 예수님은 어떠할 것입니까? 예수님은 우리 인류의 모든 죄를 짊어지신 어린양입니다. 요한복음 1장 29절 말씀에 보면, "보라 세상 죄를 지고 가는 하나님의 어린양이로다"라고 세례요한은 증거 했습니다. '세상 죄'란 원어로 '텐 하말티언 투 코스무'라고 하는데 '죄들'이 아니고 '죄'라는 단수로 되어 있습니다. 세상의 죄 전체를 한 묶음으로 보신 것입니다. 그러면 예수님은 인류의 죄를 짊어지고 어디로 가셨습니까?

베드로전서 2장 24절에 "친히 나무에 달려 그 몸으로 우리 죄를 담당하셨으니 이는 우리로 죄에 대하여 죽고 의에 대하여 살게 하려 하심이라" 했습니다. 주님은 십자가 위에서 우리 인류를 괴롭히는 모든 죄의 증거를 완전히 도말하시고 제거하셨습니다.

골로새서 2장 14절에 "우리를 거스리고 우리를 대적하는 의문에 쓴 증거를 도말하시고 제하여 버리사 십자가에 못 박으시고"라고 했고, 히브리서 10장 17절에 "저희 죄와 저희 불법을 내가 다시 기억치 아니하리라" 하셨고, 미가서 7장 19절에서도 "다시 우리를 긍휼히 여기셔서 우리의 죄악을 발로 밟으시고 우리의 모든 죄를 깊은 바다에 던지시리이다"라 했고, 이사야서 38장 17절에 "보옵소서 내게 큰 고통을 더하신 것은 내게 평안을 주려 하심이라 주께서 나의 영혼을 사랑하사 멸망의 구덩이에서 건지셨고 나의 모든 죄는 주의 등 뒤에 던지셨나이다"라고 했으며 시편 103편 12절 말씀에 보면, "동이 서에서 먼 것 같이 우리 죄과를 우리에게서 멀리 옮기셨으며"라고 했습니다. 동쪽과 서쪽의 거리는 영원히 만날 수 없는 무한대인 것입니다.

그러므로 사도 바울은 로마서 8장 33~34절 말씀에서 "누가 능히 하나님의 택하신 자들을 송사하리요 의롭다 하신 이는 하나님이시니 누가 정죄하리요 죽으실 뿐 아니라 다시 살아나신 이는 그리스도 예수시니 그는 하나님 우편에 계신자요 우리를 위하여 간구하는 자시니라"고 말했습니다. 예수 그리스도는 우리의 죄를 완전하게 없애주셨습니다.

2. 대속죄제로 인한 축복

대속죄제가 끝난 다음 이스라엘 백성은 여러 가지 축복을 누리게 되었습니다. 예수 그리스도는 지금부터 약 2000년 전 골고다 산상에서 대속죄제를 자신의 피와 몸으로 드리셨습니다. 제사는 이미 끝났으므로 믿는 우리는 하나님이 주시는 신령한 축복을 누리게 되는 것입니다.

1) 안식년과 희년의 축복을 누립시다

이스라엘은 7년마다 한 번씩 대속죄제가 끝난 다음날부터 안식년이 시작되고, 50년마다 한 번씩 희년이 돌아옵니다. 안식년 제도는 일 년 동안 농사를 짓지 않고 땅과 짐승과 사람이 모두 휴식하며 안식을 누리는 제도입니다. 희년에는 빚진 자는 탕감해주고 종을 해방해주며 땅을 원소유주에게 돌려주는 특이한 제도입니다. 예수께서 자신의 몸으로 인류를 위해 대속죄제를 드리셨으므로 우리에게는 안식과 자유의 회복이 있게 되었습니다. 아담의 타락으로 인해 잃어버린 자유와 권리를 회복하게 된 것입니다.

하나님의 자녀로서의 영광과 권리를 회복하게 되었습니다. 주님은 나사렛 회당에서 진정한 희년이 왔음을 이렇게 선포하셨습니다.

누가복음 4장 18~19절에 "주의 성령이 내게 임하셨으니 이는 가난한 자에게 복음을 전하게 하시려고 내게 기름을 부으시고 나를 보내사 포로 된 자에게 자유를, 눈먼 자에게 다시 보게 함을 전파하며 눌린 자를 자유케 하고 주의 은혜의 해를 전파하게 하려 하심이라 하였더라"고 하셨습니다. 그리고 계속해서 주님은 이렇게 선언하셨습니다. 누가복음 4장 21절 말씀에 보면, "이 글이 오늘날 너희 귀에 응하였느니라"고

하셨습니다. 희년 제도는 예수께서 친히 이루실 완전한 영적 축복의 회복을 예표한 것임을 알 수 있습니다. 예수님은 진정한 의미인 희년을 열어 놓으셨습니다.

그래서 죄인이었던 우리가 의인이 되고, 마귀의 자식들이었던 우리가 하나님의 자녀가 되며, 지옥의 백성들이었던 우리가 천국의 백성이 된 것입니다. 우리에게 참 안식과 기쁨을 주신 주님께 감사해야 하겠습니다.

2) 지성소 출입의 축복을 누립시다

지성소는 구약시대는 일반인이 들어가면 죽임을 받던 곳이었습니다. 대제사장도 1년에 단 하루만 지성소에 들어갈 수 있었습니다. 그러나 신약시대에는 예수님께서 십자가에 못 박히실 때 휘장이 위에서부터 아래까지 찢어지면서 누구나 자유롭게 출입할 수 있는 길이 열렸습니다. 마태복음 27장 51절에 보면, "이에 성소 휘장이 위로부터 아래까지 찢어져 둘이 되고"라며 기록되어 있습니다. 휘장은 결코 약한 것이 아니었습니다. 아주 튼튼하게 만들어졌으며 손두께만큼 두꺼운 것으로 72주름이 있었고 매 주름은 24개의 실로 되어 있으며, 길이는 60척, 넓이는 30척으로 이를 만드는데 300명의 제사장이 필요했다고 합니다(이상근 박사 성서주해, 마태복음 p.394). 주님께서 십자가 위에서 못 박혀 그 몸이 찢기실 때 지성소로 들어가는 것을 가로막고 있던 그 튼튼한 휘장이 찢어진 것은 하나님께로 나아가는 대로가 활짝 열려진 것을 보여준 것입니다. 히브리서 10장 19~20절 말씀에 보면, "그러므로 형제들아 우리가 예수의 피를 힘입어 성소에 들어갈 담력을 얻었나니 그 길은 우리를 위하여 휘장 가운데로 열어 놓으신 새롭고 산길이요 휘장은 곧 저의 육체니라"고 하였습니다.

그러므로 천주교에서 주장하는 우리는 너무 부족하고 죄가 많기 때문에 감히 하나님 앞에 나아갈 수도 없고 구할 수도 없으므로 마리아나 사도들에게 빌어야 한다는 교리는 완전히 잘못된 것입니다. 우리 인간이 부족하여 하나님 앞에 감히 나갈 수 없어도 예수 그리스도의 보혈을 의지해서 우리는 하나님 앞에 당당히 나아갈 수 있고 기도드릴 수가 있는 것입니다.

에베소서 3장 12절 말씀에 보면, "우리가 그 안에서 그를 믿음으로 말미암아 담대함과 하나님께 당당히 나아감을 얻느니라"고 하였습니다. 우리는 이 세상에 사는 동안 부지런히 하나님의 보좌 앞에 나아가 예배드리고 기도드리며 찬양하고 봉사하는 복을 마음껏 누려야 할 것입니다.

3. 지성소의 기구들

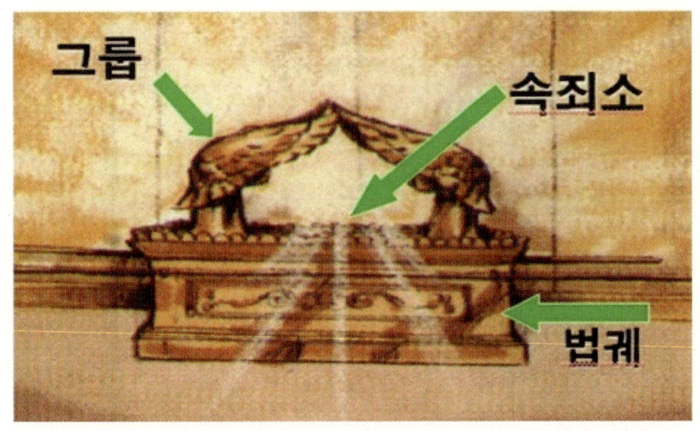

1) 속죄소

출애굽기 25장 17~18절에 "정금으로 속죄소를 만들되 장이 이 규빗 반(110㎝), 광이 일 규빗 반(70㎝)이 되게 하고 금으로 그룹 둘을 속죄소 두 끝에 쳐서 만들되"라고 기록되어 있습니다. 속죄소는 법궤 위에 다 금으로 만들었습니다. 속죄소 양편에는 금으로 만든 두 그룹이 마주보며 속죄소를 내려다보는 모습으로 서 있습니다. 속죄소는 대제사장이 일 년에 한 번 제물의 피를 뿌려 대제사장 자신의 죄와 이스라엘 백성 전체의 죄를 속하는 곳입니다.

속죄소란 말은 '카포레드'라고 합니다. '덮는다'는 뜻으로 속죄소를 덮은 제물의 피는 온 이스라엘 백성의 죄를 '덮어준다'는 뜻이었습니다. 창세기 3장 7절 말씀에 보면, 인류의 시조 아담 하와가 선악과를 따먹고 범죄함으로 눈이 밝아져 부끄러움을 보게 되었을 때 무화과 잎으로 부끄러운 곳을 가리게 되었습니다. 그러나 그것은 일시적인 것일 뿐 근본적인 해결책이 될 수 없었습니다.

그래서 창세기 3장 21절에 보면, 하나님께서는 아담 하와에게 가죽옷을 만들어 입혀 주셨습니다. 그러므로 인간 스스로의 어떤 선행이나 의로움으로도 사신의 부끄러움을 완전히 가릴 수가 없습니다. 그래서 이사야 59장 6절에 보면, "그 짠 것으로는 옷을 이룰 수 없을 것이요 그 행위로는 자기를 가리울 수 없을 것이며"라고 말씀했습니다. 자기 자신의 의로움으로 하나님 앞에 서려는 인생처럼 어리석은 인생은 없을 것입니다. 하나님 앞에 서려면 자의의 옷인 무화과 잎으로 만든 옷을 버리고 하나님께서 주시는 가죽옷을 입는 수밖에 없습니다. 대제사장이 지성소에 들어가서 속죄소 위에 뿌린 짐승의 피가 이스라엘 백성의 모든 죄와 불의를 덮어 주듯이 골고다 산상에서 흘리신 예수 그리스도의 피는 우리의 모든 죄와 불의를 덮어주는 것입니다.

이것은 하나님께서 인간에게 내려주신 가장 큰 복인 것입니다. 그래서 시편 32편 1절에 "허물의 사함을 얻고 그 죄의 가리움을 받은 자는 복이 있도다"라고 했습니다. 아담과 하와를 위하여 짐승이 피를 흘리고 죽음으로 가죽옷이 만들어졌습니다. 마찬가지로 인간이 의의 옷을 입기 위해서는 죄 없는 하나님의 아들 예수 그리스도께서 피 흘려 죽어야 했습니다. 속죄소를 통해서 이스라엘 백성의 죄를 사해 주실 뿐만 아니라 하나님께서 이스라엘 백성들에게 신령한 말씀을 주시는 곳이기도 했습니다.

출애굽기 25장 22절 말씀에 보면, "거기서 내가 너와 만나고 속죄소 위 곧 증거궤 위에 있는 두 그룹 사이에서 내가 이스라엘 자손을 위하여 네게 명할 모든 일을 네게 이르리라"고 했습니다. 하나님의 율법 위에서는 이스라엘 백성과 사귐을 가지실 수가 없었습니다. 왜냐하면 율법의 기능은 인간의 죄를 밝혀내기 때문입니다. 그래서 밝혀진 죄에 대하여 "죗값은 사망이니라"는 선고가 내려졌기 때문입니다. 그러므로 하나님과 인간 사이의 죄가 없어져야 하는데 죄를 없애는 길은 죗값을 갚는 길밖에 없습니다. 그래서 죗값은 사망이고 사망을 갚기 위해서는 생명을 주어야 한다는 공식입니다.

이 사실을 레위기 17장 11절 말씀에 "육체의 생명은 피에 있음이라 내가 이 피를 너희에게 주어 단에 뿌려 너희의 생명을 위하여 속하게 하였나니 생명이 피에 있으므로 피가 죄를 속하느니라" 하셨습니다. 그러므로 어린양 예수 그리스도께서 피 흘려 죽으심은 인간과 하나님 사이를 가로막는 넘을 수 없는 높은 담을 허는 효력이 있었습니다.

에베소서 2장 14절 말씀에 보면, "그는 우리의 화평이신지라 둘로 하나를 만드사 중간에 막힌 담을 허시고"라고 했습니다. 구약의 어린양이 피 흘림으로 이스라엘이 하나님께로 나가는 길이 열렸고, 신약의 어린양 되신 예수님이 피 흘려 죽으심으로 온 인류가 하나님께로 나가는 길이 열린 것입니다.

요한복음 14장 6절 말씀에 보면, "예수께서 가라사대 내가 곧 길이요 진리요 생명이니 나로 말미암지 않고는 아버지께로 올 자가 없느니라"고 했습니다. '나로 말미암지 않고는 아버지께로 올 자가 없다'고 예수께서 단언하셨습니다. 죄인 된 인간들에게 지성소는 무섭고 두렵고 떨리는 곳이었습니다. 죽음의 그림자가 어른거리는 두려운 곳이었습니다. 그러나 그곳에 짐승의 피가 뿌려짐으로 사죄를 통한 감격과 감사 그리고 은혜의 장소로 변화될 수 있었습니다. 그러므로 이 속죄소를 '하나님의 은혜와 자비를 베푸시는 시은소'라고 부르는 것입니다. 하나님은 예수 그리스도의 피를 통해서 우리 인류에게 죽음이 아니라 생명을, 저주가 아니라 축복을, 심판이 아니라 은혜를, 정죄가 아니라 칭의를, 지옥이 아니라 천국을 주신 것을 믿으시기 바랍니다.

2) 두 그룹

출애굽기 25장 18~20절 말씀에 보면, "금으로 그룹 둘을 속죄소 두 끝에 쳐서 만들되 한 그룹은 이 끝에, 한 그룹은 저 끝에 곧 속죄소 두 끝에 속죄소와 한 덩이로 연하게 할지며 그룹들은 그 날개를 높이 펴서 그 날개로 속죄소를 덮으며 그 얼굴을 서로 대하여 속죄소를 향하게 하고"라며 기록되어 있습니다.

왜 그룹들이 속죄소 안에 있었겠습니까?

(1) 지성소를 경비하는 직무를 맡았습니다.

창세기 3장 24절 말씀에 보면, 옛날 에덴동산에서 아담과 하와가 선악과를 따 먹고 범죄했을 때 그들을 에덴동산에서 쫓아낸 후 그룹들을 두어 생명나무를 지키게 했던 것입니다.

지성소는 성막 중에 가장 거룩한 곳으로 하나님의 처소라고 생각합니다. 그러므로 그룹의 직무는 하나님의 보좌를 지키는 것으로 생각되는 것입니다. 만일 대제사장 외에 다른 사람이 지성소에 들어간다면 그는 즉시 죽임을 당했던 것입니다. 또 대제사장이라 하더라도 제물의 피를 가지고 들어가지 않으면 역시 죽임을 당하게 됩니다. 그룹의 능력은 너무나 크기 때문에 인간의 힘과는 비교할 수가 없습니다.

열왕기하 19장 35절 말씀에 보면, "이 밤에 여호와의 사자가 나와서 앗수르 진에서 군사 십팔만 오천을 친지라 아침에 일찍이 일어나 보니 다 송상이 되었더라"고 한 것처럼 히스기야왕 때 앗수르 군대 18만 5천 명을 몰살시켰던 것입니다.

(2) 구속의 은총을 찬송하는 직무를 맡았습니다.

이 그룹 천사들은 항상 속죄소 위에 있는 피를 내려다보며 사죄의 은총을 노래했습니다. 피는 생명이라고 했습니다. 레위기 17장 11절, "육체의 생명은 피에 있음이라 내가 이 피를 너희에게 주어 단에 뿌려 너희의 생명을 위하여 속하게 하였나니 생명이 피에 있으므로 피가 죄를 속하느니라”. 그러므로 히브리서 9장 22절 말씀에 보면, “율법을 좇아 거의 모든 물건이 피로써 정결케 되나니 피 흘림이 없은즉 사함이 없느니라”고 했습니다.

“피 흘림이 없은즉 사함이 없느니라” 하심은 죄 사함의 조건이 피 흘림이요, 그 피 흘림은 곧 예수 그리스도께서 인류의 죄를 대신하여 죽으실 것을 의미하는 것입니다. 속죄소 위에 뿌려진 피는 바로 하나님의 독생자 예수께서 흘리신 보혈을 예표하는 것입니다. 그러므로 천사들은 주님의 보혈을 내려다보면서 찬양하며 영광 돌리는 것입니다.

요한계시록 4~5장에는 천상예배 광경이 기록되어 있습니다. 찬송의 주제는 ‘죽임을 당하신 어린양’이었습니다.

요한계시록 5장 11~12절 말씀에 보면, “내가 또 보고 들으매 보좌와 생물들과 장로들을 둘러선 많은 천사의 음성이 있으니 그 수가 만만이요 천천이라 큰 음성으로 가로되 죽임을 당하신 어린 양이 능력과 부와 지혜와 힘과 존귀와 영광과 찬송을 받으시기에 합당하도다 하더라”라고 구원받은 성도들의 천사들과 영물들이 구속의 주님을 찬양하는 대합창의 모습이 기록되어져 있습니다.

(3) 하나님의 가족을 섬기는 직무를 맡았습니다.

히브리서 1장 14절 말씀에 보면, “모든 천사들은 부리는 영으로서 구원 얻을 후사들을 위하여 섬기라고 보내심이 아니뇨”라고 했습니다. 천사들은 ‘부리는 영’, 즉 ‘봉사하는 영들’이라고 하셨습니다. 천군 천사들은 구원받은 성도들을 한없이 부러워하는 것입니다. 저들은 하나님을 섬길 뿐 아니라 구원받은 성도들을 섬기는 것이 사명이기 때문입니다. 우리를 사람으로 창조하시고 예수님의 보혈로 구속하시며 물과 성령으로 거듭나게 하사 하나님의 자녀를 삼으신 하나님 아버지께 영원토록 찬양과 감사와 영광을 돌리시기를 주의 이름으로 축원합니다.

3) 언약궤

출애굽기 25장 10~21절 말씀에 보면, “그들은 조각목으로 궤를 짓되 장이 이 규빗 반, 광이 일 규빗 반, 고가 일 규빗 반이 되게 하고 … 속죄소를 궤 위에 얹고 내가 네게 줄 증거판을 궤 속에 넣으라”라고 기록되었습니다. 히브리서 9장 3~4절 말씀에 보면, “또 둘째 휘장 뒤에 있는 장막을 지성소라 일컫나니 금향로와 사면을 금으로 싼 언약궤가 있고 그 안에 만나를 담은 금항아리와 아론의 싹 난 지팡이와 언약의 비석 들이 있고”라고 기록되어 있습니다. 언약궤는 가로 110㎝, 세로 70㎝, 높이 70㎝의 크 기로 만들어졌습니다. 재료는 조각목으로 만들었고 안과 밖을 모두 정금으로 쌓았습 니다. 그리고 위쪽 가장자리로는 돌아가며 금테를 두르고 금고리 넷을 만들어 채를 끼워 고정해 놓고 사용하게 했습니다. 그리고 언약궤를 옮길 때 사용하는 채를 조각 목으로 만들고 역시 금으로 싸서 만들었습니다.

그리고 언약궤 위에 속죄소를 만들고 양쪽 끝에 금으로 두 그룹을 만들어 그 날개 로 속죄소를 덮게 만들었습니다.

(1) 언약궤의 10가지 특성

① 최고의 특성

법궤는 많은 성물 중에 최고로 중요한 성물이었습니다. 많은 성물 중에 안팎이 모 두 금으로 되어 있는 것은 오직 법궤밖에 없습니다. 또한 그 안에 들어 있는 십계명, 만나 항아리, 아론의 싹 난 지팡이 이 세 가지는 최고의 귀중한 것들입니다. 또한 법 궤 위의 속죄소는 성막의 최종 은혜의 장소였습니다. 법궤는 모두가 최고의 귀한 것 들로 이루어졌습니다.

② 하나님 임재의 특성

법궤는 하나님께서 이스라엘 백성들에게 나타나실 때의 장소였습니다. 민수기 9장 15~16절 말씀에 보면, “성막을 세운 날에 구름이 성막 곧 증거막을 덮었고 저녁이 되 면 성막 위에 불 모양 같은 것이 나타나서 아침까지 이르렀으되 항상 그러하여 낮에 는 구름이 그것을 덮었고 밤이면 불 모양이 있었는데”라고 했습니다. 낮에는 구름기 둥이, 밤에는 불기둥이 법궤 위에 머물러 있었습니다.

③ 하나님 만남의 특성

출애굽기 25장 21~22절 말씀에 보면, “속죄소를 궤 위에 얹고 내가 네게 줄 증거판 을 궤 속에 넣으라 거기서 내가 너와 만나고 속죄소 위 곧 증거궤 위에 있는 두 그룹 사이에서 내가 이스라엘 자손을 위하여 네게 명할 모든 일을 네게 이르리라”고 했습니다. 하나님께서 사람을 만나실 때에는 반드시 '법궤 거기서' 만나 주셨습니다. 우리도 하나님을 만나려면 법궤까지 가는 과정을 모두 거쳐야 하는 것입니다.

④ 계시의 특성

법궤는 하나님께서 백성들에게 말씀을 주시던 장소입니다. 출애굽기 25장 22절 말씀에 보면, "거기서 내가 너와 만나고 속죄소 위 곧 증거궤 위에 있는 두 그룹 사이에서 내가 이스라엘 자손을 위하여 네게 명할 모든 일을 네게 이르리라"고 했습니다. 모세는 계시를 받을 때 법궤에서 받았고 하나님께 물을 것이 있을 때는 법궤를 찾았습니다. 그러나 지금은 그럴 필요가 없습니다. 전에는 대제사장만 1년에 1번 들어갈 수가 있었습니다(히 9:7, 히 10:10~14). 그러나 법궤를 가리고 있는 성소와 지성소 사이의 휘장이 예수께서 십자가에서 못 박히실 때 찢어져 버렸습니다. 이제는 누구나 은혜의 보좌 앞자리에 담대히 나가 계시를 받을 수 있게 되었습니다.

⑤ 맨 앞에 서는 특성

법궤는 제일 앞에 서는 특성이 있습니다.

출애굽한 이스라엘 백성들이 광야에서 행진할 때에 고핫 자손이 법궤를 메고 맨 앞에 서서 행진하였습니다. 민수기 4장 15절 말씀에 보면, "행진할 때에 아론과 그 아들들이 성소와 성소의 모든 기구 덮기를 필하거든 고핫 자손이 와서 멜 것이니라 그러나 성물은 만지지 말지니 죽을까 하노라"고 했습니다.

그리고 이스라엘 12지파가 그 뒤를 이어 하나님께서 명하신 순서에 따라서(민 10:11~) 행진하였습니다. 요단강을 건널 때에도 법궤가 맨 앞에 서서 진행하자, 요단강이 갈라졌습니다(수 3:1~17). 여리고성을 무너뜨릴 때에도 법궤가 맨 앞에 서서 돌았습니다(수 6:6~7). 제단을 앞세우고 살아갈 때 형통한 축복을 받게 됩니다.

그 대표적인 예가 이삭입니다. 창세기 26장 25절에 보면, 이삭의 삶은 제단을 쌓고, 장막을 치고, 우물을 팠더라 했습니다. 첫 번째로 "제단을 쌓고"란 말은 하나님 제일주의, 제단중심주의로 살았다는 뜻입니다. 그러므로 이삭은 가는 곳마다 형통했습니다. 12절에 백 배나 축복받아 재벌이 되고 28절에 위상이 높아져 왕과 같이 되었고, 우물을 파면 언제나 물이 솟아나오듯이 무엇이나 형통했습니다. 예수님도 마태복음 6장 33절에서 "너희는 먼저 그의 나라와 그의 의를 구하라 그리하면 이 모든 것을 너희에게 더하시리라"고 했습니다.

⑥ 기적의 특성

법궤가 머무는 곳에는 언제나 기적이 나타났습니다. 하나님께서 함께 하시기 때문입니다. 법궤를 앞세웠더니 요단강이 갈라지는 기적이 일어났습니다. 여리고 성이 무너진 기적이 일어났습니다. 그리고 법궤가 가는 곳에 대적이 물러갔고, 법궤가 머무르는 곳에 하나님의 축복이 있었습니다. 법궤에는 늘 기적이 따랐습니다.

⑦ 성결한 특성

사무엘하 6장 1~11절과 역대상 13장 1~14절에 보면, 웃사가 법궤 때문에 즉사한 이야기가 기록되어 있습니다. 다윗은 왕이 된 후 제일 먼저 법궤를 찾아오는 일을 시작했습니다. 다윗은 법궤를 모셔 올 수레를 만들었습니다. 법궤 운반 요원 3만 명을 모집했습니다. 수금과 비파와 소고와 양금과 제금으로 하나님을 찬양하는 악단을 만들었습니다. 법궤를 새 수레에 싣고 20년간 법궤를 지키던 아비나답의 아들 웃사와 아히오가 법궤를 실은 소를 몰았습니다. 법궤가 나곤의 타작마당에 이르렀을 때 소들이 뛰기 시작하였습니다. 웃사는 반사적으로 법궤가 수레에서 떨어지지 않도록 잡았습니다. 그 순간 하나님이 웃사를 치시어 웃사는 즉사하고 말았습니다. 다윗은 '법궤 찾기 운동'에는 성공하였으나 '법궤 운반 작전'에는 실패하였습니다. 웃사는 잘 하느라고 했는데 왜 저주를 받았겠습니까? 법궤의 성결한 특성을 몰랐기 때문입니다. 법궤를 운반하는 법을 몰랐기 때문입니다. 법궤는 너무나 거룩하기에 아무렇게나 날라서는 안 됩니다.

민수기 4장 4~6절 이하의 말씀에 보면, "고핫 자손이 회막 안 지성물에 대하여 할 일은 이러하니라. 행진할 때에 아론과 그 아들들이 들어가서 칸 막는 장을 걷어 증거궤를 덮고 그 위에 해달의 가죽으로 덮고 그 위에 순청색 보자기를 덮은 후에 그 채를 꿰고"라고 기록되어 있습니다.

ㄱ. 법궤는 너무 거룩하기 때문에 제사장이 직접 어깨에 메고 날라야 합니다.

ㄴ. 법궤는 너무 거룩하기 때문에 위의 말씀처럼 3번 덮고 날라야 합니다.

ㄷ. 법궤는 너무 거룩하기 때문에 아무나 함부로 만져서는 안 됩니다.

민수기 4장 15절 말씀에 보면, "… 고핫 자손이 와서 멜 것이니라. 그러나 성물은 만지지 말지니 죽을까 하노라"고 했습니다. 그런데 웃사는 만질 자격도 없는데 함부로 만졌습니다. 하나님 말씀에 대한 불순종이요, 법궤 운반에 대한 무지였습니다. 웃사는 법궤의 거룩성을 알지 못하고 무조건적으로 충성하였기 때문에 즉사하였습니다.

그래서 호세아 선지자는 호세아서 4장 6절 말씀에서 "내 백성이 지식이 없으므로 망하는 도다"라고 말했습니다.

⑧ 피의 특성

히브리서 9장 7절 말씀에 보면, "오직 둘째 장막은 대제사장이 홀로 일 년 일차씩 들어가되 피 없이는 아니하나니 이 피는 자기와 백성의 허물을 위하여 드리는 것이라"고 했습니다. 대제사장도 1년에 한 번 피를 가지고 들어갔습니다. 왜냐하면 히브리서 9장 22절 말씀에 보면, 피 흘림이 없이는 죄 사함이 없기 때문입니다. 창세기 3장 21절에 보면, 아담과 하와도 범죄 후 가죽옷, 즉 짐승 피가 묻었던 옷을 입히시며 만나 주셨습니다. 창세기 4장 4절에 보면, 아벨도 피의 제사에서 하나님이 만나주셨습니다. 레위기 16장 1~10절에 보면, 성막에서는 희생양을 통하여 하나님께서 만나 주셨습니다. 지금은 예수 그리스도의 피 공로로 하나님을 만나게 됩니다.

레위기 16장 14~17절 말씀에 보면, "그는 또 수송아지의 피를 위하여 손가락으로 속죄소 동편에 뿌리고 또 손가락으로 그 피를 속죄소 앞에 일곱 번 뿌릴 것이며 또 백성을 위한 속죄제 염소를 잡아 그 피를 가지고 장 안에 들어가서 그 수송아지 피로 행함같이 그 피로 행하여 속죄소 위와 속죄소 앞에 뿌릴지니 곧 이스라엘 자손의 부정과 그 범한 모든 죄를 인하여 지성소를 위하여 속죄하고 또 그들의 부정한 중에 있는 회막을 위하여 그같이 할 것이요 그가 지성소에 속죄하러 들어가서 자기와 그 권속과 이스라엘 온 회중을 위하여 속죄하고 나오기까지는 누구든지 회막에 있지 못할 것이며"라고 했습니다. 이같이 지성소에 있는 법궤 위 속죄소와 그 주변은 모두 붉은 피가 묻어져 있습니다. 웃사가 떨어지는 법궤를 좋은 의미에서 붙잡았다 하더라도 즉사한 것은 피 없이 했기 때문입니다. 오늘날 우리가 드리는 기도도, 헌금도, 찬송도… 예수님의 피를 근본으로 할 때 하나님께서 받으시는 것입니다.

⑨ 거리의 특성

이스라엘 진영에 하나님의 진노가 임하는 것에 대하여 민수기 11장 1~3절에 보면, "여호와의 들으시기에 백성이 악한 말로 원망하매 여호와께서 들으시고 진노하사 여호와의 불로 그들 중에 붙어서 진 끝을 사르게 하시매 백성이 모세에게 부르짖으므로 모세가 여호와께 기도하니 불이 꺼졌더라. 그곳 이름은 다베라라 칭하였으니 이는 여호와의 불이 그들 중에 붙은 연고였더라"고 했습니다. 하나님의 진노는 법궤의 먼 끝에서부터 일어났습니다. 이것은 우리들이 제단을 멀리 하면 하나님의 진노를 먼저 받고 가까이 하면 축복을 먼저 받는다는 진리를 가르쳐준 말씀입니다.

⑩ 축복의 특성

법궤 속에는 아론의 싹 난 지팡이, 만나 항아리, 십계명이 들어 있습니다. 이는 하나님께서 제단을 통해서 주시는 축복을 상징한 것입니다. 육신을 위한 축복으로 만나를 주시고 영을 위해서는 말씀의 축복을 주시며, 싹 난 지팡이는 부활의 새 생명을 주시고 십계명은 복된 삶의 길을 인도해주실 것을 약속한 것입니다.

(2) 언약궤 안에 있는 성물이 주는 교훈

① 십계명을 새긴 돌비

하나님께서 모세에게 열 가지 계명을 시내 산에서 친히 돌비에 기록하여 주셨습니다. 그 내용을 구분해 보면 크게 두 가지입니다.

첫째는, 첫째 계명에서 넷째 계명까지로 사람과 하나님과의 관계를 말한 것인데 사람은 오직 하나님만을 사랑하라는 내용이요, 둘째는, 다섯째 계명에서 열째 계명인데 사람과 사람과의 관계를 말씀한 것으로 이웃을 사랑하라는 내용입니다. 그러므로 예수님께서 마태복음 22장 36~40절에서 "선생님이여 율법 중에 어느 계명이 크니이까 예수께서 가라사대 네 마음을 다하고 목숨을 다하고 뜻을 다하여 주 너의 하나님을 사랑하라 하셨으니 이것이 크고 첫째 되는 계명이요 둘째는 그와 같으니 네 이웃을 네 몸과 같이 사랑하라 하셨으니 이 두 계명이 온 율법과 선지자의 강령이니라"고 하셨습니다. 이 계명은 하나님과 인간, 그리고 인간과 인간의 관계로 수직과 수평의 관계로 이 계명을 모아 놓으면 십자가형이 됩니다. 그러므로 10계명의 완성은 십자가에서 이루어진다는 진리인 것입니다. 그래서 마태복음 5장 17절에 "내가 율법이나 선지자나 폐하러 온 줄로 생각지 말라 폐하러 온 것이 아니요 완전케 하려 함이로라"고 하셨습니다. 그러므로 구원받은 성도는 구원받기 위해서 십계명을 지키는 것이 아니고 구원받았기 때문에 십계명 정신을 따라 살아가야 하는 것입니다.

십계명은 다음과 같습니다.

▶ 제1계명 "내 앞에 다른 신을 네게 두지 말라"

출애굽기 20장 3절에 "너는 나 외에는 다른 신들을 네게 있게 말지니라"고 말씀했습니다. 그래서 우리의 신앙의 대상은 오직 유일신(唯一神) 하나님이십니다. "나 외에는"의 뜻은 "너의 면전에서는"이란 뜻이 있습니다. "다른 신"의 뜻은 "허망한 신"이란 뜻이 있습니다. 제1계명이 말하는 뜻은 우리의 삶에 있어서 하나님을 제1위에 놓지 않는 모든 것은 "다른 신"이란 의미입니다.

신구약성경 66권의 내용은 하나님은 오직 한 분이시라고 말하고 있습니다. 그러나 이단자들은 선한 신이 있고 악한 신이 있다고 이원론을 주장하고 있습니다.

디모데전서 2장 6절 말씀에 보면, "하나님은 한 분이시오 또 하나님과 사람 사이에 중보도 한 분이시니 곧 사람이신 그리스도 예수라"했고 고린도전서 8장 4~6절에는 "그러므로 우상의 제물 먹는 일에 대하여는 우리가 우상은 세상에 아무것도 아니며 또한 하나님은 한 분밖에 없는 줄 아노라. 비록 하늘에나 땅에나 신이라 칭하는 자가 있어 많은 신과 많은 주가 있으나 그러나 우리에게는 한 하나님 곧 아버지가 계시니 만물이 그에게서 났고 우리도 그를 인하여 있고 또한 한 주 예수그리스도께서 계시니 만물이 그로 말미암고 우리도 그로 말미암았느니라"라고 말씀했습니다.

그러면 악신이라는 사탄의 정체는 무엇입니까? 정통 보수 신학적 해석은 사탄은 신이 아니고 타락한 천사장이라는 것입니다. 천사들은 하나님 나라에서 맡은 직책과 지위가 각각 달랐습니다.

유다서 1장 6절에 보면, "또 자기 지위를 지키지 아니하고 자기 처소를 떠난 천사들을 큰 날의 심판까지 영원한 결박으로 흑암에 가두셨으며"라고 했습니다.

또한 이사야서 14장 12~15절에는 그때의 상황을 좀 더 상세하게 말씀하고 있습니다. "너 아침의 아들 계명성이여 어찌 그리 하늘에서 떨어졌으며 너 열국을 엎은 자여 어찌 그리 땅에 찍혔는고 네가 네 마음에 이르기를 내가 하늘에 올라 하나님의 뭇별 위에 나의 보좌를 높이리라 내가 북극 집회의 산 위에 좌정하리라 가장 높은 구름에 올라 지극히 높은 자와 비기리라 하도다 그러나 이제 네가 음부 곧 구덩이의 맨 밑에 빠치우리로다"라고 했습니다. 이 말씀을 통해서 보면, 천사장이 언제 하나님을 반역 했는지는 알 수 없지만 분명한 것은 "내가 하늘에 올라 나의 보좌를 높이리라 가장 높은 구름에 올라 지극히 높은 자와 비기리라" 하면서 자기의 직책과 지위를 벗어나 하나님께 도전했던 것을 알 수 있습니다. 그 결과로 하나님을 반역한 천사장은 영원 히 천국에서 쫓겨나고 말았던 것입니다.

또 에스겔 28장 12~17절에도 "인자야 두로왕을 위하여 애가를 지어 그에게 이르기 를 주 여호와의 말씀에 너는 완전한 인(印)이었고 지혜가 충족하며 온전히 아름다웠도 다. 네가 옛적에 하나님의 동산 에덴에 있어서 … 너는 기름 부음을 받은 덮는 그룹임 이여 내가 너를 세우매 네가 하나님의 성산에 있어서 화광석 사이에 왕래하였었도다. 네가 지음을 받던 날로부터 네 모든 길에 완전하더니 마침내 불의가 드러났도다. 네 무역이 풍성하므로 네 가운데 강포가 가득하여 네가 범죄하였도다 너 덮는 그룹아 그 러므로 내가 너를 더럽게 여겨 하나님의 산에서 쫓아내었고 화광석 사이에서 멸하였 도다. 네가 아름다우므로 마음이 교만하였으며 네가 영화로우므로 네 지혜를 더럽혔 음이여 내가 너를 땅에 던져 열 왕 앞에 두어 그들의 구경거리가 되게 하였도다"라고 했습니다.

천사장은 무수한 천군 천사를 지휘 감독하는 특별한 직책을 가졌으므로 하나님은 그로 하여금 '지혜가 충족하며 아름답게'하셨고, 그 직위에 어울리는 권능을 주셨는 데 처음에는 직책에 충실하여 '모든 길에 완전했다'고 했습니다. 그러나 어느 날 그의 마음이 교만해져서 반역을 일으켰던 것입니다. 그러므로 하나님은 그를 음부에 버리 셨습니다. 하나님은 한 분뿐이십니다. 사탄은 자신을 신으로 가장하고 있지만 그는 자기 직위를 이탈한 타락한 천사장에 불과한 존재일 뿐입니다. 그러나 고린도후서 11 장 14~15절에 "자기를 광명의 천사로 가장하나니 그러므로 사탄의 일꾼들도 자기를 의의 일꾼으로 가장 한다"고 했습니다. 우리 믿는 성도들은 믿음의 대상을 바르게 아 는 바른 신앙에 굳게 서야 하는 것입니다.

▶ 제2계명 "너를 위하여 우상을 만들지 말라"

출애굽기 20장 4절 말씀에 "너를 위하여 새긴 우상을 만들지 말고"라고 했습니다. '새긴'이란 말은 나무나 돌에 새긴 것을 뜻하는 것입니다. 사람들은 하나님을 볼 수 없기 때문에 우상이라도 만들어서 세워 놓고 경배하려고 하는 것입니다. 그러나 하나님은 어떤 우상도 만들지 말고 그 우상에게 절하여 섬기지 말라고 엄금하셨습니다.

요한복음 4장 24절 말씀에 보면, 하나님은 영이신 고로 눈에 보이는 어떤 형상으로 나타낼 수 없다고 말씀하셨습니다. 신명기 4장 15절 말씀에서도 "여호와께서 호렙산 화염 중에서 너희에게 말씀하시던 날에 너희가 아무 형상도 보지 못하였은즉 너희는 깊이 삼가라"고 했습니다.

디모데전서 6장 16절 말씀에 보면, "오직 그에게만 죽지 아니함이 있고 가까이 가지 못할 빛에 거하시고 아무 사람도 보지 못하였고 또 볼 수 없는 자시니 그에게 존귀와 영원한 능력을 돌릴지어다. 아멘"이라 했습니다. 이스라엘 백성들은 애굽에 내린 10가지 재앙을 보았으며 홍해가 갈라지고 반석에서 생수가 쏟아지며 하늘에서 양식이 비같이 내려오는 기적을 목격하고 체험한 민족입니다. 그럼에도 불구하고 출애굽기 32장을 보면, 모세가 십계명을 받기 위하여 시내 산에 올라가 기도하는 동안 산 아래에서 황금으로 송아지 우상을 만들어 세우고 제사를 지내며 그 앞에서 노래하고 춤을 추었습니다.

이것은 인간이 얼마나 우상을 만들기 좋아하고 그것을 섬기기 좋아하는지를 알 수 있는 단적인 증거가 된다고 할 수 있겠습니다.

우리나라가 국민소득이 높아감에 따라 우상문화가 머리를 들고 일어나고 있습니다. 오래전 TV보도에 무속인들의 수가 80만 명이나 된다고 발표했습니다. 그리고 어느 정당에서는 그들을 부추겨 경신회까지 조직하게 했습니다. 기독교 성직자의 수 5만에 비하여 엄청난 비례의 숫자입니다. 우리 기독교인들은 특별한 관심을 가지고 우상문화 속에 휩쓸려 지옥으로 밀려가는 우리의 형제들을 구원하기 위해 열심히 노력할 뿐만 아니라 망국병인 우상문화 타파를 위해 기도하고 노력해야 하겠습니다.

▶ 제3계명 "너의 하나님 여호와의 이름을 망령되이 일컫지 말라"

사람들도 자기 아버지의 존함을 함부로 부르면 대단히 불쾌하게 생각합니다. 하물며 하나님의 이름을 함부로 부르면 되겠습니까? "망령되이 일컫지 말라"는 뜻은 "허

탄한 일에 적용하지 말라”라는 뜻입니다. 하나님보다 자기의 유익을 위해 하나님의
이름을 이용하는 것이 망령되이 부르는 것입니다.

레위기 24장 10~23절에 보면, 슬로밋이라는 이스라엘 여인과 애굽인 남자 사이에
출생한 아들이 여호와 하나님의 이름을 훼방하며 저주한 일이 있습니다. 이 일을 어
떻게 처리하는 것이 좋을지 알 수 없어 그 청년을 가둔 다음 하나님의 명령을 기다렸
는데, 여호와 하나님의 이름을 저주하며 훼방하는 말을 들은 사람 전원이 그 청년을
진 밖으로 끌어내어 안수한 다음 돌로 쳐 죽이라고 하셨습니다. 이스라엘 백성은 하
나님의 말씀대로 그 청년을 돌로 쳐 죽였습니다. 주님은 제자들에게 기도를 가르쳐
주실 때 마태복음 6장 9절 말씀에 보면, ‘하늘에 계신 우리 아버지여 이름이 거룩히
여김을 받으시오며”라고 했습니다. 무엇보다도 제일 먼저 하나님의 이름이 거룩되게
하시기를 기도해야 한다고 가르치셨습니다. 또 예수님께서는 누가복음 12장 5절 말씀
에서 “마땅히 두려워할 자를 내가 너희에게 보이리니 곧 죽인 후에 또한 지옥에 던져
넣는 권세 있는 그를 두려워하라 내가 참으로 너희에게 이르노니 그를 두려워하라”고
말씀하셨습니다. 시편 기자는 96편 8절에서 “여호와의 이름에 합당한 영광을 그에게
돌릴지어다. 예물을 가지고 그 궁정에 들어갈지어다”라고 했습니다. 우리는 존귀하신
여호와 하나님 아버지의 성호를 부를 때마다 과연 여호와 하나님이 어떤 분이신지를
생각하며 그 이름에 합당한 존귀와 영광을 돌려 드려야 할 것입니다.

▶ 제4계명 “안식일을 기억하여 그날을 거룩하게 하라”

창세기 2장 2~3절 말씀에 보면, “하나님의 지으시던 일이 일곱째 날에 이를 때에
마치니 그 지으시던 일이 다하므로 일곱째 날에 안식하시니라 하나님이 일곱째 날을
복 주사 거룩하게 하셨으니 이는 하나님이 그 창조하시며 만드시던 모든 일을 마치시
고 이날에 안식하셨음이더라”고 했습니다. 안식일 제도는 하나님께서 천지와 만물을
6일 동안 창조하시고 7일 되는 날 안식하는 것을 기념하여 우리 인간도 쉬도록 제정
하신 제도입니다. 하나님은 이 날을 복되게 하시고 거룩하게 하셨습니다.

이 계명을 지킴으로
ㄱ. 하나님이 모든 만물의 주인이심을 확고히 인식케 되며
ㄴ. 하나님의 재창조 사역인 인류구원의 은혜를 세세토록 찬양케 하며

ㄷ. 천국에서 누릴 안식을 제한적으로 맛보며 완전한 안식을 기다리게 됩니다.

모세 시대에 이르기까지는 명문화된 규정이 없었지만 하나님께서 모세를 통해서 주신 십계명 중 제4계명으로 안식일을 법제화하셨습니다. 안식일에는 아무 일도 할 수 없었습니다. 사람은 물론이고 가축까지도 쉬도록 명령하셨습니다. 민수기 15장 32~36절에 보면, 어떤 사람이 안식일에 나무를 하다가 발각되었습니다. 처음 있는 일이어서 어떻게 처리해야 할지 몰라서 우선 그 사람을 가두어 두었는데 하나님은 명령하시기를 온 회중이 그를 진 밖으로 끌어내고 돌로 쳐 죽이라고 하셨습니다. 이 사건을 통해서 안식일을 거룩히 지키는 것이 얼마나 중요한가를 배워야 하겠습니다. 이와 같이 안식일을 거룩하게 지키라고 하셨는데 구약의 안식일은 신약의 예수 그리스도를 모형한 것이었습니다. 그러므로 구약에서는 안식일, 즉 토요일을 지켰는데 신약에서는 주님이 부활하신 날인 주일날을 안식일로 거룩하게 지키게 되었습니다.

사도행전 20장 7절을 보면, 안식일 대신 주일에 예배를 드리기 위하여 모이기 시작한 것을 볼 수 있습니다. "안식 후 첫날에 우리가 떡을 떼려 하여 모였더니"라고 기록되어 있는 것입니다. 안식 후 첫날이 바로 주일입니다. 예수님께서 부활하신 날인 안식 후 첫날에 모여 하나님께 예배드리기 시작한 것입니다. 안식교에서는 토요일 안식일을 지켜야 구원받는다고 가르치고 있습니다.

이것은 전적으로 잘못된 이단적 주장입니다. 율법을 지켜서 구원받는다는 주장은 이단인 것입니다. 구약에 안식일제도는 이 세상에 오실 예수 그리스도를 예표한 것입니다. 예수님이 오셔서 인간들에게 참 평안과 참 안식을 주실 것이라는 것을 예표해 준 것입니다. 그러므로 바울 사도는 골로새서 2장 16~17절에서 "그러므로 먹고 마시는 것과 절기나 월삭이나 안식일을 인하여 누구든지 너희를 비판하지 못하게 하라 이것들은 장래 일의 그림자이나 몸은 그리스도의 것이니라"고 했습니다.

우리는 주일을 성수하되 그 이유가 율법 때문이 아니요 은혜임을 기억하고 주일에는 꼭 교회에 나와서 하나님 앞에 예배드리고, 성도의 교제를 나누며 자신의 영육을 새롭게 하는 복된 날로 지켜야 할 것입니다.

하나님께서 이사야 선지를 통하여 이사야서 58장 13~14절에 "만일 안식일에 네 발을 금하여 내 성일에 오락을 행치 아니하고 안식일을 일컬어 즐거운 날이라 여호와의 성일을 존귀한 날이라 하여 이를 존귀히 여기고 네 길로 행치 아니하며 네 오락을 구치 아니하며 사사로운 말을 하지 아니하면 네가 여호와의 안에서 즐거움을 얻을 것이라 내가 너를 땅의 높은 곳에 올리고, 네 조상 야곱의 업으로 기르리라 여호와의 입의 말이니라”고 말씀하셨습니다.

우리는 이 말씀에서,

첫째로 하나님께서 ‘내 성일에’라고 하신 것을 보아 주일은 하나님의 거룩한 날이라는 것을 알 수 있습니다.

둘째로 ‘즐거운 날’이요라고 하신 것은 주님 부활하신 날이요 내가 구원받은 날이니 축제의 날입니다.

셋째로 ‘존귀한 날’이라 했으니 이 날을 존귀하게 여겨야 한다는 사실입니다.

넷째로 ‘네 길로 행치 아니하며’ 했으니 내 마음대로 행치 않으며 오락을 구하지 말아야 한다는 사실입니다.

다섯째로 주일을 제대로 성수하면 즐거움을 얻고 만사형통하며 믿음의 조상 아브라함이 받았던 축복을 받을 수 있다는 사실입니다. 성수주일을 통해서 하나님의 약속된 큰 축복을 받으시기를 축원합니다.

▶ 제5계명 “네 부모를 공경하라”

“네 부모를 공경하라”는 말씀은 육신의 부모뿐 아니라 영적으로 보호와 양육을 책임지는 하나님의 사역자들까지 모두 포함되는 의미입니다. 바울 사도는 고린도 전서 4장 15절에서 “그리스도 안에서 일만 스승은 있으되 아버지는 많지 아니하니 그리스도 예수 안에서 내가 복음으로 너희를 낳았음이라”고 말씀했습니다. 이 계명은 하나님께서 주신 사람과 사람 사이에 지켜야 할 계명 중 첫 번째 계명입니다. 그러므로 인륜 중에서 가장 중요한 것은 부모님에게 효도하는 것을 가르치는 일입니다. 그래서 ‘공경하라’는 ‘카베드’의 뜻은 하나님에 대한 경외를 말할 때 사용된 것과 동일한 단어입니다. 그러므로 부모공경은 단순한 부모공경을 말한 것이 아니고 하나님을 경외하는 것처럼 공경하라는 뜻입니다. 지금부터 약 3500년 전 모세를 통해서 부모를 공경하라는 계명을 주신 하나님은 그 후 약 1500년이 지난 후 사도 바울을 통해서 재차 강조하셨습니다. 에베소서 6장 2~3절 말씀을 통하여 “네 아버지와 어머니를 공경하라 이것이 약속 있는 첫 계명이니 이는 네가 잘 되고 땅에서 장수하리라”고 말씀하셨습니다.

바울 사도는 효도가 '땅에서 잘 되는 길'이라고 말씀했습니다. 이 땅에서 진실로 복을 받고 잘 되려면 부모에게 효도해야 할 것입니다. 자기를 낳아 사랑으로 키워주시고, 가르쳐 주고, 사람을 만들어 주신 부모님의 은공도 모르면서 어찌 하나님 아버지의 사랑과 은혜를 알 수 있겠습니까? 그렇기 때문에 하나님은 불효자에게 절대로 복을 주시지 않는 것입니다. 자기의 자녀와 한집에서 살지 못하는 미국이나 유럽에 사는 노인들은 한국의 노인들을 무척 부러워합니다. 그러나 근래에 와서는 우리나라도 핵가족 시대를 맞이하여 경로효친(敬老孝親)의 전통적인 아름다운 풍습이 사라져 가고 있는 것이 사실입니다. 그래서 어떤 사람은 해외로 이주하면서 노인을 버리고 가고 또는 국내에 살면서도 노인들을 버리는 일도 있다고 합니다. 자식은 비록 부모를 버리지만 그래도 부모는 자식을 사랑해서 자식에게 사회적으로 문제가 될까봐 자식의 주소, 성명을 가르쳐 주지 않는다는 것입니다. 자식은 부모님을 버리지만 부모님은 그 자식을 끝까지 사랑하는 것을 볼 수가 있습니다.

옛날이야기 하나 하겠습니다. 옛날 우리나라에는 고려장이란 제도가 있었습니다. 아들이 깊은 산속에까지 어머니를 지게에다 짊어지고 버리고 돌아서려는데 어머니가 아들을 부르며 하시는 말씀이 얘야 네가 깊은 산속을 헤맬까 봐 내가 나뭇가지를 꺾어 버리며 왔으니 그 표시를 보고 길 잃지 말고 집으로 돌아가거라 하시며 눈물을 흘리시더라는 것입니다. 자식은 부모를 버려도 부모는 끝까지 사랑하시는 것입니다. "네 부모를 공경하라"는 말씀은 나를 낳아 주고 키워주신 부모뿐만 아니라 노인과 어른을 공경하라는 뜻도 내포되어 있습니다.

레위기 19장 32절 말씀에 보면, "너는 센 머리 앞에 일어서고 노인의 얼굴을 공경하며 네 하나님을 경외하라 나는 여호와니라"고 했습니다. 디모데전서 5장 1절에 보면, "늙은이를 꾸짖지 말고 권하되 아비에게 하듯 하며"라고 했습니다. 우리 성도들은 나의 부모님은 물론 이웃 어른들을 잘 공경해야 하는 것입니다.

▶ 제6계명 "살인하지 말라"

창세기 4장 8절에 보면, 가인이 동생인 아벨을 시기하여 밭에서 쳐 죽임으로 인류 역사상 최초의 살인자가 되었습니다. 그 이후 사람이 사람을 죽이는 살인이 지금까지 계속되고 있습니다. 사소한 문제로 시비를 벌이다 격정을 억제하지 못하고 사람을 죽이는 일이 쉽게 일어나고 있습니다. 심지어 담뱃불을 빌려 달라고 했다고 살인을 하고, 공중전화를 오래 쓴다고 뒤에서 한마디 했다고 살인을 하고, 노려보았다고 시비를 걸어 살인을 했습니다.

요한일서 3장 15절에 보면, "그 형제를 미워하는 자마다 살인하는 자"라고 말씀했습니다. 미운 생각이 자라나서 살인하게 되기 때문입니다. 예수 믿는 사람도 사람이기 때문에 때로는 남을 미워하는 미음이 일어날 때가 있습니다. 그러나 미운 생각이 일어날 때 우리들은 하나님 앞에 기도함으로 그 마음을 사랑의 마음으로 변화시켜야 하는 것입니다. 주님은 자신을 십자가에 못 박는 무리들의 죄를 용서해 달라고 기도하셨습니다. 스데반 집사님은 자기에게 돌을 던지는 악인들의 죄를 사해 달라고 기도했습니다. 손양원 목사님은 사랑하는 두 아들을 살해한 원수를 양자로 삼기까지 원수를 사랑했습니다. 우리는 원수까지는 사랑할 수 없다 해도 우리의 형제나 이웃을 사랑할 수 있기를 기도해야 하겠습니다.

▶ 제7계명 "간음하지 말라"

'간음'이란 말은 합법적인 결혼을 통해 부부가 된 자들이 상호 간의 정상적 성관계를 벗어난 모든 불법적 성 접촉을 총괄하는 포괄적 의미로 사용된 말입니다. 간음하는 일은 순간적인 쾌락을 얻을 수는 있을지 모르지만 일남 일녀를 창조하신 하나님의 창조질서를 파괴하는 것입니다. 가정의 신성함과 행복을 깨뜨리고 자녀들을 불행하게 하며 사회를 혼란시키고 스스로 평생 양심의 고통을 당하게 되는 무서운 죄입니다.

다윗왕은 우리아의 아내 밧세바와 간음한 후 이 죄를 은폐하기 위해 자기의 심복 장수 우리아를 전쟁에 내보내 죽게 했습니다. 그렇지만 두 사람의 마음속에서 소리치는 양심의 준엄한 심판은 잠재울 수 없었습니다.

다윗이나 밧세바는 심적 고통을 이루다 형용할 수 없었을 것입니다. 다윗은 그때의 고통을 이렇게 기록했습니다. 시편 32편 3~4절 말씀에 보면, "내가 토설치 아니할 때에 종일 신음하므로 내 뼈가 쇠하였노나 주의 손이 주아로 나를 누르시오니 내 진액이 화하여 여름 가물에 마름같이 되었나이다"라고 했습니다.

반대로 유혹하는 미녀 보디발의 아내로부터 승리한 요셉을 보십시오.
창세기 39장 8~9절 말씀에 보면, "요셉이 거절하며 자기 주인의 처에게 이르되 나의 주인이 가중 제반 소유를 간섭치 아니하고 다 내 손에 위임하였으니 이 집에는 나보

다 큰 이가 없으며 주인이 아무것도 내게 금하지 아니하였어도 금한 것은 당신뿐이니
당신은 자기 아내임이라 그런즉 내가 어찌 이 큰 악을 행하여 하나님께 득죄 하리이
까"라고 했습니다.

요셉이 보디발의 아내에게 한 말을 보면,
첫째로 그녀는 보디발의 아내이지 자기의 아내가 아니니 절대로 손댈 수 없다는 것
입니다.
둘째로 '이 큰 악을 행하여'라는 말씀으로 봐서 간음을 큰 죄악으로 여겼던 것입니다.
셋째로 간음은 두 사람만의 은밀한 죄가 아니라 '하나님께 득죄'하는 것으로 믿었
던 것입니다. 우리도 요셉의 신앙을 본받아야 하는 것입니다.

창세기 39장 10절 말씀에 보면, "여인이 날마다 요셉에게 청하였으나 요셉이 듣지
아니하여 동침하지 아니할 뿐더러 함께 있지도 아니하니라"고 했습니다. 요셉은 보디
발의 아내를 의식적으로 멀리하고 피해 다녔습니다.
고린도전서 5장 5절에 보면, 육신의 쾌락을 위해 음행을 계속하면 하나님께서 육체
를 죽이시겠다고 말씀하셨습니다. 그래서 영은 주 예수의 날에 구원하시겠다고 했습
니다. 고린도전서 6장 18절에도 "음행을 피하라 사람이 범하는 죄마다 몸 밖에 있거
니와 음행하는 자는 자기 몸에게 죄를 범하느니라"고 했습니다.
누가복음 17장 28절 말씀에 보면, "또 롯의 때와 같으리니…"라고 했습니다. 롯이
살던 소돔과 고모라는 남색, 즉 동성연애 등 성문란으로 인해서 불과 유황의 심판을
받았습니다. 간음하는 자는 하나님께 무서운 심판을 받게 되는 것입니다.

▶ 제8계명 "도적질하지 말라"
도적질하지 말라는 계명은 이웃의 권리에 대한 침해 금지규정입니다. 이웃의 모든
재산과 인격에 대한 광범위한 권리 침해 행위를 포괄한 것입니다. 특히 도적질은 남
의 재산을 정당하지 않은 방법으로 자기 것으로 만드는 것을 말하는 것입니다.
부정한 방법으로 재물을 모았다면 도적질한 것입니다. 그렇다면 누가복음 19장에
나오는 삭개오와 같이 회개해야 합니다. 누가복음 19장 8절에 보면, 삭개오는 "주여
보시옵소서 내 소유의 절반을 가난한 자들에게 주겠사오며 만일 뉘 것을 토색한 일이

있으면 사 배나 갚겠나이다"라고 했습니다.

하나님의 축복으로 많은 재물을 소유한 사람들도 많이 있습니다. 많은 것을 소유했다고 해서 모두 도적질을 해서 모았다고 봐서는 안 되는 것입니다. 평생 김밥을 팔아 번 50억 원의 전 재산을 충남대학교에 아낌없이 기증한 이복순 할머니 같은 분도 있고, 아버지의 유산 1억 원을 심장병 어린이 수술비로 내놓은 정해원 축구선수도 있고, 300억 사재를 들여 무주택자를 위하여 아파트 1,017가구분을 지어 무상으로 공급하겠다는 창원의 성원 토건 조철주 사장의 미담도 있으며, 평생 모은 전 재산 수천억을 공익재단에 기증한 유한양행의 창설자 고 유일한 박사 같은 분도 있습니다. 이런 분들이 있기에 그래도 우리 사회는 따뜻한 인정을 느끼며 살 수 있는 것입니다.

분수에 맞지 않게 지나치게 너무 많이 소유했다고 느끼거나 자신의 능력으로 관리할 적정선을 넘겼다고 판단될 때는 그것을 다른 사람들에게 맡겨서 적절히 선용할 수 있도록 해야겠습니다. 재물이란 모으기도 힘들지만 모은 것을 아낌없이 선용하는 것은 더욱 어려운 일입니다. 또 우리가 한 가지 더 생각할 것은 인간의 것을 도적질하는 것도 큰 죄인데 하물며 하나님의 것을 도적질 하는 것은 얼마나 큰 죄가 될 것인가 하는 사실입니다. 하나님은 십일조에 대해서 말씀하시기를 '내 것'이라고 하셨습니다.

말라기 3장 8~9절 말씀에 보면, '사람이 어찌 하나님의 것을 도적질하겠느냐 그러나 너희는 나의 것을 도적질하고도 말하기를 우리가 어떻게 주의 것을 도적질하였나이까 하도다. 이는 곧 십일조와 헌물이라 너희 곧 온 나라가 나의 것을 도적질하였으므로 너희가 저주를 받았느니라"고 기록되어 있습니다.

성도들은 십일조헌금을 꼭꼭 드림으로 하나님의 것을 도적질하는 죄를 범하지 말아야 하겠습니다. 성도들은 온전한 십일조를 꼭 하나님께 바쳐야겠습니다.

▶ 제9계명 "네 이웃을 해하려고 거짓 증거하지 말라"

거짓말의 역사는 에덴동산에서 뱀이 하와를 속인 데서부터 시작되므로 인류역사상 가장 오래된 죄악이라고 볼 수 있습니다. 거짓말은 그 세력이 얼마나 강한지 믿음의 조상들까지도 무릎을 꿇고 말았습니다.

아브라함은 자기 아내를 누이라고 거짓말을 했고, 이삭 역시 그의 아내 리브가를 누이라고 했으며 야곱은 자기가 맏아들 에서라고 아버지 이삭을 속였습니다. 요셉의 형들은 동생인 요셉을 애굽에 팔아먹고도 짐승에 물려 죽었다면서 짐승의 피를 요셉의 채색 옷에 묻혀 아버지 야곱을 속였습니다. 베드로는 예수님의 제자였음에도 불구하고 주님을 모른다고 잡아뗐습니다.

거짓말처럼 그렇게 하기 쉬운 말도, 그토록 풍성한 말도, 그토록 오랜 역사를 지닌 말도 드물 것 같습니다. 위정자는 위정자대로 큰 거짓말을 하고 소시민은 소시민대로 작은 거짓말을 합니다. '네 이웃을 해하려고 거짓 증거하지 말라"는 말을 늘 기억하고 진실하게 살아야 하겠습니다. 우리는 옛 성도와 같이 "여호와여 내 입 앞에 파수꾼을 세우시고 내 입술의 문을 지키소서"라는 시편 141편 3절 말씀과 같이 늘 기도해야 하겠습니다.

▶ 제10계명 "네 이웃의 것을 탐내지 말라"

마지막으로 "네 이웃의 것을 탐내지 말라"고 명령하셨습니다. 고대의 법전들이 단순히 외적인 행위만을 규제하고 있음에 반해 십계명에서는 인간의 내면까지 법으로 규제하고 있다는 것은 매우 놀라운 일입니다. 이것은 하나님은 인간의 마음까지 감찰하심을 증거해 주는 내용입니다.

야고보서 1장 15절 말씀에 보면, "욕심이 잉태한즉 죄를 낳고 죄가 장성한즉 사망을 낳느니라"고 했습니다. 하나님은 아담과 하와에게 가장 행복하게 살 수 있는 에덴동산을 주셨고 만물의 영장으로서 하나님과 교통하며 만물을 다스리도록 권세까지 부여해 주셨습니다. 그 이상 무엇을 더 바라겠습니까?

그러나 사탄이 찾아와서 선악을 알게 하는 과실을 따 먹으면 눈이 맑아져 선악을 분별하게 되고 하나님과 동등하게 된다며 유혹하자 그것에 넘어가 하나님의 명령을 어기고 범죄하여 타락하게 되었습니다. 탐심은 모든 죄의 근원입니다. 아담과 하와는 마땅히 주어진 현실에 만족하고 기뻐하며 감사함으로 살았어야 하는데 사탄의 유혹에 빠져 탐심을 억제하지 못하고 죄를 범하게 되었습니다.

하나님은 다윗에게 엄청난 축복을 부어주셨습니다. 권세로는 일국의 왕이 되게 하셨고 물질도 아주 풍성하게 부어주셨으며 많은 처첩과 자식들까지 주셨으니 무엇이 부족하였겠습니까? 그러나 그는 탐심을 억제하지 못하고 자기의 심복 장수인 우리아의 아내 밧세바를 강제로 빼앗는 죄를 범했습니다.

나단 선지자는 다윗을 찾아가 비유를 들어 그를 책망하였습니다. 사무엘하 12장 말씀에 보면 양을 많이 기르는 어느 부잣집에 손님이 왔는데 자기 양이 아까워서 이웃

가난한 집에 단 한 마리밖에 없는 암양 새끼를 빼앗아 손님을 대접한 것과 같은 죄악 이라고 책망했습니다. 다윗의 지나친 탐심으로 인해서 무서운 죄를 범했고 이로 인해 서 엄청난 대가를 치러야 했습니다.

아합왕의 경우도 마찬가지입니다. 일국의 왕이 되었으니 무엇이 부족했겠습니까? 그런데도 그는 열왕기상 21장 말씀에 보면, 아합왕은 탐심을 억제하지 못하고 왕궁 옆에 있는 나봇의 포도밭을 강제로 뺏기 위해 거짓 증인들을 동원해 나봇을 죽이기까 지 했습니다. 이렇듯 모든 범죄의 원인은 탐욕입니다. 그러므로 하나님은 네 이웃의 것을 탐내지 말라고 명령하신 것입니다. 인간의 욕망은 한도 없고 끝도 없는 무한한 것입니다.

전도서 1장 8절 말씀에 보면, "만물의 피곤함을 사람이 말로 다할 수 없나니 눈은 보아도 족함이 없고 귀는 들어도 차지 아니하는도다"라고 했습니다. 눈은 보아도 족 함이 없고 귀는 들어도 차지 않는다 하신 귀한 말씀을 기억해야 합니다. 인간은 결코 만족함을 모른다는 말씀입니다. 그러므로 탐욕에서 벗어나려면 주어진 현실에서 자 족하는 마음을 가져야 하는 것입니다.

빌립보서 4장 11~12절 말씀에 보면, "내가 궁핍하므로 말하는 것이 아니라 어떠한 형편에든지 내가 자족하기를 배웠노니 내가 비천에 처할 줄도 알고 풍부에 처할 줄도 알아 모든 일에 배부르며 배고픔과 풍부와 궁핍에도 일체의 비결을 배웠노라"고 기록 하고 있습니다.

디모데전서 6장 6~9절 말씀에 보면, "그러나 자족하는 마음이 있으면 경건이 큰 이 익이 되느니라. 우리가 세상에 아무것도 가지고 온 것이 없으매 또한 아무것도 가지 고 가지 못하리니 우리가 먹을 것과 입을 것이 있은즉 족한 줄로 알 것이니라 부하려 하는 자들은 시험과 올무와 여러 가지 어리석고 해로운 정욕에 떨어지나니 곧 사람으 로 침륜과 멸망에 빠지게 하는 것이라"고 말씀하셨습니다. 바울 사도는 어떠한 처지 에서든지 자족하기를 배웠다고 말하며 과도한 탐욕의 위험성을 경고힘으로 교훈하고 있습니다. "먹을 것과 입을 것이 있은 즉 족한 줄로 알라" 하신 것은 생활의 기본적인 필수 조건이 갖춰진 경우를 말씀하는 것입니다. 비록 풍부하지는 않지만 일상생활을 해나가는데 큰 어려움이 없다면 만족히 여기고 감사해야 할 것입니다.

② 만나를 담은 금항아리

지성소 안에 있던 언약궤 속에는 십계명을 새긴 두 개의 돌판과 만나 한 호멜(약 2.3kg)을 담은 금항아리가 있었습니다. 출애굽기 16장에 보면 이스라엘 백성들이 애굽을 떠나 신 광야에 이르게 되었는데 그곳까지 2개월 반이 걸렸습니다. 그러므로 애굽에서 나올 때 가지고 온 양식은 다 먹고 굶주림에 시달리게 되었습니다.

그래서 출애굽기 16장 3절 말씀에 보면, "우리가 애굽 땅에서 고기 가마 곁에 앉았던 때와 떡을 배불리 먹던 때에 여호와의 손에 죽었더면 좋았을 것을 너희가 이 광야로 우리를 인도하여 내어 이 온 회중으로 주려 죽게 하는도다"라며 모세와 아론을 원망하기 시작했습니다. 이 불평을 들으신 하나님은 이스라엘 백성들에게 매일같이 만나를 내려 주시게 되었는데 다만 안식일에는 주시지 않았습니다. 광야 40년 동안 이스라엘 백성들은 이 만나를 먹고 살면서 가나안 복지에 들어갔던 것입니다. 하나님께서 내려주신 기적적인 축복의 만나를 잘 보관하여 자손 대대로 기념하라고 출애굽기 16장 32~35절에 말씀하셨습니다.

이 만나에 대하여 교훈을 생각해 본다면,

▶ 만나는 예수 그리스도를 상징하는 것입니다.

예수님께서 마태복음 4장 4절에서 "사람이 떡으로만 살 것이 아니요 하나님의 입으로 나오는 모든 말씀으로 살 것이라"고 했습니다. 말씀대로 육은 떡을 먹어야 살지만 영은 하나님의 말씀으로 사는 것입니다. 이스라엘 선민이 40년 동안 먹고 가나안에 입성한 이 만나는 바로 하나님의 말씀을 상징하는 것입니다.

요한복음 1장 14절 말씀에 보면, 말씀이 육신을 입고 오신 분이 바로 예수님이시라고 했습니다. 그래서 주님께서 요한복음 6장 35절 말씀에서 보면, "내가 곧 생명의 떡이니 내게 오는 자는 결코 주리지 아니할 터이요 나를 믿는 자는 영원히 목마르지 아니하리라"고 하셨습니다. 요한복음 6장 47~48절 말씀에 보면, "진실로 진실로 너희에게 이르노니 믿는 자는 영생을 가졌나니 내가 곧 생명의 떡이로라" 하고 주님께서 말씀하셨습니다. 인간은 누구나 죽기를 싫어하고 영원히 살기를 원하는데 그 영생의 제공자는 오직 예수 그리스도뿐이심을 만나를 통해 보여주신 것입니다.

▶ 만나는 하늘로부터 내려왔습니다.

이스라엘 백성들은 먹을 것이 없어 죽게 되었을 때 하나님께서 하늘에서 만나를 내려 주어서 먹고 살게 해주셨습니다. 마찬가지로 생명의 만나가 되시는 예수님은 하늘에서 내려오셨습니다.

요한복음 6장 51절 말씀에서 "나는 하늘로서 내려온 산 떡이니 사람이 이 떡을 먹으면 영생하리라 나의 줄 떡은 곧 세상의 생명을 위한 내 살이로다"라고 말씀했습니다. 요한복음 8장 23절 말씀에도 "너희는 아래서 났고 나는 위에서 났으며 너희는 이 세상에 속하였고 나는 이 세상에 속하지 아니하였느니라"고 말씀했습니다.

▶ 비같이 이슬같이 내렸습니다.

출애굽기 16장 4절 말씀에 보면, "보라 내가 너희를 위하여 하늘에서 양식을 비같이 내리리니 백성이 나가서 일용할 것을 날마다 거둘 것이라" 했고, 민수기 11장 9절 말씀에 "밤에 이슬이 진에 내릴 때에 만나도 같이 내렸더라"고 했습니다. 중동지역에는 강우량이 매우 적어서 1년 내내 비가 오지 않으므로 가는 곳마다 먼지요, 메마른 광야가 펼쳐져 있음을 볼 수 있습니다. 이곳에 비가 내린다는 것은 생명수가 내리는 것입니다. 또한 매일 내리는 이슬이 없으면 모든 초목이 말라 죽게 됩니다. 마찬가지로 하나님의 말씀 곧 예수 그리스도는 광야 같은 이 세상을 사는 성도들의 생명수가 되는 것입니다.

▶ 만나는 매일 매일 거두어야 합니다.

만나는 여러 날 먹을 것을 한꺼번에 거둘 수가 없었고 매일 아침 일찍 거두지 않으면 안 되었습니다. 만일 매일 거두는 것이 귀찮아서 하루치 이상의 것을 거두어다 저장해 두었다가 다음날 보면 썩어 있었습니다. 출애굽기 16장 19~20절 말씀에 보면, "모세가 그들에게 이르기를 아무든지 아침까지 그것을 남겨 두지 말라 하였으나 그들이 모세의 말을 청종치 아니하고 더러는 아침까지 두었더니 벌레가 생기고 냄새가 난지라 모세가 그들에게 노하니라" 하고 기록되어 있습니다.

그러나 출애굽기 16장 23~24절에 보면, 금요일에는 안식일을 위하여 이틀 치를 거두어도 부패하지 않았으니 하나님의 은혜가 얼마나 놀랍습니까? 안식일 아침에는 만나가 내리지 않았습니다. 그날은 하나님 앞에서 안식하며 예배드리는 날이었기 때문입니다. 안식일을 제외하고는 매일 만나를 거두어야 하는 일이 우리에게 주는 교훈은 무엇이겠습니까? 그것은 이스라엘 백성이 날마다 하나님을 기억하고 그분의 은혜를 감사하며 하나님만을 의지하게 하기 위해서였습니다. 신앙생활은 그날그날 충실해야 하는 것을 배워야 하겠습니다.

▶ 가나안에 들어간 후 그쳤습니다.

여호수아 5장 10~12절에 "이스라엘 자손들이 길갈에 진 쳤고 그달 십사일 저녁에는 여리고 평지에서 유월절을 지켰고 유월절 이튿날에 그 땅 소산을 먹되 그날에 무교병과 볶은 곡식을 먹었더니 그 땅 소산을 먹은 다음날에 만나가 그쳤으니 이스라엘 사람들이 다시는 만나를 얻지 못하였고 그해에 가나안 땅의 열매를 먹었더라"고 기록되어 있습니다. 이스라엘 백성들이 가나안 땅에 들어가서 그 땅의 소산을 먹은 다음날부터 만나 거두는 일을 그만두게 된 것처럼 우리도 천국에 들어가는 날에야 신령한 만나를 거두는 생활을 그만두게 될 것입니다. 우리가 날마다 새벽기도를 드리고 십일조와 감사헌금을 바치며 성경 읽고 봉사하는 것은 어찌 보면 번거롭고 힘든 일임에 틀림없을 것입니다. 그것도 한 달이나 일 년을 실행했다고 끝나는 것이 아니고 죽을 때까지 이런 신앙생활을 계속하지 않으면 안 되는 것입니다. 만일 어떤 신자가 매일 기도하지 않고 공예배에도 참석하지 않으며 성경도 읽지 않고 헌금도 바치지 않고 전도, 봉사의 생활을 중단한다면 그때부터 그의 영은 시들어갈 것이고 마침내는 죽고 말 것입니다.

③ 아론의 싹 난 지팡이

법궤 안에는 십계명 돌판과 만나를 담은 금항아리, 그리고 민수기 16~17장에 보면 아론의 싹 난 지팡이에 대해서 기록되어 있습니다. 이스라엘 백성의 통치자는 모세요 대제사장은 아론으로 정치와 종교 양대 권한을 두 형제가 독점한 셈이었습니다. 그 권위는 어느 누구도 거역할 수 없고 도전할 수 없는 것이었습니다. 그래서 레위 자손인 고라와 르우벤 자손인 다단, 아비람, 온 등은 불만을 품게 되었습니다.

레위 자손인 고라는 "나도 너희와 똑같은 레위 자손인데 왜 아론만 대제사장을 영원히 해야 하느냐"라고 생각했고, 르우벤 자손인 다단, 아비람, 온 등은 "우리는 장남인 르우벤 자손인데 어째서 모세만 영원히 통치자가 되어야 하느냐"는 불만을 품게 되었습니다. 그래서 그들은 모세와 아론에게 반기를 들게 되었습니다. 민수기 16장 3절 말씀에 보면, "너희가 분수에 지나도다. 회중이 다 각각 거룩하고 여호와께서도 그들 중에 계시거늘 너희가 어찌하여 여호와의 총회 위에 스스로 높이느뇨"라고 말하고 있습니다. 그들은 유능한 족장 250명을 포섭했습니다. 그래서 집단적인 반역을 일으켰습니다.

민수기 16장 13절에 보면, "네가 우리를 젖과 꿀이 흐르는 땅에서 이끌어 내어 광야에서 죽이려 함이 어찌 작은 일이기에 오히려 스스로 우리 위에 왕이 되려 하느냐"하고 모세를 비난했습니다. 반역에 가담한 250명의 족장들은 각기 향로 하나씩 가지고 회막에 가서 분향하기까지 했습니다.

이런 억울한 일을 당했을 때 모세와 아론은 다만 하나님 앞에 엎드려 기도드릴 뿐이었습니다. 그들은 스스로 통치자가 되고 대제사장이 된 게 아니었습니다. 모세는 하나님이 지도자로 임명하실 때 싫다고 했으나 하나님께서 강권하셨기 때문에 마지못해 순종한 것이고 아론도 하나님의 명령에 의해서 대제사장이 된 것이었습니다.

그러므로 고라 일당의 반역은 모세와 아론 개인에 대한 것이 아니라 그들을 선택하고 임명하신 하나님께 대한 것이었습니다. 하나님은 이에 대노하셨습니다. 그래서 중벌을 내리시되 민수기 16장 31~33절 말씀에 보면, "이 모든 말을 마치는 동시에 그들의 밑의 땅이 갈라지니라 땅이 그 입을 열어 그들과 그 가족과 고라에게 속한 모든 사람과 그 물건을 삼키매 그들과 그 모든 소속이 산 채로 음부에 빠지며 땅이 그 위에 합하니 그들이 총회 중에서 망하니라"고 하셨습니다.

한편 회막에 가서 자기들도 제사장 노릇을 해 보겠다고 분향하던 250명의 족장들도 민수기 16장 35절 말씀에 보면, "여호와께로서 불이 나와서 분향하는 이백오십 인을 소멸하였더라" 한 대로 하나님의 불로 심판을 받아 모두 죽고 말았습니다. 그런데 다음 날 이 사건에 불만을 품은 이스라엘 백성들이 집단적으로 반역을 일으켰습니다.

민수기 16장 41절 말씀에 보면, "이튿날 이스라엘 자손의 온 회중이 모세와 아론을 원망하여 가로되 너희가 여호와의 백성을 죽였도다" 하고 기록되어 있습니다.

참으로 한심한 일이었습니다. 땅이 갈라져 생매장당하고 불이 나와서 타 죽는 끔찍한 일들을 보았으면 하나님께서 살아계심을 알아 겸손히 회개하고 하나님 두려운 줄 알아야 할 텐데 그 반대로 '온 회중'이 반역을 했다니 도무지 이해가 되지 않는 일인 것입니다. 하나님께서는 진노하셨습니다. 백성 중에 염병이 돌게 하사 1만 4천7백 명이 전멸하는 무서운 형벌을 받았습니다.

하나님께서는 모세와 아론에게 하나님께서 직무를 맡기셨음을 증명해 주시기 위해서 각 지파에서 지팡이 하나씩을 만들어 가져오되 레위지파에서 낸 지팡이에는 아론의 이름을 쓰라고 하셨습니다. 모세는 열두 개의 지팡이를 회막 안에 가져다 두었습니다. 다음날 모세가 증거의 장막에 들어가 보니 기적적인 현상이 나타나 있었습니다.

민수기 17장 8절 말씀에 보면, "이튿날 모세가 증거의 장막에 들어가 본즉 레위 집을 위하여 낸 아론의 지팡이에 움이 돋고 순이 나고 꽃이 피어서 살구 열매가 열렸더라"고 기록되어 있습니다.

죽은 지팡이가 살아났을 뿐 아니라 꽃이 피고 살구 열매까지 맺었으니 하나님의 창조의 기적이 나타난 것입니다. 아론은 능력의 하나님이 함께 하신다는 증거였습니다. 이로써 하나님은 레위지파를, 특히 아론을 대제사장으로 택하셨음을 확인하신 셈입니다.

그래서 민수기 17장 10절 말씀에 보면, "여호와께서 또 모세에게 이르시되 아론의 지팡이는 증거궤 앞으로 도로 가져다가 거기 간직하여 패역한 자에 대한 표징이 되게 하여 그들로 내게 대한 원망을 그치고 죽지 않게 할지니라"고 말씀하셨던 것입니다.

아론의 싹 난 지팡이는 살아계신 하나님의 아들 예수 그리스도의 모형입니다. 예수님은 아론의 지팡이에 싹이 나고 꽃이 피고 결실한 것처럼 인간의 최후의 적인 죽음을 이기고 무덤에서 부활하신 살아계신 하나님의 아들이십니다.

그러므로 예수 믿는 사람은 죽어도 사는 것을 보여주신 것입니다. 실패했어도 성공한다는 것을 보여준 것입니다. 기독교는 생명의 종교입니다. 하나님은 죽은 자의 하나님이 아니요 산자의 하나님이심을 믿으시기 바랍니다.

제3부
영생으로 가는 길

　사람들은 인류의 역사를 수레바퀴에 비유하여 말하곤 합니다. 이는 역사가 수레바퀴처럼 연속으로 굴러가는 사건의 종합이기 때문입니다. 그러면 역사의 수레바퀴의 중심축이 되는 인류 최대의 사건은 무엇입니까? 그것은 바로 예수 그리스도의 사건입니다. 왜냐하면 예수 그리스도를 통하여 죽음의 문제가 해결되었고 인류에게 영생으로 가는 길이 열렸기 때문입니다.

　역사를 조금이라도 이해하는 사람은 누구나 전 세계 역사를 통틀어 예수 그리스도만큼 위대한 분이 없다고 말할 것입니다. 역사란 말이 영어로는 History인데 희랍어 Historia에서 온 말로 탐구, 조사란 뜻이고, 독어로는 Geschichte(게쉬히테)로서 "사건이 일어나다"라는 동사에서 유추된 말로 "일어났던 일, 사건"을 말합니다. 바로 인류의 역사는 영어로 말한 History, 그분의 이야기요, 독어로 말한 Geschichte, 인류 최대의 예수 그리스도 사건입니다.

　생각해 보십시오. 예수 그리스도가 위대하시기에 오늘의 역사는 예수 그리스도의 오심을 기점으로 B.C.와 A.D.로 표기되는 것 아닙니까! 역사의 전통을 자랑하는 로마 사람들이 왜 로마 건설 이래란 말 A.U.C. 즉 ab urbe condita란 말을 쓰지 아니하고, 또 세계 제일의 힘과 부를 소유한 미국 사람들이 미국 독립해인 1776년을 계수하여 쓰지 아니하고 Before Christ와 Annodomini를 사용하겠습니까? 그것은 두말할 것도 없이 예수 그리스도께서 역사의 중심이 되셨기 때문입니다. 예수님은 일찍이 알렉산더가 시도하다 실패한 헬레니즘보다 위대하게 세계를 지배했고, 시저도 정복해 보지 못한 로마의 구석구석을 정복했으며, 그리고 나폴레옹이나 히틀러도 다스려 보지 못한 인간의 마음을 완전하고도 질서 있게 다스렸습니다. 그의 말씀이 가는 곳마다 지구촌 구석구석까지라도 어두움이 정복되었고 빛과 소망, 그리고 축복이 나타났음을 역사는 말하고 있습니다. 그의 말씀을 바로 아는 백성에게는 공산주의 사상이 발붙이지 못했으며 그의 말씀을 바로 아는 백성 위에는 독재자가 득세할 수 없었습니다. 그의 말씀에는 악보가 없었으나 그의 말씀을 읽으면 헨델에게 오라토리오가, 라파엘에게는 그림이, 워싱턴에게는 정략이, 괴테에게는 시가, 토인비에게는 역사가, 파스칼에게는 팡세가, 단테에게는 신곡이 튀어나왔던 것입니다. 참으로 예수 그리스도는 인류를 행복하게 해주신 위대하신 분입니다. 런던대학 씨릴 주드 박사는 예수님이 단순한 인간이며 하나님은 우주의 일부분에 불과하다고 믿었습니다. 그는 인간에게 시간만 주면 지상 낙원을 건설할 수 있다고 믿었습니다. 그는 기독교에서 말하는 죄에 대해서 부인했으나 마침내 자신의 죄 됨을 발견하였고 죄의 해결의 길이 예수님의 십자가에서만 가능한 것을 고백하고 드디어 열렬한 주의 제자가 되었습니다. 미 육군 대장이며 문인이었던 루·왈레이스는 기독교의 신화를 영원히 없애버리려고 예수님에 대한 이야기가 허위라는 책을 쓰다가 엎드려 무릎을 꿇고 "당신은 나의 주! 나의 하나님!"이라고 부르짖었습니다. 그 후 그는 예수님의 생애를 그린 "벤허"라는 유명한 책을 썼습니다. 영국의 저명한 역사가 윌리암 렉키는 그의 저서에서 "예수님의 3년간의 생애가 인류에게 미친 영향은 세계 모든 도덕가들의 노력과 철학자들의 탐구를 다 합친 것보다 더 큰 것임"을 말했습니다. 예수님의 말씀이 머무는 곳에는 어두움이 물러가고 광명이 찾아왔습니다. 절망한 자가 소망을 얻었습니다. 쓰러진 자가 일어나게 되었습니다. 압박 속에 고통받는 사람이 자유와 평안을 얻었습니다.

신·구약 성경 66권은 예수 그리스도에 대하여 기록되었는데 구약성경은 오실 예수님에 대하여, 신약성경은 오신 예수님에 대하여 기록되어 있습니다. 그런데 성서는 40여 명의 기자들이 1600여 년 동안 기록했다고 합니다. 놀라운 점은 이 기자들이 성서를 기록하며 살았던 시대는 각기 달랐고 또한 그들의 지식수준도 각각이었으며 그들의 신분을 보면 나라의 왕도 있고, 또 학자, 의사, 철인, 농부, 어부에 이르기까지 다양했음에도 불구하고 각각 예언한 말씀들이 모두 예수 그리스도에게 초점이 모아졌다는 점과, 그 예언들이 약 450가지나 성취되었음이 증명되고 있다는 사실입니다.

1963년 피터 스토너 박사가 쓴 "과학은 말한다"라는 책은 미국 과학협회의 검토를 받은 책인데 그 책에 의하면 수학의 확률법칙으로 보아 예수님에 관한 예언이 우연히 적중될 가능성은 생각할 수도 없다고 합니다.

가령 450가지의 예언은 그만두고라도 ① 예수님의 출생지, ② 동정녀 탄생, ③ 가룟 유다의 배반, ④ 십자가의 죽으심, ⑤ 부활 등 5가지만이라도 적중시키는 수학적 확률의 기회는 $1/10^{17}$이 된다고 합니다. $1/10^{17}$은 미국 텍사스 주 전역에 동전 100원 짜리를 66㎝ 높이로 깔아놓고 어떤 사람이 그 많은 돈 중에서 하나를 한 번에 집어 들었을 때 적중되는 비율이라 합니다. 그러므로 예수님에 관한 예언이 450가지가 적중되었는데 이것을 우연이라고 말할 사람은 아마 한 사람도 없을 것입니다. 예수님은 분명히 성경에 예언된 대로 탄생하셨고 성경에 예언된 대로 미래의 어느 날 갑자기 다시 오실 온 인류의 구주이십니다.

그러면 예수님에 대하여 증거하는 성경에 대하여 살펴봅시다. 성경은 하나님의 말씀으로 정확 무오합니다. 바울 사도는 "모든 성경은 하나님의 감동으로 된 것"이라고 디모데후서 3장 16절에 말했고, 베드로 사도는 "예언은 언제든지 사람의 뜻으로 낸 것이 아니요 오직 성령의 감동하심을 입은 사람들이 하나님께 받아 말한 것임이니라"고 베드로후서 1장 21절에 말했습니다. 그러므로 성경은 하나님의 감동으로 기록된 말씀이기 때문에 완전한 말씀입니다. 흔히 비기독교인들은 성경을 착하게 살라는 말만 기록된 도덕 교과서, 혹은 기적이나 신화로 보이는 허황된 이야기로 생각하기 때문에 예수님을 구주로 영접하여 하나님의 자녀가 되는 축복을 거절하는 것을 많이 볼 수 있습니다. 그러나 하나님은 살아계셔서 역사 속에서 역사를 주장하시고, 하나님의 말씀이 사실이라는 것이 과학이 발달되면 될수록 밝혀지고 있습니다. 하나님의 말씀은 완전 무오합니다. 그러므로 우리는 그대로 믿고 순종해야 합니다.

이 성경 안에는 우주를 지배하시는 하나님의 경륜과 인간의 역사를 심판하시고 흥망성쇠를 주장하시는 하나님의 섭리와 그 원리가 기록되어 있고 인간들이 살아가는 길과 인간의 궁극적인 문제가 되는 구원의 도표가 모두 말씀 안에 설계되어 있습니다. 이러한 하나님의 말씀을 조금도 의심 없이 비록 우리의 이성으로 이해가 안 되어도 믿음으로 받아들여야 합니다. 우리의 과학이나 이성으로 이해할 수 없는 신비한 일들이 얼마든지 있기 때문입니다. 왜 흰 쌀밥을 먹었는데 검은 머리털이 되기도 하고, 붉은 피가 되기도 하며 단단한 흰 뼈가 되는지, 눈에 보이지 않는 향기는 도대체 어떻게 생겼는지, 또 인간의 생명이란 어떻게 생겼는지 이 세상에는 우리의 이성으로 이해할 수 없고 과학으로 증명할 수 없는 신비한 일들이 너무나 많습니다. 이런 얘기가 있습니다. 대성 공자가 성인이 되기 전 길을 가다가 한 동자가 모래로 성을 쌓는 놀이를 하는 것을 보았습니다. 길을 비키지 않아 길을 비키라고 하니 왜 돌아가지 않고 성을 쌓는데 방해를 하느냐고 시비가 되어 어린동자와 내기를 했습니다. 동자가 질문하기를 "저 앞산의 소나무가 몇 그루가 되나 알아 맞춰보라"고 했습니다. 그래서 "이 놈아 그렇게 먼 것을 어떻게 알겠나" 하니 "그럼 가장 가까운 당신의 속눈썹이 몇 개나 되느냐"고 묻더랍니다. 그리고는 동자는 어디론지 사라져버렸고, 이때 공자는 크게 깨닫고 겸손의 덕을 배웠다고 합니다. 그렇습니다. 인간은 먼 것은 멀어서 모르고 가까운 것은 가까워서 모르니 차라리 아무것도 모른다는 편이 나을 것 같습니다. 인간이 모르고 이해하지 못했을 뿐이지 하나님의 말씀이 잘못된 것은 아닙니다. 사람들은 과학이라면 무조건 믿으려 드는데 사실 과학은 불완전하여 영원한 것이 못됩니다. 소위 과학이 최고로 발달했던 애굽 사람들은 이치에 맞고 과학적인 생각으로 지구가 5개의 큰 기둥에 의하여 유지된다고 주장했습니다. 기둥하나는 중심에 있고 다른 넷은 사방 모퉁이에 꽂혀 있다고 믿었습니다. 또 지식을 자랑하던 헬라 사람들은 이 세상은 '아틀라스'라는 굉장한 괴물의 어깨와 등에 매달려 있다고 믿었습니다. 이것이 지혜를 자랑하던 헬라 문명을 배운 사람들의 확신이었습니다. 어제까지 통하던 과학이 오늘에는 아무 쓸모없게 되어 버리는 것이 인간이 절대로 믿는 과학이라는 것입니다. 성경 말씀은 1000년 전이나 4000년 전이나 한결같은 말씀인데 그 말씀이 2000년 전에는 잘 안 믿어지던 것이, 오늘날에는 눈으로 보는 것 같이 믿어집니다. 4000년 전의 인물로 추정되는 욥이 성령의 감동으로 기록한 욥기 26장 7절에 "그는 북편 하늘을 허공에 펴시며 땅을 공간에 다시며"라고 했는데, 다시 말해서 지구는 공중에 떠 있다는 말입니다. 욥이 이 말씀을 기록했으나 수많은 사람들은 성경을 그대로 믿으려고 하지 않았습니다. 4000년 전에 지구는 공간에 떠 있다고 말한 하나님의 계시의 말씀을 오늘날까지 뒤집을 자는 없는 것이며, 과학이 발달하니 그 사실을 증명해 주고 있는 것뿐입니다. 지금부터 2750년 전에 살았던 이사야라는 선지자가 이사야 40장 22절에 "그는 땅 위 궁창(원)에 앉으시나니"라며 지구는 둥글다고 말했습니다. 이사야는 과학자가 아닙니다. 하나님께서 그렇게 계시해 주신 것을 그대로 믿고 전한 것뿐입니다. 그 후에 과학자들은 지구가 둥글다고 믿지 않았습니다. 지금부터

400~500년 전 갈릴레오라는 사람이 지구는 둥글다고 사실을 증명했으므로 그것을 오늘을 사는 모든 사람들이 믿고 있는 것입니다. 그러나 이미 2700년 전에 하나님은 이사야 선지자를 통해 지구는 둥글다고 가르쳐주었던 것입니다.

1960년대 후반 인디애나 주에서 발행되는 ≪이브닝 스타(Evening Star)≫지에는 <태양이 멈춘 이야기>란 제목 아래 다음과 같은 기사가 실렸습니다. 기고자는 메리 캐트린 브리안(Mary Kathryn Bryan)이었습니다.

「성경의 진리가 컴퓨터에 의하여 입증된 놀라운 사실이 있다. 메릴랜드 주 볼티모어 시에 있는 커티스 기계회사의 사장인 해롤드 힐(Harold Hill)은 다음과 같은 사실을 말했다. 여기서 커티스 기계회사는 그린벨트에 있는 나사의 고다드 우주 비행센터 자문기관이다. 우주 관계 과학자들은 날마다 컴퓨터 앞에서 지금으로부터 10만 년 전까지 소급하여 올라가면서 그간의 태양, 달과 행성들의 궤도를 추적하던 중 컴퓨터의 동작이 정지되고 경고를 의미하는 적신호가 켜졌다. 조사한 결과 기계에는 아무 이상이 없었다. 우주 과학자들은 컴퓨터가 지시하는 적신호의 원인을 다시금 면밀히 살폈다.

결국 판명된 것은 그 궤도 진행상에 꼭 하루가 없어졌다는 것을 알게 되었다. 하루가 없어진 채로 궤도가 진행해도 별일은 없다는 것을 알기는 했지만 그 '하루', 즉, '24시간'이 어디로 가버렸는가 하는 것이 문제였다. 아무리 계산해 보아도 하루가 모자라는 것이었다. 과학자들의 머리로서는 도저히 알 길이 없었다.

며칠 후 교회에 다닌 일이 있는 청년이 일어나서 "선생님들, 제가 어렸을 때에 교회에 다니면서 들은 이야기인데, 옛날 여호수아 때에 태양이 하루 동안 정지하고 있었다는 이야기를 들은 적이 있습니다"라고 말했다. 처음에는 모두 웃어 넘겼다. 그러나 다른 도리가 없었다. 한 노련한 과학자가 "자, 우리가 이대로 앉아만 있을 것이 아니라, 성경책을 가져다 자세히 조사하여 그 시대의 궤도를 컴퓨터를 가지고 조사해 봅시다"라고 말했다.

그들은 여호수아 10장 13절에서 '태양이 중천에 머물러서 서의 종일토록 속히 내려가지 아니하였다'는 내용을 찾아내었다. 아모리 족속과 싸울 때 전투가 치열했다. 날이 어두워지면 여호수아가 이끄는 이스라엘 군사에게는 극히 불리한 전쟁이었다. 그래서 그는 하나님께 기도하며, "태양아 너는 기브온 위에 머무르라 달아 너도 아얄론 골짜기에 그리할지어다" 하고 외쳤다. 정말 여호수아가 명령하자 해와 달이 그 자리에 머물러 서서 거의 하루 종일 진행하지 않았다.

우주 과학자들은 별 수 없이 잃어버린 하루를 찾기 위해 컴퓨터를 그 당시로 돌려 여호수아 시대의 궤도를 면밀히 조사하게 되었다. 컴퓨터는 23시간 20분 동안 궤도 정지라는 답을 보고하였다. 성경에 '거의 종일토록'이라 했으니 23시간 20분이라는 계산은 정확한 것이기는 했으나 아직도 40분의 행방을 알 길이 없었다. 그때 바로 그 청년이 다시 또 말했다. "내가 기억하기로는 성경 어디엔가 태양이 뒤로 물러갔다는 말씀이 있습니다."

우주 과학자들은 곧 성경 열왕기하 20장 8~11절에서 히스기야에 관한 이야기를 찾아냈다. 거기엔 태양의 그림자가 10도 뒤로 물러간 내용이 기록되어 있었다. 그 10도를 시간으로 계산하면 20분이다. 그런데 10도가 나아가야 할 시간 동안 일영표의 해 그림자가 10도 뒤로 물러갔으므로 40분이 없어진 셈이다. 결국 성경을 통해 잃어버린 24시간의 행방을 우주 과학자들이 찾아낼 수 있게 되었다.

더 놀라운 사실은 여호수아가 해를 멈춘 이야기가 동시대의 여러 나라 역사책에 나온다는 사실이다. 데이빗 넬슨(David Neson)은 중국고대사 문헌에 요임금 때 태양이 오랫동안 떠있었다는 기록이 있다는 사실을 발견했다. 요임금은 바로 해와 달을 멈추게 한 여호수아와 동시대다. 해리 림머(Harry Rimmer)도 역시 고대 중국문헌에 의하면 요임금 때 하루가 기적적으로 길어진 기록이 있다는 사실을 발견했다.

영국의 위대한 천문학자인 에드윈 볼 경(Sir Edwin Ball)과 하버드 천문대 피커링(Pickering)과 그리니치의 마운더스 천문대 교수들, 또 예일 천문대 교수인 토튼(Charles A. L. Totten)은 태양의 운동에 근거한 연대기만 가지고 여호수아 시대를 추적하자 여호수아가 전쟁을 한 날이 화요일이라는 것을 알아냈다. 그러나 오늘날부터 여호수아 시대까지 역산하자 그날은 수요일이라고 나왔다. 이런 차이가 생기는 이유는 하루가 길어졌기 때문이다.」 라는 기사입니다.

1981년 10월 13일자 ≪중앙일보≫에는 1981년 10월 2일자 ≪뉴욕타임즈≫를 인용 "우주에 불가사의한 공간이 있다"라는 제목 아래 미국의 3대 천문대(① 키트픽 천문대 ② 에리조나 주의 마운드 홉킨즈 천문대 ③ 캘리포니아 주의 팰러마 천문대)에서 관측한 결과를 보도한 일이 있었습니다. 그 내용인즉 북두칠성 뒤편인 북극의 상공에는 지름이 3억 광년이나 될 만큼 무한한 공간이 있는데 그곳은 별이 보이지 않는 텅 빈 공간이라는 내용이었습니다. 이 공간은 북두칠성과 목동자리 뒤, 지구에서 약 4억 광년 되는 거리에 있으며 지름이 무려 3억 광년에 이르는 거대한 것으로 알려졌습니다. 보통 이 정도의 크기면 약 1천억 개의 별로 구성되는 은하가 2천여 개는 들어갈 수 있는 공간이라고 합니다. 불가사의한 우주공간 발견에 참여했던 미국 국립 키트픽 천문대의 폴 세크터 박사는 "우주에 이러한 빈 공간이 있다는 사실을 현재로서는 이해하기 어려운 문제다"라고 전제하고 이제까지의 우주생성 이론이 근본적으로 도전을 받을지도 모르겠다고 말하였습니다. 성경에는 약 4000년 전에 기록된 욥기에 이미 이러한 사실이 아주 분명하고도 간단하게 기록되어 있습니다. "그는 북편 하늘의 허공에 펴시며 땅을 공간에 다시며"(욥 26:7).

최근에 와서야 모든 최첨단 현대 과학으로 밝혀질 수 있는 사실들이 이미 4000여 년 전에 정확히 기록될 수 있었다는 것은 성경이 하나님의 감동에 의해 쓰였다는 것을 뒷받침해 줍니다. 유니온 신학교의 저명한 유대인 고고학자 넬슨 글루액(Dr. Melsin Glueck) 교수는 달라스 시 임마누엘 회당에서 강연하기를 "지금까지의 고고학적 발견으로는 역사적 사실과 성서의 진술 사이에 모순점을 하나도 발견하지 못했다"고 했습니다.

또 성경 고린도전서 15장 39절에 2000년 전에 사도 바울을 통해 인간이 죽었다가 다시 살아나는 사실을 기록하면서 "육체는 다 같은 육체가 아니니 하나는 사람의 육체요, 하나는 짐승의 육체요, 하나는 새의 육체요, 하나는 물고기의 육체라"고 말했습니다. 이 말을 다른 말로 표현한다면 "모든 원형질은 다 같은 원형질이 아니니 사람의 원형질이 있고 동물의 원형질이 있고 조류의 원형질이 있고 어류의 원형질이 있다"고 말할 수 있습니다. 이것이 바로 2000년 전 바울을 통해 기록한 하나님의 말씀입니다. 그러나 얼마 전 까지만 해도 이 말씀을 믿지 않고 만물은 모두 같은 원형질이라고 주장했습니다. 그러나 현대 과학자들은 2000여 년 전에 바울이 성령의 감동으로 기록한 하나님 말씀대로 인간의 세포질과 세포핵은 동물이나 어류나 조류의 것과 전혀 다른 것임을 발견해냈으니 얼마나 신기한 사실입니까!

지금부터 3000년 전에 다윗왕을 통하여 성령의 감농으로 기록된 하나님의 말씀에 "주께서 옛적에 땅의 기초를 두셨사오며 하늘도 주의 손으로 지으신 바니이다. 천지는 없어지려니와 주는 영존하시겠고 그것들은 다 옷같이 낡으리니 의복같이 바꾸시면 바뀌려니와 주는 한결같으시고 주의 연대는 무궁하리이다"(시 102:25~27) 했는데, 이 말을 누가 믿었겠습니까? 그러나 현대 진화론의 최고의 권위자라고 할 수 있는 제임스 진 경의 『진화론 대현』이란 책에서 그는 다음과 같이 결론을 내렸습니다. '우주는 마치 큰 시계같이 끊임없이 달린다. 매 시간마다 에너지의 소모가 계속되고 우주의 유지를 위한 복잡한 분자의 조직은 점차로 해이해지며 간단한 구성체는 점점 파괴되어 간다. 그러나 이 원동력(에너지)은 소생시킬 수 없으며 그 조직은 재생할 수도 없다. 이 우주는 마치 태엽이 가득 감겨진 시계이다. 이 태엽은 풀리고 풀리어서 어떤 날 먼 장래에는 해가 빛을 잃고 우주는 소멸되리라.'

현대 과학자의 말보다 더 확실한 과학적인 사실을 지금부터 3000여 년 전에 하나님은 가르쳐 주셨고 이 사실이 현대 과학자들에 의해 확인되는 것을 볼 수 있는 것뿐입니다. 그러므로 정확 무오한 하나님의 말씀인 성경이 증거하는 예수님을 믿어 영생 얻고, 영생으로 가는 길에 들어서기를 바랍니다.

예수님은 위대하신 분이십니다. 예수님은 이 세상에 오셔서 "나는 너희를 위하여 죽으러 왔다"(요 10:14~17)라고 친히 말씀하셨으며 "죽었다가 다시 살아나야 한다"고 말씀하셨고(마 16:21), 그 말씀대로 타락한 인류의 죗값을 치르시기 위하여 십자가에서 죽으심으로 인류의 구주가 되셨고, 다시 부활 승천하셨으며, 지금은 보혜사 성령으로 이 세상에 오셔서 성도들에게 승리로운 생활을 하도록 도와주시고 계시며 장차는 만왕의 왕으로 심판의 주로 이 세상에 다시 오실 것입니다. 이와 같이 예수님은 죽음의 불안과 절망에 헤매는 인류를 구원해 주셨고 영생으로 가는 길이 되셨기 때문에 인류 역사의 중심축이 되십니다. 그러므로 정확 무오한 하나님의 말씀인 성경이 증거하는 예수님을 믿어 영생으로 가는 길에 참여하시기를 바랍니다. "하나님이 세상을 이처럼 사랑하사 독생자를 주셨으니 이는 저를 믿는 자마다 멸망치 않고 영생을 얻게 하려하심이니라"(요 3:16).

走向
永生之路

卢泰哲 著

在这个世上有很多好像给现代人应许的幸福之路，就是无神论共产党主义道路，物质万能、经济万能的资本主义道路，还有科学万能主义道路。

无神论是主张没有神的理论。主张这理论的人们认为精神来自物质，就是主张唯物论。他们为在世过真正的人生，不是相信神，而是空想各尽所能按需分配的共产主义社会。但是他们这些唯物论者的共产主义，在20世纪末被苏联历史变革已证明，这是在这世界上不能实现的空洞理论。

或许有人认为在历史发展过程中，因为苏联没有经过资本主义直接进入社会主义，所以失败。但是像瑞典从资本主义过度社会主义的国家，现在国内也逐渐滋长吃喝玩乐、性紊乱等社会问题。人为真正的人生而建立的无神论共产主义的道路被堵塞。

那么，物质万能、经济万能的资本主义的道路又是怎样？资本主义诞生了黄金万能主义，人们为真正的人生而赚钱。现在，相反成了钱的奴隶。这并不是真正的人生，而是撇弃神，家庭不和，加速社会文化污染。资本主义也没有提示真道路。

还有，万能科学家们怎么样？借着现代科学交通、建设、医学等发达，给人的生活提供方便、快速，叫人长寿。与此同时，科学使人的内心急躁、自傲、暴躁、无情。给人应许各种幸福的科学不能把人更新为良善。

但是为真正的人生有一条路可行通，那条路就是走向创造人的永远之父，就是神那里的路。那条路就是耶稣基督。在约翰福音14:6耶稣说："我就是道路，真理，生命。若不藉着我。没有人能到父那里去"。世人为什么如同沙漠一样的世上彷徨呢？其根本问题就是罪恶的问题。因为这罪恶堵塞了走向神那里的道路。为打开这条道路，无罪的耶稣来到这地流血而死，除掉了人类的罪。

将这个真理简单明了，以故事形式写出来的就是这本《走向永生之路》，这本书就这样问世。因为笔者在学习圣幕期间领会到圣幕的内容就是走向永生之路的很好的导引，所以增加内容，作为增补版再次出版。本书作为活石宣教训练院的教材，翻译成中文版本。感谢翻译的崔瑞传道，校对的全圣音牧师，编辑本书的吴珍熙传道。

愿本书有助于更多的人接待，作为走向永生之真道路的耶稣，走到神那里得永生。第一教会作为对元老牧师的爱戴和古稀之庆的纪念，出版本书，感谢神。

2012年 4月

卢泰哲牧师

目录

目　录

第三部　走向永生之路 • 385

第1部

人类的罪及
解决的方法

撒但的诱惑

首先从撒但的来源、组织及其命运开始，谈走向永生之路。因为人受撒但的诱惑而犯罪堕落，致使走向永生之路被堵塞。

Ⅰ. 撒但的来源

想一下诱惑人的撒但原形。

神创造物质世界以前，首先创造了灵的世界。

"你，惟独你是耶和华。你造了天和天上的天，并天上的万象，地和地上的万物，海和海中所有的。这一切都是你所保存的。天军也都敬拜你"(尼9:6)

我们在这段经文中可以看出，神创造天地时，天使在赞美神。这就证明先造灵的世界，后造物质世界。

又在犹大书6节"又有不守本位，离开自己住处的天使，主用锁链把他们永远拘留在黑暗里，等候大日的审判"的这段话中可以看到，原来天上的天使们在神的手下担当各自的职责事奉神。

在这些天使当中有叫米迦勒的天使长。圣经说他与魔鬼争战(犹9节)，又与龙争战(启12:7)，他是掌管保卫以色列民族战争(但12:1)的天使长。

另外，还有加百列天使。

从但以理书8:16"我又听见乌莱河两岸中有人声呼叫说，加百列啊，要使此人明白这异象"和路加福音1:19"天使回答说，我是站在神面前的加百列，奉差而来，对你说话，将这好信息报给你"

从这两处话语可以知道，加百列天使是传达神话语的天使。

另外，在旧约圣经创世记3:24，神安设叫做基路伯(力量)的灵物来把守伊甸园，又在以赛亚书6:1~3，出现撒拉弗以赞美来荣耀归于神的光景。如此，神创造天地以前，首先造了灵物天使、基路伯、撒拉弗并且使唤他们，他们也顺从神。

但在圣经以赛亚书里面出现叫做明亮之星的(路西佛)天使长。

"明亮之星，早晨之子阿，你何竟从天坠落。你这攻败列国的，何竟被砍倒在地上。你心里曾说，我要升到天上。我要高举我的宝座在神众星以上。我要坐在聚会的山上，在北方的极处，我要升到高云之上。我要与至上者同等。然而你必坠落阴间，到坑中极深之处"(赛14:12~15)

从这段话语中我们可以知道，明亮之星是比其它所有天使具有更大权柄的天使长。拉丁文圣经把明亮之星翻译成路西佛(Lucifer)，所以我们通常叫做路西佛天使长。中文版圣经的"明亮之星"与《拉丁通俗译本圣经》(武加大译本 Vulgate version of the Bible)的"路西佛(携带光之人)"是相同的意思。这路西佛是堕落的天使，就是撒但。制定《拉丁通俗译本圣经》的杰罗姆(Jerome)和其他教父把路西佛这个名字与路加福音10:18"撒但从天上坠落，像闪电一样"这句话连贯起来，叫做撒但。因为路西佛骄傲用其权柄要与至高的神比高低而被驱逐。

"撒但"一词是与神对敌的，悖逆的意思。结果，神赶出不顺从的路西佛。被赶出去的路西佛成为撒但，如今，在空中掌权。

使徒保罗把这个撒但在以弗所2:2说成"顺服空中掌权者的首领，就是现今在悖逆之子心中运行的邪灵"。使徒约翰把这个撒但说成"说谎之人的父(约8:44)"，"这世界的王(约12:31)"，"大龙、古蛇就是魔鬼，又叫撒但(启12:9)"。

Ⅱ. 撒但的组织

堕落的天使及其使者从天使世界被驱逐到空中，作为空中掌权者的首领(弗2:2)、这世界的王(约12:31)，以新的组织和力量与神和神的百姓作对。这个组织里面有叫做"别西卜"的鬼王(路11:14~19)和属于他的势力强大的"军队"(路8:26~39)。

Ⅲ. 撒但的命运

将来主在空中再临的时候，叫做撒但的魔鬼从空中被赶出下到地上；然后，主降临在地上的时候，魔鬼被捆绑扔进无底坑一千年；再后，暂时被释放；以后被扔进永远的火湖里面。

这些事实详细记载在约翰启示录里面。

约翰启示录第1章是将来耶稣以荣耀再来的光景；第2章、第3章是借着小亚细亚七个教会展现教会时代的变迁过程；第4章、第5章是这个教会时代经过之后，圣徒要去的天国荣耀的敬拜光景。神的宝座坐落在中央，右边有羔羊耶稣的宝座，宝座周围有24长老的宝座。

这24长老是旧约12支派和新约12使徒相加的数字，是指在这世上得救并圣灵充满、主所预备的新妇，要与新郎主同坐宝座的人。

第6章是关于这个时代的末日；从第7章一直到第18章是魔鬼所掌控的七年大患难；第19~20章是关于撒但的末日。

根据约翰启示录的话语来看，撒但的命运是如下。

在前面耶稣再临于空中的时候，魔鬼从空中被赶出下到地上。这时候，地上会出现大患难。这些事，我们从启示录第12章的后半部分可以看到。

"在天上就有了争战。米迦勒同他的使者与龙争战。龙也同他的使者去争战。并没有得胜，天上再没有他们的地方。大龙就是那古蛇，名叫魔鬼，又叫撒但，是迷惑普天下的。他被摔在地上，他的使者也一同被摔下去"(启12:7~9)

从空中被赶出下到地上的撒但，在地上掌权。这些事，在约翰启示录里面可以看到。撒但在地上的统治时间与作为耶稣新妇的圣徒被提到空中，在空中七年婚宴的时间是相同。

关于圣徒躲避地上的患难被提到空中，圣经有如下的说明。

"我们现在照主的话告诉你们一件事。我们这活着还存留到主降临的人，断不能在那已经睡了的人之先。因为主必亲自从天降临，有呼叫的声音，和天使长的声音，又有神的号吹响。那在基督里死了的人必先复活。以后我们这活着还存留的人，必和他们一同被提到云里，在空中与主相遇。这样，我们就要和主永远同在"(帖前4:15～17)

但是，这期间是撒但在地上猖狂作工的可怕大患难期间。这时候没有预备而没被提的信徒当中，若有至死保守信仰而殉道的，在第一次复活有分。

"在头一次复活有分的，有福了，圣洁了。第二次的死在他们身上没有权柄。他们必作神和基督的祭司，并要与基督一同作王一千年"(启20:6)。

还有，在大患难之中，在神的保护下通过患难的人，作为百姓的资格可以进入千年王国。

"我对他说，我主，你知道。他向我说，这些人是从大患难中出来的，曾用羔羊的血，把衣裳洗白净了。所以他们在神宝座前，昼夜在他殿中事奉他。坐宝座的要用帐幕覆庇他们。他们不再饥，不再渴。日头和炎热，也必不伤害他们。因为宝座中的羔羊必牧养他们，领他们到生命水的泉源。神也必擦去他们一切的眼泪"(启7:14～17)。

然后，耶稣在空中结束婚筵，与所有被提的圣徒一同降临在地上。那时，魔鬼被捆绑，一千年关锁在无底坑里面(启20:1～3)。在地上以耶稣为首成就千年王国。这一瞬间完全成就，神创造天地人后说的看着"甚好"的话；同时，也是神在地上实现神旨意的瞬间。

此后，魔鬼虽然暂时被释放，但是，再次被扔进永远的火湖里面。"那迷惑他们的魔鬼，被扔在硫磺的火湖里，就是兽和假先知所在的地方。他们必昼夜受痛苦，直到永永远远"(启20:10)"。就这样，撒但的命运是从天界下到空中，从空中下到地上，从地上下到无底坑，从无底坑下到永远的火湖(地狱)里面。

我们在本章察看了撒但的来源、组织及其命运。知道了悖逆神的天使长被神撒弃而成为撒但，也知道了神最厌恶的是骄傲而不顺从的。神阻挡骄傲的人，赐恩给谦卑的人(彼前5:5)，喜悦听命胜过献祭(撒上15:22)。但是，撒但在人身上的作工是叫人悖逆神。

所以，受到邪灵的人随从撒但的特性，骄傲不顺从就是他们的特性。被邪灵捆绑的人，抵抗神的话语，不顺从神的话语。如今，撒但在教会里面的猖狂工作，就是叫圣徒得不到话语。这是为什么？因为撒但知道神的话语就是圣徒的福气。

就是说，若是圣徒们好好领受从教会讲台上传达的神话语，灵命就成长并结果子得福。撒但为阻止这一点，在守望讲台者主的仆人与圣徒之间挑拨离间，叫圣徒拒绝神的话语。如果搅进撒但的这个作工里面，话语(祝福)的通道就被堵塞，圣徒的心灵里面恩典枯干、没有平安、导致不幸，最终在教会里面成为捣乱分子。

但是，战胜撒但的这种作为，顺从神话语的人是蒙福的。因为神、主、圣灵都是通过话语来工作。只要心怀神的话语，活出信从话语的生命，我们就会得到神所预备的福。

♪ 耶稣全得胜，耶稣全得胜，耶稣全得胜得胜
　耶稣全得胜，耶稣全得胜，耶稣全得胜得胜

　哈利路亚，哈利路亚，耶稣全得胜得胜，
　哈利路亚，哈利路亚，耶稣全得胜得胜。

第二章

人的犯罪

Ⅰ．创造人的世界

神创造人的世界之后，在创世记1:31说"看着甚好"。但是这里的"好"一词，用希伯来语解释为"美丽"。可想而知，神所创造的世界是很美丽的。就这样，神把人的世界创造得很美丽，并把这个世界交托给照着神的形象受造的人。

"神就照着自己的形像造人，乃是照着他的形像造男造女。神就赐福给他们，又对他们说，要生养众多，遍满地面，治理这地。也要管理海里的鱼，空中的鸟，和地上各样行动的活物。(创1:27~28)"

神最初造人的时候，先造了亚当。用尘土造人，将生气吹在他的鼻孔里面，成了有灵的活人。他与其它受造物不同的是，得了神的生气。从这一点看出人是照着神的形象受造。只有人有灵。

在神学上对人有两种分类法。第一是，把人分为灵魂与肉体的二元说；第二是，把人分为灵、魂和肉体的三元说。两者共同点是人有三种机能。

第一机能：灵是担负与神交通。这一机能是由人的灵担负。使徒保罗在哥林多前书2:11~13说，神的事只有神的灵，就是圣灵知道。属灵的事讲给属灵的人，就是那些领受神灵的人。

第二机能：魂是担负人的精神。魂是人的理性活动，就是学问、科学、艺术领域的活动。使徒保罗在哥林多前书2:13明确分开了"人的智慧"与"圣灵的指教"。这告诉我们人的灵与魂的机能是截然不同。

第三机能：肉体。肉体的机能是延续人类历史的重要机能。如果人没有肉体，就无法成就叫人生养众多的神命令。

人的这三个机能有机地连在一起，灵控制魂，魂控制肉体。人要常吃肉体的粮和灵魂的粮，才能健康。肉身的粮是饭，灵的粮是神的话语，魂的粮是知识。因此马太福音4:4说，人活着，不是单靠食物，乃是靠神口里所出的一切话。

神在东方为亚当造了伊甸园，又使园中的地里长出各种树，树上的果子好做食物、悦人眼目。园子当中有生命树和分辨善恶的树。然后，创世记2:18~25说，神觉得亚当独居不好，就使他沉睡时，取出一条肋骨，造了夏娃与亚当过相辅相助的生活。这就是人类最初的家庭。从中我们可以发现一个家庭过幸福生活的奥秘。

第一：要关注神先造了男人，这表示家庭里面的中心应该是男人。

第二：要察看神用男人的肋骨造了女人。首先，"肋骨"一词的原文可以解释为"旁边"(side)，这一点指教的是男人与女人的地位是互相帮助的关系。并不是因为先造男人就要居上。女人并不是用男人的头或者脚跟造的，而是用肋骨造的，这表示男女地位的平等关系。

第三：要关注肋骨是在男人的膀臂里面。这一点指教的是女人要受男人的保护。肋骨靠近男人的心脏，保护心脏，这一点指教的是女人在男人的最近地方，要做好保护生命的工作。所以，使徒保罗在以弗所5:22~23教训道，丈夫要爱妻子，如同主为教会舍己；妻子要顺服丈夫，如同教会至死顺服主。

Ⅱ. 赐给诫命

神在伊甸园创造了各种树木和分辨善恶的树，然后对亚当说：

"园中各样树上的果子，你可以随意吃。只是分别善恶树上的果子，你不可吃，因为你吃的日子必定死。"(创2:16~17)

神对最初的人亚当吩咐不要吃善恶果，这是神给人最初的诫命。

神为什么给诫命？

因为神知道从灵界被赶出去掌握空中权柄的撒但会进入美丽的人世界进行破坏，所以神为保护人的幸福而制定诫命。但是，亚当和夏娃因受蛇(撒但)的诱惑，摘吃了这果子，从而违背了神的诫命。结果，照着神的话，亚当和夏娃必定死。

1. 蛇为何物？

"大龙就是那古蛇，名叫魔鬼，又叫撒但，是迷惑普天下的。他被摔在地上，他的使者也一同被摔下去"(启12:9)

蛇的原形是"大龙"就是古蛇，是在伊甸园诱惑夏娃的蛇，它是"迷惑普天下的"，"诱惑的"，就是"撒但"。人被这撒但诱惑，摘吃了善恶果，从而违背了诫命。因此，照着神的话语人必死。

2. 为什么造了善恶果？

人不知道爱人的神、愿人幸福的神。人认为因为神造了善恶果，致使人不幸。这是不知道真理的错误思想。就如同自己违法犯罪蹲监狱的人埋怨道："若没有法，我就不蹲监狱，因为人们制定法，所以蹲监狱"的愚蠢人一样。神因为爱人、叫人活得幸福才造了善恶果(诫命)。只要有从灵界被赶出去的撒但，若没有法，人一时都不能有幸福的生活。

法是秩序，又是分界线。想象一下无秩序的混乱世界。若没有分界线，不分开我的和你的，人还能活吗？有法才能保护我家、我丈夫和我子女。因此，造善恶果就是确定分界线。这是多么好的事啊！为幸福的生活这是绝对需要的。

因此，神造善恶果是叫人生活幸福。

3. 为什么任凭摘吃？

有人问："造善恶果虽然是好事，但是神要是不叫他们摘吃就好了，为什么任凭他们摘吃呢？"。这如同问神，为什么给人自由意志。

若是有个人没有自己随意选择的自由意志，那再没有比此人更不幸的。

在有一座大饭店门口，客人一进门，机器人就说"您好，欢迎光临"，然后叩拜。神不悦纳我们就像机器人一样献上的尊贵与荣耀。因为神悦纳我们对神的甘心情愿的爱，所以将最宝贵的自由意志赐给人，叫人爱神，过幸福生活。

因此我们知道了神造善恶果并不是叫人不幸。相反，人的不幸是因为应该用在爱神的自由意志，人却违背神的诫命，滥用在犯罪上的结果。

4. 摘吃的结果怎么样呢？

要察看一下创世记3章。

第一：7节，人有了羞耻。

第二：8~10节，人有了惧怕心。因为怕神而躲避。这表示人因犯罪就远离神。远离神，离开神的人就有恐惧心。他们一看山、江河、岩石、大树心里产生恐惧感，所以就地跪拜。

这是早在首尔鹭梁津洞发生的事儿。有一个小偷挨家挨户偷走了铝锅。当地居民都想抓，但抓不着，原因在于小偷是当地人。过不长时间，小偷被抓住。这小偷被抓的过程非常有趣。这个小偷大清早把整夜偷来的铝锅放在麻袋里面背出去卖钱。他正走出那条街道时，当时正住在这条街的一个警察也因为鹭梁津派出所有急事，大清早上班。两个人渐渐走近时，这小偷以为这个警察来抓他，扔掉麻袋就逃跑。这时，机灵的警察立刻明白就追捕这人。原来这人就是偷当地居民铝锅的小偷。

犯罪的人，即使没有人追他，自己也会觉得被追赶。因此，离开神的人始终过着恐惧，被追赶的生活。

第三：12~13节，人有了埋怨、不平不满。亚当埋怨夏娃，夏娃埋怨蛇，就这样转嫁责任。离开神的人，不知道把错误的事揽过来自己承认，只是转嫁给他人，彼此埋怨、不平不满。

有一个家庭夫妻不和。但这个家庭又有钱，又有地位，在俗世上没有缺少的。但是这对夫妻一有事，尽管是小事儿，彼此惹是生非，以致大吵大闹，过着折磨人的不幸生活。

然而，这对夫妻开始探讨，怎样才能过夫妻恩恩爱爱的生活。

丈夫说："亲爱的，如果我在外头情绪不好、憋一股火时，就把领带系歪着回来，当你看到我把领带系歪着回来，你就不要惹我伤心，这就不会有吵架的事儿"。然后，妻子问："那我在家里有伤心的事儿怎么办？"。丈夫答应说："那时，你就把裙子穿偏，我就知道，你有伤心情绪不好的事儿，我就小心"。

后来，有一天，丈夫在单位发生很不爽的事儿。那一天，丈夫回家时，把领带拧歪到耳朵下面。妻子看到丈夫的这样形象，就尽力叫丈夫舒心。结果夫妻没有吵架。第二天，这对夫妻吃早饭时认为他们的家庭也会幸福而非常高兴。

但是就在那天晚上，出问题了。丈夫快到家时，妻子在家生气憋一股火，所以，妻子把裙子穿偏到臀部。但是恰巧那天，丈夫情绪不爽把领带戴偏45°回到家。这种情况下，彼此不能体贴。

所以，两个人控制不住，就像从前又吵架了。这是笑话。

怎样过彼此不埋怨的幸福生活？

那就是心里事奉神的生活。就是说，若是事奉圣灵，就彼此谦让，互相理解，承认"是我错！"。幸福就在此。

有一个信心好的长老家里发生这样的事儿。长老家里来了一位客人住在客人卧室。到了早晨，儿媳妇端着早餐送到客房时，在房门前撞在米袋上，把饭桌扣在地上。儿媳妇紧张得想钻进老鼠洞。这时，婆婆出来说："哎，这是我的错，因为我没有跟你一起抬桌子，是我的错"，就这样安慰儿媳妇。听到扣饭桌声音，公公跑出来说："哎，这是我的错！我忘收拾米袋子"。他们一家都说自己的错，即使发生打仗的事，也打不起来。因为他们心里都事奉神。

第四：16~19节，人遭来灵和肉体的痛苦和死。离开神的人，在灵魂与肉体永远没有安息，在不安和焦虑之中生活。

因为人犯了神的诫命，所以必死。这个死是指肉体的死和属灵的死。

这个灵和肉体的死是指与作为生命根源的神隔绝。撒但嫉妒与神同在一起过幸福生活的人，所以诱惑人犯罪。结果人犯罪，从而灵和肉体与神隔绝而死。

Ⅲ. 犯罪的亚当与我们的关系

有人问："亚当和夏娃犯罪与我们有何相干？"。但是亚当和夏娃在神面前既然是罪人，我们作为他的后裔自然而然就是罪人。举例，有一棵果树，今年摘了苹果，那明年还能结什么呢？当然是结出苹果。

如此，亚当的后裔生来都是与亚当一样的种子，就是罪人。

因此，照着神在创世记2:17"必定死"的话，人生来就是灵魂与肉体必死的。所以，圣经说："这就如罪是从一人入了世界，死又是从罪来的，于是死就临到众人，因为众人都犯了罪(罗5:12)"。

小孩子出生后，你们认为他是学犯罪吗？即使把小孩子在深山里养大，也能发现从他心里滋长罪。罪不是摸得着的，而是"与神的关系隔绝"。人无论在哪儿，若不与神和好，仍活在罪中。

那么，怎样与神和好，并且活出爱神的生活呢？

罗马书6:23说："因为罪的工价乃是死。惟有神的恩赐，在我们的主基督耶稣里乃是永生"。

这是一句很奇妙的话。照着这句话，人因罪的工价必死，但是无罪的耶稣基督为我的罪流血替我而死，从而我的罪得洗净。

给相信这真理的圣徒，打开了走向永生之路。就是因着信耶稣基督，灵重新得救，肉身在这世上活着的时候，如果耶稣再来，就不死，变成永生的身体，永远不死；如果主再来之前死，那么当主再来时，复活成不死的身体，永远不死。"耶稣对他说，复活在我，生命也在我。信我的人，虽然死了，也必复活。凡活着信我的人，必永远不死。你信这话麽(约11:25～26)"

第三章

成为救主的耶稣

"为此他作了新约的中保。既然受死赎了人在前约之时所犯的罪过，便叫蒙召之人得着所应许永远的产业"。(来9:15)

Ⅰ．无花果树叶的宗教(无生命的宗教)

亚当和夏娃犯罪后，为遮盖自己的羞辱，首先进树林里面用无花果树叶编作裙子遮盖身体创3:7)。这种行为属于人自己遮盖耻辱的罪，把自己显为义的自义宗教范畴。

人做的树叶衣服，就是自义的衣服似乎还能穿一会儿。犯罪的人穿这件衣服，隐瞒神和人的眼睛装作义人。但是，不多一会儿，太阳出来，被风一吹，这件自己做的树叶裙子就碎裂，人一动弹就掉下来，显露羞耻。

这表示什么意思呢？在若干时间内，人的形象在修养和道德上，在人的眼里似乎显得对。但是时间过去情况一变，在撒但诱惑和罪恶势力面前，人的软弱形象，就像晒干的树叶裙子碎掉一样，使人灰心失望，令人厌恶自己的形象，要把自己显为义的能力完全垮掉。

因此，要用自己的义来拯救自己的人，在人面前看似对，但在神的面前，任何人不能靠自己的义来站立得住。举例，神给了"当"和"不可"的十诫。其中第六诫命就是"不可杀人"。耶稣说，在心里讨厌人就等于杀人。那么，这世上有谁没杀过人呢？如此，用道德和律法，人不可能成为义。因为人在不知不觉中犯了一条，就等于犯了整个律法。

就是这样，用人的能力、修养、道德和律法不能叫人真义，或者不能给人真正平安。所以，人为了义，即使整夜哭泣加倍努力，也只是更加痛苦而已。

由此可见，若是更加深入研究世上的道德和宗教，或许能成为真正的道德家或者宗教家。但是罪恶满盈的人不能从不安和苦恼当中逃脱出来。被魔鬼的毒气熏倒的人，实在无法来到神面前。结果在死亡路上，绝望得眼睛都不能闭，就走下地狱路。这就是无花果树叶的宗教，也就是用人的努力来寻求神的，人所建立的自义宗教。

就像犯罪的人躲避神的脸面逃到树林里编作无花果树叶衣服穿一样，人为除掉可怕的死亡原因-罪，走向神那里，尽管努力要靠道德、修养以及叫做律法的自义宗教-树叶来遮盖羞辱，但都是无济于事。

我们知道了在这世上自义宗教不能除掉人的罪。实际上宗教只是叫人领悟罪。所以，人越靠近宗教越发现自己的软弱和过犯。那么，因犯罪被判死刑的人怎样得救呢？

Ⅱ. 皮衣的宗教(有生命的宗教)

神宰杀羊作皮衣给犯罪的亚当和夏娃穿。创世记3:21说："耶和华神为亚当和他妻子用皮子作衣服给他们穿"。

神为亚当和夏娃叫羊流血死而得到的皮子，做衣服给他们穿。这预表为赦免人类的罪，神把他的羔羊耶稣基督差到世上，叫他背负人类的罪孽，把他钉死在十字架上，从而拯救人类的美意。

只有除掉亚当和夏娃所犯的罪，才能与神交通，从而打开得救的路。即使穿上编作的树叶衣服，在神眼里并不是看为洁净的。为要与神交通，在神眼里看为洁净，首先除掉作障碍的罪。

"因为活物的生命是在血中。我把这血赐给你们，可以在坛上为你们的生命赎罪，因血里有生命，所以能赎罪(利17:11)"；

"按着律法，凡物差不多都是用血洁净的，若不流血，罪就不得赦免了(来9:22)"

因为罪的工价是死，但是血能赎罪，所以为除掉这罪，必须有人为背负亚当的罪要流血而死。神作了这件事。神宰杀羊，用羊皮做衣服给亚当穿了。因此，只要犯罪的人一穿上这衣服就好了。就是只要相信为背负我们的罪钉死在十字架上流血而死的耶稣基督，就能得救。因此，就像有一首赞美：

"我的罪得赦免，在主面前得称义，完全是因信靠羔羊耶稣的血赎我的罪"，惟有靠着耶稣的血才能赎罪，惟有相信他才能得救。

世上的宗教为得救，靠着他们自己能力、自己行善或者自己功劳寻找神，但是最终只是面临挫折和地狱。然而，基督教不是靠着自己的努力寻找神，而是只要相信，神来寻找人并已经成就了救恩，就能得救。

但是在世上除了似是而非的宗教以外，所有的宗教原本是好的。若是把宗教比喻为光，就像蜡烛是没有电灯时用，电灯是没有太阳光时用一样，世上的宗教就像光一样都好，但是耶稣作为真光而来。既然真光来了，人建立的所有宗教就毫无用处。

因此，约翰福音1:9说："那光是真光，照亮一切生在世上的人"。因此，即使在宗教面前没有明白的罪，来到耶稣面前就会完全明白，不只是明白，而且是永远得到解决。

Ⅲ. 为什么耶稣基督是我们的救主？

1. 耶稣作为无罪的人降世，所以是我们的救主

"这就如罪是从一人入了世界，死又是从罪来的；于是死就临到众人，因为众人都犯了罪"(罗5:12)。

因罪债应该灭亡的人，只有除掉罪，才能得救、得永生。因此，耶稣为要除掉世上的罪，作为无罪的人降世。约翰壹书3:5~8说："你们知道主曾显现，是要除掉人的罪。在他并没有罪。犯罪的是属魔鬼，因为魔鬼从起初就犯罪。神的儿子显现出来，为要除灭魔鬼的作为"。

这世上的人都是男人的后裔。但在神的话语里面有奇妙的预言，就是女人的后裔要降世。照着这个预言，耶稣因圣灵感孕由童女马所生。这一点，给我们表明耶稣是与罪无关的人。

关于耶稣的降生在以下的经文有预言。

"女人的后裔要伤你的头，你要伤他的脚跟"(创3:15)，"必有童女怀孕生子，给他起名叫以马内利"(赛7:14)，"及至时候满足，神就差遣他的儿子，为女人所生"(加4:4)，"耶稣基督降生的事，记在下面。他母亲马利亚已经许配了约瑟，还没有迎娶，马利亚就从圣灵怀了孕。她丈夫约瑟是个义人，不愿意明明的羞辱她，想暗暗的把她休了。正思念这事的时候，有主的使者向他梦中显现，说大卫的子孙约瑟，不要怕，只管娶过你的妻子马利亚来。因她所怀的孕，是从圣灵来的。她将要生一个儿子。你要给他起名叫耶稣。因他要将自己的百姓从罪恶里救出来。这一切的事成就，是要应验主藉先知所说的话"(太1:18~23)

世上的人都借着男人出生，就是男人的种子借着女人的地而出生，就是说所有的人都是男人的后裔，男人的祖先是亚当。因为亚当是罪人，所以世人怎么努力也解决不了罪债问题。因此，圣经说"没有义人，连一个也没有"(罗3:10)。

换句话说，作为亚当后裔的这世上的人，连一个义人也没有，都是罪人，所以普天下的人都没有替死的资格。因此无罪的神为拯救人类，透过神的创造能力，借着女人的身体，成为肉身而降世。使徒约翰把这个事实叫做神成为肉身降世。"道成了肉身住在我们中间，充充满满的有恩典有真理。我们也见过他的荣光，正是父独生子的荣光。"(约1:14)

神为降世成为有血有肉的人，借着人的身体而降世。但是不能借用男人的后裔，只能靠着无罪的圣灵能力，在童贞女身上受感孕而降世。圣灵具有创造天地和造人的能力。因此，耶稣与罪的种子男人的后裔毫无相关，他不是亚当的血统，而是靠着圣灵的能力，作为神的系统，成为人的肉身降世，偿还罪债，从而解决了死的问题。

只要相信这一事实，就作神的儿女。"凡接待他的，就是信他名的人，他就赐他们权柄，作神的儿女。这等人不是从血气生的，不是从情欲生的，也不是从人意生的，乃是从神生的。"(约1:12~13)

当犯罪的人接待耶稣时，就作神的儿女得救。因靠着圣灵的能力，借着童贞女的身体降世的耶稣没有原罪和本罪，在这世上为我们钉死在十字架上，偿还罪债，埋葬在坟墓，然后复活升天，打开了走向永生之路。

人因犯罪，堵塞了走向神的道路。作为神的耶稣来，是为要以死偿还罪债而在十字架上流生命血死，从而推倒神与人之间罪的墙壁，打开了走向神的道路。

因此耶稣说:"我就是道路，真理，生命"(约14:6)。使徒彼得(徒4:12)说:"除他以外，别无拯救。因为在天下人间，没有赐下别的名，我们可以靠着得救"。释迦牟尼、孔子等伟人能成宗教家，但决不能成为解决罪问题的人类救主，因为他们都是亚当的后裔。但是，耶稣不是男人的后裔，他是女人的后裔，也就是无罪的人，他为解决人类的所有罪债而来这地，给人类打开了走向永生的道路。

2. 耶稣因为钉死在十字架上，成为我们的救主

耶稣照着神计划之中的护理，按着预言，因圣灵感孕，作为女人的后裔降世，被钉死在十字架上，埋葬在坟墓，第三天复活，然后升天而成就了救恩。当我朝拜圣地走『维亚多乐罗莎』(十字架的路)思想主在十字架上的受难时，蒙了恩典。

♪ 主所走的路，十字架的路，孤独沉重的路

　在各各他山上，疲累的主的形象

　噢，我的主求你饶恕我，为罪人主受难

　为给这世上生命而情愿走的路

用传统拉丁语叫做『维亚多乐罗沙』(Via　dolorosa)的『十字架之路』，或者『苦殇路』，是从耶稣受彼拉多审问的彼拉多法庭开始。从法庭一直到耶稣坟墓-各各他，共有14个站地，也叫做14站路。十四个地点都有

第一站：彼拉多法庭。耶稣被判死刑的地方(太27:26)。

第二站：军兵给耶稣戴上荆棘冠冕，叫耶稣背十字架的地方。

第三站：耶稣背着十字架走时，第一次跌倒的地方。

第四站：遇见悲哀的圣母马利亚的地方。

第五站：叫古利奈人西门替耶稣背十字架的地方(太27:32)

第六站：维罗妮卡给耶稣擦脸的地方。

第七站：耶稣第二次跌倒的地方。

第八站：耶稣给耶路撒冷女儿们说安慰话的地方(路23:27-31)

第九站：耶稣第三次跌倒的地方。

第十站：各各他地方，耶稣被强行剥去衣服地方。

第十一站：把耶稣钉十字架的地方。

第十二站：耶稣的十字架插立的地方。

第十三站：耶稣的身体从十字架取下来的地方。

第十四站：耶稣的坟墓。

这十四个站地中有九个即一，二，五，八，十，十一，十三，十四是根据圣书制定的，其他都是经过几个时代传承推断的。耶稣为拯救我们，替我们背负我们的罪孽和咒诅而被钉死在十字架上。

"他被挂在木头上亲身担当了我们的罪，，，，"(彼前2:24)

"你们知道主曾显现，是要除掉人的罪。在他并没有罪"(约壹3:5)

"基督既为我们受了咒诅，就赎出我们脱离律法的咒诅。因为经上记着，凡挂在木头上都是被咒诅的"(加3:13)

耶稣为我受咒诅，如今仍为我忍受疼痛。我一想到主因为我受难，我只是感谢。他背着沉重的十字架，走各各他的路上无力跌倒，罗马兵丁就用带骨刺的鞭子残酷抽打。耶稣为什么要戴荆棘冠冕背痛苦的十字架呢？

应该受无限荣光的耶稣，为什么在他的仁慈的头上戴耻辱的荆棘冠冕，用鲜血遮盖脸，以赤身露体被钉死在十字架上呢？这乃为除掉我和你们的罪，代替我们受咒诅。罗马兵丁用锤子残忍地钉了耶稣的手和脚。他被打得皮开肉绽鲜血流出，肋旁被枪扎得水与血一点不留全部流尽，以此洁净了我们的罪。我们要开启属灵的眼睛，要看各各他山上的受难和十字架。但愿你们即使面临苦难和冤枉的事，也要看耶稣的十字架，回想耶稣为我替我背的十字架，一生要珍惜主的恩典，因着感谢为主献身。

♪ 主释放我洗尽罪污，在地如天终日欢呼；

　　世上难免忧愁困苦，认识耶稣天堂正路；

　　哈利路亚！真是天堂！罪蒙赦免真是天堂；

　　无论岸上，无论海洋，耶稣同在就是天堂。

就这样，如果确实知道救恩的奥秘，得到救恩的确据，那么在我们心里面会悄悄地兴起信心的复兴，即使在饥寒交迫的苦难幽谷里面，我们圣徒仍然能告白"感谢主"。圣徒即使躺卧在病床上，也仰望着天国，以流泪感激唱赞美；又在苦难的生活环境中也唱赞美。

> ♫ 在世上只是客旅之行，我只是客旅，
>
> 我的家在天的那一边，天使们在天上招呼我来
>
> 我不想呆在这地上，这世上这世上不是我的家
>
> 我们的救主不久再来时，天使们在天上招呼我来
>
> 我不想呆在这地上

就这样有了罪得赦免的恩典，就是有了得救的确信，常常心里充满喜乐，心门敞开，开口就唱赞美。

3. 因为耶稣复活了，所以成为我们的救主

在圣经出现80多次"坟墓"一词，表示埋葬人尸体的地方。凡是人生活过的地方必存留坟墓；凡是有坟墓，就证明有人曾经在世生活过。这个坟墓是把人的一切都无情埋葬的悲惨之地。因此，世人都认为坟墓是不爽之地。尽管是如此，世人还在为装修坟墓花费辛劳。

在韩国发现了很多王陵。庆州有很多像一座乐园的王陵。我去过庆州天马冢王陵。王的尸体已经腐朽消失，但仍存留了在他身上佩戴的金首饰。

根据坟墓的装修，就能知道这人的过去。特别是埃及胡夫(埃及第四王朝第二代王B.C2589～B.C2566)王的陵墓动用110万劳工每三个月轮班，经过20年修建了闻名于世的金字塔陵墓。我去埃及的时候，我登上金字塔的塔顶，看了塔顶上的陵墓。这是从金字塔的中央开一条窄的隧道，直通到塔顶的陵墓。我上去看完下来，浑身冒汗。

佛教把释迦牟尼的遗骸放在用金银铜装修的玻璃棺材里面，然后修造坟墓，在上面修建塔，这塔叫舍利塔，他们拜这塔。儒教孔子的坟墓修建在山东省曲阜。每年都有很多的人在那里祭祀。穆罕默德也是一样。

很早以前，在阿拉伯沙漠有一对恋人，一个是基督教徒，另一个是回教徒。他们彼此夸耀自己信的宗教。回教徒夸耀说："我们有基督教没有的，就是阿拉伯麦加有教主穆

罕默德雄伟壮观的坟墓。但是基督教在耶路撒冷没有耶稣的坟墓"。然后，基督教徒笑着说："你说得对。正因为基督教没有坟墓，才叫真正有生命的宗教。如果耶稣死后只是被埋葬在坟墓里面，他怎么能成为人类的救主呢？"

耶稣钉死在十字架上，他的尸体是由亚利马太人约瑟和虔诚的尼哥底母埋葬在坟墓里面。这个历史事件没有人能否认。

但在这个世界上没有存留闻名世界的耶稣坟墓，这一点由历史可以证明。耶稣战胜把守封印坟墓的罗马兵丁权势和死亡权势而复活了。因此，基督教是与坟墓无关的生命宗教。这个世上的教主都有坟墓，并且炫耀它。但是主的坟墓是空的，因为主复活了。我三次朝拜圣地，进过主的空坟墓里面。

"但如今藉着我们救主基督耶稣的显现，才表明出来了。他已经把死废去，藉着福音，将不能坏的生命彰显出来"(提后1:10)。

因为耶稣废去死而复活了，所以成了人类的救主。罪的工价乃是死。在这世上没有人能除掉罪的工价死。因为亚当的后裔，就是男人的后裔当中没有义人(罗3:10)。我们主是为我们而来的，是为除掉我们的罪债而替我们死，然后他又复活，以此解决了我的罪，亚当的罪和整个人类的罪。

"耶稣被交给人，是为我们的过犯，复活是为叫我们称义。"(罗4:25)

耶稣把死废去，把生命赐给了凡信他的人。在这世上没有人能废去死，即使是英雄豪杰死后，也要下坟墓，无数人在最后的坟墓面前灰溜溜地转身而去，这就是世人。但是在耶稣里面，人没有死的恐惧。

"我实实在在的告诉你们，那听我话，又信差我来者的，就有永生，不至于定罪，是已经出死入生了。"(约5:24)就这样，耶稣解决了我们死的问题。

而且赐给了复活的盼望。死对信徒来说是生的一种变换(变态)。就像蛴螬(蝉的幼虫)变成蝉，水虿(蜻蜓的幼虫)变成蜻蜓一样，信徒的死是脱壳而已。

凡相信耶稣复活的人，主已给他们预备了复活。主把死了的拉撒路说睡了，这是因为耶稣再来时，圣徒都有属灵的复活。因此，先走的圣徒们把圣徒的死叫做"回故乡"。使徒约翰也说"在主里面死的人有福了"(启14:13)。就这样，耶稣是为除掉我们的死而来的，这是多么感恩的事儿？

耶稣在约翰福音15:1-2说耶稣是真葡萄树，我们是葡萄树上的枝子。葡萄树与树枝是一个生命共同体。这表示圣徒与主永远同在。虽然贫穷、孤独、寒酸，但是一想到我在世上过着与神的国直通的生活，就能以喜乐胜过任何贫穷和苦难。

信耶稣基督的人，因着耶稣基督宝血的救赎而作神的儿女。在世上照着主的旨意而生活，等离开这世界站在主面前时，戴上主所赏赐的荣耀冠冕，在天国享受永生福乐。

第四章

叫人活出得胜的耶稣

给各位讲在某一个贫穷的家里发生的事儿。过困难日子的妻子对丈夫说："亲爱的！我们的米吃没了，煤也烧没了，还有，孩子的鞋也没有，学费也要交，房租也拖欠了！"。在这个家庭里面缺乏的东西太多，但是只要有一个东西，就能解决这么多的问题，那就是钱。有钱就能买米、煤、鞋，能解决所有一切的问题。

同样的道理，我们圣徒也有很多问题。但是有一条能解决的门路，那就是用圣灵充满来解决。因此，奉主的名愿所有的圣徒都受圣灵充满解决所有的问题。

耶稣(徒1:4～5)说："不要离开耶路撒冷，要等候父所应许的，就是你们听我说过的。约翰是用水施洗。但不多几日，你们要受圣灵的洗"，又(路24:49)说："我要将我父所应许的降在你们身上。你们要在城里等候，直到你们领受从上头来的能力"。

这是耶稣被钉死埋葬在坟墓第三天复活后，在世停留四十天，临升天之前吩咐给门徒的话。

耶稣说这话的原因是：耶稣升天后只剩下门徒，没有耶稣的这个时代，门徒靠着自己的能力活不下去。因此，叫他们靠着从上头来的能力来得胜。"直到受从上头来的能力"这句话中的"能力"(度拿米斯δυναμις)是指力量。

力分两种，一个是**自力**，另一个是**外力**。举例，骑自行车是自力，骑摩托车或者开汽车是外力。如果人用自力来骑自行车走，就走不了多远，因为人的力气是有限的。

但是骑摩托或者开汽车就不用费人自己的力气，也能走得很轻松。举例就是，绰号叫亚洲海狗的韩国游泳选手即使再有力气，也不能游过太平洋。

因为人的自力是有限，但是船或者飞机就轻松地过去。这是因为船或者飞机不是人力，而是外力。耶稣说的"从上头来的能力"不是人力，而是从神来的圣灵能力。

Ⅰ. 圣灵的位格

我们受圣灵充满之前，首先要了解圣灵是谁？使徒彼得将圣灵称为神(徒5:3～4)。耶稣将圣灵称为真理的灵，就是另外的保惠师(约14:16～17)。真理的灵就是耶稣的灵(约14:6)；又称为另外的保惠师是指"安慰"、"为帮助而受差遣的"。

换句话说，体弱多病的人自己不能走，但靠着有劲的年轻人扶助左右，他就能走，这些年轻人就是体弱多病人的保惠师。这说明人因为软弱，在这个世上自己活不下去，但是靠着圣灵在前帮助，就能活出得胜。

希腊语表示"另外"意思的有两个单词，一个词叫做"阿尔劳斯(αλλος)"是指同样种类之中的另一个；另一个词叫做"希特罗斯(ετελος)"是指在质上彼此不同的另一个。耶稣在约翰福音14:16说的"另外要赐给的保惠师"是指"阿尔劳斯 法拉 克勒图斯(αλλος παρακλετος)"，是要赐给在本质上与耶稣相同的另外一位。因此，圣灵是三位一体神之中的第三位格的神。

Ⅱ. 现在是圣灵时代

圣书把时代大体分为圣父时代、圣子时代、圣灵时代。旧约时代是圣父时代，新约时代是圣子时代，现在是圣灵时代。旧约时代，神以圣灵与先知和预言者一起工作。在新约时代，耶稣以圣灵与门徒一起工作。

如今耶稣完成救赎工作，复活升天，圣灵已经降临。因此以圣灵为首，与主的仆人一起工作。先知约珥把这一类的事情(约珥2:28～29)已经预言："以后，我要将我的灵浇灌凡有血气的"。

因此，生活在如今时代的圣徒必须要受圣灵的洗，而且应许凡信的人都受圣灵的洗。使徒彼得说(徒2:38~39)："你们各人要悔改，奉耶稣基督的名受洗，叫你们的罪得救，就必领受所赐的圣灵。因为这应许是给你们，和你们的儿女，并一切在远方的人，就是主我们神所召来的。"

这里的"你们和你们的儿女"是指从当时直到今天；"远方的人"、"所召来的"是指来自全世界。因此，生活在如今时代凡信的圣徒都能受圣灵，要毫无疑惑地相信这一点。

Ⅲ. 凡得救的圣徒都要受的圣灵充满

有的人因为罗马书8:9"人若没有基督的灵，就不是属基督的"，就说基督徒不需要受圣灵。但是，我今天说的是，要受圣灵充满。

看一下门徒们。"凡洗过澡的人，只要把脚一洗，全身就乾净了(约13:10-11)"，"现在你们因我讲给你们的道，已经乾净了(约15:3)"。从这两处话语中看出门徒已经得救了。但是从下面的话语中知道门徒也要受圣灵。"约翰是用水施洗。但不多几日，你们要受圣灵的洗(徒1:5)"，"你们要在城里等候，直到你们领受圣灵(从上头来的能力)。(路24:49)"

为便于理解多加说明。哥林多前书2:14~3:3中有三类人出现。

第一类：**属血气的人(ψυχικος· 普虚基高斯)**(林前2:14)

　　　　是指拒绝圣灵，想靠人的魂来得救的人。

第二类：**属肉体的人(σαρκικος· 撒勒基高斯)**(林前3:3)

　　　　是指虽然得救，但是体贴肉体的人。

第三类：**属灵的人(πνευματικος· 普纽玛提高斯)**(林前3:1)

　　　　是指效法耶稣的人，体贴圣灵的人。

这里的第二类是属肉体的人，要受圣灵充满。

从三个方面来解释圣灵在人身上的工作。

第一：人有圣灵感动和感化

这是圣灵的感动感化工作，圣灵如今仍在感动和感化全人类，叫他们接待耶稣相信神。任何人若没有圣灵的感动和感化，就不能得到救恩。

第二：人有圣灵内住

这是圣灵的内住工作，哥林多前书3:3的属肉体的人虽然得救，但是没有把耶稣敬奉在内心的王座上，而是自己仍作为主人的状态。这不是事奉主，而是想过使唤主的生活；不是照着主的旨意，而是照着我的意思而行。这种灵命就像婴孩一样，是属肉体的状态。这种信徒要受圣灵充满。

第三：人有圣灵充满

这是哥林多前书3:1的属灵的人($\pi\nu\epsilon\upsilon\mu\alpha\tau\iota\kappa o\varsigma\cdot$)。这是圣灵坐在我内心的王座上，我在他的脚下，照着主的吩咐是死是活，是吃是喝，做什么事都是为主荣耀而活的灵命成熟的成人状态。

因此，就像使徒保罗告白："我们若活着，是为主而活。若死了，是为主而死。所以我们或活或死，总是主的人(罗14:8)。"，能活出以主为首的信仰生活。我们圣徒要受这种圣灵充满。

♬ 如火般的圣灵啊！求你现在降临在向你恳求的我们身上，
　　求你彰显你的荣耀！圣灵啊！
　　求你降临满足我灵魂的愿望，求你用火，用火来充满等候的我们！

Ⅳ. 要受圣灵充满的原因

1. 为得胜的生命，要受圣灵充满

即使得救的圣徒，因为是人不是神仙，圣徒有肉体的软弱和罪性，所以也用属肉体的来看、听、想。因此，人的生活环境都成为试探人的。为活出属灵的得胜，必须要受圣灵充满。

我在欧洲旅游的时候，游览了罗马南部的那波利港，它是世界三大美港之一。这是一个很美丽的地方。大名鼎鼎如雷灌耳的船王欧纳西斯等大富豪，曾在这里漂浮豪华游轮过了神仙般的生活。但地中海上有叫做安托摩爱撒的岛，岛上有叫赛伦的妖精。这些

妖精用淫荡的歌诱惑船员，使船员都被淫荡女神的歌声吸引得神不守舍不能划桨，趁着这机会夺走他们的生命和所有的东西。因此，没有一只船平安无事地渡过这岛。要通过这岛的亚尔盖努船长正担心。这时，听见这声音的音乐之神奥菲斯开始抵挡淫荡的赛伦女神。奥菲斯拿着琴在船头上鼓励船员并先唱了《要唱我们的歌！》，随后，所有的船员都鼓起勇气大声高唱。大声高唱的船员耳朵，根本听不见妖精们诱惑的歌声。就这样他们平安无事地渡过了这个岛。此后，这些唱歌的女神，因唱歌的罪，罚她们作望海的孤独岩石。

我在这个故事当中联想："把暗礁多的海比喻为这个世界，唱歌的女神比喻为邪恶撒但的诱惑，坐在船上的船员比喻为圣徒，唱歌的奥菲斯比喻为圣灵！"。即使世界的诱惑再可怕，都胜不过内住在我们心灵里面的圣灵歌声。圣灵使人能胜过世界，又叫人活出得胜。

2. 为要迎接新郎耶稣，要受圣灵充满

"得胜的，我要赐他在我宝座上与我同坐，就如我得了胜，在我父的宝座上与他同坐一般(启3:21)"

得救的圣徒就成为与耶稣订婚的童女。耶稣要求得救的圣徒要保守贞洁，做好迎接新郎的准备，并要过渴望那日的生活。

在一个村里，有叫吴顺益的漂亮姑娘。姑娘家非常宽裕，她是双亲的掌上明珠。她到了出嫁的年龄，经媒婆认识了条件很好的对象。对象家也是条件很富有，他是某医科大学的大学生，很有前途。他们受两家父母亲戚的祝福订婚了。两个人相亲相爱，就等着定日子要办婚礼。突然有一天，订婚的未婚夫要留学，并答应回来一定结婚，之后他就去美国就学。

后来有一段时间两个人彼此写信联系，然后慢慢逐渐次数减少了，过2,3年后，连信也不写了。岁月流逝，两家父母和姑娘都等累了，姑娘架不住媒婆的劝弄，另找对象结婚了。开始的婚姻生活虽然幸福。但是没过多久，她丈夫因生意失败，悲观失望借酒消愁，过着挫折悲伤孤独的日子。这个家庭没有脱出贫穷，居住在贫民区，把帐篷当做房子，过着最底层人的生活。

另外，以前的未婚夫毕业后，当了很出色的医生回国。听说姑娘已经出嫁了。因为

他很想见以前的未婚妻，所以找人联系原来的未婚妻。结果，原来的未婚妻答应见一面，条件是不能告诉住在哪儿。他们定好见面的时间和地点。以前的未婚妻吴顺益因为失望灰心，没告诉丈夫，自己想了一阵子后，她决定提前去见一面过去的未婚夫就回来。然后，她自己提前到了约定的地方。时间一到，看到过去的未婚夫东张西望焦心地在寻找她。此时，这个女人看到很出息了的过去未婚夫绅士气派，再同她的寒酸形象一比，实在不敢见面，她就流泪回家。

后来，她的丈夫完全失败，生活困难，她们就搬到动迁户村的山顶上租房子住。最后，她的丈夫因失意喝酒更甚，酒精中毒睡死在大街。后来，我把这个女人传道到我们教会，她有了很好的信心。后又给她任命执事，为叫她过新的生活，为她祷告并引领她。这位执事真诚期待新的生活，认真相信，活出了诚实。

有一年中秋节前夕的一天，她在市场摆摊，挨雨浇卖水果当中，被神招走，岁数很年轻就去世，连一句话都没有留下。我和教友一同举行吴顺益执事的凄凉葬礼仪式时，再次感受到"主再来"的奇妙含义。

各位圣徒！这位执事的过去未婚夫成功而归，但她自己却不能理直气壮地站在他面前。我们也一样。当我们的主新郎与天军天使一同在荣耀中再来时，我们却要作为保守贞洁、属灵得胜的新妇迎接主耶稣。

3. 为将来得赏赐，要受圣灵充满

将来主的国降临，救恩是凡信耶稣的都能得到，赏赐却是按照行为而得。

将来在主的国里有的人与主一同拥有王权同坐宝座(启3:21，19:7～8，20:4-)，有的人作为百姓的资格进天国(启7:9～17)。信耶稣得救的人没有地狱的审判。因为圣经说：(约5:24)"我实实在在的告诉你们，那听我话，又信差我来者的，就有永生，不至于定罪，是已经出死入生了"，(罗8:1)"如今那些在基督耶稣里的，就不定罪了"。

以上的话语表示，圣徒在相信基督的信心里面救恩得到保障。

以色列人出埃及之前发生了很大的事件。法老不肯解放以色列人，所以神借着摩西行了十大灾殃，其中最后灾殃是杀死埃及长子。当时，为分别以色列人和埃及人，叫以色列人宰杀羊，用羊血涂抹门楣和门框，并叫他们待在里面。　以色列人却照着神的应许在门楣和门框上涂抹羊血。当神的使者走遍全埃及击杀长子生命的时候，见门上的血就逾越过去了。就这样，凡在屋里面的人都安全。

这是预表羔羊耶稣基督之救赎和血之功效的事件(出12:1~36)。因此，在相信耶稣宝血的信心里面不需要确认，必得救恩。

救恩是凡相信神之宝血的人都能得到，没有差别，但各人得到的赏赐却是各自不同。因为圣经说："(启22:12)看哪，我必快来。赏罚在我，要照各人所行的报应他"，"(林前3:8)栽种的和浇灌的都是一样。但将来各人要照自己的工夫，得自己的赏赐"，"(林前3:10~15)我照神所给我的恩，好像一个聪明的工头，立好了根基，有别人在上面建造。只是各人要谨慎怎样在上面建造。因为那已经立好的根基，就是耶稣基督，此外没有人能立别的根基。若有人用金，银，宝石，草木，禾秸，在这根基上建造。各人的工程必然显露。因为那日子要将他表明出来，有火发现。这火要试验各人的工程怎样。人在那根基上所建造的工程，若存得住，他就要得赏赐。人的工程若被烧了，他就要受亏损。自己却要得救。虽然得救乃像从火里经过的一样。"

以上的话语表示救恩是因着相信耶稣基督的信心，每个圣徒都能得到；赏赐却是按着所作的工夫和功绩来得。

有一个从火中得救的有趣故事。

有一天早晨的晨报登载昨晚在东大门市场着火的新闻。标题是《有一妇女一丝不挂从火里跑出来》。这是发生在50年前，还没有搞现代化以前的事儿。因为火是深更半夜着的，消防车亮着灯戒严灭火，现场天翻地覆。另一方面，店主们为拿东西忙乱，整个街市一片混乱。这时，有一个一丝不挂的女人从这火和烟雾里面跑出来保住了自己的性命。但这个女人因为众目睽睽，又无法遮盖自己的赤身露体，急忙跑进附近的药店打碎玻璃门进去藏身。

这个女人虽然在火中保住了自己的性命，但因赤身露体有多羞耻？不知道主什么时候来，但明确的一点是，主是突然间来。因此，耶稣不管什么时候来，我们在灵里面常常要祷告，活出忠心和纯洁的信心，以喜乐来准备迎接主。所以，保罗(林前4:2)说："所求于管家的，是要他有忠心"，使徒约翰(启2:10)说："你务要至死忠心"。

人即使死了并不是结束。我讲一个故事。这是1984年12月20日，我在首尔永安长老教会引导复兴会的时候通过金永俊长老讲的。当时这位长老在新丰长老教会当执事，就是以前郑熙寿牧师服事的金堤新丰长老教会。

新丰长老教会有叫朴荣誉的执事，她的丈夫赵铁拳在新丰市场批发缝纫机，所以他们家生活非常富有，家里还有家政。她的丈夫平时性情很温和很好，但是时而喝酒反对她信耶稣并逼迫她。有一天早晨，丈夫上市场，家政在厨房干活，朴执事在自己的房间里面。家政干完活，招呼女主人，问她还要干什么活。家政去房间看女主人躺着，以为是睡觉，走近再问也不答话，就拍她一看，人已经死了。

家政看到刚才还好好的人，突然变成死尸，吓得光脚跑去市场告诉男主人。男主人乍一开始不信，只是发脾气，后来他怕万一，就回家一看，人真的死了。丈夫无奈请来教会的牧师确认，结果真是死了。过第一天，作入殓礼拜，第三天准备要出殡，但是丈夫说："因为她活着的时候我逼迫了她，所以第五天出殡，以此求饶"。教会也就没有阻拦丈夫。第五天，牧师和圣徒们做礼拜时，突然屏风后的棺材里面"嘭！"一响，所有在场的人都吓得推开屏风一看，棺材盖儿蹦上来，棺材裂开了。

这是多么骇人的光景？牧师镇静后，从立柜里拿出褥子，把尸体放在上面，把手触在胸口上，心脏在跳动。这是多么稀奇的事儿？后来，朴执事说，她祷告之后睡着了。然后来两个天使，叫她跟着他们走，她就跟着走。突然，她眼前出现两条路。

一条是百花齐放的路，另一条是险峻的荆棘路。她傻站在岔道口，天使就挥手叫她走美丽的道，她跟着走一阵子。然后，听见"这里是天国"的声音，同时，看不见天使。看见像耶稣的人戴冕旒冠手拿着书。他翻开书，问我是OOO吗？，我回答是。他说："你还没有救你丈夫就来了，你回去给你丈夫传道吧"。就这样，把我打发回来。然后，醒来就看见你们。

那时，她的丈夫听到这事就悔改，感谢神，上教会，好好相信耶稣，认真服事奉献，作执事，又作长老，夫妻二人在教会一直忠心服事主。比金永俊长老的话更明确的神话语告诉我们，人死并不是结束，死后必有审判和赏赐。所以，我们要活出准备受神的审判和赏赐的生活。

4. 为得到肉体的祝福，要受圣灵充满

美国有叫史丹利·塔姆的实业人。1940年，他创立史丹利塔姆财团，在全世界援助90个宣教机关。曾在韩国奉献30亿援助以前的十字军传道队和神学校。1976年他被诊断为第三期脊椎癌，但他却借着他所经营的**W.T.G.N**电台宣教广播邀请的听众祷告，他的癌细胞完全消失，甚至大夫都稀奇,这是他的见证。

他走访50多个国家，见证要顺从圣灵的引导。1980年韩国搞世界福音化时，他也来韩国作过见证。1989年经营五个公司时，他照着与主承诺的，把财产的51%用在宣教的事工上。他建立了322个教会，至89年援助全世界宣教机关的捐款已达2,500万美元。

据他的见证，他过去以为他在事业上的繁荣昌盛，是因为他自己的能力。但是，一次有人来找他洽谈叫他承接塑料厂，这能扩大他的事业。所以，他想接这个厂，但是周围的人都反对。原因是，在他以前的四个人承接这个厂后全都倒闭了，他要是接，他也会遭到困难。因此周围的人都劝他不要接。但是，他依仗自己的事业能力就接了。结果，他也倒闭了，而且他所经营的一切产业全都破产，债台高筑。这时，他才醒悟到自己的错误，在神面前祷告："主啊，以后你当公司的主人，我当跑腿的"。就这样，他完全彻底悔改，把主作为经理来事奉，决志要把公司纯收入的51%献给主。他在祷告时，被圣灵充满，照着圣灵的引导，因着信心，他东山再起。现在就像前头说的一样，他得到惊人的祝福，大搞世界宣教活动。这也是他的见证。

各位圣徒！

被圣灵充满的圣徒在工作单位、在生意上都必受能成功的圣灵引导。奉主的名，愿各位靠着圣灵充满使你们的家庭、健康、事业、工作单位都得福。

5. 为作见证，要受圣灵充满

"但圣灵降临在你们身上，你们就必得着能力。并要在耶路撒冷，犹太全地，和撒玛利亚，直到地极，作我的见证。"(徒1:8)

耶稣的门徒虽然得救了，但是

① 卑鄙。都抛弃耶稣逃跑(可14:50)

② 靠自己的血气和力气而生活(动刀的人必败在刀下)(路22:50)

③ 复仇心强。他们要求用火灭撒玛利亚(路9:54)

④ 想要抬高自己。(坐在主的左右边；谁最大？)(太20:21，路9:46)

⑤ 嫉妒心强。(约21:21)

⑥ 不愿意背十字架 (主阿，万不可如此)(太16:22~25)

⑦ 信心小。(遇见风浪时，你们这小信的人)(太8:26,14:31)

⑧ 担忧的多。(吃什么，喝什么，穿什么)(太6:30~31)

⑨ 对永生迟钝不关心。叫他们受圣灵时，他们问的是以色列的恢复(徒1:5~6)

这样的门徒怎么在邪恶的世界作主的见证呢？但是，门徒们在五旬节受圣灵后，至死作主的见证。

我们也要受圣灵充满，要担当见证的使命。

Ⅴ. 受圣灵充满的方法

耶稣在(约7:37~39)说："节期的末日，就是最大之日，耶稣站着高声说，人若渴了，可以到我这里来喝。信我的人，就如经上所说，从他腹中要流出活水的江河来。耶稣这话是指着信他之人，要受圣灵说的"。

1. 要渴慕

就像口渴的人一样，要渴慕圣灵充满。快要渴死的人，就把一杯水看作比钻石宝石、博士学位、世上权势更宝贵。就像口渴的人需要水一样，以渴慕的心向神祷告。(约7:37~39)

"因他使心里渴慕的人，得以知足，使心里饥饿的人，得饱美物。"(诗107:9)

2. 要悔改

因悔改而受圣灵充满。

"彼得说，你们各人要悔改，奉耶稣基督的名受洗，叫你们的罪得赦，就必领受所赐的圣灵。"(徒2:38)

悔改分两种。未信者的悔改和信者的悔改。

第一：就像"奉耶稣基督的名受洗"一样，首先未信者需要得救的悔改。悔改是转换方向，就是由原来专顾罪恶世界的人，转变为把耶稣基督作为救主接待的状态，就是得救的状态。

第二：信者的悔改。罪不管是大小，都阻挡圣灵充满。因此是罪都要除掉。用我们的能力是不行，只有向神求帮助，才能除罪。

大卫王向神求助(诗139:23~24)："神阿，求你鉴察我，知道我的心思，试炼我，知道我的意念。看在我里面有什么恶行没有，引导我走永生的道路"。

首先这样求告；然后默默地等待。在等待的期间，神若向你启示他所不喜悦的事，那你要就地结清。如果长时间没有什么判明，就相信洁净了，可以走。但是这时要注意，决不可轻易判断，要留充分的时间余地。一般阻碍大祝福的不是大罪，而是不容易发现的小罪。

3. 要相信

因着信心，要受圣灵充满。圣经说(可11:24)："所以我告诉你们，凡你们祷告祈求的，无论是什么，只要信是得着的，就必得着"，(加3:2)"我只要问你们这一件，你们受了圣灵，是因行律法呢，是因听信福音呢"。如果照着以上方法做了，就相信我里面有圣灵充满，从而在生活中就能结出圣灵的果子。

VI. 圣灵与恩赐

"恩赐原有分别，圣灵却是一位。职事也有分别，主却是一位。 功用也有分别，神却是一位，在众人里面运行一切的事。 圣灵显在各人身上，是叫人得益处。"(林前12:4~7)

就像电输入到灯泡里面就发光，输入到收音机里面就发出声音，输入到电暖气里面就发热，输入到马达里面就作动力，输入到电视机里面就显像一样，只用一个电，就能做多种工作。圣灵也是一位，但是他的恩赐和工作却有多种多样。

圣经说(林前12:8~11)：" 这人蒙圣灵赐他智慧的言语。那人也蒙这位圣灵赐他知识的言语。 又有一人蒙这位圣灵赐他信心。还有一人蒙这位圣灵赐他医病的恩赐。 又有一人能行异能。又叫一人能作先知。又叫一人能辨别诸灵。又叫一人能说方言。又叫一人能翻方言。 这一切都是这位圣灵所运行，随己意分给各人的"。

又说(林前12:28~31)：" 神在教会所设立的，第一是使徒。第二是先知，第三是教师。其次是行异能的。再次是得恩赐医病的。帮助人的。治理事的。说方言的。岂都是使徒麽。岂都是先知麽。岂都是教师麽。岂都是行异能的麽。岂都是得恩赐医病的麽。岂都是说方言的麽。岂都是翻方言的麽。 你们要切切的求那更大的恩赐。"

第31节说"你们要切切的求那更大的恩赐，我现今把最妙的道指示你们"，然后在第十三章讲的是爱的恩赐。借着哥林多前书第十三章1节"我若能说万人的方言，并天使的话语却没有爱，我就成了鸣的锣，响的钹一般"，可知爱是何等宝贵。在所有的恩赐之中最大的恩赐是爱，得到爱的恩赐是很重要的。

Ⅶ. 圣灵与体验

圣灵的体验人人都不同。举例，就像看"月亮"，有的人哭，有的人笑。因人的性格不同，圣灵降临的方式也不同。有的人倒在地上乱滚，有的人在身上没有异常现象，而在他的内心淡淡地、悄悄地降临。因人的性格，人的知识、体质性格、信仰年轮和生活环境不同而圣灵体验也不同。因此，万不可轻易判断我是这样，他这么那样，或者跟我不一样就不是圣灵的作工。

如果把圣灵体验比喻为电能，如同电能可以转换为照亮黑暗的光能，做饭的热能、旋转的力能一样，圣灵的体验也是各自不同。但要知道的一点是，圣灵如同火苗，如果这火苗落在岩石上就会灭；落在水面上只响"噗通"一声；落在干柴上就会着火；落在火药上就会爆炸。同样的道理，根据我准备的不同程度，有不同的圣灵体验。

Ⅷ. 圣灵与象征

下面要讲圣灵的象征。

1. 用鸽子象征

"约翰又作见证说，'我曾看见圣灵，彷佛鸽子从天降下，住在他的身上'"(约1:32)。

(1) 鸽子象征和平

过去就像毒蛇一样刚硬性格的人，受到像鸽子一样的圣灵，除掉人的罪恶性和毒辣性，变成温柔谦卑，成为和平的人。

(2) 鸽子是祭坛上的祭物

因为将我的身心一生献给主，所以能得到祝福。但愿各位这一生每当赞美、祷告、礼拜时，都得到神的应允。

2. 用膏油象征

"你们从主所受的恩膏，常存在你们心里"(约壹2:27)。

以膏油来象征圣灵显现。膏油是指在旧时榨橄榄油装在牛角里膏抹先知、祭司和君王。

(1) 膏油用在分别为圣的地方

"撒母耳就用角里的膏油，在他诸兄中膏了他。从这日起，耶和华的灵就大大感动大卫。(撒上16:13)"

若是圣灵充满，就当做圣洁的器皿来使用。

(2) 膏油作医治的工作

"你们中间有受苦的呢···用油抹他，为他祷告···(雅5:13~14)"

圣经里面每当得重病都是奉主的名抹油祷告。肉体的病和精神的病都是借着圣灵膏油得医治。

(3) 膏油象征味道

原来对圣经、赞美、祷告和传道觉得枯燥无味的人，对忠诚奉献、背十字架的生活觉得枯燥无味的人，都变成有味道的人。愿各位受圣灵充满，成为生活有滋有味的幸福圣徒 。

3. 用水象征

耶稣站着高声说："人若渴了，可以到我这里来喝。信我的人，就如经上所说，从他腹中要流出活水的江河来"(约7:37~38)。

(1) 涌现的水

如果受到活水圣灵，不知为何在我里面涌现喜乐、赞美、祷告、话语、祝福。

(2) 给所有的生物赐新生命

愿在各位的心灵里面涌现活水圣灵更新枯干的心灵。

(3) 有很大的力

水聚就成河，河上就可以漂浮船。如果这水集中地流，就有可怕的破坏力。

(4) 洗涤的工作

洗净所有污秽。

4. 用风来象征

"风随着意思吹，你听见风的响声，却不晓得从那里来，往那里去。凡从圣灵生的，也是如此。(约3:8)"

(1) (用大力)翻覆的工作

翻覆骄傲的心，吝啬的心，不忠心的心，还有懒惰的心。因此有性格的改变，心灵的改变，家庭的改变，事业的改变，肉身的改变。

(2) 就像嗖嗖刮的风一样工作

就像除去憋闷的空气换来新鲜的空气一样，作爽快的工作

(3) 风的工作是生气的工作

春天用西风融化冰雪使植物发芽，夏天用南风的热气使植物长大，秋天用东风催促果子成熟，冬天用北风使树木强壮。

(4) 不能控制

人不能控制风。就像人随风扬场一样，人要顺从圣灵。

(5) 无所不在

就像风无处不刮一样，圣灵的工作也是无所不在。

5. 用雨象征

"他必降临，像雨降在已割的草地上，如甘霖滋润田地"(诗72:6)

"他必临到我们像甘雨，像滋润田地的春雨"(何6:3)

(1) 撒种的雨

(2) 成长的雨

"弟兄们哪，你们要忍耐直到主来。看哪，农夫忍耐等候地里宝贵的出产，直到得了秋雨春雨。你们也当忍耐，坚固你们的心。因为主来的日子近了。"(雅5:7~8)

6. 用印章象征

"你们既听见真理的道，就是那叫你们得救的福音，也信了基督，既然信他，就受了所应许的圣灵为印记。"(弗1:13)

(1) 表示封印

(2) 表示所有权

(3) 表示权威

(4) 表示担负责任

在以弗所第五章使徒保罗命令以弗所教会要受圣灵充满。要受圣灵充满，这并不是一般的劝勉，而是必须要受的命令。因为圣灵充满对一个基督徒是最需要的事情。在旧约借着摩西赐给的诫命是很重要的；在新约主吩咐直到地极要传福音的命令也是很重要的，但是更优先的命令，乃是受圣灵充满。

因为只要受圣灵充满，其他命令自然就成就。不等到被圣灵充满之前，决不被神使用。你愿意被神使用吗？那么，你要受圣灵充满。圣经说"但圣灵降临在你们身上，你们就必得着能力。并要在耶路撒冷，犹太全地，和撒玛利亚，直到地极，作我的见证(徒1:8)"。照着"圣灵降临在你们身上，你们必得着能力"这句话，想要担当好家庭主妇，就要得到圣灵的能力，才能作一个出色的家庭主妇。同样的道理，国会议员、科学家、技术人、商人都要受圣灵的支配，照着神的旨意而行时，才能作见证主的能人。因此，愿你们因着圣灵充满得着能力，在世战胜世界，来世遇见主并得赏赐。

第五章

医病的耶稣

神造的人有灵、魂、肉体(帖前5:23)。

肉体是身子，是装灵魂的器皿，所以肉体同灵魂一样宝贵。没有肉身的灵魂是幽灵，没有灵魂的肉体是死尸，因此都很重要。

因为我们的始祖亚当犯罪，人的灵魂死了，肉体在疾病和痛苦之中生活，死后入土，最终会被扔进，为魔鬼及其使者预备的地狱永远火湖里面。但是耶稣来偿还亚当所犯的罪债，叫信主的人罪得赦免、灵魂重生、肉体复活成为不朽坏的肉身，在永远的天国得永生，从而完成人类救赎事工。

因此先知以赛亚(赛53:5)说："哪知他为我们的过犯受害，为我们的罪孽压伤。因他受的刑罚我们得平安。因他受的鞭伤我们得医治"。

神把耶稣基督差来的目的，就是从罪的捆绑中释放人的灵魂和肉体。所以，基督教是完全拯救灵魂和肉体的福音宗教。来为神儿子的耶稣基督，当他背十字架的时候，使人的肉体和灵魂从罪恶的捆绑中完全得到释放，成就了这个祝福。医治肉体疾病的医病福音，乃是耶稣基督已成就的救赎之一部分，它显明神爱世人的奇妙祝福。

Ⅰ. 得病的原因

1. 来自犯罪的结果

圣经说，疾病的原因是罪的结果。"耶和华因你行恶离弃他，必在你手里所办的一切事上，使咒诅，扰乱，责罚临到你，直到你被毁灭，速速地灭亡。耶和华必使瘟疫贴在你身上，直到他将你从所进去得为业的地上灭绝。耶和华要用痨病，热病，火症，疟疾，刀剑，旱风(或作乾旱)，霉烂攻击你。这都要追赶你，直到你灭亡"(申28:20～22)。

"乌西雅就发怒，手拿香炉要烧香。他向祭司发怒的时候，在耶和华殿中香坛旁众祭司面前，额上忽然发出大麻疯"(代下26:19)。因为这些罪的结果，乌西雅王受到神的惩罚，得了麻风病，他直到死日住在别宫，最后因这病而死。

2. 来自神的荣耀

生来就是瞎子的(约9:1)，还有伯大尼村拉撒路(约11:1-4)的病都是为神的荣耀而得的病。

3. 来自人自己的不注意

Ⅱ. 神对医病的应许

1. 旧约圣书的根据

医病的希伯来语是"医治"(玛4:2)、(耶14:19)、"痊愈"(耶8:15)的意思。

"我耶和华是医治你的"(出15:26)

"必从你们中间除去疾病。我要使你满了你年日的数目。"(出23:25～26)

"他赦免你的一切罪孽，医治你的一切疾病。"(诗103:3)

"耶和华必使一切的病症离开你。"(申7:15)

"我必使你痊愈，医好你的伤痕，"(耶30:17)

"他诚然担当我们的忧患，背负我们的痛苦。"(赛53:4~6)

2. 新约圣书的根据

医病的希腊语是(太4:24，太10:1，8)"病得治好"、"医治"的意思。四福音书中在马太福音出现12次，在马可福音出现13次，在路加福音出现17次，在约翰福音出现14次，关于医病四福音书一共出现56次。

"到了晚上，有人带着许多被鬼附的，来到耶稣跟前，他只用一句话，就把鬼都赶出去。并且治好了一切有病的人。这是要应验先知以赛亚的话，说，他代替我们的软弱，担当我们的疾病。"(太8:16~17)

"有一个长大麻疯的，来求耶稣，向他跪下说，你若肯，必能叫我洁净了。耶稣动了慈心，就伸手摸他，说，我肯，你洁净了吧。大麻疯即时离开他，他就洁净了。"(可1:40~42)

"耶稣叫齐了十二个门徒，给他们能力权柄，制伏一切的鬼，医治各样的病。又差遣他们去宣传神国的道，医治病人。"(路9:1~2)

"腓利下撒玛利亚城去，宣讲基督。众人听见了，又看见腓利所行的神迹，就同心合意的听从他的话。因为有许多人被污鬼附着，那些鬼大声呼叫，从他们身上出来。还有许多瘫痪的，瘸腿的，都得了医治。在那城里，就大有欢喜。"(徒8:5~8)

"彼得周流四方的时候，也到了居住吕大的圣徒那里。遇见一个人，名叫以尼雅，得了瘫痪，在褥子上躺卧八年。彼得对他说，以尼雅，耶稣基督医好你了。起来收拾你的褥子。他就立刻起来了。凡住吕大和沙仑的人都看见了他，就归服主"。(徒9:32~35)

Ⅲ. 什么叫做医病？

1. 医病是神进入人的肉体内的超自然的神的能力

2. 医病不是以人的逻辑思维或者得医治人的见证为根基，而是惟以神的话语为根基

3. 医病始终都是因着明白神的旨意，顺服而成就的° 所以神的旨意是要把你招回天
   家，那么你要做好心里准备，要靠着神的膀臂去天国

   如果神认为需要你留下为神作很多的工，那么就象2000年前，18年被鬼附着一直不能
直起腰的女人得到医治一样，就是照着主说(路13:16)"况且这女人本是亚伯拉罕的后裔，
被撒但捆绑了这十八年，不当在安息日解开他的绑麼"的话，神会医治你。就这样，如今
主仍作医病的工作。
   愿主来到你旁边说:"你应该得到健康"，从此你的病完全得医治。

4. 医病是耶稣基督的救赎史之中的一部分

   医病是耶稣基督所赐的福中之一。医病的根源是各各他的十字架。
   "他救赎你的命脱离死亡。"(诗103:4)
   "因他受的鞭伤我们得医治。"(赛53:5，彼前2:24)
   病得医治，确实来自耶稣基督所赐的福。医病的福是因为基督为我们的罪钉死在十
字架上，以撕裂他的肉体流血，背负我们肉体的所有重担，而成就的。
   因此要知道医治病人的工作，是因为我们的主为我们撕裂了他的身体而得成就的，
所以这个权柄惟属于主。

5. 医病是借着复活的主生命传给我们的

   主死后第三天复活，在世停留40天，在门徒面前显现过11次，是带着实际肉体复活
了。主对多马说:"伸过你的指头来，摸我的手；伸出你的手来，探入我的肋旁。你因看
见了我才信。那没有看见就信的，有福了"。我们要相信，病乃是因着进入我们肉休里
面的耶稣基督的生命而得医治。

6. 医病是恢复肉体的圣灵工作

   旧约时代虽然叫做圣父时代，但神的工作是圣灵做的。新约时代虽然叫做圣子时

代，但是耶稣的工作是圣灵做的。

耶稣借着圣灵医病(太12:28)"我若靠着神的灵赶鬼，这就是神的国临到你们了"；圣经又说(路4:18):"主的灵在我身上，因为他用膏膏我，叫我传福音给贫穷的人。差遣我报告被掳的得释放，瞎眼的得看见，叫那受压制的得自由"。

因此圣灵乃代表神和耶稣，代行他们伟大能力的代行者。但是，如今之所以更加期待医病，是因为现在是圣灵本身工作的圣灵时代。

因为预言这个时代必伴随神迹奇事。

参孙的大力从哪儿来？当神的灵降临在他身上时，他杀戮很多非利士人。大卫之所以成勇将，是因为神的灵降临在他身上。当神的灵在他的肉体里面时，才能成全。

就这样，愿圣灵的能力进入各位的肉体里面除掉肉体里面的所有疾病。

7. 医病是完全靠着神的恩典成就的

赦罪的福和医病的福完全都是神的恩典，是礼物。

8. 医病是因着信，降临在我们身上

信心本身并不能医治，但是因着信神能医病而得到医治。

马太福音(太9:19~21)说:"耶稣便起来，跟着他去，门徒也跟了去。有一个女人，患了十二年的血漏，来到耶稣背后，摸他的衣裳繸子；因为她心里说，我只摸他的衣裳，就必痊愈。"

马太福音(9:28~30)说:"耶稣进了房子，瞎子就来到他跟前，耶稣说，你们信我能作这事麽。他们说，主阿，我们信。耶稣就摸他们的眼睛，说，照着你们的信给你们成全了吧。他们的眼睛就开了。"

路加福音17章的10个长大麻风的病人，相信耶稣的话而走的途中，病得医治了。

自然规律也支持这一点。在田里拔出来的草，乍一开始还新鲜，但时间一过，草就枯干了。因此，关键是显出某种医病奇迹之前，首先要相信神能医病。要信靠主，壮胆行动。

9. 历史证明医病与教会历史所有事件是一致

从教父爱任纽斯开始，直到中世纪初期宗教改革家的时代，充满这个信仰。伟大的主仆人路德、约翰卫斯理、巴克斯特、帕克斯、怀特腓等人都见证这一点。

Ⅳ. 医病的目的

1. 叫人相信赦罪的权柄

为彰显耶稣有赦罪的权柄而行医病。耶稣在迦百农医治瘫子并没有说:"起来，行走"，而是说:"你的罪赦了"。这是为彰显耶稣是有赦罪权柄的神的儿子。

马太福音(9:1~6)说:"耶稣上了船，渡过海，来到自己的城里。有人用褥子抬着一个瘫子，到耶稣跟前来。耶稣见他们的信心，就对瘫子说，小子，放心吧。你的罪赦了。有几个文士心里说，这个人说僭妄的话了。耶稣知道他们的心意，就说，你为什么心里怀着恶念呢。或说，你的罪赦了。或说，你起来行走。那一样容易呢。但要叫你们知道人子在地上有赦罪的权柄，就对瘫子说，起来，拿你的褥子回家去吧"。因此，我们要相信借着医病来赦罪的神的儿子耶稣。

2. 借着医病，要建立教会及扩张宣教

因为耶路撒冷有逼迫，使徒和所有的基督教徒都分散的时候，腓利下撒玛利亚去传基督。腓利在外邦人之地撒玛利亚传福音时，神赐给他医病的能力。

使徒行传(8:5~8)说:"腓利下撒玛利亚城去，宣讲基督。众人听见了，又看见腓利所行的神迹，就同心合意的听从他的话。因为有许多人被污鬼附着，那些鬼大声呼叫，从他们身上出来。还有许多瘫痪的，瘸腿的，都得了医治。在那城里，就大有欢喜"。

撒玛利亚人是外邦人，所以传讲话语时，他们与犹太人不能沟通。腓利去这样的外邦人之地传福音时，如果没有医病的奇迹，他们就有可能不接受腓利的传道。但是因为腓利在撒玛利亚的传道成功，所以耶路撒冷教会差遣彼得和约翰，帮助腓利的宣教。

彼得和约翰为撒玛利亚人恳求受圣灵，他们就都受了圣灵。就这样，在使徒时代和如今的教会时代，为扩张天国，即为福音宣教，神的医病工作是必需要的。

3. 为彰显神的爱

为彰显神的爱，耶稣的整个生命都是为罪人而活，并付出一切。在他的传道生涯当中，很多时间都用在医病的工作上。这一点证明医病的福音是必要的。耶稣从未说过不需要医病福音。

看福音书叫人误解的是，就好象耶稣来是为医治病人。耶稣如此爱人的生命，医治人的病。圣经说:"(太14:14)耶稣出来，见有许多的人，就怜悯他们，治好了他们的病人"，"(可1:41)耶稣动了慈心，就伸手摸他，说，我肯，你洁净了吧。"

耶稣把一个人的灵魂视为比全世界还要宝贵。他不仅怜悯灵魂，也怜悯肉体。同时，赦罪、医病，叫人恢复肉身健康。因此，当我们在病中痛苦时，不要迟疑，胆壮地来到主面前，首先悔改，蒙主的怜悯，得到主要施的医病恩典。

圣经说(来4:15~16)"因我们的大祭司，并非不能体恤我们的软弱。他也曾凡事受过试探，与我们一样。只是他没有犯罪。所以我们只管坦然无惧的，来到施恩的宝座前，为要得怜恤，蒙恩惠作随时的帮助。"

Ⅴ. 怎样成就医病？

1. 借着主仆人的信心祷告而得医治

圣经说:"你们中间有病了的呢，他就该请教会的长老来。他们可以奉主的名用油抹他，为他祷告"(雅5:14),

"信的人必有神迹随着他们，就是奉我的名赶鬼。说新方言。手能拿蛇。若喝了什么毒物，也必不受害。手按病人，病人就必好了。"(可16:17~18)。

2. 依靠自己的信心，恳切祷告而得医治

当两个瞎子恳求耶稣时，耶稣对他们说:"你们信我能作这事麽"，他们说:"主啊，我们信"，耶稣就摸他们的眼睛说:"照着你们的信给你们成全了吧"，他们的眼睛亮了(太9:27~31)；12年患血漏病的女人，因着信病得医治了(可5:25~34)。

3. 因着朋友的信心而得医治

主看瘫子的朋友们的信心，医治瘫子的病(可2:1~12)。
还有，看百夫长的信心，耶稣医治了他仆人的病(太8:5~13)。

4. 当罪得赦免时，得医病

"你的罪赦了"(可2:5)。
"所以你们要彼此认罪，互相代求，使你们可以得医治"(雅5:16)。

5. 为神的荣耀而得医病

拉撒路的复活(约11:4)，瞎子能看见(约9:1~12)，给保罗的撒但刺(林后12:7)，这些都是为神的荣耀而得的病。

Ⅵ. 如今仍有圣灵医病的工作

1. 金贞锐劝事的奇迹

"你若能信，在信的人，凡事都能"(可9:23)
我在平泽过着很平安喜乐的生活。
可是有一天，嫉妒幸福的魔鬼进入我的家庭，就是进入我的肉体内(肾脏病)。我走遍

医院、药店看病，但病越来越重。在平泽不能治病，每三天去一次首尔治病。治了1年，2年，就这样过了13年，但病没有治好，反倒病越来越重。因我吃药吃得很年轻就成了白发老人。我眼前看见的只是眼泪和药．．．。但是，我从平泽搬到首尔始兴洞，去第一教会报名注册。牧师来到我们家，用圣经话语来劝导并为我祷告。

我心里面相信了"这病不至于死，乃是为神的荣耀，叫神的儿子因此得荣耀(约11:4)"这句话。当牧师为我到我们家作礼拜、给我按手祷告时，我心里发热。当我把牧师为我的家庭、信仰、疾病所说的话和祷告，当做神的信实话来领受时，回顾我的过去，再看充满罪的世界，我就痛恨流泪。神并没有撇弃我这可怜的灵魂。神的话语仍有活泼的功效。我们信了医院说，切除肾脏反倒更好的话，我和丈夫决定去医院。为做切除手术做了综合检查。结果，稀奇的是都正常。哈利路亚！

因为实在是奇怪的结果，我要求再做一次检查，结果还是正常。以前因为吃药过多而变白的头发逐渐变黑，现在完全黑了，丈夫看到这些事儿，他也确实相信了神是活着的神，我们整个一家人都相信了，并得到了事奉神的宝贵祝福。"就是现在，我也知道，你无论向神求什么，神也必赐给你(约11:22)"，照这句话，主常常与我们同在，并且总在垂听我们的祷告。因为太感谢神恩典，所以作为第一教会女传道会长，要尽我所能忠心服侍。

2. 白赏玉劝事的奇迹

我得肺结核吐血，但没钱治病，快要死的时候，我确信人的生死在于神，并把我交托给神，过完全信心的生活。我受牧师的按手祷告，并完全热衷于祷告。因着信完全得医治了。现在是第一教会的教区长，我立志要至死忠心、尽我所能。

3. 白秀玉劝事的信件

我的少女时代同一般人一样，作美梦很幸福地成长。特别是在女高时代，在学校当学校拉拉队队长，是一个性格开朗的少女。就象多做美梦的女高时代我比别人更活泼一样，我带着幸福快乐的美梦结婚了。但是新婚生活并不象我所想的那样幸福快乐美满，而是接连不断的痛苦和伤心。

在各种困境之中，肉体和精神痛苦接踵而来。在说不出来的痛苦和折磨当中，我度日如年，我终于晕倒了。后来我醒来后，问我自己为什么晕倒？是因为过分害怕和紧张。从那以后，我常常晕倒。有一次，在金永植长老家的地下，租房子住的时候，我在厨房自己干活时，晕倒在有火的炉子上面，当时多亏长老夫妻即时发现，把送我到医院，免了一场大灾祸。

这种事儿连续好几年，病越来越重。但是无法治疗。我心里总在想，如果我们牧师只给我按手一次，主会医治我。我有这个信心，但是我没有勇气向牧师请求。因为我在女高时代，我在大庭广众面前能讲能说、行动自如、表情自然，但我结婚后性格变化太大，在牧师面前害羞不敢说。有一天彻夜祷告时间，我以渴慕的心作礼拜。那天，牧师从前排开始按手祷告，我在恳切的祷告时，牧师到我跟前，他把手放在我头的瞬间，我看到牧师的两只手发白光，连我自己都不知道就晕倒了。等我醒过来，就看见圣徒们围着我坐着唱赞美。

那一瞬间，我确信神医治了我的病。当时我的感激之心是无法形容。我从那以后过好几年，从来没有象过去一样晕倒过，没受过任何痛苦就恢复健康。我今天也是以哈利路亚感谢神，我要决心为主至死忠心。

4. 成愿外科院长金钟铉博士的见证

1983年八月刊《指南邮筒》上剪裁的内容。金钟铉博士是这一辈子给患者医疗、手术并延长患者生命的大夫。

有一天，他自己成为患者，上首尔大学医院看病。在那所医院工作的大学同学待他很开心，而且跟他开玩笑，但他自己是患者，所以他心里不是滋味。经多方面的检查和X光线检查结果，诊断他的左侧肺部长了肿瘤。他的大夫朋友们都劝他要马上动手术。

但是，因为以前他当军医官时，已经经历过给很多人作肺部手术，所以他就害怕。他想如果是恶性肿瘤，那么生命就完了，这就更害怕。然后，他把自己的医院关门，整理了自己的人生。他抱着万一的心，自己偷偷去汉阳大学医院再次确诊。结果是一致，劝他尽快手术。他回顾过去飞快的生活，认真琢磨自己的人生，整理了自己的心思。

当时，他的夫人是笃信的基督徒，常常以温柔和喜乐来鼓励他，劝他找主的仆人为他祷告。他倒反问说，用现代医学都不可能治的病，怎么能用祷告来治呢。就这样，他把妻子的话当作耳旁风听。但是，全家人和娘家人全都劝他，他也不能脱离现实，因为死一天一天临近。他已经自暴自弃。还没有动手术之前，再劝他要接受祷告，这时，他只好答应了。

第二天，有一个传道士来为他祷告，当时他的态度很冷漠。他心里想："你祷告你的，延长生命的大夫，因为不能治自己的病，竟把自己的生命交托给祷告的人，真是开玩笑"。但是，这个传道士在祷告之前，就象看穿他的心一样，严肃地说，"你的心要谦卑，把一切交托给主，要有平安顺从的心"。当时，这个声音就象天雷一样打了他的耳朵，使他的心"咯噔"一下。那一瞬间，他心里产生，如果真有神，就能改变他的信心。传道士全力以赴流泪恳切祷告时，他有不知不觉地卷进去的感觉。祷告结束时，他不知不觉地流泪。在祷告当中，在他眼里传道士就象天使，以后连着三天接受祷告。

第四天。因为心疲劳，在床上闭眼睛躺下，还没等睡着，突然，从哪里飞来一只箭，猛力射在他的左胸部上。吓得拔出箭一看，箭头上沾着象是乱缠的树根，也象是鱼缸里面的鱼食，又象线团。他突然站起来，一摸胸，原来痛的胸很舒服。然后，把这件事告诉给夫人听，她高喊哈利路亚说，神医治了。

后来，他被不知道的能力所引导，带着奇妙的感情，去了一个很小的祷告山。

他在祷告山新鲜的空气当中，静悄悄默想祷告的几天当中，经历了很多属灵的体验。他看异象之后过几天，他去医院再次检查。结果肿瘤没了。两周之前，他还拍了20张照片，有很多医生都确认，原来有肿瘤的地方就象手术一样，完全好了。真是很难相信的奇迹。他不再怀疑有神，他完全相信，并且给患者和大夫同学作见证并传道。每当他给他的朋友和大夫见证时，他们就说，"别再讲了，我们都知道那事儿，因为金博士老讲，我们的耳朵都快要长茧子了"。

耶稣现在仍在医治我们的疾病。因着主的恩典得医治的人，要荣耀归于神。就象因主的恩典得看见的瞎子(路18:43)，顺从耶稣的话去西罗亚池子洗眼睛得看见的瞎子(约9：11)，被鬼附被抛弃的女人因着耶稣恩典成为新造的人，过新生活的女人(路8:1~3)一样，将荣耀归于神，传讲耶稣，为主的事工，要拿出所有钱财，全身全力忠心事奉神。

第六章

再来的耶稣

圣经彼得后书3:10说:"但主的日子要像贼来到一样。那日天必大有响声废去，有形质的都要被烈火销化。地和其上的物都要烧尽了"。世上的末日是以主再来而成全。

因此，照着圣经讲耶稣的再来，就能解决对世界末了的疑惑。圣经中最后的祷告是启示录22:20"阿门！主耶稣啊，我愿你来！"。但是顺从情欲的世人和属肉体的信徒们憎恶和讥诮这个真理(彼得后书3:3～4)。

从现在开始要讲主的再来。愿学这话语的人都能得到主再来的时候欢喜迎接主的祝福。

Ⅰ. 再来的含意

关于耶稣再来的话语在旧约圣书里面就有1,527节，在新约圣书里面有319节。新约圣书的319节占整本新约的25分之1分量。这一点足以表示再来的重要性。

旧约对再来的用语是用"耶和华的日子"，"主的日子"，"弥赛亚降临"等词来表示(耶46:10，但7:13，珥2:1，弥4:6，亚9:16)。

新约是用"主的日子"，"人子的日子"，"基督的日子"，"审判之日"，"显现"，"来到"，"直到耶稣的日子"等词表示再来(太7:22～23，路17:22，林前1:7，帖前5:2,4，帖后1:7,10,2:2，腓1:6,10)。

其中最常见的是"帕劳西阿(parousia)"一词，查看一下这一词的意思。"帕劳西阿"的意思是"来到(Come)"，"到达(Arrive)"或者是"现有(Presence)"。"帕劳西阿(Parousia)"一词原来通常帝王或者君主公开造访自己所管辖的地盘时用的词，与基督的再来毫无关联。

但是这一词用在耶稣基督身上，就表示在世界末了，以权柄和荣耀聚集自己的百姓，审判邪恶，叫死人复活的基督再来。因此，借着再来的原语"帕劳西阿"一词，可以知道万王之王耶稣的再来，并基督以君王的荣耀和权柄再来，这的确都是事实。

同 "帕劳西阿"一词颇有关联的另一个用语是"爱疲发尼阿(Epiphaneia)"。这个词在希腊帝王或者君王造访，或者是多个神为帮助特殊的人而显现时用的。与"发光"的动词相关的"爱疲发尼阿(Epiphaneia)"一词，强调主为介入这世上的事，从天的光彩之中灿烂显现(帖后2:8，提前6:14，提后4:1，多2:13)。

再来的用语中还有"阿波卡里普西斯 (Apokalypsis) "一词，表示"揭开隐藏"(林前1:7，帖后1:7，彼前1:7,13)的启示。这一词使用在显露隐藏的人，彰显他的荣耀，显明神的救赎史。

借着以上再来的用语"帕劳西阿(Parousia 来到)"、 "爱疲发尼阿(Epiphaneia 显现)"、"阿波卡里普西斯 (Apokalypsis 启示) "知道了基督的再来是有威严，并能成全神的救赎史。因此，再来是有荣耀、威严，并象光一样灿烂发光的耶稣基督来到这世界，完成神的救赎史的事件。

Ⅱ. 再来的预言

旧约的作者们一直盼望神的最终来临。就是说，他们一直渴望显现，成就最后救恩的主荣耀。"看哪，这是我们的神。我们素来等候他，他必拯救我们，这是耶和华，我们素来等候他，我们必因他的救恩。欢喜快乐"(赛25:9)

就这样，旧约的预言是对神的信心和成就救恩的角度说的，而且对最后救恩颇有关注。旧约的预言因为带有很浓厚的末世论倾向，所以必与再来有关联。只有基督的再来，才能带来历史的末日，并成就神的最后救恩。

旧约对神的最后救恩是用"耶和华的日子"来表示。

第一个使用这用语的先知是阿摩司，其余的先知们所用的"耶和华的日子"是表示神的统治。神是一直在统治，他是如今仍统治所有受造物的王(代上29:11~12，诗103:19)。但是，在这地上神的王国借着人的历史尚未成全。所以，先知们渴望在这地上要建立神王国的"耶和华的日子"(但2:44)。在耶和华的日子，最终神直接介入历史，除灭仇敌，确立神的统治。这是黑暗、震怒和破坏的日子(赛13:9~13，番1:14~18)。

因此，在耶和华的日子，悖逆神的，逼迫神百姓的这个世界的各民族要受审判。但是，敬畏神的义人必得救，自然界也必恢复。然而，以色列和列邦必和平共存(赛2:2，4，摩9:11~15)。耶和华的日子是从审判开始，以神的祝福和荣耀来结束(赛60:2)。如此，旧约的再来思想是借着神的统治最终成全"耶和华的日子"来表示。

撒迦利亚说(亚14:1~9):"耶和华的日子临近。　　你的财物，必被抢掠，在你中间分散。．．．那时耶和华必出去与那些国争战。．．．耶和华必作全地的王"。

在新约关于基督的荣耀再来，也当做重要的内容来显明。在新约的每25节中就有1节与再来有关。这一点表示再来思想在新约圣书中的重要性。

第一：从末日(The Last Days)的这一词中，可以知道。希伯来书说(1:2):"就在这末世，藉着他儿子晓谕我们"。从这句话可以知道，"末世"是从基督道成肉身开始。耶稣照着在哥林多前书15:24~26:"再后末期到了，那时，基督既将一切执政的，掌权的，有能的，都毁灭了，就把国交与父神。　因为基督必要作王，等神把一切仇敌，都放在他的脚下。　尽末了所毁灭的仇敌，就是死"的话，他必再来，以此结束从道成肉身开始的末世。

第二：借着耶稣基督的教训显明出来。耶稣长时间并多次讲了再来。关于末世的事情主在太24章-25章，可13章，路17:20~37，21:5~36等经文中讲过。

在马太福音24:3门徒们问耶稣:"请告诉我们，什么时候有这些事。你降临和世界的末了，有什么预兆呢"。为此，耶稣讲了道德的比喻，并教训他们"要警醒"。关于再来，耶稣在马太福音(24:30)说:"他们要看见人子，有能力，有大荣耀，驾着天上的云降临"。主的这些话语强烈显明再来的确实性。在主的教训里面不仅有再来的确实性，而且还含有审判思想。绵羊和山羊的比喻，麦子和稗子的比喻都是描写再来时要有的审判。

第三：借着使徒们的教训显明出来。保罗写给帖撒罗尼迦教会的信中，叙述关于主的再来，彼得和约翰各自在《彼得后书》和《约翰启示录》写了关于再来的确实性和圣徒的预备。以此察看了，神的话语新约和旧约圣经都明确预言关于再来的确实性。

Ⅲ. 再来的时期

关于耶稣基督什么时候再来？的问题是从耶稣的门徒(太24:3)开始，一直问到如今的韩国教会信徒。对此耶稣回答(太24:36):"但那日子，那时辰，没有人知道，连天上的使者也不知道，子也不知道，惟独父知道"。

由此我们可以知道，主再来的日期是奥秘。基督虽然说了再来的确实性，但是隐藏了那日子和时辰。因人们对隐藏之日的不断探求，导致产生很多异端邪说。诱惑人摘吃善恶果的蛇的战略，导致产生异端。因此，不要费力去寻找主对我们隐藏的东西；要明白再来的确实性，警醒保守信仰。

主早已把警戒的教训赐给了圣徒。在圣经(路21:8)说:"你们要谨慎，不要受迷惑，因为将来有好些人冒我的名来，说，我是基督，又说，时侯近了，你们不要跟从他们"，又有(太24:23~27，帖后2:1~3)"闪电从东边发出，直照到西边。人子降临，也要这样"。

但是，为什么主把再来的日期作为奥秘呢？

对此，金应照牧师解释:"第一是，为分辨真假信徒。第二是，为避免人的轻举妄动。第三是，为正当审判罪人"。就是说，如果信徒知道再来的日期，那么他们平常的信仰生活会懒惰，但等到临近再来的日期，重新捡起来信仰。会有这种危险。另外，连不信的人临近再来的日期，也开始信，这样就分辨不出真信徒和假信徒。

圣书对此问题用比喻来提示答案。

恶仆的比喻中，心想:"我的主人必来得迟"而放荡、荡尽财产的恶仆受审判(太24:48~51)；十个童女预备迎接新郎，因为新郎迟延，愚拙的五个童女不能坐席(太25:1~13)；领银子的比喻中，"过了许久，那些仆人的主人来了，和他们算账"，那领一千的仆人因为把一千银子埋藏在地里，被主人审判为又恶又懒的仆人(太25:24~30)。

由此可知，主把那日定为奥秘，并不是要引起圣徒的好奇心。

相反，叫我们常常警醒预备，活出信实的信仰，就是仆人要预备迎接主人，新妇要预备迎接新郎。预备的圣徒盼望并苦苦等待主的再来。

主把再来的日期定为奥秘是，他要准备好圣徒，叫他们从神得到称赞，是出自主的美意。因此，我们要感谢，把主再来的日期定为奥秘的主。如果公开主再来的日期，那么圣徒比准备的心态，更偏向于信仰懒惰，陷入道德无用主义，从而在生活当中不能忠实作光和盐的作用。就象歪曲基督教惟有信心才得救恩的教义，陷入道德无用主义一样，即使再好的内容一歪曲，就有可能脱离信仰。也就是，歪曲不是因行为得救，而是因信得救的救恩道理，从而实际生活放荡，嘴说心里信的假信徒，在历史上屡见不鲜。就这样，如果主公开了再来的日期，信徒就会歪曲这些，陷入不面对现实，随从肉身的情欲，生活懒惰，等临近再来的日期假装信的危险。

因此，我们圣徒要感谢，主把那日子和那时辰定为奥秘。因为主把再来的日期定为奥秘是，主把圣徒预备得圣洁，等主再来的时候，叫他们从神得到称赞。我们圣徒不要关心什么时候主再来，而要活出圣洁，不管主什么时候来都要预备好迎接主。我们圣徒要有这种生活态度。

Ⅳ. 关于再来的预兆

1. 出现假基督

"因为将来有好些人冒我的名来，说，我是基督，并且要迷惑许多人。"(太24:5)

2. 世界战争的发生

马太福音说(24:6~7):"你们也要听见打仗和打仗的风声，总不要惊慌。因为这些事是必须有的。只是末期还没有到。民要攻打民，国要攻打国"。关于战争的预兆，据国际和平研究会发表，自从二次大战以后的30年间，在地球上从未有过无战争的年，而且强大国急于开发武器，并开发破坏力巨大的核武器安放在实战场地。最后发起战争使用核武器，地球就完了。

1981年10月，我去日本巡访17个教会，并引导特别聚会。当时，我游览了"广岛和平公园"，这地方是36年前被原子弹爆发成废墟的悲剧现场。

那一天是很恐惧，一瞬间，广岛变成废墟，死伤20万人，是火坑的地狱。韩国人死2万，韩国政府以当时韩国国会议长李孝祥名义，在当地立了"慰灵碑"。数十年以前的原子弹都这么可怕，现在的核武器更是可怕的怪物。

据纽约时报记者报道，不管美国总统去海外巡访或者是在国内，总有一个人就象影子一样跟着总统。这个人是背着小包，负责安全的辅佐官。辅佐官背的小包是导弹或者是大陆之间的反弹导弹一类的，就是核武器的自动发射开关，可以射中世界任何地方的重要城市或者目标物。因此，全世界人都生活在命运掌握在美国总统一瞬间判断之中的没有平安的战争威胁之中。

3. 发生世界性饥荒

马太福音(24:7)说："多处必有饥荒"。饥荒不可避免的原因是人口饱和状态。世界人口推断1830年10亿，1930年20亿，1960年30亿，1975年40亿，2000年代约80亿。根据这个统计，世界人口从1830年到1930年之间100年内增长2倍，从1930年到1975年之间45年内增长2倍，以后的25年之内增长2倍。因为世界人口的饱和状态，即使再增产粮食，也不能避免大批人饿死。联合国粮食计划署长说(1980～1990)10年之内，世界粮食见底。英国的历史家汤因比说："如果不发生核战争，因为人口太多，在地球上不可能生活"。

4. 世界各处发生地震

马太福音(24:7)说："多处必有地震"。耶稣讲末日的预兆时，提及了地震。约翰启示录说(启6:12)："揭开第六印的时候，我又看见地大震动。日头变黑像毛布，满月变红像血"，预言这世界的末日必有战争和大地震。当火山爆发或者地震之后，出现灰尘弥漫天空遮挡太阳，月亮象血的现象。圣经说(启16:18～19)："又有闪电，声音，雷轰，大地震，自从地上有人以来，没有这样大这样利害的地震。 那大城裂为三段，列国的城也都倒塌了"，(赛24:18～20)" 地全然破坏，尽都崩裂，大大的震动了。 地要东倒西歪，好像醉酒的人"。 2000年以前记载圣经的时候，确实已经看到地球的最后命运。

近来，在世界各处频繁发生大地震和火山爆发，这些都显示临近再来。美国圣海伦火山 (Mt. St Helen)爆发时，将近一个月溢流岩浆，很多人避难。

又在中国唐山地震时，据说约有100万人死亡。此外还有，日本、土耳其、南美智利等地不断发生地震，这都应验主的预言。

5. 大大兴起宣教运动

照着圣经的所(太24:14)说:"这天国的福音, 要传遍天下, 对万民作见证, 然后末期才来到"的话, 福音从中东开始转了一圈地球后, 正在传回中东, 这表示主的再来临近了。

6. 借着犹太人的动静显示预兆

圣经说:"你们可以从无花果树学个比方。当树枝发嫩长叶的时候, 你们就知道夏天近了。这样, 你们看见这一切的事, 也该知道人子近了, 正在门口了"
(太24:32~33)。

1) 无花果的名称

无花果在植物学上是隐花果植物。开花, 但是在叶子里面隐藏着开。因为不开花就结果子, 所以就叫做无花果。实际上不是无花果, 而是隐花果。这个名称跟犹太人的状态很相似。主后70年(公元), 犹太人的耶路撒冷被罗马军兵蹂躏后, 这个民族2000年分散在世界各国, 丢失国家和民族, 这就像没有花的无花果。但是, 实际上并不是这样, 他们在这2000年期间, 隐藏在世界各国, 并没有丢失他们民族的团结、宗教统一、风俗习惯等传统的民族精神。

2) 关于分散的预言

圣经说:"(申28:64)耶和华必使你们分散在万民中, 从地这边到地那边, 你必在那里事奉你和你列祖素不认识, 木头石头的神", "我耶和华已经除灭列国的民。他们的城楼毁坏。我使他们的街道荒凉, 以致无人经过。他们的城邑毁灭, 以致无人, 也无居民"(番3:6)(耶9:16, 结12:15, 亚7:14, 路21:24, 人23:38)。这些话语早在数百年前借着众先知的口预言, 他们因杀死先知, 把耶稣钉死在十字架的罪债, 会丢失国土分散在世界各国。但是, 这百姓却没有因此而醒悟, 他们垂死挣扎, 把他们的弥赛亚残酷杀害。因此, 他们经过2000年, 以重价偿还罪债。

3) 关于受难的预言

圣经预言:"耶和华必使你们分散在万民中，从地这边到地那边，你必在那里事奉你和你列祖素不认识，木头石头的神。在那些国中，你必不得安逸，也不得落脚之地。耶和华却使你在那里心中跳动，眼目失明，精神消耗 (申28:64~65)"，"又因你们的罪惩罚你们七次(利26:28)"，"我实在告诉你们，这时代还没有过去，这些事都要成就(路21:32)"。

以上的预言都贯穿，他们分散在各国并受虐待、驱逐、欺压。犹太民族的2000年民族历史，实际上是血泪的悲哀历史。

4) 树枝发嫩的无花果

马太福音说(24:32):"当树枝发嫩长叶的时候"。被咒诅而死的树枝发嫩，这确实是奇迹之中的奇迹，这是枯木生花。2000年失去国土的民族从新恢复，这是世界性奇迹，这是以西结枯骨复生成军队的奇迹。1897年掀起的锡安运动是民族思想史上划时代的一大运动。过20年后的1917年，英国大将艾伦比解放了被土耳其欺压300年的巴勒斯坦，然后，进耶路撒冷城后，圣地受英国的委任统治，从而分散在世界各国的犹太人可以自由回归故国。这可以说是犹太民族历史上的一大新纪元。这应验草木流水，树枝发嫩的预言。

(1) 应许归回

"主耶和华如此说，我的民哪，我必开你们的坟墓，使你们从坟墓中出来，领你们进入以色列地"(结37:12)

"主耶和华如此说，我必从万民中招聚你们，从分散的列国内聚集你们，又要将以色列地赐给你们"(结11:17)

"他必竖立大旗，招远方的国民，发丝声叫他们从地极而来。看哪，他们必急速奔来"(赛5:26)

以上这些话都预言，他们经过2000年刑期满后重新归回故土。为成就这些预言，从1917年解放后到1920年，3年期间从世界各国归回30万人，每年归回10万人。这就是树枝发嫩的事情。

(2) 对建设的祝福

"我必使我民以色列被掳的归回，他们必重修荒废的城邑居住，栽种葡萄园，喝其中所出的酒；修造果木园，吃其中的果子"(摩9:14)

"他们必说，这先前为荒废之地，现在成如伊甸园。这荒废凄凉，毁坏的城邑现在坚固有人居住"(结36:35)

以上的这些话语都预言，他们归回重建国土。他们归回后开垦土地，扩修道路，建筑房屋，栽培果树，利用约旦河的水修建水力发电设施，发展汽车、电车等交通网，还有美丽的沙伦果园，这一切都表明预言完全应验。

(3) 长叶子的无花果

"当树枝发嫩长叶的时候"(太24:32)是指犹太人的国家恢复。首先是树枝发嫩，其次是长叶子。民族恢复之后要恢复的是国权。第二次世界大战结束后，1948年5月15日，以色列从委任统治中进一步分割独立。

"他必竖立大旗，招远方的国民，发丝声叫他们从地极而来。看哪，他们必急速奔来"(赛5:26)

"他必向列国竖立大旗，招回以色列被赶散的人，又从地的四方聚集分散的犹大人"(赛11:12)

"世上一切的居民，和地上所住的人哪，山上竖立大旗的时候，你们要看。吹角的时候，你们要听"(赛18:3)

以上话语中的大旗象征国权，犹太国旗是白底，上下两条蓝色带，中间是象征大卫的星。1948年5月15日，竖立这国旗，在威兹曼博士的领导下举行独立宣言仪式。只一次就加入联合国，取得了作为正当独立国家的发言权。过去以色列民族残酷无情被杀，无处呼吁，但是现在他们成为正当的独立国家，再就不能轻易藐视他们。因此，我们可以借着无花果树知道，现在是我们的主已经来到门前，随时要开门的时候。因此，我们要作为警醒的新妇，预备迎接主。

Ⅴ. 再来的地点和目的

主的再来分为空中再来和地上再来。

▶　空中再来的圣书根据是帖撒罗尼迦前书4:16~18的话语:"因为主必亲自从天降临，有呼叫的声音，和天使长的声音，又有神的号吹响。那在基督里死了的人必先复活。以后我们这活着还存留的人，必和他们一同被提到云里，在空中与主相遇。这样，我们就要和主永远同在。所以你们当用这些话彼此劝慰"。

根据这句话李成柱博士主张，首先有空中再来，然后有地上再来。在空中再来的目的是叫已死的圣徒复活，迎接活着被提的圣徒，给圣徒赐生命的冠冕(雅1:12)、公义的冠冕(提后4:8)、不能坏的冠冕(林前9:25)、荣耀的冠冕(彼前5:4)，圣徒作为婚筵的新妇赴宴，叫他们避免大患难(启3:10，约14:2~3)。

因此，主在空中再来是为基督的身体，基督的新妇教会而降临的。相信基督的所有得救圣徒都被提到空中。这就是被提。此时，死了的信徒复活。

圣经说:"(林前15:22~23)在亚当里众人都死了。照样，在基督里众人也都要复活。但各人是按着自己的次序复活。初熟的果子是基督。以后在他来的时候，是那些属基督的"。另外，活着的信徒"乃是都要改变，死人要复活成为不朽坏的，我们也要改变(林前15:51~52)"。照着这些话都变成荣耀。就这样，所有的圣徒都被提。这一点主已经说过。

"那时，两个人在田里，取去一个，撇下一个。　两个女人推磨。取去一个，撇下一个"(太24:40~41)与"他要差遣使者，用号筒的大声，将他的选民，从四方，从天这边到天那边，都招聚了来(太24:31)"这两句话语是一致的。就是说在田里的时间是上午，推磨的时间是晚上，所以从天的这边到天的那边同时被提。

以上察看的空中再来事件，在科学发达的二十一世纪就容易理解，这是给圣徒盼望的事件。

▶　现在要讲地上再来。

七年大患难后，耶稣驾云降临在地上。

圣经说:"我在夜间的异象中观看，见有一位像人子的，驾着天云而来，被领到亘古常在者面前(但7:13)"，"那时，人子的兆头要显在天上，地上的万族都要哀哭。他们要看见人子，有能力，有大荣耀，驾着天上的云降临(太24:30)"，"看哪，他驾云降临。众目要看见他(启1:7)"。耶稣同天使和所有的圣徒一同在荣耀里降临在地上。

圣经说："基督是我们的生命，他显现的时候，你们也要与他一同显现在荣耀里(西3:4)"，"那时，主耶稣同他有能力的天使从天上在火焰中显现(帖后1:7)"，"人子要在他父的荣耀里，同着众使者降临(太16:27)"。同众天使和众圣徒一同带着荣耀、权柄降临的耶稣基督，作为至高的审判长审判世界。另外，因基督的审判，撒但的世界完全被灭亡，撒但被锁在无底坑1000年(启20:3)。因此，耶稣空中再来是为赏赐圣徒，地上再来是为审判悖逆的世界。

VI. 预备迎接主

1. 要警醒

圣经说："你们晓得现今就是该趁早睡醒的时候，因为我们得救，现今比初信的时候更近了(罗13:11)"，"新郎迟延的时候，他们都打盹睡着了(太25:5)"，这里的睡与打盹不一样，聪明的打盹，愚拙的睡着了。打盹是不想睡，但是控制不住很短时间入睡。睡着是完全放心入睡。人睡觉的时候什么都不知道，不知道自己的衣服怎么样，发型怎么样。如今，教会里面有很多睡觉的圣徒。

但是圣经警戒，现在是该趁早睡醒的时候。圣经警戒："万物的结局近了。所以你们要谨慎自守，警醒祷告(彼前4:7)"。《天路历程》里面基督徒走向天城时，在很高的悬崖顶上发现有三个人在睡觉。他们的名叫愚蠢、懒惰、傲慢。基督徒就喊醒他们说："你们就像在桅杆顶上睡觉的人"。这时，愚蠢说，"我看不出有什么危险"；懒惰说，"再睡一会吧"；傲慢说，"每个人得靠自己"，说完他们又躺下去睡觉，基督徒也就继续走他的路。这是把现在教会的圣徒信仰状态，比喻为这三个睡觉人的内容。

2. 你们腰里要束上带，灯也要点着(路12:35)

(1) 腰里要束上带

人穿衣服后束腰带就便于活动。主给门徒洗脚的时候，把手巾束在腰上(约13:4,14)。因此，腰里要束上带的意思是，为迎接主圣徒要认真服侍。

(2) 灯要点着

"你的话是我脚前的灯，是我路上的光"(诗119:105)。不离开话语的生活就是点灯的生活。

(3) 等候

等待的态度。要渴望主的日子。

3. 要作为客旅生活

圣经说:"(彼前2:11)亲爱的弟兄阿你们是客旅，是寄居的。我劝你们要禁戒肉体的私欲。这私欲是与灵魂争战的"。

(1) 客旅的生活是痛苦

"我们一生的年日是七十岁。若是强壮可到八十岁。但其中所矜夸的，不过是劳苦愁烦。转眼成空，我们便如飞而去"(诗90:10)

(2) 客旅的生活是暂时的

"你叫他们如水冲去。他们如睡一觉。早晨他们如生长的草。早晨发芽生长，晚上割下枯乾"(诗90:5~6)。

(3) 客旅想念家乡

"说这样话的人，是表明自己要找一个家乡"(来11:14)

(4) 客旅的行李要轻便

"凡劳苦担重担的人，可以到我这里来，我就使你们得安息"(太11:28)

"天天背负我们重担的主，就是拯救我们的神。是应当称颂的"(诗68:19)

很多人误解耶稣的再来，并把个人的学说或者某个团体的主张认定为教义。但是，这个伟大的再来真理是圣经的中心，是预言的焦点。圣经的宗旨是耶稣要来。在旧约预言耶稣作为弥赛亚初来，在新约预言主作为万王之王再来。

因此，全世界基督徒要告白"主耶稣啊，我愿你来"并渴慕等候主的再来。耶稣是所有圣徒的活泼盼望(帖前4:17，林前15:52)。订婚童女恳切盼望婚礼之日。如今，我们的教会就是订婚的童女。

之所以作为新妇的教会要恳切盼望作为新郎的主，是因为等待荣耀的婚礼之日(启

19:9)。另外，末世因为圣徒有这盼望，所以即使在患难和痛苦之中，也要保守信心的贞洁，要尽忠心。奉主的名，但愿读这主再来福音的所有圣徒，在主的日子，一个不落地都蒙"阿门，主耶稣啊，我愿你来"的祝福。

第2部

遇见神的道路(圣幕)

〈 圣幕全景 〉

第一章

绪论

Ⅰ. 圣幕的建造和圣书背景

1. 圣书背景

神将以色列从埃及救出来，经过旷野，引向迦南福地的旅程中命令他们:(出25:8~9)
"又当为我造圣所，使我可以住在他们中间。制造帐幕和其中的一切器具都要照我所指
示你的样式"，要求以色列百姓建造圣幕。因此，出埃及从25章到31章写了关于圣幕制
度的规条，从35章4节到40章写了从圣幕建造开始一直到竣工奉献的内容。

2. 圣幕的名称

① 圣所(出25:8) ② 帐幕(出25:9)

③ 圣幕(来9:1) ④ 会幕(出29:42)

⑤ 法柜帐幕(民1:53) ⑥ 神的殿(士18:31)

⑦ 耶和华的殿(撒上1:7)

旷野的圣幕制度是进迦南地定居后建造圣殿的前身。神将这个圣幕当做与圣洁的选
民交通的地方。另一方面，这个圣幕象征神的降在，又预表从本质上与神分开，为要拯

救人类道成肉身而来的耶稣基督。所以，圣幕制度的每一部分都奇妙地完全预表拯救我们的耶稣基督。耶稣降世之前1446年记载的旧约圣幕制度，完全预表新约的耶稣基督，这表示新旧约圣经都是人类救恩的计划者-圣父神要拯救人类的蓝图。这种圣书背景下，神吩咐通过旷野的以色列百姓要建造圣幕。我们透过这个圣幕能发现遇见神的道路，并得到走向永生之路的指引。

Ⅱ. 圣幕的建造和圣幕的含义

1. 圣幕的建造

1）圣幕的整体结构

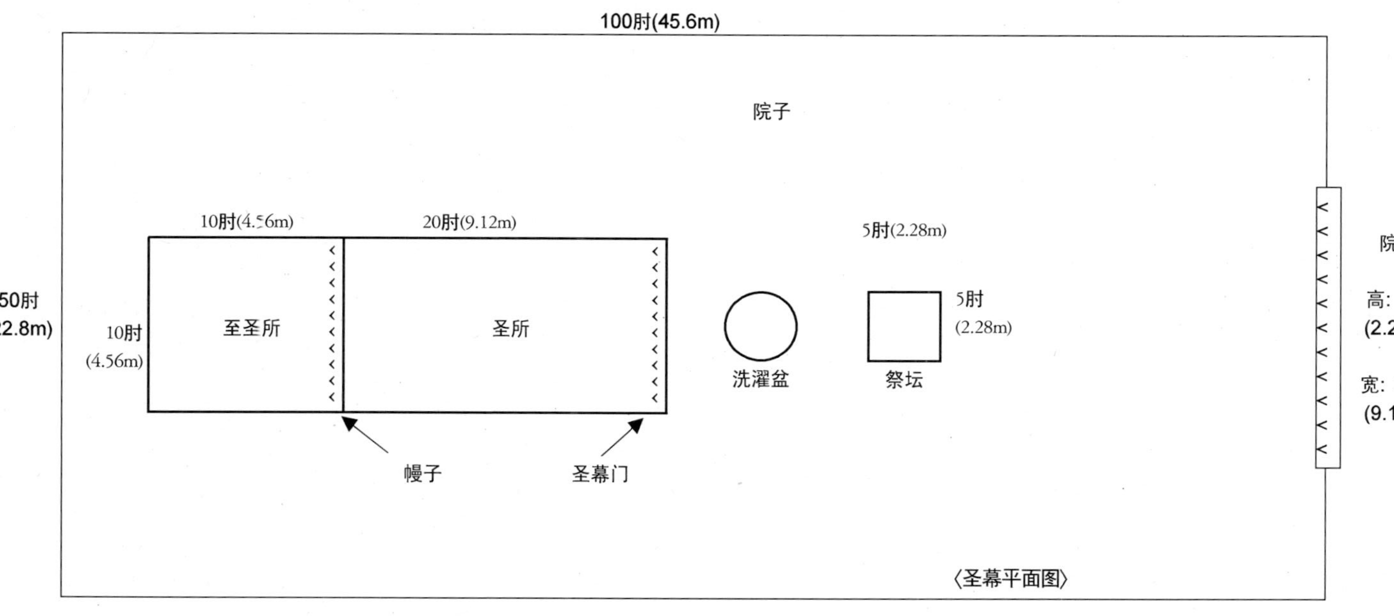

圣幕高:4.56m 院高:2.28m 单位:1肘(45.6cm)

2) 建造圣幕的人

(1) 比撒列(出31:1~5, 35:30~33, 36:1)

· 比撒列(名字的意思：在神的庇荫之下)：

是犹大支派中，户珥的孙子，乌利的儿子，他负责作各样的巧工(能雕刻贵重金
属、木头，用贵金属造各物，并教导人。神提名召他，并叫他以神的灵充满。

(2) 亚何利亚伯(出31:6~11,35:34~35,36:1)

· 亚何利亚伯(名字的意思：父的帐幕)：

是但支派亚希撒抹的儿子，神感动他，叫他教导人做制造圣幕的工。

(3) 甘心的百姓

心受感动的人都甘心向神献上圣幕材料，因此百姓献上的礼物过多，摩西就拦住他
们不再拿礼物来(出36:6)。神给有手艺的人赐智慧，叫他们照着神的吩咐建造。

如今教会里面受圣灵感动的人，要甘心情愿照着神所赐的恩赐服事教会。

3) 圣幕的建造材料

(1) 贵金属：针，耳环，戒指，手钏，银子和铜(出35:22,24)

(2) 各种线：蓝色、紫色、朱红色线，细麻线、山羊毛线(出35:23,26)

(3) 皮革：山羊毛，染红的公山羊皮，海狗皮(出35:23)

(4) 木材：皂荚木(出35:24)

(5) 宝石：红玛瑙，镶嵌在以弗得与胸牌上的宝石(出35:27)

(6) 香料和膏油：拿香料作香，拿油点灯，作膏油(出35:28)

皂荚木

所要收的礼物，就是金，银，铜，蓝色，紫色，朱红色线，细麻，山羊毛，染红的公羊皮，海狗皮，皂荚木，点灯的油并作膏油和香的香料，红玛瑙与别样的宝石，可以镶嵌在以弗得和胸牌上。又当为我造圣所，使我可以住在他们中间。制造帐幕和其中的一切器具都要照我所指示你的样式。(出25:3~9)

4) 圣幕的竣工和奉献(出40:1～38)

(1) 圣幕的竣工日-出埃及第二年1月1日(出埃及一周年之日)，(出40:17)

① 至圣所-立起帐幕，把法柜安放在里面，用幔子将柜遮掩(出40:3)

② 圣所-把桌子搬进去，摆设上面的物；把灯台搬进去，点其上的灯；把烧香的金坛安在法柜前，挂上帐幕的门帘(出40:4-5)

③ 祭坛-把燔祭坛安在帐幕门前，献燔祭和素祭(出40:6)

④ 洗濯盆-把洗濯盆安在会幕和坛的中间，在盆里盛水(出40:7)

⑤ 院帷和门-四围立院帷，把院子的门帘挂上(出40:8)

⑥ 膏油-用膏油把帐幕和其中所有的都抹上，使帐幕和一切器具成圣(出40:9-11)

⑦ 委托祭司职分-要使亚伦和他儿子到会幕门口来，用水洗身，给亚伦穿上圣衣，又膏他，使他成圣，立作祭司(出40:12-16)

(2) 奉献圣幕后的现象

云彩遮盖会幕，耶和华的荣光就充满了帐幕。日间，耶和华的云彩在帐幕以上；夜间，云中有火在圣幕以上，以此引导以色列旷野之路(出40:34～38)。

5) 以圣幕为中心利未人和各支派安营

(1) 利未人在圣幕的四围安营(民1:53)

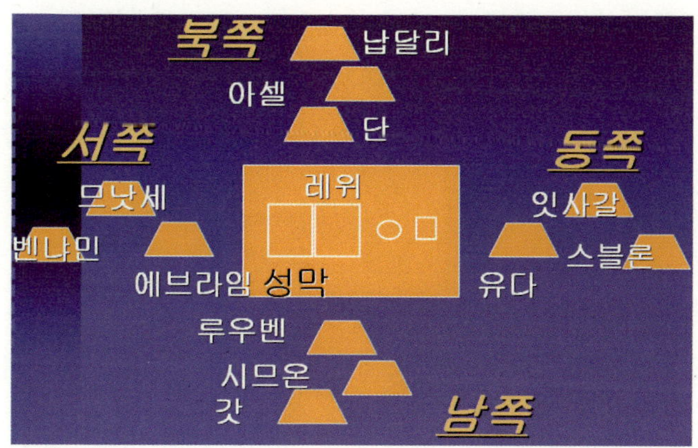

(2) 以色列人要各归自己的纛下，在本族旗号那里安营(民2:2~34)

以色列人要各归自己的纛下，在本族的旗号那里，对着会幕的四围安营 …。在东边，向日出之地，照着军队安营的是犹大营的纛。… 在南边，按着军队是流便营的纛。… 在西边，按着军队是以法莲营的纛。… 在北边，按着军队是但营的纛。

6) 搬运圣幕和利未人的职责

(1) 哥辖子孙

负责搬运至圣之物(约柜、陈设饼、灯台、金香坛、圣所器具等)(民4:4~)。

亚伦和他的儿子们把圣所和圣所的一切器具遮盖完了(民4:15)，哥辖的子孙就要来抬。哥辖子孙是用肩膀扛的，不象革顺，米拉利子孙有牛和车。他们只能抬至圣之物，不能用手摸，用手摸就会死(民4:15)。

① 搬运约柜的准备(民4:5-6)

亚伦和他的儿子们摘下遮掩柜的幔子，用以蒙盖法柜。又用海狗皮盖在上头，再蒙上纯蓝色的毯子，把杠穿上。

② 搬运陈设饼桌的准备(民4:7~9)

用蓝色毯子铺在陈设饼的桌子上，将盘子、调羹、奠酒的爵和杯摆在上头，在其上又要蒙朱红色的毯子，再蒙上海狗皮，把杠穿上。

③ 搬运灯台的准备(民4:10)

要把灯台和灯台的一切器具包在海狗皮里，放在抬架上。

④ 搬运金香坛的准备(民4:11)

在金坛上要铺蓝色毯子，蒙上海狗皮，把杠穿上。

⑤ 搬运圣所的器具的准备(民4:12)

要把圣所用的一切器具，包在蓝色毯子里，用海狗皮蒙上，放在抬架上。

⑥ 其他准备事项(民4:13-14)

要收去坛上的灰，把紫色毯子铺在坛上，又要把所用的一切器具，就是火鼎、肉锸子、铲子、盘子，一切属坛的器具都摆在坛上，又蒙上海狗皮，把杠穿上。

(2) 革顺子孙

负责搬运幔子和会幕(民4:24-)

他们抬幔子和会幕，会幕的盖与其上的海狗皮，会幕的门帘，院帷子和院门帘，绳子，并所用的器具。他们搬运这些至圣之物时，用了两辆车和四只牛(民7:7)。

(3) 米拉利子孙

负责搬运骨架(板、闩、柱子)(民4:31)。

他们搬运帐幕的板、闩、柱子，和带卯的座，院子四围的柱子和其上带卯的座、橛子、绳子，并一切使用的器具。他们用四辆车和八只牛搬运。(民7:8)

2. 圣幕的含义

古代历史上外邦人的神殿或者偶像殿阁都是很雄伟壮观。但圣幕的外观是用白细麻布围的长方形外院，院子里面有铜祭坛和铜洗濯盆，在上面又用黑幕遮盖的圣幕，它的本体看不到，圣幕的外形是很简陋。但是圣幕却具有很重要的属灵含义。只有犹太人才能进圣幕的院内，犹太人中只有祭司才能进圣幕的第一层帐幕-圣所，祭司中只有大祭司才能进圣幕的第二层帐幕-至圣所。另外，健壮的利未人昼夜看守圣幕，如有侵犯的，立刻处死，圣幕是圣地之中的圣地。察看一下这圣幕所含的意义。

1) 遇见神的地方

会幕用希伯来语叫"欧黑尔(OHEL)"，它的词源是"阿哈尔(干净，发光)"，是帐幕、在远处都能看见顶盖、相见地方等意思，表示与神相见的帐篷。利未记1:1说:"耶和华从会幕中呼叫摩西"。神在会幕里面见摩西。摩西在会幕里面听完神的话语，再传给百姓。当发生问题时，他进到会幕里面说给神听，神就给他解决。选民以色列是有福的民族，他们最大的福乃是能与神相见，从神得到解决所有的问题。人生在这世界就是生活在相遇之中。

第一次遇见父母，然后，遇见老师，朋友，配偶，同事。人生幸福是因为遇见好人，人生痛苦不幸是因为没有遇见好人。但是，人生最重要的相遇是遇见好神(真神)。即使在这世上没有遇见好人，但是如果遇见好神(真神)，就会成为有福的人。

所以诗篇33:12说:"以耶和华为神的，那国是有福的。他所拣选为自己产业的，那民是有福的"。福中最大的福是作神的百姓。但是我们比旧约时代的以色列百姓得到更大更奇妙的福。约翰福音1:12说:"凡接待他的，就是信他名的人，他就赐他们权柄，作神的儿女"。因为我们不仅是神的百姓，而且得到作神儿女的权柄。

作神的儿女就能享有神国的儿女权柄。因此，圣徒们在这世上即使没有遇见好人，却要把遇见耶稣基督为最大的幸福。真正遇见耶稣的人在耶稣基督里面能改变命运。奉主名愿你们透过圣幕遇见神，尽情享受作为神儿女的福分。

2) 象征耶稣基督

耶稣说，整本圣经都是见证耶稣自己。

约翰福音5:39说:"你们查考圣经。(或作应当查考圣经)因你们以为内中有永生。给我作见证的就是这经"。见证耶稣的这本圣经说，圣幕是由小至橛子、勺子，大至帐幕；从不值钱的皂荚木到昂贵的精金，是由多种多样材料器具构成。但不管是大是小，凡被圣幕所使用的，都象征耶稣基督。

耶稣时代的圣经是现今的旧约圣经。旧约都有摩西五经、历史书、诗歌、智慧书、预言书等39卷构成，作者与写作年代都不同，但核心内容都是耶稣基督，这是共同点。

约翰福音20:30~31说:"耶稣在门徒面前，另外行了许多神迹，没有记在这书上。但记这些事，要叫你们信耶稣是基督，是神的儿子。并且叫你们信了他，就可以因他的名得生命"。不仅是旧约，新约的目的也是要见证耶稣基督。从创世记到约翰启示录贯穿的主题就是耶稣基督。整个圣幕都象征耶稣基督。

3) 象征教会

司提反在使徒行传7:38说:"这人曾在旷野会中，和西乃山上与那对他说话的天使同在，又与我们的祖宗同在，并且领受活泼的圣言传给我们"，把"圣幕"称为"旷野教会"。

选民以色列百姓在圣幕服事了神，在新约时代作属灵以色列百姓的圣徒，因在教会服事神，所以圣幕与教会有很多共同点。就像选民以色列百姓将圣幕视为宝贵一样，我们圣徒也要把教会视为宝贵。

选民以色列百姓出生入死一生都以圣幕为中心而生活。利未记12章说:"若有妇人怀孕生男孩，要家居三十三天，她若生女孩，家居六十六天。她要把一岁的羊羔为燔祭，一只雏鸽或是一只斑鸠为赎罪祭，带到会幕门口交给祭司"。就这样，选民以色列百姓在世出生入死都以圣幕为中心服事神而过日常生活。

如今，圣徒的信仰生活也是一样。圣徒家里小孩子出生要作出生感谢礼拜；到一百天要作百天感谢礼拜；到一生日要作一生日感谢礼拜；订婚要作订婚礼拜；结婚要作结婚礼拜；到六十岁要作六十大寿感谢礼拜；开业要作开业礼拜。

身上有病时，就要请牧会者来作礼拜；当人临死时，要作临终礼拜，举行葬礼时，要作葬礼礼拜，葬礼结束要作追悼礼拜。圣徒从摇篮到坟墓都与教会相关。所以，应把教会视为宝贵，尽力服事并爱教会。

加尔文说:"教会是所有信者的共同之母，是生养神的儿女之家，是王是奴隶没有区别。这件事由圣职者担当"

教会就像生养圣徒的属灵妈妈一样。因此，圣徒就像孝敬妈妈一样，要以诚实来爱教会，忠诚于教会。

我爱我主教会，

主的灵与人同居，

救赎之主，

亲流宝血，建设清洁基础。

4) 象征天国

天国是神的国。神国的意思是神统治的地方。旧约的圣幕也是神统治以色列百姓的地方，所以是天国的模型和象征。

圣幕在人的眼里从外观上看是不值钱的简陋设施，但那地方是天上的国。太阳晒热的漫长旷野路上，疲惫的以色列百姓来到圣幕，因着遇见神，他们得到安慰，得到新的力量。圣幕是得福之殿堂。如今的圣徒，教会就是他们的这种得福之殿堂。

这世界变得越来越邪恶，恶贯满盈罪恶滔天，如今的生活比旧时更疲惫。因为战争、杀人、强盗、雇工与雇主之间的分歧、生存竞争、交通事故、地震、洪水、毒品、性堕落、各种疾病等复杂的社会问题，使人的生活变得更加疲惫。

圣徒每天都在这样的世界上生活。所以，身心疲惫。但是主日到教会吃神的生命之粮-神的话语，喝属灵的活水，我们疲惫的灵与肉身就会得到安歇，并且把我们所有的重担、担忧都托付给神。这是多么感恩的事啊？教会就是天国。天国可以分为三种，即心灵天国、教会天国、永远天国。在我们的心灵里面事奉耶稣，用水和圣灵重生，结圣灵的九个果子，就能成就心灵天国；在教会，在基督的爱里面因着圣灵的交通，活出信仰而成就教会天国；然后，认真忠心服事进永远的天国，到我们主面前，得大赏赐。

这个世界决不是我们的家乡。我们的家乡在天国，所以我们在这世界上只是作为客旅来生活。

♬ 在世上只是客旅之行，我只是客旅

我的家在天的那一边，天使们在天上招呼我来
我不想呆在这地上，这世上这世上不是我的家
我们的救主不久再来时，天使们在天上招呼我来

我不想呆在这地上

雅各对法老王说，他的人生是客旅。创世记47:8~9说："法老问雅各说，你平生的年日是多少呢，雅各对法老说，我寄居在世的年日是一百三十岁，我平生的年日又少又苦，不及我列祖早在世寄居的年日"。

又在希伯来书11:13~14说："这些人都是存着信心死的，并没有得着所应许的，却从远处望见，且欢喜迎接，又承认自己在世上是客旅，是寄居的。 说这样话的人，是表明自己要找一个家乡"。

那么如同客旅，如同访客的我们应该怎么办？

(1) 要以敬畏的心来生活

彼得前书1:17说："你们既称那不偏待人，按各人行为审判人的主为父，就当存敬畏的心，度你们在世寄居的日子"。

(2) 要禁戒肉体的情欲

彼得前书2:11说："亲爱的弟兄啊，你们是客旅，是寄居的。我劝你们要禁戒肉体的私欲。这私欲是与灵魂争战的"。

我们真过寄居的生活吗？真知道，如果今晚神收去生命，就放下一切要走吗？

韩国有一个大企业创建人，名叫柳一韩的博士，他把全部财产都捐给慈善机构之后去了天国。真是一位好人。

主在马太福音6:20说："只要积攒财宝在天上，天上没有虫子咬，不能锈坏，也没有贼挖窟窿来偷"。但我们这过一会儿就离开世界的人，却过分爱惜要撇弃的东西。奉主名，愿你们仰望将来要永远居住的大国。

Ⅲ. 学习圣幕的目的

1. 能知道遇见神的道路

犯罪的人不能遇见神。但是，因为神爱世人，神给犯罪的人打开了遇见神的道路。所以，创世记3:21说，亚当穿上皮衣与神相见。又在创世记4:4说，亚伯以献上头生的羊和羊的脂油来遇见神。创世记8:20说，挪亚宰杀洁净的牲畜献为燔祭来遇见了神。创世记15:9说，亚伯拉罕取一只三年的母牛，一只三年的母山羊，一只三年的公绵羊，一只斑鸠，一只雏鸽献上祭坛，借此遇见神。但是，摩西以后都在圣幕遇见神。因为圣幕是神与人相见的地方。

出埃及记25:22，圣幕竣工的那日，神显现说："我要在那里与你相会，又要从法柜施恩座上二基路伯中间，和你说我所要吩咐你传给以色列人的一切事"。因此，学习圣幕就能知道遇见神的道路。

2. 能正确地相信并服事耶稣

新旧约圣经的中心是耶稣基督。整个圣幕都预表耶稣基督，是以耶稣基督的故事来充满。举例，新约圣经希伯来书9:1~15说："原来前约有礼拜的条例，和属世界的圣幕。因为有预备的帐幕，头一层叫作圣所。里面有灯台，桌子，和陈设饼。第二幔子后，又有一层帐幕，叫作至圣所。有金香炉，(炉或作坛)有包金的约柜。…这几件我现在不能一一细说。这些物件既如此预备齐了，众祭司就常进头一层帐幕，行拜神的礼。至于第二层帐幕，惟有大祭司一年一次独自进去，没有不带着血，为自己和百姓的过错献上。…但现在基督已经来到，作了将来美事的大祭司，经过那更大更全备的帐幕，不是人手所造也不是属乎这世界的。并且不用山羊和牛犊的血，乃用自己的血，只一次进入圣所，成了永远赎罪的事。若山羊和公牛的血，并母牛犊的灰洒在不洁的人身上，尚且叫人成圣，身体洁净。何况基督藉着永远的灵，将自己无瑕无疵献给神，他的血岂不更能洗净你们的心。(原文作良心)除去你们的死行，使你们事奉那永生神麽。为此他作了新约的中保。既然受死赎了人在前约之时所犯的罪过，便叫蒙召之人得着所应许永远的产业"。

在这里把在圣幕服事的大祭司说成耶稣。还有，当耶稣在十字架上被撕裂时，圣幕的幔子从上到下裂成两半，希伯来作者把这件事在10:20　说："是藉着他给我们开了一条又新又活的路从幔子经过，这幔子就是他的身体"。就是说，圣幕就是耶稣基督。因此，学习圣幕就是学习耶稣。

3. 能受圣灵的引导

以色列百姓40年在旷野生活中，无论是起程前往，还是停止等候，都不是按人的意思而行。当时，约有2,000名千夫长的会议中，从未决定过起程日期；在12名的族长会议中，也没有按多数投票来决定。

出埃及记40:34～38说："当时，云彩遮盖会幕，耶和华的荣光就充满了帐幕。摩西不能进会幕，因为云彩停在其上，并且耶和华的荣光充满了帐幕。每逢云彩从帐幕收上去，以色列人就起程前往。云彩若不收上去，他们就不起程，直等到云彩收上去。日间，耶和华的云彩是在帐幕以上。夜间，云中有火，在以色列全家的眼前，在他们所行的路上，都是这样"。

以色列百姓不用担心走哪个方向，只要跟着云柱和火柱走就行。当我们人认为这方向是不平坦绕道，但是最终回头一看就知道，这才是最好的路径。红海方向的路径似乎是浪费时间，但是那是最安全的路径。因为他们走那里，所以埃及的军兵全死，以色列百姓全得救。如果他们走近道，以色列百姓就被埃及军兵抓回去。圣幕时代的云柱和火柱的作工预表现在的圣灵作工。现在也是圣灵引导方向。使徒行传16:6说，圣灵禁止保罗去亚西亚传福音，而指引去"马其顿"。

箴言16:9说："人心筹算自己的道路。惟耶和华指引他的脚步"，箴言16:3说："你所作的，要交托耶和华，你所谋的，就必成立"。

神爱以色列，所以在白天热晚上冷的气候条件下，神白天立起云柱遮挡日头，叫他们凉快；晚上立起火柱，叫他们暖和。如果相反白天是火柱，晚上是云柱，在旷野实在是不能坚持。

神极其爱以色列百姓。神如今同样也爱我们，所以，叫保惠师圣灵引导我们。

罗8:26～27和35～37说："况且我们的软弱有圣灵帮助，我们本不晓得当怎样祷告，只是圣灵亲自用说不出来的叹息，替我们祷告。…谁能使我们与基督的爱隔绝呢。难道是患难麽，是困苦麽，是逼迫麽，是饥饿麽，是赤身露体麽，是危险麽，是刀剑麽…然而靠着我们的主，在这一切的事上，已经得胜有馀了"。

4. 能学到得福的方法

申命记5:29说:"惟愿他们存这样的心敬畏我，常遵守我的一切诫命，使他们和他们的子孙永远得福"，民数记6:22~27说:"耶和华晓谕摩西说，你告诉亚伦和他儿子说，你们要这样为以色列人祝福，说，愿耶和华赐福给你，保护你。愿耶和华使他的脸光照你，赐恩给你。愿耶和华向你仰脸，赐你平安。他们要如此奉我的名为以色列人祝福。我也要赐福给他们"。

1) 赐福给亚当和夏娃

创世记1:27~28说:"神就照着自己的形像造人，乃是照着他的形像造男造女。神就赐福给他们，又对他们说，要生养众多，遍满地面，治理这地。也要管理海里的鱼，空中的鸟，和地上各样行动的活物"。神造人后，首先赐福给人。

2) 赐福给始祖挪亚

因犯罪堕落的整个人类，受审判全部灭亡，只剩下挪亚一家人。创世记9:1说:"神赐福给挪亚和他的儿子，对他们说，你们要生养众多，遍满了地"。

3) 神赐福给信心始祖亚伯拉罕

神把亚伯拉罕当做弥赛亚的第一始祖来拣选的同时赐福给他。创世记12:2说:"我必叫你成为大国，我必赐福给你，叫你的名为大，你也要叫别人得福"。

4) 赐福给以撒

神初次向以撒显现时，就说赐福的话。

创世记26:3~4说:"你寄居在这地，我必与你同在，赐福给你，因为我要将这些地都赐给你和你的后裔。我必坚定我向你父亚伯拉罕所起的誓。我要加增你的后裔，像天上的星那样多，又要将这些地都赐给你的后裔。并且地上万国必因你的后裔得福。

5) 赐福给雅各

神在伯特利遇见正在逃避以扫追杀而逃命的雅各并赐福给他

创世记28:13~15说:"耶和华站在梯子以上(或作站在他旁边，说，我是耶和华你祖亚伯拉罕的神，也是以撒的神。我要将你现在所躺卧之地赐给你和你的后裔。你的后裔必像地上的尘沙那样多，必向东西南北开展。地上万族必因你和你的后裔得福。我也与你同在。你无论往哪里去，我必保佑你，领你归回这地，总不离弃你，直到我成全了向你所应许的"。神拣选人之后，必应许赐福给他。

但是，人不幸福，责任不在于神，乃在于人。因此，借着学习圣幕，可以发现丢失福的人之光景，并从中学到寻找这福的奥秘。

罪得救免的路隐藏在燔祭坛里面，蒙恩典的路在洗濯盆里面，蒙福的应允之奥秘在于香坛上。因此，学习圣幕就能知道蒙福的路。

5. 能成为好工人

使徒雅各在雅各书2:14说:"我的弟兄们，若有人说，自己有信心，却没有行为，有什么益处呢。这信心能救他麽"，这意味着没有行为的信心是死的信心。作神工的，就是好工人；不作神工的，就是死的工人。想要作某一件事，就对那件事要有确实的了解。学习圣幕教导我们怎样做神的工作。因此，学习圣幕就能成为好工人。

6. 能得到属灵的诊断

透过学习圣幕的每一个阶段，能得到我们属灵部分的精密诊断。

(1) 在院门，诊断得救的确信

(2) 在燔祭坛前，诊断对罪问题是否确实得到解决

(3) 在洗濯盆前，诊断重生后是否活出圣洁的生命

(4) 在灯台前，诊断是否担当使命

(5) 在饼桌前，诊断是否过正确的话语生活

(6) 在香坛前，诊断是否过正确的祷告生活

(7) 在约柜前，诊断是否与复活的主一起生活

得到正确的确诊，有错有病的地方要医治，从而能活出忠心的信仰生活。

圣幕的外院

Ⅰ. 院帷子

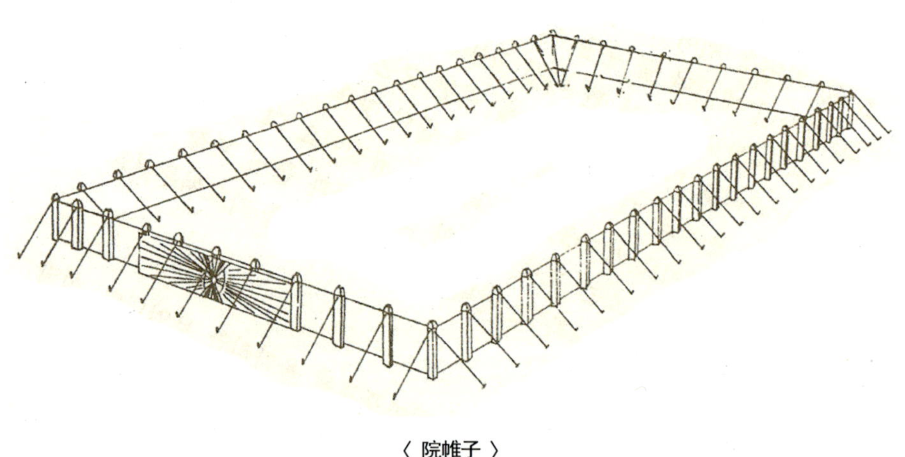

〈 院帷子 〉

　　院帷子有60根柱子构成，柱高是五肘（　2.28m），是用细麻布帷子围成，东西各宽50肘(22.8m)，南北各宽100肘(45.6m)。院内是圣殿，院外是世界，院帷子是与世界分开的分界线。院内有救恩，院外没有救恩。

　　出埃及记27章9～19指教造圣幕外院的方法："你要作帐幕的院子。院子的南面要用捻的细麻作帷子，长一百肘。帷子的柱子要二十根，带卯的铜座二十个。柱子上的钩子和杆子都要用银子作。北面也当有帷子，长一百肘，帷子的柱子二十根，带卯的铜座二十个。柱子上的钩子和杆子都要用银子作。院子的西面当有帷子，宽五十肘，帷子的柱子十根，带卯的座十个。院子的东面要宽五十肘。门这边的帷子要十五肘，帷子的柱子三根，带卯的座三个。门那边的帷子也要十五肘，帷子的柱子三根，带卯的座三个。院子的门当有帘子，长二十肘，要拿蓝色，紫色，朱红色线，和捻的细麻，用绣花的手工织成，柱子四根，带卯的座四个。院子四围一切的柱子都要用银杆连络，柱子上的钩子要用银作，带卯的座要用铜作。院子要长一百肘，宽五十肘，高五肘，帷子要用捻的细麻作，带卯的座要用铜作。帐幕各样用处的器具，并帐幕一切的橛子，和院子里一切的橛子，都要用铜作"。

　　从外面看圣幕，只看见用细麻布做的院帷子。外院长45.6m，宽22.8m，面积1039m^2。从东西方向能看见高5肘(2.28m)的10个柱子，从南北方向能看见20个柱子。除了东边的门以外都是用细麻布帷子围成。

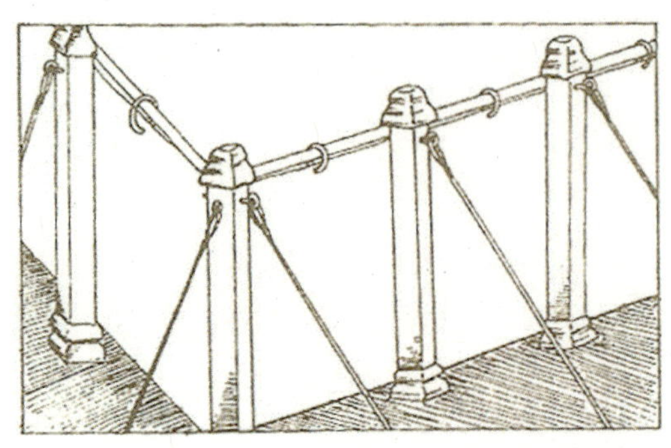

〈帐子的外观〉

〈帐子内观〉

〈帐子的柱子〉

1. 院帐子的材料和所赐的教训

1) 铜

院帐子60个柱子都是用铜作的，有带卯的铜座。圣经里面的铜表示十字架。民数记21:4-9说，当摩西给被火蛇咬得快要死去的人，作铜蛇挂在木头，叫他们望，凡一望这铜蛇的，就得活。从那以后，铜象征十字架。

2) 银

柱子的钩子和杆子是用银作的。银是不变质的金属，表示信心。

3) 细麻布

除了门以外的地方都用细麻布围成院子，细麻布表示圣洁。

约翰启示录19:8说:"就蒙恩得穿光明洁白的细麻衣，这细麻衣就是圣徒所行的义"。

2. 院帷子所赐的教训

圣幕院帷子预表耶稣基督。院帷子高5肘(2.28m)，所以从外面绝对看不见里面。这表示只有进院子里，才能看见里面。因此，院帷子的教训是先信后看，就是先相信耶稣，然后再看，并不是先看后信。

院帷子的具体含义：

1) 表示所有

院帷子是属于神的，它表示所有。因此，在院帷子里面的，就是神的百姓；在院帷子外面的，就是撒但之子。

以赛亚43:1~3说"你不要害怕，因为我救赎了你。我曾提你的名召你，你是属我的"。

2) 表示保护

院帷子表示保护。在院帷子之内，就受保护；在院帷子之外，就不受保护。

创世记7:23说，在方舟里面的挪亚及其家人都受了保护，在方舟外面的，都死了。

出埃及记12:21-23说，在门楣和门框上涂有羔羊血的房屋里面的人都受了保护。

约书亚2:18和6:17说，耶利哥城所有的百姓都被屠杀的时候，在窗户上系着朱红线房屋里面的妓女喇合和她的家人及亲戚都受了保护。

罗马书8:1使徒保罗说，如今那些在基督耶稣里的，就不定罪了

3) 表示供应所需要的

在院帷子里面所需要的，都从神得到供应。

约翰福音15:7说:"你们若常在我里面，我的话也常在你们里面，凡你们所愿意的，祈求就给你们成就"。

在院帷子里面的人，从神得到各种好处。白天用云柱供应凉快，晚上用火柱供应暖和。得到神温暖的眷顾。

4) 表示分界线

分别圣洁与世俗；分别祝福与咒诅。院帷子是分开天国与地狱的分界线；是分开圣徒与罪人的分界线。

Ⅱ. 圣幕院子

1. 圣幕院子

圣幕有三个重要的部分，就是院子、圣所、至圣所。

人要进至圣所(与神相见的地方)，必须首先通过圣幕院子和圣所，才能进至圣所。一进圣幕院子里面就能看见祭坛；过祭坛就能看见洗濯盆(出40:29~30)。

我们要过教会生活，任何人要通过圣幕院子，在院子里面最先遇见的祭坛，在祭坛前，处理罪的问题；然后，在洗濯盆前，洗净罪，才能进到遇见神的至圣所。

2. 院门

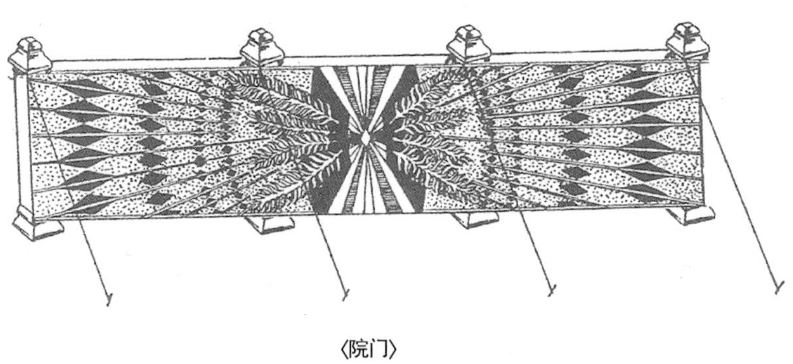

〈院门〉

出埃及记38:18说："院子的门帘是以绣花的手工，用蓝色，紫色，朱红色线，和捻的细麻织的，宽二十肘，高五肘，与院子的帷子相配"。

凡是建筑物或者是人活动的地方，都有进去的门。圣幕也有最先要通过的院门。

这道门表示什么？它预表耶稣基督。

约翰福音10:7说，"我就是羊的门"，约翰福音10:9耶稣亲自说，"我就是门。凡从我进来的，必然得救，并且出入得草吃"。

下面我们要学习这道门。

1) 这道门预表耶稣的品性

进圣幕院子的这道门是以绣花的手工，用蓝色、紫色、朱红色和捻的细麻织的门帘。这道门帘是用彩色线织的，这预表耶稣美丽的品性。

◉ 蓝色预表耶稣是从天来的神的儿子。约翰福音8:23说："耶稣对他们说，你们是从下头来的，我是从上头来的。你们是属这世界的，我不是属这世界的"。主的外貌虽然与人相同，但他的本质却与人不同。

◉ 紫色衣裳是有权人穿的颜色。当时的王或者财主穿这种颜色，所以紫色使人联想富有。借着路加福音16:19"有一个财主，穿着紫色袍和细麻布衣服，天天奢华宴乐"也可以知道这一点。因此，紫色象征宇宙万物之主耶稣基督的富有。

◉ 朱红色表示王权。耶稣背负十字架的时候，之所以给他穿上朱红色袍子，是因为象征王权。马太福音27:28说："他们给他脱了衣服，穿上一件朱红色袍子"。主既能立王，也能废王，并且他审判王。朱红色门帘象征作为万王之王的耶稣。

◉ 捻的细麻线是白色，表示主洁白圣洁的品性。希伯来书7:26说："像这样圣洁，无邪恶，无玷污，远离罪人，高过诸天的大祭司，原是与我们合宜的。

就这样，伟大的神儿子耶稣为我和诸位背起十字架成为救主。我们要常常感谢主的大恩！！！

2) 这道门预表凡相信耶稣的，就能得救

这道院门宽20肘，约有9.12m。9.12m宽的门是很少见，高5肘，约有2.28m。因此，再肥胖再魁梧的人，只要想进去，就都能进去，而且这道门总是敞开着，任何人都能随便进去。因此，这道门表示主不限制进天国的资格条件。

就如约翰福音3:16"神爱世人，甚至将他的独生子赐给他们，叫一切信他的，不至灭亡，反得永生"一样，'只要信他'就得救。因此，人没有得救而灭亡，并不是因为罪多，而是因为不信。相反，进天国的人并不是因为没有罪，而是因为相信耶稣。

马太福音11:28说:"凡劳苦担重担的人，可以到我这里来，我就使你们得安息"。只要寻求主，主必以温和来迎接你。

约翰福音6:37说:"凡父所赐给我的人，必到我这里来。到我这里来的，我总不丢弃他"。

圣幕的院门是用各种彩色线绣花手工编织的门帘，所以容易进去。这表示依靠人的努力不可能进天国，但是依靠主就很轻松地进天国。

相信耶稣不需要钱多，不需要大学毕业证，也不需要高尚的人格修养。

以赛亚书55:1说:"你们一切干渴的都当近水来。没有银钱的也可以来。你们都来，买了吃。不用银钱，不用价值，也来买酒和奶"。

约翰启示录22:17说:"圣灵和新妇都说来。听见的人也该说来。口渴的人也当来。愿意的都可以白白取生命的水喝"。

罗马书3:23~24说:"因为世人都犯了罪，亏缺了神的荣耀。如今却蒙神的恩典，因基督耶稣的救赎，就白白的称义"。

神说'不用银钱，不用价值'，这表示没有一文钱也能吃喝并得永生。这是因为主在十字架上已经付出代价。

约翰福音19:30说:"成了"。耶稣在十字架上断气的时候说'成了'。因此说，为救恩还要加点什么，那就不是福音，而是似是而非的基督教，是异端。

有一位在韩国当宣教士的美国牧师叫做约克姆，他是很出色的宣教士。据说，他小时要去他的姥姥家得坐一天飞机横跨美国大陆，才能到他的姥姥家。有一次，在飞机里面供午餐时，他说他不吃，因为他没有钱买饭，但他饿得不得了。但是，后来他才知道，他买的票里面已经包含午餐费。就这样，连一文钱都不用付，因为已经付清了。

♬〈赞美〉

1) 哭也不行，流泪也不能消除惧怕，不能洗净罪孽，哭也不行

2) 努力也不行，即使言、意、行干净善良也不能重生，努力也不行

3) 忍也不行，无能的罪人陷入凶恶的罪中怎么能不死，忍也不行

4) 相信就行，只信耶稣，蒙恩典，只要到耶稣面前，就得永生

(副歌)耶稣被钉在十字架受难，惟有耶稣才能拯救我。

3) 这道门预表在耶稣里面就会变圣洁

会幕的圣幕、圣所、至圣所都有"圣"字，这表示圣幕里面是圣洁的地方。圣幕之外是世俗，但圣幕是圣洁地方的意思。为圣洁要进入圣幕里面，若站在门外就不能成圣。圣经说，在世上没有一个无罪的人。

如果有人说有无罪的人，那么我们就把神当做说谎的神了。

因此，约翰壹书1:10说："我们若说自己没有犯过罪，便是以神为说谎的。他的道也不在我们心里了"。其理由是在罗马书第一章说，犹太人是罪人；第二章说，外邦人是罪人；到罗马书第三章宣告，"世上没有义人，连一个也没有"。那么罪恶滔天的人怎么得洗净和成圣？

罗马书8:1~2说："如今那些在基督耶稣里的，就不定罪了。 因为赐生命的圣灵的律，在基督耶稣里释放了我，使我脱离罪和死的律了"。因此，即使天下万民戳脊梁骨吐唾沫的税吏和娼妓，只要在主里面，就会成为圣洁的天国子民。

马太福音21:31-32说："我实在告诉你们，税吏和娼妓，倒比你们先进神的国。 因为约翰遵着义路到你们这里来，你们却不信他。税吏和娼妓倒信他。你们看见了，后来还是不懊悔去信他"。

税吏和娼妓是当代的代表性罪人，他们被人当做要下地狱的人来受指责。但是他们在信心里面，比自以为圣洁的人，先进天国。

4) 这道门预表救恩惟有来自耶稣

进入圣幕里面的门只有一道，在圣幕东边宽为20肘(约9.12m)的门帘，是进入圣所的唯一一道门。再环顾四方也没有别的门。圣经说，耶稣是羊的门。这门预表走向神那里的唯一的一道门，乃是耶稣基督。

约翰福音14:6说："耶稣说，我就是道路，真理，生命。若不藉着我。没有人能到父那里去"。耶稣说，他就是走向神那里去的唯一的一条道路。

孔子说："朝闻道，夕死可矣"，释迦牟尼为寻找人生的真道而出家苦行10年。他为求道而苦行。

但是耶稣亲自说，他们努力去寻找的道路就是他，耶稣基督。如果不走这条道路，走别的道路，那是愚拙无益，而且在耶稣眼里是强盗。约翰福音10:1说："我实实在在的告诉你们，人进羊圈，不从门进去，倒从别处爬进去，那人就是强盗"。

强盗不能堂堂正正地走进大门，他们是偷偷摸摸地爬进去或者是跳别人家的墙进去。

神已经给人开了走向神那里的道路，那条道路就是耶稣基督。神借着耶稣做了进天国的天国门。但是如果不是走正当的耶稣的门，而是想要挖坑或者跳墙进去的，就是强盗。

使徒彼得在使徒行传4:12明确地说:"除他以外，别无拯救。因为在天下人间，没有赐下别的名，我们可以靠着得救"。约翰福音10:10说:"盗贼来，无非要偷窃，杀害，毁坏。我来了，是要叫羊(或作人得生命，并且得的更丰盛"。

耶稣说他自己就是救恩的门。世上人把孔子、释迦牟尼、苏格拉底、耶稣称为四大圣贤，作为最大的伟人来推崇。

除耶稣基督以外，其他伟人能成为走向神那里的道路和门吗？苏格拉底是与宗教无关的哲学家，察看一下其它的伟人。

孔子在伦理道德上无人能比，但他并没有给人提示走向神那里的道路，或者是进天国的门。他诚实地承认自己对鬼神和人死不明白。

孔子在《论语》的先进篇中，季路问事鬼神，子曰："未能事人，焉能事鬼？"曰："敢问死？"曰："未知生，焉知死？"。儒教只不过是世人的人伦道德的生活哲学或者是道义伦理学而已。

那么释迦牟尼怎么样呢？释迦牟尼是要借着控制欲望和不断的自我省察来达到某种完全的人格，即要达到解脱的境界，对此可以给予高度评价。那么，他真的解决人类死亡的问题，提示走向神那里的道路吗？佛经就是释迦牟尼临终说法，就是"大般涅盘经"，其中南本为36卷，北本为40卷。佛经说，释迦牟尼临终时，他的弟子们希望他留下遗言。这时，他对弟子阿南说:"自灯明，法灯明，自归依，法归依"。

由此可知，佛教是自力宗教，修养宗教，纪律宗教。罪人怎么能拯救自己呢？

就象进圣所的门是一道一样，如今走向神那里的门也只有一道。那道门就是耶稣基督。愿各位相信耶稣基督是连接神与人之间的唯一的桥梁。

提摩太前书2:5说:"因为只有一位神，在神和人中间，只有一位中保，乃是降世为人的基督耶稣"。

Ⅲ. 祭坛

通过院门进到会幕院子首先看到的是燔祭坛。

出埃及记27:1~8教导制造燔祭坛的方法:"你要用皂荚木作坛。这坛要四方的，长五肘，宽五肘，高三肘。要在坛的四拐角上作四个角，与坛接连一块，用铜把坛包裹。要作盆，收去坛上的灰，又作铲子，盘子，肉锸子，火鼎，坛上一切的器具都用铜作。要为坛作一个铜网，在网的四角上作四个铜环，把网安在坛四面的围腰板以下，使网从下达到坛的半腰。又要用皂荚木为坛作杠，用铜包裹。这杠要穿在坛两旁的环子内，用以抬坛。要用板作坛，坛是空的，都照着在山上指示你的样式作。

〈燔祭坛〉

1. 祭坛的含意

坛是"宰杀动物"的意思。燔祭叫做"欧拉"是上去的意思。因此，燔祭坛的意思是动物被宰杀上去，就是说，借着祭物之死来开通走向神的道路。因罪的工价乃是死，就这样有罪的人不能遇见神。但因洒了生命之血而罪得涂抹，从而打开了走向神那里的道路。因为燔祭坛的血(预表基督之血)，才能遇见在至圣所的神。

2. 燔祭坛的材料和样式所赐的教训

1) 祭坛是用皂荚木作的

皂荚木是生长在干旱的旷野，沙漠的白天暴晒夜晚寒冷，刮台风般的天气之中，所以木质坚硬。这种树有随便长的茂盛的枝子，没有使用价值，是一种槐树，树高是4-8m。

这种树的形象象征因罪债被撇弃的这世界的所有人。另外，也表示一人背负世人痛苦的耶稣人性。

2) 表面要用铜来包裹

铜象征神的审判-十字架。因此，象征因犯罪被神撇弃的人得救的道路只有十字架。

原来有罪的人是不义、说谎、纷争、欺骗、愤怒、骄傲、淫乱、懒惰、放荡、害病不值钱没用的人。

但是因为相信耶稣，穿上耶稣的义衣裳，所有的罪得以遮盖，作神的儿女，从而当牧师，当长老，当劝事，当执事，就这样担当职分作新人。所以，我们是死是活都要显出主的荣耀。

如果固执己见、行邪术、仍作世人的污秽之事，那么决不能作铜祭坛，只能作丑陋的皂荚木祭坛，最终被扔进火里受审判。

燔祭坛的皂荚木用铜包裹的，这象征被撇弃的人，只有用十字架来包裹，才能得生命。

十字架的原理是福上加福。耶稣背负十字架是为从魔鬼赎回，人被魔鬼夺去的福分。

① 除去疾病加给健康(太8:17，彼前2:24)

② 除去贫穷加给富足(林后8:9)

③ 除去痛苦加给平安(太11:28)

④ 除去咒诅加给福分(加3:13)

⑤ 除去罪孽加给义(罗5:21)

⑥ 除去死亡加给生命(约5:24)

3) 燔祭坛的长与宽都是2.28m(5肘)，高1.4m(3肘)，它是正方形

燔祭坛的正方形象征全世界，救恩面向全世界的人。这表示主的福音要征服全世界。

4) 在坛的四拐角上作的四个角朝向四方

这个角象征耶稣基督的权柄。四方象征全世界，这表示这世上的任何权柄，只要与主的祭坛敌对，就必灭亡。

5) 在祭坛内有达到坛半腰的铜网

达到燔祭坛半腰的铜网的作用是不叫肉直接触在火上，把牺牲祭物烧烤成灰和油的，都通过网落在下面。这个网表示照看圣徒的，就是指教会的教牧人、分会长、小组长。

6) 在祭坛的两旁有铜环

这个环子不仅固定铜网与祭坛，并且为穿杠抬坛而用的。这是预表圣徒事奉祭坛。

① 环子是圆形，圆形象征无始无终的爱。因此，圣徒要以爱来事奉祭坛。即使信心好
　　盖几座教堂奉献的，如果没有爱，就不是好好事奉祭坛的。

② 四个环子象征彼此合作
　　服事的时候，要彼此合作。

③ 环子与祭坛和铜网是相连的
　　服事的时候，要以祭坛为中心，与教会担重任的人协作一起服事。

7) 把杠用铜包裹穿在环子内，以便抬坛

把杠用铜包裹，这表示圣徒在教会服事时，不要以皂荚木的人品，而要以铜所象征的基督品格来服事。

3. 燔祭坛有赎罪

当以色列百姓犯罪时，拿祭物到燔祭坛前献祭，罪就完全得赦免。但是在利未记4章说，祭司和全会众犯罪要以一只公牛犊为供物；官长犯罪要一只没有残疾的公山羊为供物；平民犯罪要以一只没有残疾的母山羊为供物来献赎罪祭。但是如今却借着耶稣基督罪得赦免。

约翰福音1:29说:"施洗约翰看见耶稣来到他那里，就说，看哪，神的羔羊，除去世人罪孽的"。

耶稣降世以前的旧约时代，为赎一个人的罪必须要献一只羊羔；为赎全会众的罪必须要献贵几倍的公牛犊。因此，为要赎全人类的罪，就需要神的儿子耶稣基督的血。

耶稣是"神的羔羊"。赎罪全然是由神亲自构思、预备、执行而成就的，决不是人的行为。

创世记2:7说:"耶和华神用地上的尘土造人，将生气吹在他鼻孔里，他就成了有灵的活人，名叫亚当"。

由此可见，神是直接创造人，然后，为使人有神的形象，给人吹了神的生气，所以成了有灵的活人。因人类始祖亚当犯罪，人里面神形象-灵死了，从而只剩下魂和肉体的人变得就像动物一样。

但是为拯救这样的人类，耶稣背负叫人的灵死的罪，在十字架上流血而死来偿还罪债，就是打开了恢复神形象的道路。

所以，使徒保罗在哥林多前书15:45说:"经上也是这样记着说，首先的人亚当，成了有灵的活人。(灵或作血气)末后的亚当，成了叫人活的灵"。就如在燔祭坛上因弹了羔羊之血罪得赦免一样，因主在十字架上流血死我们的所有罪债全还清。

彼得前书2:24说:"他被挂在木头上亲身担当了我们的罪，使我们既然在罪上死，就得以在义上活"。这里的"担当"一词是过去否定词，只一次担当来永远担当的意思。我们的罪债永远得以还清。

那么，羔羊的血怎样赎人的罪呢？那是因为血就是生命。利未记17:11说:"因为活物的生命是在血中。我把这血赐给你们，可以在坛上为你们的生命赎罪，因血里有生命，所以能赎罪"。按着"罪的工价乃是死"的神之定律，人必定死，但是有羔羊代替罪人死，从而罪人得救。

我们是因着耶稣的血来得救，耶稣的血就是生命。因此，主在约翰福音6:53说:"你们若不吃人子的肉，不喝人子的血，就没有生命在你们里面"。我们有时信心软弱，就有可能想起过去所犯的罪孽而感到苦恼。但是，神却说决不记念我们的罪。

希伯来书10:17~18说："以后就说，我不再记念他们的罪愆，和他们的过犯。这些罪过既已赦免，就不用再为罪献祭了"。

这里的"不再记念"这一词组中的"不再"是"就不再…"的意思。神说不再记念我们的罪，其理由是作为人类的赎罪祭已在各各他山上献完了。因此，我们以罪得赦免的喜乐和自信来生活在这个世界上。

♫〈赞美〉

在十字架上我救主舍命，

靠主十字架我罪得洗净，

除我重担安慰我伤心，

荣耀归主名

4. 燔祭坛有感谢

选民以色列比外邦人要多多感谢神。以色列民在众多的民族之中被特别拣选，用神的奇迹从埃及为奴之地得以解放，40年在干旱的旷野受保护，得养育，将流奶与蜜的迦南地作为基业来承受，即使他们在神面前犯罪，借着献赎罪祭来罪得饶恕，其它在他们的日常生活中所发生的得福的奇妙事，回想起这些，以色列百姓不得不感谢耶和华神。燔祭坛是神给选民以色列指定向耶和华神献感谢祭的地方。

以色列百姓在安息日、月朔、逾越节、五旬节(收割节、七七节、初熟节)、住棚节等节期献感恩祭。向祭坛上献的最重要供物是十分之一。所有土地的主人是神，以色列百姓就像佃户，要纳十分之一。刚开始他们按条例好好奉献，但是后来觉得舍不得献十分之一，奉献的人逐渐减少。那时，玛拉基3:8-12将夺取神之物定为犯罪来责备，并说要献"完全的十分之一"。如今，有些信徒说，十分之一是旧约时代的制度没必要遵守。这是错误的信仰。

耶稣在马太福音23:23教训说："你们这假冒为善的文士和法利赛人有祸了。因为你们将薄荷，茴香，芹菜，献上十分之一。那律法上更重的事，就是公义，怜悯，信实，反倒不行了。这更重的是你们当行的；那也是不可不行的"。这句话的"这"是指公义、怜悯、信实；"那"是指十分之一。

就这样，主教训必须要奉献钱财的十分之一。虽然以色列百姓是借着牲畜的血来得救，但是他们仍献了很多的感谢祭。何况借着神独生子耶稣基督的宝血来得救的我们，更要以献上生命的心，将我们的礼物与我们的感恩一同献在主的祭坛上。当我们奉献时，心里若受舍不得的试探，就要唱赞美来蒙恩典。

♬ 〈赞美〉

有时遇见苦难如同大波浪，有时忧愁丧胆似乎要绝望

若把主的恩典从头数一数，必能叫你惊讶立时乐欢呼

主的恩典样样都要数，主的恩典都要记清楚，

主的恩典样样都要数，必能叫你惊讶立时乐欢呼。

旧约圣经诗篇116:12说："我拿什么报答耶和华向我所赐的一切厚恩"。　如果真相信，我借着主的血得救作神的儿女进永无穷尽的天国，那么对奉献决不吝啬。

对教会的奉献钱财不满是来自爱钱财的心，这种心态的根源是因为我自己的信心不足。神不悦纳不情愿的奉献。

使徒保罗在哥林多后书8:12说："因为人若有愿作的心，必蒙悦纳，乃是照他所有的，并不是照他所无的"。哥林多后书9:7说："各人要随本心所酌定的。不要作难，不要勉强，因为捐得乐意的人，是神所喜爱的"。

因此，以色列百姓照着自己的条件，献牛、羊、山羊、鸽子或者是白面等不同的供物。有钱的财主献牛，不能献牛的献羊或者是山羊，不能献羊的献鸽子，连鸽子都献不起的献日用的粮食白面伊法1/10。

路加福音21:1说，耶稣观看，见财主把捐项投在库里，见一个穷寡妇投了两个小钱，就称赞这寡妇投的比众人还要多。

这是因为财主把有余的投了，而寡妇却把一切养生的都投了。在这里耶稣观看人们在投捐项，现在，耶稣仍在观看我们所投的捐项。重要的不是我们投多少，而是我们是

否诚心。在撒母耳上16:7神说：耶和华不像人看人，人是看外貌。耶和华是看内心"。

我们所相信的基督教是感恩的宗教。帖撒罗尼迦前5:18说："凡事谢恩。因为这是神在基督耶稣里向你们所定的旨意"。

真正领会赎罪之恩的圣徒不得不感谢神。约翰卫斯理说："你的钱囊若不重生，我决不相信你是重生的人"，还有一位日本人说："不知感谢的信徒，不是信徒"。我们因着主的恩典，要活出感谢，奉献，服事。

5. 燔祭坛上有平安

利未记3:1~5节是"牛的平安祭"条例，从6~11节是"羊的平安祭"条例，12~17节是"山羊的平安祭"条例。

赎罪祭将整个祭物焚烧献给神，但平安祭是献祭物的一部分，剩下的由祭司和周围的人一起分享。神与我是借着赎罪祭来和好，但是我与祭司和周围的人是借着献平安祭来和好。

所以，平安祭必须要用牛、羊或者是山羊，照着各自的条件在这三种祭物中选一。献平安祭的条例在利未记7:28~36，首先祭司在祭物的头上按手，然后在会幕门口宰杀。祭司将祭物的血洒在燔祭坛的四周，把所有内脏和腰子上的脂油都焚烧在燔祭坛上。然后，将祭物的胸作为摇祭献上，将右腿作为举祭献上之后要归于祭司的份。另外，在申命记12:17的条例是，献为举祭的归给祭司的份，剩下的要与献祭人的家人、邻舍、奴仆、利未人一起分享，以此结束平安祭。

1) 要与神和好

利未记3:1~17说(1~5节是牛，6~11节是羊，12~17节是山羊)，为与神和好首先要把供物的内脏和腰子的脂油焚烧献给神。

因为亚当和夏娃犯罪，神与人变成仇敌关系。要与神和好必须献平安祭。因此定了献牛、羊或者山羊的平安祭条例。为代替人的罪，祭物牲畜流血而死。这预表新约的耶稣基督要作挽回祭。因此，耶稣来是要把他自己作为挽回祭钉死在十字架上，从而使人与神和好。就这件事使徒约翰在约壹4:10说："不是我们爱神，乃是神爱我们，差他的儿子，为我们的罪作了挽回祭，这就是爱了"；使徒保罗在以弗所2:13说："你们从前远离神的人，如今却在基督耶稣里，靠着他的血，已经得亲近了"。

因为耶稣基督在十字架上流血而死，人与神才和好。因此我们只是感谢主的恩典。只有人与神和好，才能得福。

约伯22:21说:"你若认识神，就得平安。福气也必临到你"。人与神和好是用耶稣基督之死来成全的，我们是因信主而享有这个和睦；又因信主，给我们打开了得福的大路。

2) 要与祭司和睦相处

利未记7:32~34说，献平安祭的人要把胸和右腿归给祭司。平安祭中最好的部分归给祭司的分，这是神命定的条例。

祭司在圣幕中，从宰杀供物一直到在火前焚烧肉，这些都是很累的工作。因此，祭司要得所定的分。但是，当个人想要表示特别感谢时，可以献平安祭。如果祭司的分(生活费)为共同体给的，那么平安祭是个人给的。

祭司象征现在的牧会者。教牧人在神与信徒中间，为信徒祷告，传话语，咨询各种难题，与他们同甘共苦。因此，教会不要叫牧会者在生活上有忧虑，要提供足够的生活费用。另外，教会虽然提供生活费，但想到牧会者心里人所不知道的辛苦，就可以在私下表示感谢。

加拉太书4:14~15说:"接待我，如同神的使者，如同基督耶稣…。那时你们若能行，就是把自己的眼睛剜出来给我，也都情愿。这是我可以给你们作见证的"，在这里加拉太教徒待使徒保罗如同待神的使者或者基督一样。使徒保罗在加拉太6:6劝勉:"在道理上受教的，当把一切需用的供给施教的人"。这是"要在一起"的"团契(KOINONIA)"。团契有多种意思，第一是密切的关系；第二是款待；第三是礼物；第四是参与；第五是分享。

教徒要与教牧人保持合一的亲密关系，用钱财服事是好事。如果与教牧人不和，首先听道不蒙恩典，从此他的灵得病，逐渐衰残。要想灵与肉体都得福，就要与自己所属教会的牧师和睦相处，从而所有的好处一同享受。

使徒保罗在腓立比4:16~19教导要用钱财来服事:"就是我在帖撒罗尼迦，你们也一次两次的，打发人供给我的需用。我并不求什么馈送，所求的就是你们的果子渐渐增多，归在你们的帐上。但我样样都有，并且有馀。我已经充足，因我从以巴弗提受了你们的馈送，当作极美的香气，为神所收纳所喜悦的祭物。 我的神必照他荣耀的丰富，在基督耶稣里，使你们一切所需用的都充足"。

教导这钱财,

① 是神所悦纳的极美的香气

② 是神所喜悦的祭物

③ 是能充足地得到一切所需用的, 得福之奥秘。

列王纪上17:10~16帮助以利亚的撒勒法寡妇得了祝福, 列王纪下4:10帮助以利亚的书念妇人也得了祝福。就像旧时以色列百姓尽力与祭司和睦相处一样, 如今的信徒也要与牧会者和睦相处。这是得福之路, 是教会复兴之路, 也是讨神喜悦之路。

3) 要与家人和邻舍和睦相处

申命记12:17~19规定, 献平安祭时, 首先归给祭司的分, 然后将剩余的祭物要与家人、邻舍、奴仆、利未人一起分享。

有的人与别人和睦相处, 但待家人就如待仇敌一样;但有的人与自己的家人和睦相处, 但待别人就像仇敌一样。我们所相信的基督教教训是, 要把家庭视为宝贵。提摩太前书5:8说:"人若不看顾亲属, 就是背了真道, 比不信的人还不好。不看顾自己家里的人, 更是如此";马太福音19:19说:"当孝敬父母。又当爱人如己"。我们信主的圣徒首先要与家人和睦相处, 还要爱我们周围的人, 如同爱我自己一样, 要与众人和睦相处。希伯来书12:14说:"你们要追求与众人和睦, 并要追求圣洁。非圣洁没有人能见主";罗马书12:18说:"若是能行, 总要尽力与众人和睦"。因此, 我们信主的圣徒爱周围的人, 与周围的人和睦相处。为活出这一点, 照着本文的规定要与家人、周围的人、雇工、还有在教会服事的人, 一同分享祭物。

因此, 要记住平安祭是个人私自献的祭, 需要相当大的费用。因为平安祭必须要献牛或者羊、山羊, 所以平安祭不能常献。如果有信徒得了大福, 那么他不要自己欢喜快乐, 在神面前要以献平安祭的心与教牧人、教会员工、教友一同分享祝福, 要有这样的信心。活出这种信仰的人是有福的人。

使徒行传20:35说:"我凡事给你们作榜样, 叫你们知道, 应当这样劳苦, 扶助软弱的人, 又当记念主耶稣的话, 说, 施比受更为有福"。

6. 燔祭坛有火

利未记9:23~24说:"摩西，亚伦进入会幕，又出来为百姓祝福，耶和华的荣光就向众民显现。有火从耶和华面前出来，在坛上烧尽燔祭和脂油，众民一见，就都欢呼，俯伏在地"。

这火是奉献仪式时，神降下的宝贵之火。这火是如此圣洁宝贵，很小心谨慎，以防圣火熄灭。

利未记6:12~13说:"坛上的火要在其上常常烧着，不可熄灭。祭司要每日早晨在上面烧柴，并要把燔祭摆在坛上，在其上烧平安祭牲的脂油。坛上必有常常烧着的火，不可熄灭"。这句话是指不可熄灭我们心灵祭坛上的火和教会祭坛上的火。

用火焚烧祭物。火有烧毁一切的能力。这火象征圣灵的火。当圣灵的火降临时，在我们心里活着的忧愁、挂虑、惧怕、疑心、厌恶、嫉妒、灰心、俗世的心等所有的罪都用火烧尽，才能当做神所喜悦的祭物来献上。

1) 要不断地供应燃料

为燔祭坛的火不熄灭，要提供燃料。如今，为不熄灭我们的祭坛上火，要供应的燃料是什么？

那是圣经话语。耶利米23:29说:"耶和华说，我的话岂不像火，又像能打碎磐石的大锤麽";路加福音24:32说:"他们彼此说，在路上，他和我们说话，给我们讲解圣经的时候，我们的心岂不是火热的麽"。为祭坛不断地提供燃料，要常常默想圣经话语。

2) 要供应氧气

只塞满燃料并不能使火着旺，还需要提供氧气。氧气就像祷告。只知道话语不祷告，就容易变成武断的法利赛人一样的信徒，拿枯燥无味的教义争执。初代教会并行学习话语和祷告(使徒行传6:4)。

3) 每天都要掏灰

在柴禾上点火，开始着得旺。但是，继续烧柴禾就会堆灰，灰堆得多，最终火就灭了。虽然我们每天读经祷告，但是因我们生活的世界太复杂，所以在日常生活当中的常犯失误和过犯，以致我们的灵被污染。如果这种情况继续下去，就不能读经，灵力软弱导致不能祷告。为防止这一点，我们每天都要向神献悔改祷告省察自己。

诗篇139:23~24说:"神阿，求你鉴察我，知道我的心思，试炼我，知道我的意念。看在我里面有什么恶行没有，引导我走永生的道路"。要以每天悔改来活出圣洁。

约翰壹书1:9说:"我们若认自己的罪，神是信实的，是公义的，必要赦免我们的罪，洗净我们一切的不义"。

7. 燔祭坛上使用的器具所赐给的教训

出埃及记27:3说:"要作盆，收去坛上的灰，又作铲子，盘子，肉锸子，火鼎，坛上一切的器具都用铜作"。

在燔祭坛上献燔祭时，使用五个辅助器具。这些都预表耶稣和圣徒，每一个都是很重要的器具，而且都是必需的器具。

1) 收灰的盆

装灰盆象征奉献和牺牲。在燔祭坛上烧完的木头、祭物的灰被旷野的风刮飘起来，就会污秽圣幕里面，细麻布院帷子就会弄脏，对扎营在圣幕周围的以色列人的健康有害。所以，吩咐要作灰盆，把灰收在灰盆里面以便倒在营外。

这灰盆象征奉献和牺牲的楷模耶稣基督及圣徒。这是耶稣一人背负全人类罪孽，在营外流血而死的基督形象。如今，教会里面必须要有奉献牺牲的圣徒，就是把圣徒之间的丑陋事和所有不洁净事都装在心里，自己找个地方倒出去的圣徒。

亲爱的各位圣徒！愿你们成为在教会担当圣徒之间难事，在家担当家中难事的作灰盆的优秀圣徒。

2) 铲子

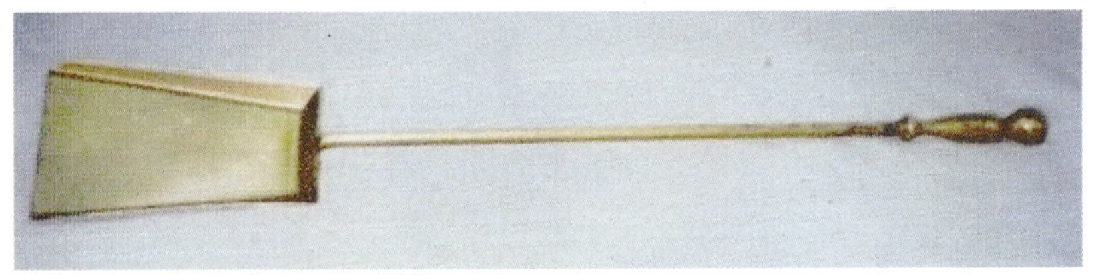

铲子象征爱之奉献。

铲子是把燔祭坛上烧成的灰掏出来的工具。

这铲子是预表耶稣基督和圣徒。耶稣是铲子，凡他所遇见的人，从他们心灵里面掏出疾病，掏出污鬼，掏出不好的。他就是掏灰的铲子。

所以，遇见耶稣的人都变成新造的人。掏出教会复兴过程中产生的渣滓，掏出小组或者各部门共同体生活中产生的所有试探、痛苦，从而在教会制造美好气氛的圣徒就是作铲子的。在教会里面需要很多作铲子的圣徒。在教会里面好好管治惹是生非的、捣乱的，叫他们顺服的，这些圣徒都是作铲子的圣徒。

亲爱的各位圣徒！

奉主的名，愿你们效法作铲子的耶稣，要作铲子的圣徒！

3) 盘子

盘子象征把灵魂引到祭坛的传道。为把祭物宰
杀、剥皮、掏出内脏后的肉，搬放在燔祭坛上面，
使用的装肉器皿就是盘子。盘子象征耶稣基督的救
恩事工-传道。耶稣基督是拯救人类的大盘子。为拯
救灵魂而认真传道的圣徒就是将祭物搬放在祭坛上的盘子。奉主的名，愿我们都要作认
真传道，胜任盘子工作的圣徒。

♫〈赞美〉

全世界归基督！我任务刚开始，万民期待神子信息，来救人施福祉
是否听任他们，无法得闻圣言，没认识主，死在罪中，只因从未听见
愿奉献，愿祈求，每天见证作不休，要使全世界千万民众都知救主大爱。

4) 肉锸子

锸子象征爱之交际。

肉锸子是用于把装在盘子里的肉插到坛上烧，而余出的肉用肉锸子插着暂时挂在坛
子边上等着烧，也避免肉掉在别处。它是起连接作用的器皿。锸子预表耶稣基督和圣
徒。耶稣是最大最好的锸子，他将自己的身体舍在十字架上，从而成为连接神与人的大
锸子。

这表示教会里面的爱之锸子。

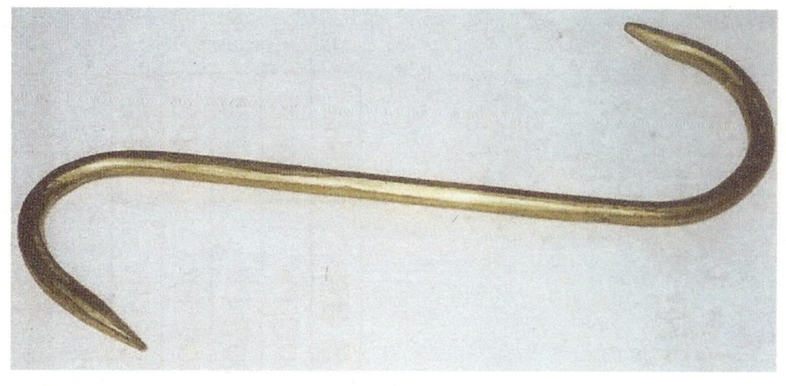

仅次于传道重要的是，必须要有叫灵魂在教会共同体不落下抓住不放的，就象肉锤子一样的工人。奉主名，愿你们成为不叫灵魂遗落在教会之外，用爱之肉锤子来连接，并照看灵魂的工人。

5）搬动火的器皿　火鼎

火象征圣灵的火。耶稣在路加福音12:49说:"我来要把火丢在地上"。火鼎象征耶稣。耶稣带来的火鼎之火成为所有一切的火源。

如今，教会圣徒们的心灵里面也需要这把火。我们的教会也需要像耶稣点燃火的圣徒，教会需要火热的圣徒。奉主名，愿各位成为点燃赞美之火，点燃话语之火，点燃传道之火，点燃爱心之火，点燃服事之火的圣徒！

Ⅳ. 洗濯盆

出埃及记30:17～21教导制造洗濯盆的方法:"耶和华晓谕摩西说，你要用铜作洗濯盆和盆座，以便洗濯。要将盆放在会幕和坛的中间，在盆里盛水。亚伦和他的儿子要在这盆里洗手洗脚。他们进会幕，或是就近坛前供职给耶和华献火祭的时候，必用水洗濯，免得死亡。他们洗手洗脚就免得死亡。这要作亚伦和他后裔世世代代永远的定例"。

通过燔祭坛，朝向圣幕再走上去，就有用铜作的洗濯盆。洗濯盆里面盛满水。祭司进会幕服事之前，必须要先洗手洗脚。这是神的命令。因为不洁净的脚不能进圣洁的地方，不洁净的手不能摸圣器具。

〈洗濯盆〉

如果不洗手洗脚，就必死。

出埃及记30:21说:"他们洗手洗脚就免得死亡"。就这样，洗手洗脚是很重要的事儿。一直到祭司的任务结束为止要洗手洗脚，祭司的任务是直到死才结束。

每当祭司供职都要勤洗手脚，虽然这是麻烦事，但这是讨神喜悦的，也是神要求的。

这表示我们与神相见之前，就像祭司洗手脚一样，首先要悔改罪过，得以洁净。

彼得前书2:5说:"你们来到主面前，也就像活石，被建造成为灵宫，作圣洁的祭司，藉着耶稣基督奉献神所悦纳的灵祭"。

又在2:9说:"惟有你们是被拣选的族类，是有君尊的祭司，是圣洁的国度，是属神的子民，要叫你们宣扬那召你们出黑暗入奇妙光明者的美德"。神说圣徒是"有君尊的祭司"。因此，圣徒直到站在主面为止总要悔改。

就像旧约时代在燔祭坛上罪得赦免，新约在耶稣的十字架上我们的原罪和一切过犯罪孽都得到赦免。但是，就像祭司在圣幕服事的时候勤洗手脚一样，我们在主面前生活，将我们所犯的本罪(自犯罪)即时悔改而得洁净是很重要的。

诗篇24:3~4说:"谁能登耶和华的山。谁能站在他的圣所。就是手洁心清，不向虚妄，起誓不怀诡诈的人"。

新约圣经约翰福音13章，耶稣钉在十字架之前有一天，吃晚饭时，他脱掉外衣，拿一条毛巾束在腰上，在盆里倒水给门徒洗脚。轮到彼得时，彼得不接受主给他洗脚。但是耶稣对彼得说:"我若不洗你，你就与我无分了"。彼得听后，求主不仅是脚连手和头都要给他洗。然后，主在约翰福音13:10~11说:"凡洗过澡的人，只要把脚一洗，全身就干净了。你们是干净的，然而不都是干净的。耶稣原知道要卖他的是谁，所以说，你们不都是干净的"。当彼得求主不仅给他洗脚连手和头都给他洗时，主说洗过澡的人干净，只洗脚就行。

这里的"洗过澡的人"是指重生后干净的人。门徒已经重生而干净。因此不需要再次重生，只洗容易脏的手和脚就行。但是门徒中加略犹大没有重生，仍是不洁净的人。因此，主说"你们不都是干净的"。

如今，很多人上教会受培训，受洗礼，受职分也服事，但一部分人仍象加略犹大没有重生。这样的人首先要悔改，因着信将耶稣作为救主来接待，并且要体验重生。然而，重生的圣徒至死每天都要洗手脚悔改，从而活出圣洁，要作服事神的圣徒。

1. 洗濯盆的材料‘规模’位置所赐的教训

1) 洗濯盆的材料

出埃及记38:8说:"用铜作洗濯盆和盆座，是用会幕门前伺候的妇人之镜子作的"。铜象征十字架。洗濯盆是洗手脚的地方，表示圣洁。

除了十字架(铜)之血以外，任何东西都不能洗净我们的罪孽。就是说，洗濯盆是用与女人梳妆打扮外表使用的铜镜来造的，这是属肉体的美丽。这表示属肉体的美丽，只要通过基督十字架，就变成属灵美丽的道理。

2) 洗濯盆的大小规模

没有规定洗濯盆的具体尺寸。圣幕里面的所有器具都有明确的尺寸规定，但惟有洗濯盆没有尺寸。

原因是

① 表示主赦罪的恩典是无限的

② 表示基督赐给相信之人的祝福是无限的

③ 表示神的能力也是无限的

3) 洗濯盆的位置

从燔祭坛进圣幕必须经过洗濯盆。这种过程显明，首先在祭坛上原罪得赦免作神的儿女；然后经过洗濯盆用手和脚所犯的本罪(自犯罪)得以洗净；再后进圣幕。

出埃及记30:20~21说，进圣所时，如果不洗手洗脚，就必死。

只有洁净的人，才能进去。

诗篇24:3~4说:"谁能登耶和华的山。谁能站在他的圣所。就是手洁心清，不向虚妄，起誓不怀诡诈的人"，这句话联想到在洗濯盆洗手。登神山的资格是透过洗濯盆得到的。

雅各书4:8说:"你们亲近神，神就必亲近你们。有罪的人哪，要洁净你们的手。心怀二意的人哪，要清洁你们的心"。

这表示在洗濯盆洗手的人，才能亲近神。

2. 洗濯盆的水预表耶稣基督

1) 水预表在十字架上所流的水和血

约翰福音19:34说:"惟有一个兵拿枪扎他的肋旁，随既有血和水流出来"。这表示主的宝血能洗净一切过犯和罪孽。

2) 水预表话语

保罗先生在以弗所5:26说:"要用水藉着道，把教会洗净，成为圣洁"，耶稣在约翰福音15.3说:"现在你们因我讲给你们的道，已经干净"，又在约翰福音17:17说:"求你用真理使他们成圣。你的道就是真理"。

大卫在诗篇119:9说:"少年人用什么洁净他的行为呢。是要遵行你的话。

因此，洗濯盆要常常灌满水。这表示知道的话语要充足。当话语充满时，会出现悔改罪的作工。因此，当话语充满时，才能成圣，得能力，得神所赐的福。提摩太后书2;21说，神使用圣洁的器皿。约伯17:9说:"然而，义人要持守所行的道。手洁的人要力上加力"

3. 洗濯盆的目的

　　在燔祭坛上已经洗了罪，从此身份改变了，就是从魔鬼之子变成神的儿女，与神和好了，免受刑罚，变成义人。但是，又会犯罪，即使是重生的人也照样犯罪。因此，主说洗过澡的人就是"重生的人"只洗脚就行。就这样，信者的罪和不信者的罪是不同的。信者的罪是在恩典之下的罪，可以因爱得饶恕；不信者的罪是在律法之下的罪，是在灭亡之下。

第三章

圣幕

Ⅰ. 建造圣幕的样式

〈圣幕〉

1. 幕板

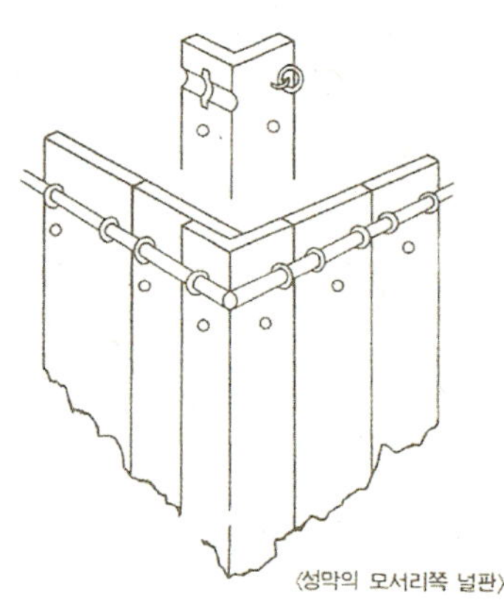

　　出埃及记26:15-30教导支立帐幕的样式："你要用皂荚木作帐幕的竖板。每块要长十肘，宽一肘半，每块必有两榫相对。帐幕一切的板都要这样作。帐幕的南面要作板二十块。在这二十块板底下要作四十个带卯的银座，两卯接这块板上的两榫，两卯接那块板上的两榫。帐幕第二面，就是北面，也要作板二十块和带卯的银座四十个，这板底下有两卯，那板底下也有两卯。帐幕的后面，就是西面，要作板六块。帐幕后面的拐角要作板两块。板的下半截要双的，上半截要整的，直顶到第一个环子，两块都要这样作两个拐角。必有八块板和十六个带卯的银座，这板底下有两卯，那板底下也有两卯。你要用皂荚木作闩，为帐幕这面的板作五闩，为帐幕那面的板作五闩，又为帐幕后面的板作五闩。板腰间的中闩要从这一头通到那一头。板要用金子包裹，又要作板上的金环套闩，闩也要用金子包裹。要照着在山上指示你的样式立起帐幕"。

　　圣幕的长30肘(13.68m)，宽和高都是10肘(4.56)m，面积为62m²。

1) 幕板材料给我们的教训

　　造圣幕的幕板都是皂荚木，但都用金包裹。皂荚木表示被遗弃的人，金表示信心，意思是被遗弃的人，当被信心包裹时，才能得救。撒该因着信心得救；被遗弃的抹大拉马利亚因着信成为天国子民；罪人妓女喇合因着信作了耶稣家谱上的人物。惟有因信才能进神的国。

2) 幕板银座给我们的教训

板要立在银座上面，这表示实际行动。

虽然被遗弃的人因信得救了，但是每天都要以行道来活出得胜。把板立在两个银座之上，这表示站立得坚固稳定。

3) 幕板金闩给我们的教训

幕板要用金包裹，用金闩相互连接。这表示生来就有罪性应该灭亡的人，因着信心得救，就要彼此合而为一为主努力工作。金闩表示因信合而为一。圣幕幕板材料是用金包裹，用金闩彼此衔接而立，都要使用贵重的金子。这里强调要使用金子。这是强调基督教把信心看重为金子一样宝贵。

那么怎样能得到信心？

(1) 要听神的话

罗马书10:17说:"可见信道是从听道来的，听道是从基督的话来的"。

(2) 要顺从神的话

西门是土生土长的加利利人。他是捕鱼第一高手渔夫。但他打一宿鱼没捞上一条鱼。那时，主叫西门到深水之处下网捕鱼。

路加福音5:5西门顺从主说:"夫子，我们整夜劳力，并没有打着什么。但依从你的话，我就下网"，之后就发生奇迹。进网的鱼多得险些裂开。看见奇迹的西门，有了信心，成了耶稣的门徒。

(3) 要受圣灵

哥林多前书12:9说:"又有一人蒙这位圣灵赐他信心。还有一人蒙这位圣灵赐他医病的恩赐…"。保罗说，若受圣灵，就会得到信心的恩赐。信心是圣灵所赐的恩赐。

(4) 信心来自信心

罗马书1:17说:"因为神的义，正在这福音上显明出来。这义是本于信以致于信。如经上所记，义人必因信得生"。要努力求信心，才有信心，并出现信心的作工。

(5) 向神祈求就得着

马太福音7:7说:"你们祈求，就给你们。寻找，就寻见。叩门，就给你们开门"。耶稣说，你们祈求就给你们。

2. 盖子

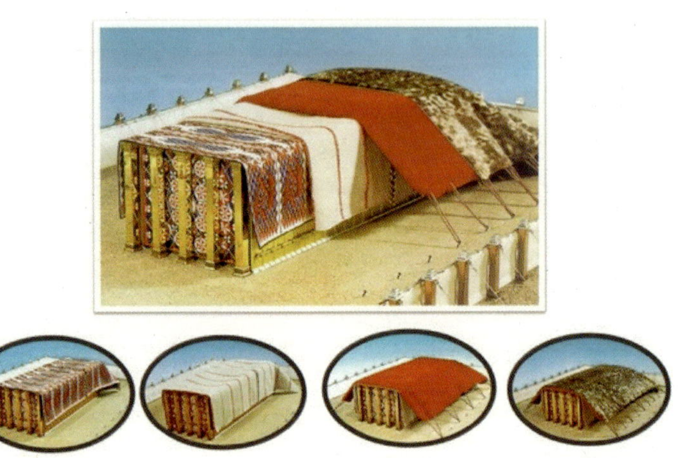

出埃及记26:1-14指示作盖子的样式:"你要用十幅幔子作帐幕。这些幔子要用捻的细麻和蓝色，紫色，朱红色线制造，并用巧匠的手工绣上基路伯。每幅幔子要长二十八肘，宽四肘，幔子都要一样的尺寸。这五幅幔子要幅幅相连，那五幅幔子也要幅幅相连。在这相连的幔子末幅边上要作蓝色的钮扣，在那相连的幔子末幅边上也要照样作。要在这相连的幔子上作五十个钮扣，在那相连的幔子上也作五十个钮扣，都要两两相对。又要作五十个金钩，用钩使幔子相连，这才成了一个帐幕。你要用山羊毛织十一幅幔子，作为帐幕以上的罩棚。每幅幔子要长三十肘，宽四肘，十一幅幔子都要一样的尺寸。要把五幅幔子连成一幅，又把六幅幔子连成一幅，这第六幅幔子要在罩棚的前折上去。在这相连的幔子末幅边上要作五十个钮扣，在那相连的幔子末幅边上也作五十个钮扣。又要作五十个铜钩，钩在钮扣中，使罩棚连成一个。罩棚的幔子所馀那垂下来的半幅幔子，要垂在帐幕的后头。罩棚的幔子所馀长的，这边一肘，那边一肘，要垂在帐幕的两旁，遮盖帐幕。又要用染红的公羊皮作罩棚的盖，再用海狗皮作一层罩棚上的顶盖"。

1) 盖子预表耶稣基督

第一层盖子：出埃及记26:1说:"你要用十幅幔子作帐幕。这些幔子要用捻的细麻和蓝色，紫色，朱红色线制造，每幅幔子要长二十八肘(14m)，宽四肘，幔子要一样的尺寸"。这个幔子是盖内层天棚的天花布幔子。

这里的蓝色表示神的儿子主耶稣(约8:23)，紫色表示富有的耶稣(路16:19)，朱红色表示作为王的耶稣基督(太27:28)，白色细麻线表示圣洁的耶稣基督(来7:26)。

第二层盖子：出埃及记26:7～13说:"要用山羊毛织十一幅幔子，作为帐幕以上的罩棚。每幅幔子要长三十肘(14m)，宽四肘(1.8m)"。因为它在第一层盖子上面，所以长和宽都要比第一层盖子大1m。羊或山羊是以色列人向神献祭时最常用的祭物。因此，山羊毛预表为拯救罪人离开宝座，在世被人撇弃而作祭物的基督。从而我们借着为我们代受苦难的耶稣，能遇见我们的父神。

第三层盖子：出埃及记26:14说:"要用染红的公羊皮作罩棚的盖"。

这预表在十字架上流血的基督。这是象征天国是被基督的血覆盖。

第四层盖子：出埃及记26:14说:"用海狗皮作一层罩棚上的顶盖"。

圣幕的外观虽然如同不值钱的帐篷一样很简陋，圣幕的内部却都是金子。基督的形象也是如此。耶稣降世为里面是尊贵的神，外表却是寒酸的形象。

以赛亚53:2～3说:"他在耶和华面前生长如嫩芽，像根出于乾地。他无佳形美容，我们看见他的时候，也无美貌使我们羡慕他。他被藐视，被人厌弃，多受痛苦，常经忧患。他被藐视，好像被人掩面不看的一样。我们也不尊重他"。

耶稣出生在犹太国的小城市伯利恒。借着一个无名女人，生在马槽里。然后，在拿撒勒乡村，学木工长大成人。但是，基督是生命的根源，拥有无穷无尽的权柄，是神的儿子，是人类救主。圣幕也是外观不值钱，没有值得羡慕的，但是圣幕内面却是灿烂辉煌。圣幕1m^{2}约值1000万人民币。

2) 盖子预表教会

圣幕的外观是简陋不值钱。教会也是，外观上看起来似乎象没有能力的团体，聚集的都是病人、穷人、老人、小孩子、妇女、可怜的人，但里面却有作为万王之王的耶稣，他是创造主，是掌管世界的神。教会里面因有能胜过患难逼迫的圣徒，所以教会能改变世界历史。因此，教会里面隐藏着宝藏，就如马太福音13:44，我们也可以在教会里面发现隐藏的宝藏。盖子预表教会。

3) 盖子预表圣徒

盖子中能看见的最外层是海狗皮。海狗皮没有光泽，也不起眼。圣徒的外表也是寒酸软弱，但是圣徒却是不一般的人，他的生命是用神独生子的生命换来的，是很宝贵。圣徒是常与拥有天上地下所有权柄的耶稣基督同在的伟大而特殊的人。

哥林多后书6:8~10说："荣耀羞辱，恶名美名。似乎是诱惑人的，却是诚实的。似乎不为人所知，却是人所共知的。似乎要死却是活着的。似乎受责罚，却是不至丧命的。似乎忧愁，却是常常快乐的。似乎贫穷，却是叫许多人富足的。似乎一无所有，却是样样都有的"。

是的，圣徒的外表就像盖子一样寒酸，但里面却是相当尊贵。

想要除掉但以理的政敌们反倒成了狮子的食物；要想杀死末底改的哈曼反被杀；要想杀死大卫的歌利亚反被斩头。圣徒的外表是不起眼，但是其里面是以最宝贵的来充满，他是宝贵的。

Ⅱ. 圣所

1. 灯台

〈灯台和祭司〉

出埃及记25:31～40指示造灯台的样式："要用精金作一个灯台。灯台的座和干与杯，球，花，都要接连一块锤出来。…灯台上有四个杯，形状像杏花，有球，有花。灯台每两个枝子以下有球与枝子接连一块。灯台出的六个枝子都是如此。球和枝子要接连一块，都是一块精金锤出来的。要作灯台的七个灯盏。祭司要点这灯，使灯光对照。灯台的腊剪和腊花盘也是要精金的。作灯台和这一切的器具要用精金一他连得。要谨慎作这些物件，都要照着在山上指示你的样式"。

我们现在经过用蓝色、紫色、朱红色线和捻的细麻并用绣花手工编织的院门(出27:16)，过燔祭坛，到洗濯盆前洗手脚，揭开拿蓝色、紫色、朱红色线和捻的细麻并用绣花的手工织的帐幕门帘(出26:36)，进了第一个房间圣所。这时，眼前的都是精金。

天棚是美丽的天花幔子；前面的幔子是拿蓝色、紫色、朱红色线和捻的细麻织的，上面绣有基路伯(出26:31)；四面都是精金。

这圣所的长20肘(9.12m)，宽和高都是10肘(4.56m)，约有42m²。

进圣所首先看见的是左边的金灯台。这灯台是用精金一他连得锤出来的。中间是灯干，两旁各杈出三个枝子，灯盏是杏花形状。蜡剪，蜡花盘也是用精金作的。虽然没有一扇窗户，但是因为这灯台圣所里面很亮堂。

那么，这精金灯台象征什么？

1) 表示神的光

神是怎样的神？圣经说神是"光"。

约翰壹书1:5说："神就是光，在他毫无黑暗。这是我们从主所听见，又报给你们的信息"。

雅各书1:17说神是众光之父。神是光，撒但当然是黑暗。就像光出现黑暗就退去一样，撒但的势力即使再强，也不能成神的对手。因此，在神光之中，圣徒总能胜过魔鬼。

2) 预表耶稣基督的光

耶稣把自己比喻为生命的光。约翰福音8:12说："耶稣又对众人说，我是世上的光。跟从我的，就不在黑暗里走，必要得着生命的光"。

耶稣的福音所传到的地方，黑暗退去变成光明的天地。主的福音进入韩国已有120年历史。福音进入以前的韩国是黑暗世界，整个国民的教育水准很差，未开化，文盲多，迷信，崇拜偶像。因为男尊女卑和贫富之差严重，人遭到非人的待遇，很多人枉费年华。那时社会以纳妾，赌博等来昏暗。这样的地方，自从国外的宣教士带来福音之后，积极建立教会、学校、医院，认真宣教、教育、医疗。结果，这民族借着宣教灵得救，借着学校魂得救，借着医院肉体得救。如今，韩国发展成为世界级先进国家。

韩国文人李光洙将韩国基督教的六大功劳记载在一九一七年《青春》报纸上。

(1) 引进西洋新文明。

(2) 创建民族教会，给民众传福音，鼓励提倡新的道德。

(3) 创建很多学校、医院、慈善机构，为民族教会和社会福祉贡献。

(4) 开展废除娼妓、戒酒、戒烟运动和社会改革运动。

(5) 开展普及教育运动，以发行圣经和赞美诗歌来带头扫除文盲。

(6) 是教会为中心的农村启蒙运动的先锋。

这些都是事实。如果迄今为止基督教还没有进入韩国，会是怎么样？越想越感谢神的恩典。我们比较一下，接受耶稣基督福音的国家和不接受的国家。印度拒绝了福音的光，因此仍维持严格的等级制度社会，牲畜牛受优待，人反倒生活在贫穷饿死的痛苦的黑暗之中。中东的几个国家因为盛产石油富有财富，但是因为男女不平等性差别甚重，男人只要有点生活能力就能娶四位妻子，但女人却不行。共产主义宗主国苏联和追随共产主义的很多国家不但不接受福音，而且还破坏教会逼迫杀害圣职人和圣徒，他们想要建立共产主义地上天国。但这些国家怎样垮台，我们不是都亲眼目睹了吗？

3) 表示圣灵的光

圣所里面的灯台有七个象杏花形状的灯盏，灯盏总点着火，照亮圣所。从灯台发出来的光象征圣灵的光。七个数字表示完全。由此可知，圣灵是全知全能的完全之神的灵。

约翰启示录1:4说："约翰写信给亚西亚的七个教会。但愿从那昔在今在以后永在的神和他宝座前的七灵"，又在约翰启示录4:5说："有闪电，声音，雷轰，从宝座中发出。又有七盏火灯在宝座前点着，这七灯就是神的七灵"。既然"这七灯就是神的七灵"，那么灯台象征完全的圣灵。

光作驱逐黑暗的工。圣灵也作驱逐主管这世上的黑暗势力、罪恶权势的工。耶稣对门徒应许，升天后作为保惠师再来。为受这位圣灵，吩咐他们要在耶路撒冷等候不要离开。照着这话使徒行传2:1~3说："五旬节到了，门徒都聚集在一处。忽然从天上有响声下来，好像一阵大风吹过，充满了他们所坐的屋子。又有舌头如火焰显现出来，分开落在他们各人头上"。

圣灵"像一阵风"，"如火焰"降临。风虽然看不见摸不着，但是确实存在，并有作工的能力。圣灵的希伯来语是"路啊哈"，希腊语是"普纽玛"，意思为"风"。否认圣灵就如否认风的存在。

圣灵在智慧、知识、权柄上都是完全的灵。因此，耶稣临升天之前没有嘱咐别的，只叫门徒不要离开耶路撒冷，要受父所应许的圣灵。 从世人的角度来看这120多个人，其中有渔夫、税史、妇女等都是没有地位和能力的人。

相反，处死耶稣的势力却是有强大能力的人。掌握教权的大祭司和掌握政权的罗马总督一勾结，无人能与他们作对。因此，耶稣在路加福音24:49和使徒行传1:5对门徒吩咐，升天后替他差派保惠师，为受圣灵要在耶路撒冷等候，不要离开。在使徒行传1:8说:"但圣灵降临在你们身上，你们就必得着能力。并要在耶路撒冷，犹太全地，和撒玛利亚，直到地极，作我的见证"。圣灵有无限的权柄，他所赐的能力比世上的任何能力都要强大。照着应许使徒们受了圣灵，他们得到了"能力"。借着人们所歧视的加利利渔夫彼得、约翰、雅各打倒犹太教和罗马权势，将福音从耶路撒冷见证到犹太全地、撒玛利亚直到地极，从而基督教成为世界性的宗教。黑暗不能与光作对。魔鬼的势力怎能向圣灵的势力挑战？只要光一来，黑暗势力就无力消失。愿你们渴慕能力无穷无尽的圣灵，此时此刻充满在我心灵里面，使我胜任交托给我的职分和使命。

♬〈赞美〉

如火焰的圣灵，求你现在降临在向你恳求的我们身上
向我们彰显你的荣耀
圣灵啊 求你降临，还我的灵魂的夙愿
用火，用火来充满正等候的我们

4) 预表教会的光

在圣所里面的精金灯台象征教会。

在约翰启示录1:12～13说:"我转过身来，要看是谁发声与我说话。既转过来，就看见七个金灯台。灯台中间，有一位好像人子，身穿长衣，直垂到脚，胸间束着金带"，在

约翰启示录1:20说:"那七星就是七个教会的使者。七个灯台就是七个教会"。主亲自说七个灯台就是七个教会，所以圣所的灯台就是象征教会。因此，建立在地上的教会，就是将耶稣基督的光向世界普照的灯台。黑暗里面的百姓来到教会得救，成为光里面的天国子民。教会还能把社会打造成文明开化的社会。"文明"是指亮堂的生活，在光里面的生活。因此，发光的教会若进入一个地方，就能改变整个那地，进一步改变整个国家，从而一个国家变成高生活水准的福利国家。

比较一下，在韩国建立教会之前的状况与建立教会之后的状况。

在日本帝国主义统治时期，韩国基督教圣徒总数为1895年800多人；50年后的1945年解放时期，圣徒总数为30多万人；再过50年后的1995年，总数复兴为1200多万人。由此可见，自从福音进入这地后基督教的复兴与民族的繁荣成正比。

1945年解放当时的圣徒总数为30万，国民收入70美金。

现在，圣徒总数为1200万，国民收入为20,000美金，在全世界250个国家中240个国家生活水平不如韩国。

再比较一下，清除教会的专制国家与容许随便建立教会的民主主义国家。东西德国的差距和南韩和北朝鲜的差距，就足以证明这一点。历史不是完全证明一方是漆黑世界，另一方是明亮世界吗？

教会是不能与世上的任何团体或机关相比较的宝贵共同体。因为教会不仅唤醒拯救人的灵魂，而且对物质文明与精神文明领域起决定性的积极影响，所以我们要更加爱教会，要全身全心拿出钱财来服事教会。爱主的人，不能不爱用主的宝血建立的教会。

♫〈赞美〉

我爱我主教会，

主的灵与人同居，

救赎之主，

亲流宝血，

建设清洁基础

5) 预表圣徒的光

圣所里面精金灯台预表圣徒的光。耶稣在马太福音5:14说:"你们是世上的光。城造在山上，是不能隐藏的"。这里说"你们是世上的光"，如果比喻神是太阳光，那么，圣徒是反射太阳光的星星。

又在马太福音5:16说:"你们的光也当这样照在人前，叫他们看见你们的好行为，便将荣耀归给你们在天上的父"。因此，圣徒要作从神受光反射给黑暗世界的星星。在这里的意思是说，人若受神的光就会行善。

首先要在家庭里面做好父母、做好儿女、做好丈夫、做好妻子、做好弟兄。在家里当魔鬼的人，在外面行为如同天使的，这是错误的信仰。

提摩太前书5:8说:"人若不看顾亲属，就是背了真道，比不信的人还不好。不看顾自己家里的人，更是如此"。在教会也要当好人，要当好牧师、好长老、好劝事、好执事、好圣徒。圣徒应该要深思的一点是，因我一人的做错，能阻拦教会的复兴，并且羞辱神。在社区也要当好人，要作被周围的人称赞为真信主的人。

那么，我们怎样才能作光，活出光呢？

(1) 要用橄榄榨出来的纯油来充满

出埃及记27:20说:"你要吩咐以色列人，把那为点灯捣成的清橄榄油拿来给你，使灯常常点着"。

灯台虽宝贵，但灯盏没有油就不能用。特别命定在圣所要用橄榄油。这个橄榄树预表耶稣，橄榄油表示圣灵。因此，我们为要作照亮黑暗的光，必须要用圣洁的灵就是圣灵来充满。

哥林多前书2:14～3:3出现三种人：

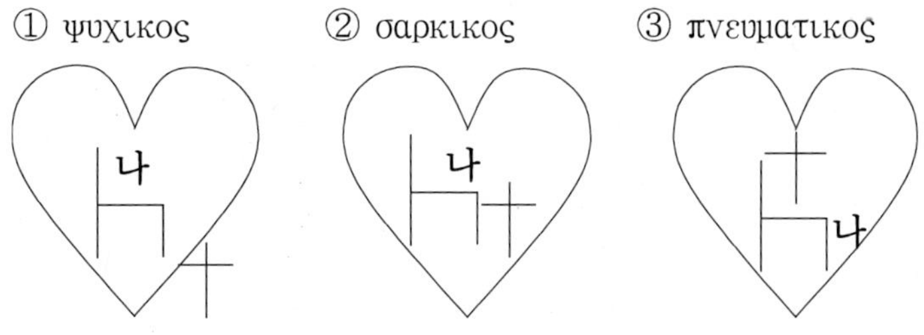

① 是属血气的人，没有得救 ψυχικος(2:14)

② 是属肉体属世基督徒的人，虽然得救，但是他们是婴孩信心 σαρκικος(3:3)

③ 是属灵的人，他们圣灵充满，是效法耶稣的成人信心 πνευματικος(3:1)

只有圣灵充满，才能活出光。

即使圣徒就像精金灯台般宝贵的神的百姓，若没有受到圣灵充满就决不能活出光。

圣灵使人结出九个美丽的果子。加拉太5:22说："圣灵所结的果子，就是仁爱，喜乐，和平，忍耐，恩慈，良善，信实，温柔，节制。这样的事，没有律法禁止"。

(2) 油管不要堵塞

若是油管堵塞，油上不去，火就慢慢熄灭。因此，要检查灯盏是否有东西塞住。神愿意给我们浇灌圣灵，但是我们心灵里面若有罪，圣灵的油就不能畅通无阻地流动。

所以以赛亚书59:1～2说："耶和华的膀臂，并非缩短不能拯救。耳朵，并非发沉不能听见。但你们的罪孽使你们与神隔绝，你们的罪恶使他掩面不听你们"。

罪隔开神与人的关系。因此，诱惑人犯罪的恶灵叫做撒但，希伯来话是"挑拨与神的关系"的意思。因此，罪阻止圣灵内住在圣徒的心灵里面。耶利米5:25说："你们的罪孽使这些事转离你们。你们的罪恶使你们不能得福"。

为要得到圣灵充满的生命，就要怕犯罪，要远离罪。若是犯了罪，就要悔改脱离罪，并要等待神的怜悯。

查理芬尼说明的不能受圣灵充满的几个理由

第一：假冒伪善的生活

第二：轻浮的生活

第三：骄傲

第四：贪欲

第五：不悔改罪过，不离弃

第六：忽视使命

为使圣灵的油不堵塞畅通无阻，就像检查灯盏一样，要常常检查我们自己。祭司们随时都要检查管理灯盏。出埃及记27:21说:"在会幕中法柜前的幔外，亚伦和他的儿子，从晚上到早晨，要在耶和华面前经理这灯。这要作以色列人世世代代永远的定例"；又在利未记24:4说:"他要在耶和华面前常收拾精金灯台上的灯"。

(3) 要不断供应油

灯台的灯干有六个枝子，这表示作为枝子的圣徒要连与作为灯干的耶稣基督，从而不断得到油的供应。

撒迦利亚4:11～14是撒迦利亚所看见的异象。有一个灯台，左右两旁各有两棵橄榄树，它们之间是用金管相连，使橄榄油不断流入灯台里面。活的橄榄树才是提供纯橄榄油的源泉。

希伯来书13:8说:"耶稣基督，昨日今日一直到永远是一样的"。

即使中东的油田会有一天干涸，但从耶稣基督流出来的圣灵之油却是永流不断。能继续不断加油的渠道就是总要连于耶稣。主在约翰福音15:5说:"我是葡萄树，你们是枝子。常在我里面的，我也常在他里面，这人就多结果子。因为离了我，你们就不能作什么"。

(4) 大家要一起发光

要发光，但不能只一个发光。就像与灯台相连的七个灯盏都要点燃一样，所有的圣徒都要发光。教会要唱好大合唱。在合而为一的地方会出现奇迹。旧约的摩西同亚伦一起同工，初代教会的彼得同约翰一起在美门前叫瘸腿的站起来，四个朋友拯救了瘫子，培灵师穆迪同福音歌手桑基一起同工。耶稣也同门徒一起工作。

诗篇133:1～3说:"看哪，弟兄和睦同居，是何等地善，何等地美。这好比那贵重的油，浇在亚伦的头上，流到胡须，又流到他的衣襟。又好比黑门的甘露，降在锡安山。因为在那里有耶和华所命定的福，就是永远的生命"。

2. 饼桌

出埃及记25:23~25指示造桌子的样式："要用皂荚木作一张桌子，长二肘(91.2cm)，宽一肘(45.6cm)，高一肘半(68.4cm)。要包上精金，四围镶上金牙边。桌子的四围各作一掌宽的横梁，横梁上镶着金牙边。

进圣所看见左边灯台的亮光，借着南面和北面的金墙反射得灿烂耀眼。前面的香坛上不断往上冒香烟。然后，再看右边就有饼桌，上面并列两摞摆放12张饼，每摞6张饼。

根据出埃及记25:23饼桌的样式是，长91.2cm，宽45.6cm，高68.4cm。桌子的横梁材料也是相同的。要在其上面摆放12张饼，两摞饼上面都放着乳香壶。

这饼是每安息日更换一次，被更换的饼只能在圣洁的圣幕里面只有祭司们才分着吃。饼桌的四周围有防止掉饼的一掌宽的横梁。饼桌上面有盘子，调羹，并奠酒的爵和瓶等辅助器具。

下面我们要边察看饼的含义，边蒙恩典。

1) 预表耶稣基督

耶稣年代的以色列百姓想起过去他们的祖先在40年旷野吃过从天降下的吗哪，就对主说："主啊，常将这粮赐给我们"。那时，主在约翰福音6:35回答说："我就是生命的粮。到我这里来的，必定不饿。信我的，永远不渴"。

约翰福音6:47~50说:"我实实在在的告诉你们，信的人有永生。我就是生命的粮。你们的祖宗在旷野吃过吗哪，还是死了。这是从天上降下来的粮，叫人吃了就不死"。

这句话的意思是，以色列人在旷野40年所吃的吗哪并没有解决人生死的问题，但是耶稣是从天上降下来的生命的粮，能给人解决人生的根本问题，就是永生问题。因此，旧约时代旷野年间从天上降下的吗哪，象征将来为拯救如同在旷野中的世人而来为生命之粮的耶稣。

约翰福音6:54~58说:"吃我肉，喝我血的人就有永生。在末日我要叫他复活。 … 。这就是从天上降下来的粮。吃这个粮的人，就永远活着，不像你们的祖宗吃过吗哪，还是死了"。 愿各位相信，主以死后第三天复活来证明，他就是生命的粮。

2) 表示神的话语

马太福音4:4说:"人活着，不是单靠食物，乃是靠神口里所出的一切话"。这句话表示肉体是靠粮而活，灵却靠着神的话语而活。

帖撒罗尼迦前书5:23说，人是用灵，魂，肉体三要素构成。由此可知，人的肉体需要粮，魂需要知识，灵需要话语。

约翰福音1:1说:"太初有道，道与神同在，道就是神"，约翰福音1:14说:"道成了肉身住在我们中间，充充满满的有恩典有真理。我们也见过他的荣光，正是父独生子的荣光"。就是说，话语就是神，神成为肉身而来的，就是耶稣。因此，神与耶稣是平等的，耶稣就是话语。

(1) 易消化的饼

利未记24:5说，陈设饼是用细面作的。因为用粗面作就不易消化，所以用细面作的。

神的话语有两个含意。第一：叫做"逻各斯(logos)"，第二：叫做"瑞玛(rhema)"。"逻各斯"通常是指用文字记载的新旧约66卷圣经话语；"瑞玛"则指在圣经话语中感动我心，赐给我能力的话语，就是易消化的话语。

就象约瑟的仓库满满都是米，但是只有进我嘴里的米饭，才能给我提供营养一样，只有当"逻各斯"成为"瑞玛"时，才能成为我得力量的话语。就是将"逻各斯"话语变成属我的"瑞玛"话语。将旧约和新约的"逻各斯"用圣灵和祷告的磨子磨成细面，要做成给自己提供营养素的"瑞玛"饼。否则，吃不吃都一样。神命定要用细面作的陈设饼的意思在此。

(2) 要与普天下人一起吃的饼

在饼桌上摆设12张饼，这表示以色列的十二支派：流便，西缅，利未，犹大，西布仑，以萨迦，但，迦得，亚设，拿弗他利，约瑟，便雅悯支派。

这也表示如今所有的人类都要在耶稣基督里面要吃这生命的饼(粮)。主命令要把这福音传向全世界的宣教意义也就在于此。因此，主在约翰福音6:35说："我就是生命的粮。到我这里来的，必定不饿。信我的，永远不渴"。愿各位相信，耶稣是全世界人类吃剩有余的生命的饼(粮)。

(3) 纯面饼

利未记2:5说："就要用无酵细面"。

出埃及记12:15说："你们要吃无酵饼七日。头一日要把酵从你们各家中除去，因为从头一日起，到第七日为止，凡吃有酵之饼的，必从以色列中剪除"。陈设饼特别注意决不可放酵母。为什么不用酵母，是因为酵母象征邪恶。

哥林多前书5:7~8说："你们既是无酵的面，应当把旧酵除净，好使你们成为新团。因为我们逾越节的羔羊基督已经被杀献祭了。所以，我们守这节不可用旧酵，也不可用恶毒(或作阴毒)，邪恶的酵，只用诚实真正的无酵饼"。

酵母象征恶毒，决不可放进去。假设把酵母放在纯面抟里面，那么整抟面都发酵。神特别喜欢纯洁的，禁戒所有东西搀杂在一起。

申命记22:9~11说："不可把两样种子种在你的葡萄园里，免得你撒种所结的和葡萄园的果子都要充公。不可并用牛，驴耕地。不可穿羊毛，细麻两样搀杂料作的衣服"。

神最不喜悦混合主义。愿各位相信，福音格外要纯洁。

(4) 要不断地吃

任何时候进圣所都能看见这饼。陈设饼一天24小时一年365天始终摆在饼桌上，一时都不可断饼。这象征基督的话语一时都不可离开我们，并且福音所说的都是永恒的。生命之饼耶稣基督是昨日今日一直到永远都是一样的。

利未记24:8说："每安息日要常摆在耶和华面前，这为以色列人作永远的约"，命令每安息日都要换摆新烤的饼。这句话表示每个主日圣徒要得到新的主话语。要明白因干犯主日没有吃多少生命粮，就等于灵命衰弱多少。就象每安息日换摆陈设饼一样，圣徒每主日都要参加礼拜，因为靠听话语来享受吃生命之粮(饼)的福气。

(5) 要调油来做饼

利未记2:5说，陈设饼是用油和面做成。

利未记4:6-7说，共作12个饼摆列两摆，每摆6个，每摆饼上面都要放乳香。因此，吃这饼时自然吃油。

就如提摩太后书3:16所说:"圣经都是神所默示的"，陈设饼是用油和面作成的，这一点教训我们，圣经都是圣灵的默示来记载的。

另外的教训是，就如哥林多前书2:13说:"将属灵的话，解释属灵的事"一样，属灵的神话语要同圣灵一起吃，这样才能明白。因此，不管什么时候读话语，听话语，研究话语，都要依靠圣灵，要以渴慕话语的心，在话语面前等候。

因为都在早晨同时吃露水，蜜蜂酿蜜，蛇却分泌毒液。另外，都吃一样的桑叶，虫子拉屎，蚕却吐丝。都吃一样的话语魔鬼造成叛逆，圣灵却培养忠诚的神仆人。

3) 要记念祭司的辛苦

3,500年前不可能有磨面铺子，所以他们流汗亲手要磨面。要做饼首先选好材料。然后放进舂子里面捣碎，用筛子筛后，放笼屉蒸或者用火烤。不流汗就不能作出饼。虽然都知道教牧人的道路是又累又难，但其中最难的是准备讲章，就像准备饼一样难，这是牧会者的共鸣。

主日讲完道之后，并不是感觉心里特别轻松，而是不能不担心下周要讲什么。难道只担心主日的讲道吗？也要准备主日白天的讲道，晚上的讲道，第三天晚上讲道。此外，还有信徒家有红白喜事也要去讲道。不能讲重复道，常常要讲新的道，这不是一般的难题。听道的平信徒不知道，牧会者每天都要作准备讲章的辛苦工作。

因此，平信徒要思想做饼祭司的辛苦，要以温暖的心来听道，给辛苦传讲话语的牧师不要吝惜鼓励。

但是牧师的讲道稍微拉长时间，有的圣徒在下面开始打哈欠看表，甚至有的人故意举手看表给牧师看；如果牧师讲道短，就挑刺说，牧师没有要讲的话；如果讲得简单容易，就说牧师知识水平低；如果稍微用难懂的话，就说装懂。讲道真是难啊。

3. 香坛

出埃及记30:1～5指示造香坛的样式:"你要用皂荚木作一座烧香的坛。这坛要四方的，长一肘，宽一肘，高二肘，坛的四角要与坛接连一块。要用精金把坛的上面与坛的四围，并坛的四角，包裹，又要在坛的四围镶上金牙边 要作两个金环安在牙子边以下，在坛的两旁，两根横撑上，作为穿杠的用处，以便抬坛。要用皂荚木作杠，用金包裹"。

进圣所里面第一个看见的是发光的灯台，灯台的正前面，有冒香烟的香坛。这香坛是用皂荚木造的，用精金包裹。皂荚木象征耶稣的人性，精金象征耶稣的神性。香坛上面有香炉，每早晚祭司都要烧香(出30:7～8)。烧香象征祷告。

诗篇141:2说:"愿我的祷告，如香陈列在你面前。愿我举手祈求，如献晚祭"；约翰启示录8:3～4说:"另有一位天使拿着金香炉，来站在祭坛旁边。有许多香赐给他，要和众圣徒的祈祷一同献在宝座前的金坛上。那香的烟，和众圣徒的祈祷，从天使的手中一同升到神面前"。

就如香烟上升一样，圣徒的祷告也上升到神面前。耶稣基督给我们作了祷告的典范。马可福音1:35说，他在早晨，天未亮的时候，就起来，到无人的地方去祷告；路加福音6:12～13说，主整夜祷告；希伯来书5:7说，主大声哀哭，流泪祷告恳求。

主在地上生活中不仅热心祷告，而且现在在天上仍为我们祷告。罗马书8:34说："基督耶稣现今在神的右边，也替我们祈求"。此时此刻主仍在为我们祈求。我们多么感谢，我们多么有福！

出埃及记17:8-12说，以色列百姓到了利非订，以扫的后裔亚玛力人来攻打以色列民。约书亚率兵出战，摩西举手站在山顶上。但是奇妙的是，当摩西举手以色列人得胜，摩西垂手亚玛力人得胜。因为这样，摩西就不能垂手，但时间长了，摩西的手因无力发沉。这时，同他一起上山的亚伦和户珥扶持摩西的双手，最终以色列人大大得胜。

主在客西马尼园对门徒说(太26:40~41):"怎麽样，你们不能同我警醒片时麽。总要警醒祷告，免得入了迷惑。你们心灵固然愿意，肉体却软弱了"。主心痛地说，难道"片时"，就是哪怕一小时都不能祷告吗?

1) 以耶稣之血的功效来得应允

香坛的四周都有角，亚伦每年一次要在这香坛四角上涂赎罪祭牲的血，这是神的定例。

出埃及记30:10说："亚伦一年一次要在坛的角上行赎罪之礼。他一年一次要用赎罪祭牲的血在坛上行赎罪之礼，作为世世代代的定例。这坛在耶和华面前为至圣"。

四角上涂血象征我们的祷告因着耶稣基督之血的功效而上达天庭。

约翰福音16:24说："向来你们没有奉我的名求什么，如今你们求就必得着，叫你们的喜乐可以满足"；在约翰福音14:13~14说："你们奉我的名，无论求什么，我必成就，叫父因子得荣耀。你们若奉我的名求什么，我必成就"。

任何时候我们都可以向父神提交请求书。因为主在马太福音7:7说："你们祈求，就给你们"。任何时候我们都可以向神请求所需要的，但神命定这份请求书的最后落款要签耶稣基督的名。约翰福音14:13说："你们奉我的名，无论求什么，我必成就，叫父因子得荣耀"。

2) 要不住地祷告

出埃及记30:7~8说："亚伦在坛上要烧馨香料作的香，每早晨他收拾灯的时候，要烧这香。黄昏点灯的时候，他要在耶和华面前烧这香，作为世世代代常烧的香"。旧时的祭司每早晚在神面前烧香。如今作祭司的我们，也要每早晚在神面前恒切祷告。以弗所6:18说："靠着圣灵，随时多方祷告祈求"。这里"随时"的原话是"恩 繁提 凯罗"，是指"常常"，意思是祷告要生活化，同帖撒罗尼迦前书5:17"不住地祷告"是同样的意思。因此，我们圣徒的祷告也要生活化。

3) 要恳切地祈求

祭司烧的香是昂贵的特制香。

出埃及记30:34～35说:"耶和华吩咐摩西说，你要取馨香的香料，就是拿他弗，施喜列，喜利比拿，这馨香的香料和净乳香各样要一般大的分量。你要用这些加上盐，按作香之法作成清净圣洁的香"。

拿他弗香料是从香樟上自己出来的香，是印度产。施喜列香料是红海贝壳捣碎作的香。喜利比拿香是类似橡树的树脂，这棵树高的有1m，开黄花，是从树根部采取的香。乳香是从乳香树(boswellia)上抽取的，是从阿拉伯进口的香料，涂在尸体上除臭。盐是把自己融化后防腐的贵重东西。

为制造香坛上向神献上的香，需要花费辛劳和费用。就这样，祷告需要辛苦和费力，需要真诚。流汗流泪献上的祷告，就像旧时的祭司献上香一样，是馨香的祭物，是神所悦纳的。

不诚心的形式祷告，神决不喜悦。祷告要以恳切的牺牲来献上。耶稣献上这样的祷告(路22:44):"耶稣极其伤痛，祷告更加恳切。汗珠如大血点，滴在地上"。

圣安博主教对奥古斯丁的母亲莫妮卡说:"妈妈的流泪祷告决不败坏子女"。可想而知，圣奥古斯丁成为巨人，是因为他的背后有母亲莫妮卡的流泪祷告作后盾。哈拿的痛苦祷告是为要生卓越人物撒母耳的阵痛。因着一个女人的流泪祷告，创造了奇妙的历史。

路加福音2:37说:"现在已经八十四岁，并不离开圣殿，禁食祈求，昼夜事奉神"。女先知亚拿以祷告献人生。圣洁的生命是用圣洁的心灵献上的祷告来成全。

菲利普·布鲁克斯说:"画中的火不是火，不恳切的祷告不是祷告"。能作牺牲祷告的圣徒是有福的，作这样祷告的圣徒家庭是有福的，这样的家庭多的教会是有福的。

查理斯·芬尼之所以能掀起培灵运动，是因为有祷告的助手纳什;司布真能成为名讲道，是因为教会地下祷告室里面有为他恳切祷告的300多个同工。

关进监狱里面的彼得之所以能奇迹般逃狱，是因为圣徒们为他恳切祷告。使徒行传12:5说:"于是彼得被囚在监里。教会却为他切切的祷告神"。恳切向神献上的祷告，那才真是万能钥匙。今日明日直到我们离开这世界的那一日为止不要懒惰，每早晚都要向神献上祷告的香。

4) 要因着信心祷告

香坛是用皂荚木造作。皂荚木表示被遗弃的人。

用皂荚木作的香坛，外面是用精金包裹。金表示神圣的信心。这意味着我们人向神祷告得应允的道路，乃是凭着信心祷告。

雅各书1:6~7说:"只要凭着信心求，一点不疑惑。因为那疑惑的人，就像海中的波浪，被风吹动翻腾。这样的人，不要想从主那里得什么"；马可福音11:22~24说:"耶稣回答说，你们当信服神。我实在告诉你们，无论何人对这座山说，你挪开此地投在海里。他心里若不疑惑，只信他所说的必成，就必给他成了。所以我告诉你们，凡你们祷告祈求的，无论是什么，只要信是得着的，就必得着"。我们虽然就像皂荚木一样，但是神已经应许，凭着信心的祷告必蒙应允。

Ⅲ. 至圣所

希伯来书9:3~15详细说明至圣所:"第二幔子后，又有一层帐幕，叫作至圣所。有金香炉，(炉或作坛)有包金的约柜，柜里有盛吗哪的金罐，和亚伦发过芽的杖，并两块约版。柜上面有荣耀基路伯的影罩着施恩座。(施恩原文作蔽罪)这几件我现在不能一一细说。这些物件既如此豫备齐了，众祭司就常进头一层帐幕，行拜神的礼。至于第二层帐幕，惟有大祭司一年一次独自进去，没有不带着血，为自己和百姓的过错献上。圣灵用此指明，头一层帐幕仍存的时候，进入至圣所的路还未显明。那头一层帐幕作现今的一个表样，所献上的礼物和祭物，就着良心说，都不能叫礼拜的人得以完全。这些事连那饮食和诸般洗濯的规矩，都不过是属肉体的条例，命定到振兴的时候为止。但现在基督已经来到，作了将来美事的大祭司，经过那更大更全备的帐幕，不是人手所造也不是属乎这世界的。并且不用山羊和牛犊的血，乃用自己的血，只一次进入圣所，成了永远赎罪的事。若山羊和公牛的血，并母牛犊的灰洒在不洁的人身上，尚且叫人成圣，身体洁净。何况基督藉着永远的灵，将自己无瑕无疵献给神，他的血岂不更能洗净你们的心。(原文作良心)除去你们的死行，使你们事奉那永生神麽。为此他作了新约的中保。既然受死赎了人在前约之时所犯的罪过，便叫蒙召之人得着所应许永远的产业"。

现在我们已通过进圣幕的第一道关门院门，经过燔祭坛，到洗濯盆前洗手脚，经过圣幕门进了第一层帐幕-圣所。

首先，透过第一层帐幕-圣所里面左边发光的灯台，我们受圣灵充满；然后，透过右边的陈设饼，我们受到话语的充满；再后，透过香坛用祷告与主交通；又经过隔开圣所和至圣所的幔子，现在我们到了第二层帐幕-至圣所。

至圣所是长，宽，高都为10肘(4.56m)的正方形，约有21m²。

至圣所里面有约柜。约柜的长110cm(二肘半)，宽70cm(一肘半)，高70cm(一肘半)，是用皂荚木作的，里外全用精金包裹，四围镶上金牙边，又铸四个金环。搬运约柜的杠是用皂荚木造作，用精金包裹。约柜上面盖有施恩座，在施恩座上面有用金锤成的两个基路伯，两个基路伯高张翅膀遮掩施恩座。约柜里面有摩西在西乃山得到的铭刻十诚的两块石板，亚伦发芽的杖，还有吗哪罐。

〈隔开圣所与至圣所的幔子〉

〈圣所和至圣所内部〉

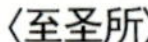

〈至圣所〉

〈圣所〉

圣幕分为三个部分，就是院子，圣所和至圣所。一般百姓都能进院子里面；祭司能进圣所里面；只有大祭司才能进至圣所里面。隔开圣所与至圣所的幔子是用蓝色、紫色、朱红色线和捻的细麻织的，以巧匠的手工绣上基路伯。这个门帘幔子平时是关闭的，一年只开一次。即使是大祭司也不能随便进去，只能在指定的日期，带着指定的祭物，才能经过幔子进至圣所。至圣所是神在的地方，当然任何人都不能随时随意进出。任何国家的王宫或者总统府都不能随便进出，何况神在的地方，人怎能随便进出呢？

个人犯罪时，带着指定的祭物，去找祭司献赎罪祭，罪就得赦免。但是，人在生活当中有时自己犯罪后忘记；有时明明是犯罪，自己却认为不是犯罪；有时突然有一天定好要献赎罪祭，但不知为什么改日拖延，就这样不了了之。罪不管是故意还是无意，在神面前必须要受审判。但是，神很爱以色列百姓，所以神规定一年一次的赎罪日，将一年所积累的以色列百姓的罪一次全部涂抹。关于这个规条详细记载在利未记16章。

一般的赎罪祭是祭司在燔祭坛上行，但大赎罪祭是在至圣所里面行。行大赎罪祭的日期是7月10日。这一天，祭司也要同百姓一起站在会幕外面，只有大祭司一人进至圣所行职务。

首先，大祭司要洁净全身；然后，脱掉华丽的大祭司袍子，换穿细麻布衣服。为大祭司自己取一只公牛犊为赎罪祭，为百姓取二只公山羊为赎罪祭，取二只公绵羊为燔祭。

两只公山羊拈阄，一个归于神，另一个归于阿撒泻勒。大祭司宰杀自己的赎罪祭公牛犊，取些血和香炉进入至圣所。首先用香烟遮掩法柜上的施恩座，把公牛犊的血弹在施恩座的东面，又在施恩座的前面弹七次。

大祭司两手按手在阿撒泻勒山羊头上，承认以色列人诸般的罪孽过犯，就是他们一切的罪愆，把这罪都归在羊的头上，藉着所派之人的手，送到旷野去。

做完这些仪式以后，大祭司进到会幕，脱掉细麻布衣服，放在那里，再次用水洗身，穿上大祭司袍子。宰杀二只公绵羊献燔祭，以此结束所有的赎罪祭之礼。

如上所述，带着血才能进至圣所(来9:1～7)。但是，主被钉在十字架时，遮挡至圣所的幔子从上到下裂为两半。因此，我们靠着耶稣基督宝血的功效，能坦然无惧地来到施恩座前。走向至圣所的过程中，我们可以发现以下的真理。

1. 大祭司耶稣基督

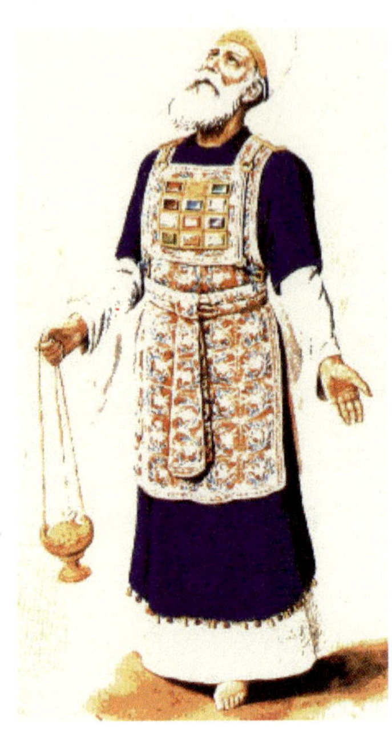

祭司多，但大祭司只有一个人。只有大祭司才能进至圣所。这预表世上有很多伟
人，但是有资格为人类献赎罪祭的只有一位耶稣。

1) 惟有无罪的耶稣才能成为救主

(1) 耶稣是因着圣灵感孕，由童真女所生，他以无罪之身降世为人。

马太福音1:18~23说:"耶稣基督降生的事，记在下面。他母亲马利亚已经许配了约
瑟，还没有迎娶，马利亚就从圣灵怀了孕。他丈夫约瑟是个义人，不愿意明明的羞辱
他，想暗暗的把他休了。正思念这事的时候，有主的使者向他梦中显现，说大卫的子孙
约瑟，不要怕，只管娶过你的妻子马利亚来。因他所怀的孕，是从圣灵来的。他将要生
一个儿子。你要给他起名叫耶稣。因他要将自己的百姓从罪恶里救出来。这一切的事成
就，是要应验主藉先知所说的话,说,必有童女，怀孕生子，人要称他的名为以马内利。
(以马内利翻出来，就是神与我们同在"

耶稣不像我们人借着父精母血出生，而是借着圣灵降世。圣灵是神，神乃是创造

主。因此，耶稣因着神的创造能力，借着童贞女的身降世。

创世记3:15说:"我又要叫你和女人彼此为仇。你的后裔和女人的后裔也彼此为仇。女人的后裔要伤你的头，你要伤他的脚跟"。就是说，神为使耶稣以无罪之身降世，计划要因着圣灵借着童贞女诞生。关于这一点，先知以赛亚在以赛亚书7:14说:"因此，主自己要给你们一个兆头，必有童女怀孕生子，给他起名叫以马内利"；使徒保罗在加拉太书4:4说:"及至时候满足，神就差遣他的儿子，为女人所生，且生在律法以下"。

这世界的人都是男人的后裔。但是，如上所述的圣经里面却预言，女人的后裔要降世。然而，耶稣照着圣经所说，因圣灵感孕，由马利亚所生。

世人都是借着男人的种子出生，就是男人的种子借着女人的地而出生。因为世人都是男人的后裔，男人的祖先是亚当，亚当是罪人，所以人生来就是因罪必灭亡的罪人的后裔。因此，人即使怎么努力，也解决不了因罪死亡的问题。

因此，靠着人的努力不能偿还因罪而死的代价。为解决因罪死的问题，就如希伯来书9:22所说:"按着律法，凡物差不多都是用血洁净的，若不流血，罪就不得赦免了"，就要用别的无罪的生命替因罪应该灭亡的人流血而死，这是因为血里有生命(利未记17:11)。但是这世界的人都是亚当的后裔，没有义人连一个也没有，都是罪人，就如使徒保罗在圣经罗马书3:10所说:"没有义人，连一个也没有"，所以人连自己的罪都解决不了，更何况是他人的罪呢。因此，普天下人都没有代替死的资格。

因此，无罪的人，才能有替死的资格。无罪的只有是神，神有资格，但他是灵，他没有血，也不能死，他是不能替人死的神。因此神为拯救人，采取成为能流血死的肉身而来的一种方法，用神的创造能力-圣灵能力，借着女人的身降世为人。

约翰福音1:1说:"太初有道，道与神同在，道就是神"，所以使徒约翰在约翰福音1:14说:"道成了肉身住在我们中间，充充满满的有恩典有真理。我们也见过他的荣光，正是父独生子的荣光"，就是说，神的道(神)成了肉身降世。

神为取人的肉身带着血降世，而借用人的肉身降生。他不是来自有罪的男人后裔，而是来自无罪的圣灵能力，由童贞女马利亚所生。因此，耶稣与罪人的种子-男人的后裔毫无相关。他不属于亚当的血统，而属于因着圣灵能力而来的神的血统。他成为肉身来，是为偿还罪债解决死亡问题。

因为大祭司也有罪，所以首先要为自己献祭物。但耶稣因为没有罪，就可以直接为人类献赎罪祭。耶稣是无邪恶、无玷污的大祭司。希伯来书7:26说:"像这样圣洁，无邪恶，无玷污，远离罪人，高过诸天的大祭司，原是与我们合宜的"。当献大赎罪祭的时候，一般百姓和祭司都要站在会幕外面，只有大祭司独自在会幕里面。这表明惟有耶稣基督独自一人能成就救赎历史。

(2) 无罪的耶稣替我们而死

当大祭司进至圣所的时候，必须要带公牛犊和公山羊的血。如果大祭司不带祭物的血进去，他就必死。这血才有能力洗净遮盖大祭司和整个百姓的罪。但是，这血并没有把人的罪永远洗净的功效。所以，每年都要反复献同样的赎罪祭。

希伯来书10:3~4说："但这些祭物是叫人每年想起罪来。因为公牛和山羊的血，断不能除罪"。但在希伯来9:11~15说："但现在基督已经来到，作了将来美事的大祭司，经过那更大更全备的帐幕，不是人手所造也不是属乎这世界的。并且不用山羊和牛犊的血，乃用自己的血，只一次进入圣所，成了永远赎罪的事。若山羊和公牛的血，并母牛犊的灰洒在不洁的人身上，尚且叫人成圣，身体洁净。何况基督藉着永远的灵，将自己无瑕无疵献给神，他的血岂不更能洗净你们的心。(原文作良心)除去你们的死行，使你们事奉那永生神麽。为此他作了新约的中保。既然受死赎了人在前约之时所犯的罪过，便叫蒙召之人得着所应许永远的产业"。

牲畜的血只有一年有功效，而且只限于以色列百姓的赎罪。耶稣基督的血(因无罪)却对全人类有"永远赎罪"的功效。主的宝血能赦免全人类的罪。

彼得前书1:18~19说："知道你们得救赎，脱去你们祖宗所传流虚妄的行为，不是凭着能坏的金银等物。乃是凭着基督的宝血，如同无瑕疵无玷污的羔羊之血"。

所有的血都是宝贵，但是人的血比牲畜的血更宝贵，义人的血比恶人的血更宝贵，无罪的耶稣基督的血比义人的血更宝贵。基督的宝血有永远洗净全人类罪恶的功效。这是多么感谢，多么赞美之事啊！

♬ 赞美

你愿将你的罪担释放么？在主宝血内大有权能

你愿胜过一切恶性请么？耶稣宝血大有权能。

(副歌)大有权能！奇妙大权能！在羔羊宝血内

大有权能！奇妙大权能！在圣洁羔羊宝血内。

我朝拜圣地走「维亚多乐罗莎」(Via dolorosa 十字架之路) 路时，默想主在十字架的受难，我蒙了很大恩典。

🎵〈赞美〉

耶稣走的路十字架的路，　孤单担当我的罪，

各各他的险难的山路，主耶稣伤心的声音

哦，我主耶稣请你饶恕我，为了罪人受了许多苦难

神的计划奇妙的计划赐我永生永远的盼望。

拉丁语叫做「维亚多乐罗沙」(Via dolorosa 十字架之路)的「十字架之路」(中文叫做苦殇路)是耶稣从彼拉多法庭彼拉多受审判开始。从法庭一直到耶稣的坟墓髑髅地共有14个站地，也叫做14站路。

加拉太书3:13说："基督既为我们受了咒诅，(受原文作成)就赎出我们脱离律法的咒诅"。这句话是说，耶稣为把我们从罪拯救出来，而受咒诅。背着沉重的十字架走向髑髅地时，因无力气而跌倒，兵丁就残酷地用鞭子抽打。

耶稣为什么要戴荆棘冠冕，背负痛苦的十字架呢？应该受无限尊荣的耶稣，为什么他仁慈的头被戴羞辱的荆棘冠冕，脸被用鲜血来遮盖，以赤身被钉死在十字架上呢？

就是为除掉我和你们的罪而代受咒诅。罗马兵丁用锤子残忍地钉了耶稣的手脚，皮开肉绽流鲜血，肋被枪扎得一点不留地流尽水和血，以此洗净我们的罪。

耶稣是为我受咒诅，并且如今仍为我忍受疼痛。一想起耶稣因为我受难，我真感谢主。我们每个人都要打开属灵的眼睛，要看在髑髅地上耶稣受难的十字架。

每当你们面临痛苦冤枉的事情，要思想耶稣代替我背负的十字架，深深感谢主所赐的恩典。愿你们一生要因着感恩为主献身。

🎵〈赞美〉

用主血成的泉源又深又宽

拯救的大能力配得都要赞美

赞美宝血现在要来到这宝血泉

被罪污秽的这身，用这血得以洗净

杀人强盗、污秽的娼妓、被人戳脊梁骨的税吏也都因这血得洗净，现在在天国赞美主。这是多么感激的事啊？没有主的宝血就不能洗净罪。即使犯多大罪，只要相信主的宝血，就得以洗净。

耶稣基督不仅赦免人的罪，而且又有除罪的能力。阿撒泻勒山羊就是预表这一点。死的山羊，流血的山羊能赎以色列百姓的罪；活的阿撒泻勒山羊能除掉以色列百姓的罪。大祭司用山羊的血献赎罪祭，然后把手按在活的阿撒泻勒山羊头上承认以色列百姓的罪。

利未记16:21～22说:"两手按在羊头上，承认以色列人诸般的罪孽过犯，就是他们一切的罪愆，把这罪都归在羊的头上，藉着所派之人的手，送到旷野去。要把这羊放在旷野，这羊要担当他们一切的罪孽，带到无人之地"。

活的山羊背着以色列百姓"一切的罪孽"消失在旷野之中。活的山羊象征以色列百姓的"一切的罪孽"，这只羊消失表示以色列百姓的一切的罪孽完全除掉。以色列百姓的眼前再就看不到罪孽。

一只山羊都有这个能力，何况神的独生子耶稣呢？耶稣是背负我们整个人类罪孽的羔羊。施洗约翰在约翰福音1:29见证说:"看哪，神的羔羊，除去(或作背负)世人罪孽的"。这里的"世人罪孽"原话叫"填 哈马尔梯恩 图 克斯木"，不是指"众多罪"，而是叫"罪"的单数名词。这里把世人的罪当作一个来看的。那么耶稣把人类的罪背负到哪儿去了呢？

彼得前书2:24说:"他被挂在木头上亲身担当了我们的罪，使我们既然在罪上死，就得以在义上活。因他受的鞭伤，你们便得医治"。主在十字架上完全涂抹除掉了折磨我们人类的一切罪的证据。

歌罗西书2:14说:"又涂抹了在律例上所写，攻击我们，有碍于我们的字据，把他撤去，钉在十字架上"；在希伯来书10:17说:"以后就说，我不再记念他们的罪愆，和他们的过犯"；弥迦书7:19说:"必再怜悯我们，将我们的罪孽踏在脚下，又将我们的一切罪投于深海"；以赛亚书38:17说:"看哪，我受大苦，本为使我得平安，你因爱我的灵魂，便

救我脱离败坏的坑。因为你将我一切的罪，扔在你的背后"；诗篇103:12说:"东离西有多
远，他叫我们的过犯，离我们也有多远"。这里的东边与西边的间距是永远不能相遇的
无限距离。

因此使徒保罗在罗马书8:33~34说:"谁能控告神所拣选的人呢。有神称他们为义了。
谁能定他们的罪呢。有基督耶稣已经死了，而且从死里复活，现今在神的右边，也替我
们祈求"。耶稣基督完全除掉了我们的罪。

2. 献赎罪祭的祝福

献完赎罪祭后，以色列百姓就能享受多种祝福。

2000年以前，耶稣基督在髑髅地上把自己的血与身体作为赎罪祭已经献上，因此献祭
已经结束，从而我们相信的人能享受神所赐给的属灵祝福。

1) 要享受安息年和禧年的祝福

以色列每七年献完赎罪祭的次日开始安息年，每五十年轮一次禧年。安息年制度是
一年不耕种，人和牲畜连同地全都休息享受安息。禧年是给欠债的免债，释放奴隶，土
地归还原主的特殊制度。

耶稣为人类将自己的身体当做赎罪祭献上，因而给我们恢复安息和自由，就是恢复
了因亚当堕落而丢失的自由和权力，恢复了作为神儿女的荣光和权柄。

主在拿撒勒会堂里面宣告迎来真正的禧年。在路加福音4:18~19说:"主的灵在我身
上，因为他用膏膏我，叫我传福音给贫穷的人。差遣我报告被掳的得释放，瞎眼的得看
见，叫那受压制的得自由，报告神悦纳人的禧年"。主在路加福音4:21接着宣告道:"今天
这经应验在你们耳中了"。

由此可知，禧年制度预表耶稣亲自完全要恢复的属灵祝福。耶稣打开了真正意义的
禧年。

因此，原来我们是罪人，变成义人，原来我们是魔鬼之子变成神的儿女，原来我们
是地狱的百姓变成天国子民。我们要感谢赐给我们真正平安和喜乐的主。

2) 要享受能出入至圣所的祝福

旧约时代，一般人若进至圣所就死。即使是大祭司，一年只能进一次至圣所。但是新约时代，当耶稣钉死在十字架上时，因幔子从上到下裂为两半，从而打开了谁都可以随便出入的道路。

马太福音27:51说："忽然殿里的幔子，从上到下裂为两半。地也震动"。据说，幔子作得并不单薄，非常结实，厚度有人手掌厚，有72个褶子，每个褶子用24股线捻成，长60肘，宽30肘，300多个祭司制造(参考Lee Sang Guen博士圣书注解马太福音P394)。

主被钉在十字架上皮开肉绽时，裂开阻挡进入至圣所的结实幔子，这表明打开走向神的道路。

希伯来书10:19～20说："弟兄们，我们既因耶稣的血，得以坦然进入至圣所，是藉着他给我们开了一条又新又活的路从幔子经过，这幔子就是他的身体"。因此，天主教主张的教义是，我们罪多过于软弱，以至于既不能走到神面前，也不能向神求告，所以要向马利亚和使徒们求告。这完全是错误的。我们人虽然软弱不能走到神面前，但是依靠耶稣基督的宝血，我们可以坦然无惧地走到神面前，并向神祈求。

以弗所3:12说："我们因信耶稣，就在他里面放胆无惧，笃信不疑的来到神面前"。我们在世期间要勤奋地来到神的宝座前，要享受献上敬拜赞美并服事的福分。

3. 至圣所的圣物

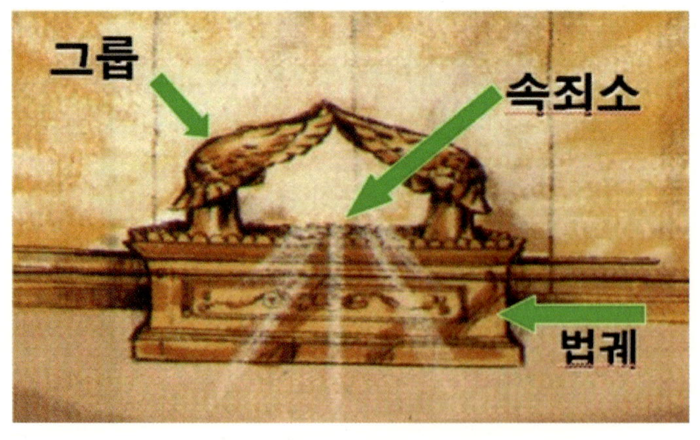

1) 施恩座

出埃及25:17～18:"要用精金作施恩座(施恩或作蔽罪)，长二肘半(110cm)，宽一肘半(70cm)。要用金子锤出两个基路伯来，安在施恩座的两头"。

施恩座在约柜上面，是全用精金作的。施恩座的两头都有用金子锤出来的两个基路伯，它们脸对脸朝着施恩座。施恩座是大祭司每年弹一次祭物的血，为大祭司自己和整个百姓赎罪的地方。

施恩座的原话叫做"卡堡雷德"，是"遮盖"意思，"遮盖"施恩座的祭物血，表示"遮盖"整个以色列百姓的罪孽。创世记3:7说，人类始祖亚当和夏娃因摘吃善恶果犯罪，致使他们眼睛明亮能看见自己的羞辱，便用无花果叶子遮盖。但是这只是一时措施，不能解决根本问题。

因此，创世记3:21说，神给亚当和夏娃做皮衣穿上。就这样，人靠着自己的行善或者自己的义不能完全遮盖羞辱。以赛亚59:6说:"所结的网，不能成为衣服，所作的，也不能遮盖自己。他们的行为都是罪孽，手所作的都是强暴"。没有再比世人更愚拙的，因为想要靠着自己的义站在神面前。要想站在神面前，就要脱掉自义的衣服，就是用无花果叶子作的衣服，穿上神赐给的皮衣。就如大祭司进至圣所弹在施恩座上面的牲畜血遮盖以色列百姓的一切罪孽一样，基督在各各他山上所流的血遮盖我们的一切不义和罪孽。

这是神给人降下的最大福。因此，诗篇32:1说:"得赦免其过，遮盖其罪的，这人是有福的"。神为亚当和夏娃，叫牲畜流血死来给他们做皮衣穿上。同样，为给人穿上义的衣服，无罪的神儿子耶稣基督流血而死。施恩座不仅是叫以色列百姓罪得赦免，而且也是神给以色列百姓属灵话语的地方。

出埃及记25:22说:"我要在那里与你相会，又要从法柜施恩座上二基路伯中间，和你说我所要吩咐你传给以色列人的一切事"。在律法之下神不能与以色列百姓交通。因为律法的功能是叫人知罪，所以对明显的罪已宣告"罪的工价乃是死"。因此人与神之间不要有罪。要除掉这罪，就得要偿还罪的工价。因为罪的工价是死，为要偿还死的工价，就要付出生命，这是公式。

关于这个事实在利未记17:11说:"因为活物的生命是在血中。我把这血赐给你们，可以在坛上为你们的生命赎罪，因血里有生命，所以能赎罪"。因羔羊耶稣基督流血而死，就能拆除隔开神与人之间不可逾越的高墙。耶稣宝血有这个功效。

以弗所2:14说:"因他使我们和睦，(原文作因他是我们的和睦)将两下合而为一，拆毁了中间隔断的墙"。旧约的羊羔流血而打开以色列来到神面前的道路；新约的羔羊耶稣流血死而打开全人类来到神面前的道路。

约翰福音14:6说:"耶稣说，我就是道路，真理，生命。若不藉着我。没有人能到父那里去"，在这里耶稣断定"若不借着我，没有人能到父那里去"。对罪人来说，至圣所是恐怖战兢的地方，是死魂的影子出没的可怕地方。但是因着弹牲畜的血，变成罪得赦免的感恩之地。因此，将至圣所成为"神施恩典和慈悲的'施恩座'"。我们要相信神透过耶稣基督的血，不是叫人死，而是给人生命；不是咒诅人，而是祝福人；不是审判人，而是给人恩典；不是定罪，而是叫人称义；不是叫人下地狱，而是叫人上天堂。

2) 两个基路伯

出埃及记25:18~20说:"要用金子锤出两个基路伯来，安在施恩座的两头。这头作一个基路伯，那头作一个基路伯，二基路伯要接连一块，在施恩座的两头。二基路伯要高张翅膀，遮掩施恩座。基路伯要脸对脸，朝着施恩座"。

为什么施恩座上有两个基路伯？

(1) 他们担当至圣所的警卫

创世记3:24说，在伊甸园亚当和夏娃摘吃善恶果犯罪而从伊甸园被赶出去之后，神安设基路伯把守生命树的道路。

至圣所是在圣幕中的最圣洁之地，就是神所居住之处。因此，基路伯的职务是警卫神的宝座。如果大祭司以外的人进至圣所，就必死。即使是大祭司，若不带祭物的血进去，也必死。因为基路伯的能力太大，不能与人的能力相比较。就如列王纪下19:35说:"当夜，耶和华的使者出去，在亚述营中杀了十八万五千人。清早有人起来，一看，都是死尸了"，当西底家王年间，18万5千亚述军兵全被歼灭。

(2) 担当赞美救赎恩典

这两个基路伯始终在施恩座上面朝着血，赞美赦罪的恩典。 这是因为血里有生命。利未记17:11说:"因为活物的生命是在血中。我把这血赐给你们，可以在坛上为你们的生命赎罪，因血里有生命，所以能赎罪"，因此希伯来9:22说:"按着律法，凡物差不多都是用血洁净的，若不流血，罪就不得赦免了"。这里说"若不流血，罪就不得赦免"，所以救罪的条件是流血，这里的流血表示耶稣基督为人类罪而替死。弹在施恩座上的血，预表神的儿子耶稣所流的宝血，所以天使们往下看着主的宝血，赞美荣耀归主。　约翰启示录4:4-5说的是，在天上的敬拜光景，赞美的主题是"被杀的羔羊"。

约翰启示录5:11~12说:"我又看见，且听见，宝座与活物并长老的周围，有许多天使的声音。他们的数目有千千万万。大声说，曾被杀的羔羊，是配得权柄，丰富，智慧，能力，尊贵，荣耀，颂赞的"。这里说的是，得救的圣徒们同众天使和活物们一起赞美救赎主的大合唱光景。

(3) 服事神家的人

希伯来书1:14说:"天使岂不都是服役的灵，奉差遣为那将要承受救恩的人效力麽"。这里说，天使们都是"服役的灵"，就是"服侍的灵"。天军天使都无比羡慕得救的圣徒们，因为他们的使命就是不仅服事神，而且也要服侍得救的众圣徒。奉主名，愿我们将赞美感谢荣耀归于父神直到永远，因为神把我们造为人，用耶稣的宝血来救赎我们，用水和圣灵叫我们重生作神的儿女。

3) 约柜

出埃及记25:10~21说:"要用皂荚木作一柜，长二肘半，宽一肘半，高一肘半。要里外包上精金，四围镶上金牙边。…要将施恩座安在柜的上边，又将我所要赐给你的法版放在柜里。"；希伯来书9:3~4说:"第二幔子后，又有一层帐幕，叫作至圣所。有金香炉，(炉或作坛)有包金的约柜，柜里有盛吗哪的金罐，和亚伦发过芽的杖，并两块约版"。

约柜的长110cm，宽70cm，高70cm，是用皂荚木作的，里外全都包上精金，上面四围镶上金牙边，又铸四个金环安在柜的四脚上，用皂荚木作两根杠并用金包裹，穿在环内以便抬柜。

然后又作放在约柜上面的施恩座，用金锤出两个基路伯安置在施恩座两头，用两个翅膀遮掩施恩座。

(1) 约柜的十大特性

① 约柜之最特性

约柜是众多圣物之中最重要的圣物。众多圣物之中只有约柜是里外包金，里面装的是十诫，吗哪罐，亚伦发过芽的杖，这三样是最贵重的。还有，约柜上面的施恩座是圣幕的最终恩典之地，约柜是用最宝贵的来构成的。

② 神降临的特性

法柜是神把自己显现给以色列百姓的地方。

民数记9:15～16说:"立起帐幕的那日，有云彩遮盖帐幕，就是法柜的帐幕。从晚上到早晨，云彩在其上，形状如火。常是这样，云彩遮盖帐幕，夜间形状如火"。白天作云柱，黑夜作火柱。

③ 遇见神的特性

出埃及记25:21～22说:"要将施恩座安在柜的上边，又将我所要赐给你的法版放在柜里。我要在那里与你相会，又要从法柜施恩座上二基路伯中间，和你说我所要吩咐你传给以色列人的一切事"。神在"法柜那里"必与人相会。因此，我们要想遇见神，必须要经过走到法柜前的所有过程。

④ 启示的特性

法柜是神给百姓说话的地方。

出埃及记25:22说:"我要在那里与你相会，又要从法柜施恩座上二基路伯中间，和你说我所要吩咐你传给以色列人的一切事"。摩西的启示是在法柜前得到。当他向神请问事时，也找法柜。但现在就没这必要。过去只有大祭司一年一次才能进至圣所(来9:7，来10:10～14)。现在因为耶稣被钉死在十字架上时，将遮掩法柜隔开至圣所和圣所的幔子撕裂为两半，从而任何人都能坦然无惧地来到施恩座前，得到神的启示。

⑤ 站在最前面的特性

法柜具有站在最前面的特性。

出埃及的以色列百姓在旷野行进时，哥辖子孙扛着约柜走在最前头。民数记4:15说:"将要起营的时候，亚伦和他儿子把圣所和圣所的一切器具遮盖完了，哥辖的子孙就要来抬，只是不可摸圣物，免得他们死亡。会幕里这些物件是哥辖子孙所当抬的"。

然后，以色列十二支派照着神的命令紧跟在后面(民10:11～28)行进。过约旦河的时候也是约柜最先迈进河里，约旦河水就分开了(书3:1~7)；当塌陷耶利哥城的时候也是约柜走在最前头绕城(书6:6~7)。

将祭坛放在前面时，生活就亨通得福。

典型人物是以撒。以撒在创世记26:25的生活：筑了一座坛，求告耶和华的名，支搭帐棚，在那里挖了一口井。首先"筑一座坛"的意思是，以撒的生活是以神为第一的神本主义，祭坛中心的祭坛中心主义，所以不管到哪里都亨通。12节说，那一年得百倍的祝福，成了大财东；28节说，他很有威望，与君王平起平坐，就如挖井就出水一样，凡事都亨通。耶稣在马太福音6:33说:"你们要先求他的国，和他的义。这些东西都要加给你们了"。

⑥ 奇迹的特性

凡法柜停留的地方总是发生奇迹，因为神同在。当法柜在前时，约旦河奇迹般分开，耶利哥城奇迹般塌陷，还有约柜所到的地方敌人退去，法柜停留的地方就有神的祝福。就这样，神迹总是追随法柜。

⑦ 圣洁的特性

撒母耳下6:1-11和历代志上13:1~14说，乌撒因为约柜被击杀。大卫登基作王，作的第一件事就是找回约柜。大卫作了要拉约柜的新车，召集3万人搬运约柜。大卫组织用琴，瑟，锣，鼓，号作乐赞美神的乐队。将约柜放在新车上，20年看守约柜的亚比拿达的儿子乌撒和亚希赶牛车。当约柜走到基顿的禾场时，因牛惊跳，乌撒怕约柜从车上掉下来，就条件反射地伸手扶住约柜。因此，神向他发怒击杀乌撒。虽然大卫的"找回约柜运动"成功，但是"搬运约柜的作战"却失败。在这里乌撒想要做好，为什么受咒诅了呢？因为他不知道约柜的圣洁特性，也不知道搬运约柜的法规。因为约柜过于圣洁，所以不能随便搬运。

民数记4:4~6说:"哥辖子孙在会幕搬运至圣之物，所办的事乃是这样，起营的时候，亚伦和他儿子要进去摘下遮掩柜的幔子，用以蒙盖法柜，又用海狗皮盖在上头，再蒙上纯蓝色的毯子，把杠穿上"。

A. 因为约柜过于圣洁，所以搬运时必须祭司要用肩扛。

B. 如上所述，因为约柜过于圣洁，所以搬运时必须要盖三层。

C. 因为约柜过于圣洁，人不可随便用手摸。

民数记4:15说:"哥辖的子孙就要来抬,只是不可摸圣物,免得他们死亡"。乌撒没有资格用手摸,但是随便伸手扶住约柜,这是对神话语的不顺从,不知道搬运约柜的法规。因为乌撒不知道约柜的圣洁性,只是无条件忠诚而被击杀。因此,何西阿先知在何西阿4:6说:"我的民因无知识而灭亡"。

⑧ 血的特性

希伯来书9:7说:"至于第二层帐幕,惟有大祭司一年一次独自进去,没有不带着血,为自己和百姓的过错献上"。因此,大祭司一年一次带着血进至圣所。又在希伯来书9:22说,若不流血就没有赦罪。创世记3:21说,亚当和夏娃犯罪后,神与他们相见时,给他们穿上皮衣,就是占有牲畜血的衣服。创世记4:4说,亚伯也是在献血祭时,遇见了神。利未记16:1~10说,在圣幕借着牺牲羊,神见人。现在是因着耶稣基督的血之功效遇见神。

利未记16:14~17说:"也要取些公牛的血,用指头弹在施恩座的东面,又在施恩座的前面弹血七次。随后他要宰那为百姓作赎罪祭的公山羊,把羊的血带入幔子内,弹在施恩座的上面和前面,好像弹公牛的血一样。 他因以色列人诸般的污秽,过犯,就是他们一切的罪愆,当这样在圣所行赎罪之礼,并因会幕在他们污秽之中,也要照样而行。他进圣所赎罪的时候,会幕里不可有人,直等到他为自己和本家并以色列全会众赎了罪出来"。

就这样,至圣所的约柜上面施恩座和周围都沾血。

乌撒是好意扶约柜,但被击杀,这是因为没有血。如今,我们所献上的祷告、奉献、赞美 …都要以耶稣血为本,神才悦纳。

⑨ 距离的特性

关于降临在以色列阵营的神震怒,民数记11:1~3说:"众百姓发怨言,他们的恶语达到耶和华的耳中。耶和华听见了就怒气发作,使火在他们中间焚烧,直烧到营的边界。百姓向摩西哀求,摩西祈求耶和华,火就熄了。 那地方便叫作他备拉,因为耶和华的火烧在他们中间"。

神的震怒是离约柜的远处开始。这一点教训我们,越远离祭坛越先受神的震怒;越靠近祭坛越先受祝福。

⑩ 祝福的特性

约柜里面有亚伦的发芽杖、吗哪金罐、十诫石版。这象征神借着祭坛赐福。作为肉身的祝福赐给吗哪，作为属灵的祝福赐给话语，作为复活的新生命赐给发芽的杖。十诫命应许引向蒙福的道路。

(2) 约柜里面的圣物所给的教训

① 雕刻十诫命的石版

神在西乃山把亲自用手指头写的十诫石版交给摩西。十诫大致分为两部分。

第一部分是，从第一诫到第四诫写着人与神之间的关系，要求人只要爱神；第二部分是，从第五诫到第十诫写着人与人之间的关系，要求人要爱人如己。

因此，耶稣在马太福音22:36~40说:"夫子，律法上的诫命，那一条是最大的呢。 耶稣对他说，你要尽心，尽性，尽意，爱主你的神。 这是诫命中的第一，且是最大的。其次也相仿，就是要爱人如己。 这两条诫命，是律法和先知一切道理的总纲"。

这诫命是神与人的关系和人与人的关系，是纵向与横向关系，两者交叉在一起就是十字架形状。

因此，这是在十字架上成全十诫的真理。在马太福音5:17说:"莫想我来要废掉律法和先知。我来不是要废掉，乃是要成全"。因此，得救的圣徒并不是为要得救而遵守十诫，而是因为得救而遵守十诫精神。

十诫的具体内容：

▶ 第一诫：在你面前除了我以外，你不可有别的神

出埃及记20:3说:"除了我以外，你不可有别的神"。因此，惟有神是我们的信仰对象。这里的"除我以外"是"在你面前"的意思，"别的神"是指"虚妄的神"。第一诫命所讲的意思是，在我们的生活当中不把神放在第一位的所有一切，就是"别的神"。

新旧约66卷圣经都说只有一位真神。异端却主张有良善之神和邪恶之神的二元论。

提摩太前2:5说:"因为只有一位神，在神和人中间，只有一位中保，乃是降世为人的基督耶稣"；哥林多前书8:4~6说:"论到吃祭偶像之物，我们知道偶像在世上算不得什么。也知道神只有一位，再没有别的神。虽有称为神的，或在天，或在地。就如那许多的神，许多的主。然而我们只有一位神，就是父，万物都本于他，我们也归于他。并有一位主，就是耶稣基督，万物都是藉着他有的，我们也是藉着他有的"。

那么邪恶之神撒但的本体是什么？正统保守神学解释，撒但不是神，而是堕落的天使长。

天使们在神国里面各有各自的职责和地位。

犹大书1:6说:"又有不守本位，离开自己住处的天使，主用锁链把他们永远拘留在黑暗里，等候大日的审判"；在以赛亚书14:12~15更详细地说:"明亮之星，早晨之子啊，你何竟从天坠落。你这攻败列国的，何竟被砍倒在地上。你心里曾说，然而你必坠落阴间，到坑中极深之处"。

由此可知，我们虽然不知道天使长什么时候叛逆了神，但是知道他确实想:"我要升到天上。我要高举我的宝座在神众星以上。我要坐在聚会的山上，在北方的极处，我要升到高云之上。我要与至上者同等"，便脱离自己的本位和职责，向神挑战。结果叛逆神的天使长永远从天国被赶出去。

又在以西结28:12~17说:"人子啊，你为推罗王作起哀歌，说主耶和华如此说，你无所不备，智慧充足，全然美丽。你曾在伊甸神的园中，佩戴各样宝石，就是红宝石、红璧玺、金钢石、水苍玉、红玛瑙、碧玉、蓝宝石、绿宝石、红玉、和黄金。又有精美的鼓笛在你那里，都是在你受造之日预备齐全的。你是那受膏遮掩约柜的基路伯。我将你安置在神的圣山上。你在发光如火的宝石中间往来。你从受造之日所行的都完全，后来在你中间又察出不义。因你贸易很多，就被强暴的事充满，以致犯罪，所以我因你亵渎圣

地，就从神的山驱逐你。遮掩约柜的基路伯啊，我已将你从发光如火的宝石中除灭。你因美丽心中高傲，又因荣光败坏智慧，我已将你摔倒在地，使你倒在君王面前，好叫他们目睹眼见"。

天使长担当监督指挥众多无数的天军天使的特别职责，所以神使他"智慧充足，全然美丽"，而且赐给他与职位相配的权柄。刚开始他忠实履行职责，被神称赞道："你所行的都完全"。但是有一天，他的心骄傲而叛逆神。因此，神把他扔进阴间。

神只有一位。撒但虽然把自己装扮成神，但是实际上撒但只不过是脱离本位的堕落天使长。哥林多后书11:14～15说："这也不足为怪。因为连撒但也装作光明的天使。所以他的差役，若装作仁义的差役，也不算希奇。他们的结局，必然照着他们的行为"。我们圣徒要正确地认识信心的对象，并要坚固正确的信仰。

▶ 第二诫命："不可为你造偶像"

出埃及记20:4说："不可为自己雕刻偶像"。这里的"雕刻"是在树木或在石头上刻画的意思。因为人们看不见神，所以想要造偶像敬拜。但是神严禁造偶像、拜偶像、供偶像。

约翰福音4:24说神是个灵，所以不能显现成肉眼能看见的某种形象。申命记4:15说："所以，你们要分外谨慎。因为耶和华在何烈山，从火中对你们说话的那日，你们没有看见什么形像"。

提摩太前6:16说："就是那独一不死，住在人不能靠近的光里，是人未曾看见，也是不能看见的，要将他显明出来。但愿尊贵和永远的权能，都归给他。阿们"。

以色列百姓看见降在埃及的十大灾殃，看见红海分开，看见磐石出水，看见如降雨般从天降下的粮食。他们是亲眼目睹体验奇迹的民族。

纵然如此，但是在出埃及记32章说，摩西为接收十诫上西乃山祷告期间，在山下面的以色列百姓作金牛犊偶像献祭，并在偶像面前唱歌跳舞。

这完全证明人是多么喜欢造偶像拜偶像。

随着韩国的国民收入增长，偶像文化也随之抬头。在很早以前，在电视上发表韩国有80万巫术人。还有，某一政党赞助他们组织敬神会。与基督教圣职者5万人相比，他们的人数是相当大。我们基督教徒不仅要努力拯救，沉浸在偶像文化之中走向地狱的弟兄姊妹，而且也要为打倒祸国殃民的偶像文化而努力祷告。

▶ 第三诫命："不可妄称耶和华你神的名"

人们觉得若有人随便叫其父的尊姓大名，心里不爽。何况随便妄称神的名呢？在这里"不可妄称"的意思是"不可用在虚妄的事上"。若妄称神名就不是为神，而是为自己的利益利用神的名。

利未记24:10-23说，以色列妇人示罗密与埃及丈夫所生的儿子，亵渎毁谤耶和华神的圣名。关于这事他们不知道怎么办好，就先把这年轻人关起来，再等候神的命令。他们照着神的话，把那咒诅圣名的人带到营外，叫听见的人都放手在他头上，全会众就要用石头打死他。就这样用石头打死那年轻人。

在马太福音6:9主给门徒教导祷告:"我们在天上的父，愿人都尊你的名为圣"。

主教导，首先祷告愿人尊神的名为圣。耶稣又在路加福音12:5说:"我要指示你们当怕的是谁。当怕那杀了以后，又有权柄丢在地狱里的，我实在告诉你们，正要怕他"。诗篇作者在96:8说:"要将耶和华的名所当得的荣耀归给他，拿供物来进入他的院宇"。每当我们呼求尊贵的耶和华父神圣名时，心想神的作为，并将他的圣名所配得的尊贵与荣耀归于他。

▶ 第四诫命："当记念安息日，守为圣日"。

创世记2:2-3说:"到第七日，神造物的工已经完毕，就在第七日歇了他一切的工，安息了。神赐福给第七日，定为圣日，因为在这日神歇了他一切创造的工，就安息了"。

安息日制度是，为纪念神六天创造天地万物第七天安息，制定我们人也休息的制度。神使这日为圣日为福日。

因遵守这诫命

A. 叫人完全确实知道神是万有之主

B. 叫人永远赞美神的再创造事工-拯救人类的恩典

C. 叫人尝尝在天国要享受的安息，从而叫人盼望完全的安息。

到摩西时代为止还没有明文规定安息日。神通过摩西给的十诫中在第四诫，将安息日法律化。在安息日什么事都不可做。在这日不仅是人，而且牲畜也要休息。民数记15:32~36说，有人在安息日捡柴被人发现。这事头一次发生，不知道怎么办好，他们就首先把他关起来。神命令，叫全会众把他带到营外，用石头打死他。透过这事，我们学到圣守安息日是何等重要。

就这样，要求圣守安息日。旧约的安息日预表新约的耶稣基督。因此，在旧约守安息日，就是守礼拜六；在新约将主复活的那一日，定为安息日来圣守。

使徒行传20:7说："七日的第一日，我们聚会掰饼"。他们代替安息日，为要在主日做礼拜而聚会。七日的第一日就是主日。耶稣复活的那一日就是安息后的第一日，他们开始聚会向神献上礼拜。

安息教教导，守安息日才能得救。这是完全错误的异端主张。主张守律法才能得救的，就是异端。旧约的安息日制度预表要来这世的耶稣基督，预表耶稣来给人真平安和真安息。

因此，使徒保罗在歌罗西2:16~17说："所以不拘在饮食上，或节期，月朔，安息日，都不可让人论断你们。这些原是后事的影儿。那形体却是基督"。

要记住我们之所以一定要圣守主日，这并不是因为律法，而是因为恩典。

主日来教会，在神面前献礼拜，要与圣徒交通，要更新自己的灵魂与肉体，将主日作为得福之日来圣守。

神借着以赛亚先知在以赛亚书58:13~14说："你若在安息日掉转(或作谨慎)你的脚步，在我圣日不以操作为喜乐，称安息日为可喜乐的，称耶和华的圣日为可尊重的。而且尊敬这日，不办自己的私事，不随自己的私意，不说自己的私话。你就以耶和华为乐。耶和华要使你乘驾地的高处。又以你祖雅各的产业养育你。这是耶和华亲口说的"。

我们从这段经文中可以知道

第一：通过神说的"在我圣日"，就可知道主日是神的圣日。

第二：这日是"可喜乐的日"，是主复活的日，是我得救的日，因此是庆典之日。

第三：圣日是"可尊重的日"，要尊重这日。

第四：在这日"不办自己的私事"，就是不要随心所欲，不要随从自己的宴乐。

第五：若好好圣守主日，就能得喜乐，凡事亨通，能得到信心之父亚伯拉罕得到的福。

愿各位借着圣守主日，得到神所应许的大福。

▶ 第五诫命：“当孝敬父母”

“当孝敬父母”不仅是指生身父母，而且也包含担当属灵的监护和养育的神仆人。使徒保罗在哥林多前书4:15说：“你们学基督的，师傅虽有一万，为父的却是不多，因我在基督耶稣里用福音生了你们”。

这条诫命是神给人与人之间要遵守的第一条诫命。因此，这一条教训我们在人伦之中最重要的是孝敬父母。这里的“孝敬”是“卡巴得”(kabhad)的意思。它与敬畏神所使用的词是同一个单词。因此，孝敬父母不但是指对父母的孝敬，而且就像敬畏神一样要恭敬父母。

神在3500年前，借着摩西给人要孝敬父母的诫命；然后，又过1500年后，借着使徒保罗再次强调。以弗所6:2～3说：“要孝敬父母，使你们得福，在世长寿。这是第一条带应许的诫命”。

使徒保罗说，孝敬是“在世亨通的路”。在世真想要得福凡事亨通，就得要孝敬父母。若不知道生我、爱我、养我。供我上学，教我做人的父母之恩，怎么知道父神的爱与恩典呢？因此，神绝对不赐福给不孝之子。

同自己的儿女不能在一家生活的美国和欧洲老人，特别羡慕韩国老人。但最近，韩国也步入核心家庭时代，敬老孝亲的传统美德正在消失。因此，有的人移居国外时撇弃老人；有的人即使在国内，也撇弃老人。子女虽然撇弃父母，但父母却爱子女，他们怕给子女带来社会问题，隐瞒子女的姓名和地址。由此可知，有撇弃父母的子女，但没有不爱子女的父母，父母爱子女，是爱到底。

给大家讲一个以前的故事。过去韩国有叫做高丽葬制度。儿子用扁担把他妈妈挑到深山里面撇弃妈妈。他刚要转身走，妈妈对儿子说：“儿啊，我怕你在山上迷路，我在一路上撅折树枝做好了标记，免得你回家时迷路”，说完他妈妈就哭了。就这样，子女虽然撇弃父母，但父母至死爱子女。“当孝敬父母”的意思，不仅要孝敬生我养我的父母，而且包含恭敬老人和长辈。

利未记19:32说：“在白发的人面前，你要站起来，也要尊敬老人，又要敬畏你的神。我是耶和华”；提摩太前书5:1说：“不可严责老年人，只要劝他们如同父亲。劝少年人如同弟兄”。我们圣徒不仅要孝敬我的父母，也要尊重我们周围的老年人。

▶ 第六诫命：“不可杀人”

创世记4:8该隐因嫉妒亚伯，就在田间打死亚伯，成为人类历史上第一个杀人的。此后，人杀人的事直到现在仍发生。因一件小事彼此争执失去理智，就很容易发生杀人事件。有的甚至因为不借给他烟火，就杀人；有的因为在背后说，打长时间公用电话，因这一句话，就杀人；有的因为斜眼瞅他，就惹是生非杀人。

约翰壹书3:15说:“凡恨他弟兄的，就是杀人的”，因为恨的念头长大就杀人。因为信耶稣的人也是人，有时也起恨人的念头。但是每当起恨人的念头，我们要在神面前祷告，将恨人的心转变为爱人的心。

主求告，赦免把他钉在十字架上的众人的罪；司提反执事求告，赦免用石头打他的恶人们的罪。

孙阳远牧师把杀死他两个儿子的仇敌认作养子，如此爱这个仇敌。我们虽然不能爱仇敌，但要祷告，求主赐给我们爱弟兄和周围人的爱心。

▶ 第七诫命：“不可奸淫”

“奸淫”是指除了合法夫妻以外的所有非法性接触行为。奸淫可能带来瞬间的快乐，但破坏造一男一女的神创造秩序。这是破坏家庭的神圣和幸福，给子女带来不幸，给社会造成混乱，一辈子自讨苦吃的可怕的罪。

大卫王与拔示巴奸淫后，为隐瞒罪叫乌利亚去战场受死。但这两人无法消除在各自心里呼叫的良心的严厉审判。大卫和拔示巴的心里痛苦是无法形容。

大卫将那时的痛苦写在诗篇32:3～4:“我闭口不认罪的时候，因终日唉哼，而骨头枯乾。黑夜白日，你的手在我身上沉重。我的精液耗尽，如同夏天的乾旱”。

我们再看一下相反的光景，从波提乏的美女妻子诱惑中得胜的约瑟。

创世记39:8～9说:“约瑟不从，对他主人的妻说，看哪，一切家务，我主人都不知道。他把所有的都交在我手里。在这家里没有比我大的。并且他没有留下一样不交给我，只留下了你，因为你是他的妻子。我怎能作这大恶，得罪神呢”。约瑟有意地躲避波提乏的妻子。

约瑟对波提乏的妻子说：

第一：她是波提乏的妻子，不是他的妻子，不能对她动手。

第二："我怎能作这大恶"，从这句话可知，他认为奸淫是犯大罪。

第三：他认为奸淫并不只是两个人的隐秘之罪，又是"得罪神"。

我们要学约瑟的信仰。

创世记39:10说："后来她天天和约瑟说，约瑟却不听从她，不与她同寝，也不和她在一处"。约瑟有意躲避波提乏的妻子。

哥林多前书5:5说，如果为肉身的快乐继续淫乱，神就叫他的肉体死，灵在主耶稣的日子能得救。奸淫的人必受神的可怕审判。

哥林多前书6:18说："你们要逃避淫行。人所犯的，无论什么罪，都在身子以外。惟有行淫的，是得罪自己的身子"。

路加福音17:28说："又好像罗得的日子"。罗得居住的所多玛和蛾摩拉，因为同性恋等性紊乱而受火与硫磺的审判。

▶ 第八诫命："不可偷盗"

不可偷盗的诫命是禁止侵犯他人权利的条规。这包括对他人的一切财产权和人格权利的侵犯行为。尤其偷盗是以不正当行为方法来将他人的财产归于自己。用不正当方式得财，就是偷盗。偷盗的，就要象路加福音19章的撒该一样悔改。路加福音19:8说："撒该站着，对主说，主阿，我把所有的一半给穷人。我若讹诈了谁，就还他四倍"。

有很多人因着神的赐福拥有很多钱财，因此并不是拥有很多钱财就都是偷来的。这一辈子卖卷饭挣了50亿(韩币)的李福顺奶奶把全部财产全捐给忠南大学校；国家足球队选手将其父的遗产1亿，捐给心脏病的小孩子手术费；赵喆洙经理拿出自己私材300亿(韩币)盖建1,017户，给没有房子的人免费提供住处；还有，有一位创建大企业集团的博士，把这辈子积攒的全部财产数千亿捐给公益财团。因为有这些人，韩国社会能感觉到温暖人情。感觉自己拥有过分多的财产，或者用自己的能力管不了所拥有的，就要交托别人，以便善用。

聚集财产虽难，善用财产更难。另外，我们要思想一下，偷窃人的都是大罪，何况偷窃神的，这罪岂不是更大。神把"十一奉献"说是属"我"的。

玛拉基3:8~9说:"人岂可夺取神之物呢。你们竟夺取我的供物，你们却说，我们在何事上夺取你的供物呢。就是你们在当纳的十分之一，和当献的供物上。因你们通国的人，都夺取我的供物，咒诅就临到你们身上"。

圣徒不仅要奉献十分之一，而且奉献完全的十分之一。因为这在神面前不犯偷盗的罪。

▶ 第九诫命："不可作假见证陷害人"

说谎的历史是从伊甸园蛇骗夏娃开始，是人类历史上最长的罪恶。说谎的势力很强，致使信心之祖先也被屈服。

亚伯拉罕把自己的妻子说谎为妹子，以撒也把他的妻子利百加说谎为妹子，雅各把自己说谎为长子以扫，欺骗其父以撒。约瑟的哥哥们把弟弟约瑟卖给埃及人后，把野兽的血沾在约瑟的彩衣上，就说谎约瑟被野兽咬死，以此欺骗其父雅各。彼得明明是耶稣的门徒，但是一口咬定不认识耶稣。

没有再像说谎一样容易，多种多样，历史悠久的话。执政者作为执政者说大谎言，平民作为平民说小谎言。我们要常常记住"不可作假见证陷害人"的话，要活出诚实。我们就象诗篇141:3"耶和华阿，求你禁止我的口，把守我的嘴"的旧约圣徒一样，常要祷告。

▶ 第十诫命："不可贪恋他人一切所有的"。

最后一条诫命是"不可贪恋他人一切所有的"。古代法典一般规定简单的外在行为，十诫却用法规定人的内在的，这一点很稀奇。这证明神监察人的内心。

雅各书1:15说:"私欲既怀了胎，就生出罪来。罪既长成，就生出死来"。神为使亚当和夏娃过最幸福的生活，赐给他们伊甸园，给他们权柄，使他们作为万物之灵长与神交通，叫他们掌管万物。还要什么呢？但撒但来诱惑说，如果摘吃分辨善恶的果子，眼睛明亮分辨善恶，与神同等，因此他们就受骗违背神的命令，犯罪堕落。

贪欲是罪的根源。亚当和夏娃应该知足、喜乐、感恩，但是被撒但诱惑，没有控制贪欲而犯罪。

神大大赐福给大卫。神赐给他王权，使他作一国之君，又赐给他财富，又赐给他很多的嫔妃和儿女，对他哪有缺少的？但是他控制不住贪欲，犯强夺乌利亚的妻子拔示巴的罪。拿单先知来找大卫，以比喻来责备他。

撒母耳下12章说，一座城里有两个人，一个是富户，一个是穷人。有一客人来到这富户家里，富户舍不得从自己的牛群羊群中取一只，却强取了那穷人家只有一只的羊羔，预备给客人吃。借此来指责大卫犯同样的罪。因大卫的过分贪欲，犯可怕的罪，因而大卫要付很大的代价。

亚哈王也一样。当了一国之君还缺少什么？但他在列王纪上21章，亚哈王控制不住贪欲，为强占靠近王宫的拿伯的葡萄园，调动假证人打死拿伯。

就这样，所有犯罪的根源是贪欲。因此，神命令不可贪恋他人一切所有的。人的贪欲是无止境的。

传道书1:8说:"万事令人厌烦。(或作万物满有困乏)人不能说尽。眼看，看不饱，耳听，听不足"。要记住眼看，看不饱；耳听，听不足的话，这表示人不知道满足。因此，为要超脱贪欲，就要对现实知足。

腓立比4:11～12说:"我并不是因缺乏说这话，我无论在什么景况，都可以知足，这是我已经学会了。我知道怎样处卑贱，也知道怎样处丰富，或饱足，或饥饿，或有馀，或缺乏，随事随在，我都得了秘诀"。

提摩太前书6:6～9说:"然而敬虔加上知足的心便是大利了。因为我们没有带什么到世上来，也不能带什么去。但那些想发财的人，就陷在迷惑，落在网罗，和许多无知有害的私欲里，叫人沉在败坏和灭亡中"。

使徒保罗教训道，他学会不管处在什么境况都可以知足，并警告贪欲的危险性。这里"只要有衣有食，就当知足"是指具备生活的基本必须条件。生活虽然不富裕，但日常生活没有困难，这就要知足并感恩。

② 装吗哪的金罐

至圣所的约柜里面，都有刻着十诫命的两块石版，装一俄梅珥(约2.3kg)　吗哪的金罐。出埃及记16章说，以色列百姓出埃及两个月半后，到了汛旷野时，从埃及带来的粮食都吃完了，开始挨饿，所以以色列人开始埋怨摩西和亚伦。

出埃及记16:3说:"巴不得我们早死在埃及地，耶和华的手下，那时我们坐在肉锅旁边，吃得饱足。你们将我们领出来，到这旷野，是要叫这全会众都饿死啊"。听这埋怨的神，每天都降吗哪给以色列百姓吃，只是在安息日不降。在旷野40年，以色列百姓吃这吗哪生活，最终进入迦南美地。出埃及记16:32～35说，世世代代要存留神所降给的奇迹的吗哪祝福。

吗哪所赐的教训

▶ 吗哪象征耶稣基督

耶稣在马太福音4:4说:"人活着，不是单靠食物，乃是靠神口里所出的一切话"。照着这句话，肉体要吃食物而得生；灵要靠神的话语而得活。以色列选民40年吃吗哪，最终进入迦南地。这吗哪象征神的话语。

约翰福音1:14说，道成肉身的那位就是耶稣，所以，主在约翰福音6:35说:"我就是生命的粮。到我这里来的，必定不饿。信我的，永远不渴"；约翰福音6:47~48说:"我实实在在的告诉你们，信的人有永生。我就是生命的粮"。

世人都不愿意死，愿意永远活。借着吗哪显明惟有耶稣基督能提供这永生。

▶ 吗哪是从天降下

以色列百姓没有吃的快要饿死时，神从天降下吗哪，叫他们得吃而得活。作为生命之吗哪的耶稣是从天降下。

约翰福音6:51说:"我是从天上降下来生命的粮。人若吃这粮，就必永远活着。我所要赐的粮，就是我的肉，为世人之生命所赐的"。

约翰福音8:23说:"耶稣对他们说，你们是从下头来的，我是从上头来的。你们是属这世界的，我不是属这世界的"。

▶ 降如雨如露水

出埃及记16:4说:"我要将粮食从天降给你们。百姓可以出去，每天收每天的分"，民数记11:9说:"夜间露水降在营中，吗哪也随着降下"。中东地区的降水量少，1年都不下雨，所以到处都是灰，眼见的都是干旱的旷野。若是这地方下雨，那就是下生命水。如果没有每天降下的露水，所有的草木就枯死。神的话语即耶稣基督，就是生活在如旷野般的世界之中的圣徒的生命之水。

▶ 每天都要收吗哪

吗哪一次不能收几天吃的分，所以每天清早不去收就没有吃的。天天收觉得麻烦，若多收一天以上的分存放，第二天就腐烂。出埃及记16:19~20说:"摩西对他们说，所收的，不许什么人留到早晨。然而他们不听摩西的话，内中有留到早晨的，就生虫变臭了，摩西便向他们发怒"。

但是出埃及记16:23~24说，礼拜五为安息日多收两天的分也不腐烂，神的恩典多么奇妙？在安息日早晨不降下吗哪。因为这天要在神面前安息做礼拜。除安息日以外，每天都要收吗哪，这一点给我们的教训是什么？这是神叫以色列百姓每天都要记念神，感谢神的恩典，只要依靠神。给我们的教训是，信仰生活乃要天天忠实。

▶ 进入迦南地后就停止降吗哪

约书亚5:10~12说："以色列人在吉甲安营。正月十四日晚上，在耶利哥的平原守逾越节。逾越节的次日，他们就吃了那地的出产。正当那日吃无酵饼和烘的谷。他们吃了那地的出产，第二日吗哪就止住了，以色列人也不再有吗哪了。那一年，他们却吃迦南地的出产"。以色列百姓进入迦南地，吃那地土产的第二天，吗哪就停止了。当我们进入天国的那一天，不再过收属灵吗哪的生活。

我们每天献晨祷，奉献十分之一，奉献感恩，读圣经并服事，确实是很繁琐很累人。这种生活并不只是一个月或者一年，而是一直到死为止，必须要维持这种信仰生活。如果想象一下，有个信徒每天不祷告，不参加聚会，不读圣经，不奉献，也不传道，不服事，那么，从那天开始，他的灵魂枯萎，最终会死掉。

③ 亚伦的发芽杖

约柜里面有两块十诫石版，装吗哪的金罐子，还有民数记16~17章记载的亚伦的发芽杖。以色列百姓的统治者是摩西，大祭司是亚伦，他们两个兄弟独占政治和宗教两大权力。对这个权威任何人都不能抗拒，也不能挑战。因此引起利未子孙可拉和流便子孙大坍、亚比兰、安等人的怨言。

利未子孙可拉认为"我与你们都是利未子孙，为什么只有亚伦是永远的大祭司"，流便的子孙大坍、亚比兰、安等人埋怨说："我们是长子流便的子孙，为什么只有摩西作永远的领导者"。就这样，他们对摩西和亚伦反抗。

民数记16:3说："你们擅自专权。全会众个个既是圣洁，耶和华也在他们中间，你们为什么自高，超过耶和华的会众呢"。他们煽动250个有名望的首领，一同起来叛逆。

民数记16:13他们毁谤摩西说："你将我们从流奶与蜜之地领上来，要在旷野杀我们，这岂为小事，你还要自立为王辖管我们麽"。叛逆的250个首领甚至各自带着香炉到会幕烧香。

当摩西和亚伦遭遇这种冤屈时，只是屈膝在神面前祷告而已，因为并不是他们自己当了领导者、大祭司。当神任命摩西为领导者时，摩西多次拒绝，但是因为神的主权，无奈顺从，亚伦也是因神的命令而成为大祭司。

因此可拉一党的叛逆，不是针对摩西和亚伦的，而是针对拣选并任命他们的神。因此神就大怒，重罚他们。民数记16:31~33说:"摩西刚说完了这一切话，他们脚下的地就开了口，把他们和他们的家眷，并一切属可拉的人丁，财物，都吞下去。这样，他们和一切属他们的，都活活地坠落阴间。地口在他们上头照旧合闭，他们就从会中灭亡"。

另外，在会幕自己也想当祭司献香的250个首领，也都受神的火审判而被烧死。民数记16:35说:"又有火从耶和华那里出来，烧灭了那献香的二百五十个人"。但是第二天，对这件事埋怨的以色列百姓集体背叛。民数记16:41说:"第二天，以色列全会众都向摩西，亚伦发怨言说，你们杀了耶和华的百姓了"。真是荒唐。他们既然亲眼看见地开口活活埋葬，火活活烧死的光景，就应该知道神的活在，要谦卑悔改，要知道惧怕神，但是"全会众"背叛。这实在是不可思议。因此神震怒，使瘟疫发作在百姓中，遭瘟疫死1万4千7百人，如此降重罚。

神为证明摩西和亚伦是神所任命，叫各支派各取一个杖，利未支派的要标明亚伦的名字。摩西把十二个杖放在法柜的会幕里面。第二天，摩西进帐幕里面一看，出现了奇迹。

民数记17:8说:"第二天，摩西进法柜的帐幕去。谁知利未族亚伦的杖已经发了芽，生了花苞，开了花，结了熟杏"。

死的杖不仅活了，而且开花结了熟杏。出现神创造的奇迹。这表示亚伦与有能力的神同在的确证。以此证明神拣选利未支派，特别是亚伦作为大祭司拣选。

因此民数记17:10说:"耶和华吩咐摩西说，把亚伦的杖还放在法柜前，给这些背叛之子留作记号。这样，你就使他们向我发的怨言止息，免得他们死亡"。

亚伦的发芽杖预表永生神的儿子耶稣基督。就像亚伦的杖发芽开花结果子一样，耶稣就是战胜人的最后仇敌-死亡，从坟墓复活的神儿子。

因此表明相信耶稣的人，即使死了，也必复活；即使失败，也必成功。基督教是生命的宗教。愿大家相信，神不是死人的神，而是活人的神。

第3部

走向永生之路

人们常把人类的历史比喻为车轮。这是因为历史就像转动的车轮一样，连续转动。那么这历史车轮的中心轴是什么？那就是耶稣基督的事件。因为借着耶稣基督解决了死的问题，并且给人类打开走向永生之路。

只要懂一点历史的人都说，全世界历史上没有比耶稣更伟大的人。历史用英语叫History，来自希腊语Historia，是探求、调查的意思。用德语叫Geschichite(格实希特)，是"发生事件"的意思。人类历史就是英语所指的History，即他的故事；德语所指的Geschichite，就是人类最大的事件-耶稣基督事件。

请思想一下，因为耶稣基督伟大，所以今天的历史是以耶稣基督诞生为元年，分公元前(BC)和公元后(AD)。以历史传统为荣的罗马人，为什么把罗马纪元(从罗马建城起)，不用A.U.C (ab urbe condita)来表示呢？综合国力为世界最强的美国人，怎么不以美国独立的1776年为开国元年来计算日历，而是用公历呢？[Before Christ(公元前) 和Anno Domini(公元后)] 这是因为耶稣基督就是历史的中心。

耶稣掌管世界的能力比当初亚历山大兴起的希腊主义更伟大；凯撒也未曾完全征服过的罗马，耶稣却完全征服了；拿破仑和希特勒也掌控不了的人心，耶稣却完全掌控了。历史已经证明，不管地球村的什么角落，只要他的话语到的地方，黑暗就被征服，然后，彰显光、盼望和祝福。正确认识他话语的地方，独裁势力不能占据上风。读他的话语，亨德尔就能作宗教剧；拉菲尔就能画画；华盛顿就能谋出政略；歌德就能写诗；阿诺德·汤因比就能写出历史；帕斯卡就能写出《沉思录》；但丁就能写出《神曲》。耶稣基督才是给人类赐真幸福的伟大人物。

伦敦大学西里尔裘德博士所相信的耶稣是单纯的人。他认为神是宇宙的一部分而已。他相信，如果给人时间，就能建立世外桃园。他原来否认基督教所说的罪，但是终于发现自己是罪人，承认惟有耶稣的十字架，才是解决罪的道路。后来，他成为热爱主的门徒。

美国陆军将军兼文人卢·华莱士，为要永远除掉基督教的神话，打算写一本耶稣的故事都是虚假的书。但是写书过程中，他屈膝跪拜呼叫了"你是我的主！我的神！"。后来，他写了一本叫做《宾虚(Ben Hur)》的名著。

英国著名的历史家威廉·莱基在他的著作中说："耶稣的三年传道生涯给人类带来的影响力，超过世界所有的道德家们所努力的和哲学家们所探求的加在一起的能力"。凡耶稣的话语停留的地方，黑暗退去换来光明；绝望的人得到盼望；倒下的人能站起来；受压迫的人能得自由和平安。

新旧约圣经66卷都记载耶稣基督，旧约圣经是关于要来的耶稣，新约圣经是关于已经来的耶稣。圣书是40多个作者，经过1600年记载的。稀奇之处是，虽然写圣书的众作者的生活年代、知识水准、地位身份都不同，其中有的是一国之君，有的是学者，有的是医生，有的是铁匠，有的是农民，有的是渔夫，但他们各自的预言都是以耶稣基督为焦点，并且其中450条预言已经应验。

1963年董彼得博士写的《科学讲座》是得到美国科学协会验证的书。据本书解释，从数学概率定律来看，关于耶稣的预言偶然命中的可能性几乎没有，就是连想都别想的机率。

别说是450条预言，只说命中①耶稣的出生、②童真女诞生、③加略犹大的背叛、④十字架的受死、⑤复活，这五条的数学概率只有$1/10^{17}$。$1/10^{17}$的概率是，把1块硬币在美国德克沙斯州全地摆高为66cm，然后有人从中随机挑一枚硬币时的命中机率。因此没有一个人敢说，关于耶稣已经命中的450条预言是偶发事件。耶稣确实是全人类救主。因为照着圣经，他已经诞生；又照着圣经，他将来必再来。

那么察看一下，圣经对耶稣的见证。圣经是神的话语，是正确无谬误的。使徒保罗在提摩太后书3:16说："圣经都是神所默示的"；使徒彼得在彼得后书1:21说："因为预言从来没有出于人意的，乃是人被圣灵感动说出神的话来"。因此，圣经都是被神的感动而写的，是完全的话语。非基督徒通常认为，圣经是记载叫人活出良善的道德教科书，或者是显示给人的奇迹或者神话的虚构故事。因此他们拒绝接受耶稣为救主，拒绝作神儿女得祝福。但是神是永生的神，他掌管世界历史。科学越发达越证明神话语的真实性。神的话语是完全无谬误，所以我们要照着话语相信并要顺从。这圣经里面都设有：1)掌管宇宙的神的计划；2)对人类历史的审判和掌管历史兴旺衰退的神的护理及其原理；3)人类生活的道路和人类最终问题-救恩的图表。

虽然我们的理性不能理解神的这样话语，但要因着信来接受，不要疑惑。因为确实是存在用我们的科学和理性不可理喻的神秘现象。

为什么因为吃的是白米饭，却长出黑头发；变成红血；变成坚硬的白骨头；用眼看不见的芳香是怎样产生；人的生命是怎样产生。在世界上，存在着很多用我们的理性不可理喻，用科学无法证明的神秘现象。

有"车绕城"的圣贤孔子故事。

孔子还未成圣贤以前，他走到一个路口，看见小孩子们玩儿堆沙城的游戏，挡住了他的去路，孔子就叫他们让路。有叫项橐的小孩子反问孔子："自古都是车绕城过，哪有城给车让路的道理？"。因为这事，孔子与小孩子说好各自出题，互为对应，胜者为师。项橐问道："那山上有几棵树？"。孔子回答："那么远的怎么知道？"。又问："离你最近的，你的睫毛有多少根？"然后，项橐就跳入旁边的水塘里面。这时，孔夫子便领会，拜项橐为师，以此学谦虚之德。

就这样，人对远处的，因为远而不知道；对近处的，因为近而不知道。总之，说不知道为更好。因为神的真理确实存在，只是人不知道而已。人们对科学无条件地相信，但实际上科学是不完全的，它也不是永远不变的。

所谓科学最发达的埃及人依靠理性知识和科学思维，主张地球是靠着五个大柱子维持。他们认为一个柱子在中央，其他四个柱子顶住四个角。还有，炫耀知识的希腊人们认为，这世界被驮在叫做"亚特拉斯"的怪物肩膀和背上。这就是炫耀智慧的希腊文明之人的确信。昨天还可信的科学，今天变为毫无用处而被撇弃。这就是人们绝对相信的科学。

圣经话语从1000年以前或者是4000年以前，始终不变。这话语在2000年以前不被人们相信，但如今却眼见一样能相信。约在4000年前，约伯因圣灵感动，在约伯记26:7说："神将北极铺在空中，将大地悬在虚空"。就是说，地球悬在空中。约伯虽然记载了这话，但是后来的人们却没有照着圣经的原话相信。

4000年前，已经说地球悬在空中的神启示，迄今为止没有人能推翻。科学的发达只能证明它的确实性。约在2750年前，以赛亚先知在以赛亚书40:22说:"神坐在地球大圈之上"，在这里说地球是圆的。以赛亚并不是科学家，因为神给他这样启示，所以他就照着原话相信并传讲。

后来科学家们仍然不信地球是圆的。400~500年前，伽利略证明了地球是圆的，从此以后，迄今为止所有的人都相信。但是2700年前，神借着以赛亚揭示了地球是圆的。

1960年代后期，在印第安纳州发行的《晚星》报上，登载了标题为"日头停止的故事"的新闻，撰稿人是玛丽 卡斯琳 布莱恩(Mary Kathryn Bryan)。

『发生一件电脑证明圣经真理的稀奇事情。 在美国马里兰州巴尔的摩市克提斯机械公司的总经理哈罗尔德 希尔(Harold Hill)讲述如下的事实。克提斯机械公司是在绿洲地带的航空航天局高达宇航中心咨询机关。

宇宙科学家们每天在电脑前查看追溯到10万年前的太阳、月亮、行星的轨道，正在查看途中，电脑突然死机，并显示红色警告。经检查机械没有问题。于是宇航家门细查原因。最终结论是少行一天轨道。都知道即使少行一天轨道，也没有什么大问题。问题是"一天"就是"24小时"不知去向。怎么算也是少一天，用科学家们的头脑实在是不可思议。

过几天，有一个年轻人，他曾去过教会。他站起来说："先生们，我小的时候在教会听说过，旧约约书亚年代日头停留一天"。刚开始大家都笑笑而已。但没有别的方法。有一个老练的科学家说："我们不能干坐着，查找圣经，然后在电脑上核实那个时代的轨道"。

他们找到约书亚10:13"日头在天当中停住，不急速下落，约有一日之久"。当时与亚摩利人的战争很激烈。如果天黑，对约书亚引导的以色列军兵不利。因此，他向神祷告道："日头阿，你要停在基遍。月亮阿，你要止在亚雅仑谷"。果真照着约书亚的命令，日头和月亮在原地停留约有一天时间。

宇宙科学家们没有别的妙策，为找出丢失的一天，把电脑追溯到那个年代，细查了约书亚年代的轨道。电脑的回答是23小时20分停止轨道。圣经说"约有一日之久"，23时20分是明确的数据，但是还差40分钟。这时，那个年轻人又说："我记得圣经哪个地方说，日头倒退了"。

于是宇宙科学家们在列王纪下20:8~10找到了关于希西家王的故事。经文说，日晷向前进的日影，往后退了十度。把这十度按时间计算，正好是20分钟。日头(日影)应该往前走十度，这里日头却往后倒走十度，就等于少了40分钟。就这样，借着圣经宇宙科学家们把丢失的24小时奥秘全都解开了。』

更神奇是，约书亚停留日头的故事，记载在同时代多个国家的历史书上。戴维 奈森(David Neson)说，中国古代史文献记载，在尧帝(尧舜禹)时代，日头长时间悬挂在空中。尧帝的时代与约书亚停留日头止住月亮的时代是同一个时代。哈利 利莫尔(Harry Rimmer)也说，在中国古代文献记载中看到在尧帝时代有一天奇迹般地很长。

英国伟大的天文学家爱德文 保尔(Sir Edwin Ball)和哈弗天文台皮克玲(Pickering)和格里尼治天文台教授们和耶鲁天文台教授托腾(Charles AL Totten)等人根据太阳运行年代的历史时间顺序，推算出约书亚战争的那一天是星期二。但是，按历史时间的逆反顺序，就是从今天往回计算约书亚战争的那一天是星期三。有这种出差是因为加长一天。

1981年10月13日，韩国中央日报转载1981年10月2日纽约时报。标题是"宇宙里面有不可思议的空间"，报道美国三大天文台(① 基特峰国立天文台 ，②亚利桑那州的霍普金斯山天文台，③ 加州的帕洛玛山天文台)观测结果。内容是北斗七星背面的北极上空存在直径约有3亿光年的无限"空洞"，那里是看不见星体的空洞。这个空洞位于北斗星与牧夫座的后面，离地球约有4亿光年，直径约有3亿光年，是一个宇宙巨洞。这种规模的宇宙空间一般由1千亿个星星构成，并能容2千多个银河系。亲自经历这不可思议宇宙空间的美国国立基特天文台保罗赛特博士认为"在宇宙里面竟然有这种'空洞'，目前针对这个事实仍然是不可思议"，并说明迄今为止的宇宙形成理论，有可能从根本开始受到挑战。4000年以前记载的圣经约伯记，对这件事很简单明了地已有记载。约伯26:7:"神将北极铺在空中，将大地悬在虚空"。

最近，才能用尖端科技来解释的事实，圣经却在4000年前已经正确记载，这一点支持圣经都是被神的灵感动而写的主张。联合神学校的著名犹太人考古学者梅尔新格鲁克教授在达拉斯市以马内利教堂讲演时说："迄今为止的考古学发现，历史的事实与圣书的记载从未出现过彼此矛盾的现象"。

在圣经哥林多前书15:39说："凡肉体各有不同。人是一样，兽又是一样，鸟又是一样，鱼又是一样"，这是借着使徒保罗记载人死后复活的事实。

换句话说，就是"所有的原生质各自不同，人有人的原生质，动物有动物的原生质，鸟有鸟的原生质，鱼有鱼的原生质"。这就是2000年前，借着保罗记载的神话语。但是不久之前还不信这话，仍主张万物都是同样的原生质。

但是现代科学家们竟然发现，就如2000年以前保罗被圣灵感动而写的神话语一样，人的细胞质和细胞核同动物或者鱼类、鸟类截然不同。这是多么奇妙的事儿！

约在3000年前，大卫王被圣灵感动所写的神话语，诗篇102:25～27说："你起初立了地的根基。天也是你手所造的。天地都要灭没，你却要长存。天地都要如外衣渐渐旧了。你要将天地如里衣更换，天地就改变了。惟有你永不改变。你的年数，没有穷尽"，谁信了这话呢？但是现代进化论最高权威者詹姆斯金在《进化论大显》中定下的结论为如下：

"宇宙就像大钟表不断走，每时每刻都消耗能量，所以维持宇宙的复杂的分子组织逐渐松散，简单的构成体逐渐破坏，原动力却无法恢复，其组织也不能再生。这个宇宙就像上满弦的钟表，这个表弦松开后很远的有一天，太阳失光，宇宙消灭"。

早在3000年前，神已经教导了比现代科学家的话更科学的话。现在，只是被科学家们所确证而已。因此，但愿相信正确无谬误的神话语-圣经所见证的耶稣，要走得永生的道路。

耶稣是伟大的人。耶稣来这地亲自在约翰福音10:14～17说"我来是为你们舍命"，在马太福音16:21说"我死后复活"，照着经上的话，为偿还堕落的人类罪债，以十字架上的钉死来作人类的救主，复活升天。如今，以保惠师圣灵来到这地上，帮助圣徒活出得胜，将来作为审判主万王之王再来。就这样，耶稣拯救了飘流在死亡的不安和绝望之中的人类，作了走向永生的道路，因此他是人类历史的中心轴。但愿相信正确无谬误的神话语所见证的耶稣而得永生，走向永生之路。

约翰福音3:16说："神爱世人，甚至将他的独生子赐给他们，叫一切信他的，不至灭亡，反得永生"。

지은이: 노태철(盧泰哲) 목사(牧師)

성결대학교 신학과 졸업
한국기독교총연합회 공동회장(역임)
법무부 갱생보호회 기독교협의회 회장(역임)
한국기독교부흥협의회 회장(역임)
예수교 대한성결교회 총회장(역임)
1966년 제일성결교회 창립 이후 46년 시무
4번의 교회 건축 및 신자 2,000여 명의 대형교회로 성장
현) 제일성결교회 원로목사
　　활석세계선교회 이사장
　　활석세계선교훈련원 원장

圣洁大学神学系毕业
曾任韩国基督教总联合会共同会长
曾任法务部更生保护会会长
曾任韩国基督教复兴协议会会长
曾任耶稣教大韩圣洁教会总会长
自从1966年创立第一圣洁教会以来服事46年
经历四次的教堂修建, 将教会发展为, 2,000多人的大型教会
现) 第一圣洁教会元老牧师
　　任活石世界宣教会理事长
　　任活石世界宣教训练院院长

옮긴이: 최서(崔瑞)

제일성결교회 활석세계선교훈련원 통역 담당
现任第一圣洁教会活石世界宣教训练院翻译

영생으로
가는 길

초 판 인 쇄 | 2012년 4월 8일
초 판 발 행 | 2012년 4월 8일

지 은 이 | 노태철
옮 긴 이 | 최 서
펴 낸 이 | 채종준
펴 낸 곳 | 한국학술정보㈜
주 소 | 경기도 파주시 문발동 파주출판문화정보산업단지 513─5
전 화 | 031) 908─3181(대표)
팩 스 | 031) 908─3189
홈 페 이 지 | http://ebook.kstudy.com
E─mail | 출판사업부 publish@kstudy.com
등 록 | 제일산─115호(2000. 6. 19)

ISBN   978─89─268─3297─4 93230 (Paper Book)
          978─89─268─3298─1 98230 (e─Book)